41563

RÉGIME

HYPOTHÉCAIRE.

IMPRIMERIE DE COSSON,
Rue Saint-Germain-des-Prés, n° 9.

RÉGIME

HYPOTHÉCAIRE,

OU

COMMENTAIRE

SUR LE XVIIIᵉ TITRE DU LIVRE IIIᵉ DU CODE CIVIL,

RELATIF AUX PRIVILÉGES ET HYPOTHÈQUES;

CONTENANT

LES DÉCISIONS MINISTÉRIELLES, LA JURISPRUDENCE DE LA COUR DE CASSATION ET LES ARRÊTS ET JUGEMENS DES COURS ET TRIBUNAUX DU ROYAUME ; SUIVI DES FORMULES ET BORDEREAUX NÉCESSAIRES POUR LES INSCRIPTIONS.

PAR J.-C. PERSIL,

PROCUREUR GÉNÉRAL A LA COUR ROYALE DE PARIS, ET DOCTEUR EN DROIT.

QUATRIÈME ÉDITION,

REVUE, CORRIGÉE ET AUGMENTÉE.

TOME SECOND.

PARIS.

NÈVE, LIBRAIRE DE LA COUR DE CASSATION,

AU PALAIS DE JUSTICE, Nᵒ 9.

1833.

TABLE

DES CHAPITRES, SECTIONS, PARAGRAPHES ET ARTICLES
CONTENUS DANS CE SECOND VOLUME.

CHAPITRE IV.

CHAPITRE V.

CHAPITRE VI.

*De l'effet des priviléges et hypothèques contre
les tiers détenteurs.* 183

CHAPITRE IX.

Du mode de purger les hypothèques quand il n'existe pas d'inscriptions sur les biens des maris et des tuteurs 431

CHAPITRE X.

De la publicité des registres, et de la res- ponsabilité des conservateurs. 449

FIN DE LA TABLE DES CHAPITRES DU SECOND VOLUME.

RÉGIME

HYPOTHÉCAIRE,

ou

COMMENTAIRE

SUR LE XVIIIᵉ TITRE DU LIVRE IIIᵉ DU CODE CIVIL,
RELATIF AUX PRIVILÉGES ET HYPOTHÈQUES.

(Décrété le 19 mars 1804. Promulgué le 29 du même mois.)

CHAPITRE IV.

DU MODE DE L'INSCRIPTION DES PRIVILÉGES ET HYPOTHÈQUES.

Art. 2146. *Les inscriptions se font au bureau de conservation des hypothèques dans l'arrondissement duquel sont situés les biens soumis au privilége ou à l'hypothèque. Elles ne produisent aucun effet, si elles sont prises dans le délai pendant lequel les actes faits avant l'ouverture des faillites sont déclarés nuls.*

Il en est de même entre les créanciers d'une succession, si l'inscription n'a été faite par l'un d'eux que depuis l'ouverture, et dans le cas où la succession n'est acceptée que par bénéfice d'inventaire.

I. Suivant l'article 2 de la loi du 21 ventôse an 7, il y a un bureau de conservation des hypo-

thèques dans chaque arrondissement de tribunal
de première instance. Il est placé dans la commune
où siège le tribunal. C'est là que se font les inscriptions qui doivent rendre publics les hypothèques
et les priviléges, sans lesquelles nous avons déjà
dit qu'ils n'avaient ni rang ni effet. Mais comme
ces inscriptions ne peuvent pas toujours être utilement requises, nous allons parcourir les diverses
positions dans lesquelles peut se trouver le créancier. Nous parlerons d'abord de la faillite du débiteur, de son décès, et ensuite de l'effet que produit l'aliénation de ses biens sur le droit de prendre inscription.

II. Lorsqu'un débiteur a fait *faillite*, la masse
de ses biens est irrévocablement fixée, et les droits
de ses créanciers définitivement arrêtés. Permettre,
après cet événement, d'acquérir ou de conserver
de nouvelles causes de préférence, ce serait les
faire dépendre du hasard, et donner aux créanciers plus actifs, et qui se trouveraient sur les
lieux, un grand avantage sur ceux qui seraient
éloignés du domicile de leur débiteur, et qui n'auraient pu connaître la faillite. En renouvelant donc
la maxime qu'on *ne peut acquérir privilége ni hypothèque sur les biens du failli dans les dix jours
qui précèdent l'ouverture de la faillite, ni conserver ou rendre publics ceux qu'on avait déjà*, le
Code civil, et ensuite le Code de Commerce,
n'ont fait que consacrer ce que la raison seule en-
seignait.

Ainsi, non-seulement le créancier qui, sans la faillite, aurait eu une hypothèque convention-nelle, ne pourrait ni la rendre publique, ni la faire valoir en aucune façon ; mais la femme qui se sera mariée à un négociant failli, ou dans les dix jours de sa faillite ; le mineur à qui l'on aura donné le même individu pour tuteur, ne pourront préten-dre à aucune préférence. C'est la décision des ar-ticles 2146 du Code civil et 443 du Code de com-merce.

III. Mais ces principes, bien clairs et bien précis pour l'hypothèque, le sont-ils également à l'égard des priviléges ? C'est ici que commencent les diffi-cultés.

On admet principalement deux sortes de privi-léges : les uns qui frappent sur les meubles, les au-tres sur les immeubles. A ne suivre que les termes de l'article 443, la défense d'acquérir des privi-léges dans les dix jours qui précédent la faillite, porte tout à la fois sur les uns et sur les autres ; en sorte qu'il semblerait qu'on ne pût acquérir de préférence sur les meubles postérieurement à l'é-poque où l'on fait remonter les effets de la fail-lite.

Mais nous ne pensons pas que ce soit la bonne manière d'entendre l'article 443. Les meubles et les droits qu'on peut y acquérir se régissent par d'autres principes ; et il suffit que le créancier ait la possession de la chose mobilière, pour qu'on ne puisse lui contester ou le privilége ou le droit de propriété, suivant qu'il aurait acquis l'un ou l'autre.

C'est ce qu'il faut induire de l'article 444 du même Code, lequel, voulant marquer l'incapacité du failli, déclare que tous actes translatifs *de pro-priété immobilière*, faits par lui dans les dix jours qui précèdent la faillite, seront nuls ou seulement susceptibles d'être annulés, suivant qu'ils seront à titre gratuit ou onéreux.

Comme on le voit, cet article ne touche en rien à la capacité du failli à l'égard des meubles ; il la laisse sous l'empire des règles ordinaires, et il n'y apporte aucune modification. Ainsi l'aliénation des meubles, faite par le failli dans les dix jours qui précèdent la faillite, ne pourrait être annulée à l'égard des tiers qu'autant qu'il y aurait fraude de leur part. Il doit donc, à plus forte raison, en être de même des priviléges accordés pendant le même délai, puisque cette concession est infiniment moindre que celle qui résulte d'une aliénation.

Et comment, en effet, le décider autrement sans paralyser toutes les opérations commerciales, et sans éteindre la confiance, qui est l'âme du commerce ?

Un négociant prête vingt mille francs, à grosse aventure, pour les réparations d'un navire appartenant à un armateur, qui dans les dix jours fait faillite ; parce qu'il aura traité avec un homme dont, par son éloignement, il ne pouvait connaître la position, lui refusera-t-on le privilége que lui accorde l'article 191 du Code de commerce?

Un banquier accepte des lettres de change tirées par un tiers. Pour se rédimer du paiement de ces traites, auquel il se soumet par l'acceptation, on dépose entre ses mains des effets souscrits au profit du tireur. Faudra-t-il le priver du privilége qu'il espérait naturellement avoir sur ces effets, par cela seul que le tireur aura fait faillite dans les dix jours?

Certes, ce serait donner à la loi un sens trop rigoureux, et renverser toutes les idées libérales qui soutiennent le commerce.

Tout cela prouve donc que l'article 443, en interdisant tout privilége sur les *biens* du failli, n'a entendu parler que de ceux qu'on pourrait acquérir sur les immeubles. En cela je dois convenir que je professe une opinion différente de celle que j'avais d'abord énoncée dans la première édition de cet ouvrage; mais, en y réfléchissant, j'ai cru devoir me rendre à la force des raisonnemens que je viens de rappeler.

IV. A l'égard du privilége qui peut atteindre les immeubles, il y a encore de bien grandes distinctions à faire. Nous devons même avouer que si nous les considérons séparément, nous sommes tenté, sinon de rejeter le principe des articles 443 et 2146 en ce qui les concerne, du moins de le modifier beaucoup. Et, par exemple, comment supposer que celui qui, dans les dix jours qui précèdent la

faillite; a vendu son immeuble au failli, ou qui,
en lui prêtant les fonds, s'est légalement fait subroger dans les droits du vendeur, n'aura pas de
privilége? Il est de règle constante que dans ce cas
le vendeur et le bailleur de fonds, qui est toujours
sur le même rang, ne sont dépouillés que par le
paiement; que ce n'est qu'en acquittant le prix de
la vente, soit au vendeur lui-même, soit à celui
qui lui est subrogé, que les créanciers personnels
peuvent acquérir des droits sur l'immeuble. Jusque là l'acquéreur n'est propriétaire que sous la
condition de payer l'universalité du prix.

V. Il en est de même lorsque la vente a été faite
long-temps avant la faillite, mais que le vendeur
n'a requis la transcription que dans les dix jours
qui l'ont précédée. La loi, en imposant au vendeur
et prêteur la nécessité de faire transcrire, n'a fixé
aucun délai, et leur a laissé, par conséquent, la
faculté d'accomplir cette formalité jusqu'à l'adjudication, et quinzaine après. En outre, on peut
appliquer les principes que nous rappelions tout
à l'heure, puisque, suivant l'article 1604, le vendeur à qui on n'a pas payé le prix peut demander
la résolution du contrat, et rentrer par là dans la
possession de l'objet vendu.

VI. Les mêmes principes s'appliquent aux cohéritiers, aux créanciers et légataires de la succession,
ainsi qu'au privilége du trésor public sur les immeubles des comptables. Peu importe, en effet,
que le partage soit fait dans les dix jours qui pré-

cèdent la faillite, que les cohéritiers et les légataires n'aient fait faire leur inscription que depuis la faillite, que le comptable n'ait été nommé que dans les dix jours qui la précèdent. Dans tous ces cas, les cohéritiers conservent leur privilége sur chaque lot, les créanciers et les légataires sur les biens de la succession, et le trésor sur les biens acquis depuis la nomination du comptable : parce que la faillite ne peut pas faire que l'immeuble échu en partage au failli ne lui soit arrivé que sous la condition des soultes ou des garanties ; que les créanciers et les légataires n'aient un droit exclusif sur les biens de la succession, et préférable à celui des créanciers personnels ; et enfin que l'immeuble acquis par le comptable ne soit censé acheté avec les deniers du trésor. Dans tous ces cas, le privilége doit continuer d'exister, malgré l'état de faillite du débiteur.

VII. Mais quant à l'hypothèque que la loi du 5 septembre accorde au trésor sur les immeubles appartenant au comptable lors de sa nomination, il est évident qu'elle ne peut avoir d'efficacité qu'autant qu'elle est inscrite avant les dix jours qui précèdent la faillite. Comme c'est là une simple hypothèque sur les biens propres du comptable, biens que ses autres créanciers ont dû regarder comme leur gage, il est clair qu'elle doit être régie par les principes ordinaires. Il faudrait même en dire autant du privilége que la seconde loi du 5 septembre accorde au trésor pour les frais de justice ; car nous ferons remarquer ci-après, qu'aux termes des ordonnances, les jugemens rendus dans les dix jours qui précèdent la faillite ne produisent ni hypothèque ni privilége. Mais si le jugement de condamnation était antérieur de plus de dix jours à la faillite; je ne fais pas de doute que l'inscription ne pût être utilement prise. Dès l'instant que la loi accorde un délai de deux mois pour rendre public le privilége, qu'elle s'inquiète peu de l'époque où l'inscription a été prise pour régler le rang de son privilége, il est raisonnable de regarder comme indifférente la circonstance que c'est dans les dix jours qui précèdent la faillite du condamné que le privilége a été rendu public.

VIII. Mais en serait-il autrement pour le privilége que l'article 2110 accorde aux architectes et entrepreneurs? et de ce que notre article défend indistinctement d'inscrire dans les dix jours qui précèdent la faillite, faudrait-il en conclure que ces ouvriers, qui n'auraient requis cette formalité que dans ce délai, seraient privés de toute préférence? Nous ne pouvons pas nous le persuader. Les motifs qui nous ont porté à accorder cette faculté au vendeur, aux cohéritiers, aux créanciers et légataires, militent également en faveur des architectes et entrepreneurs; leurs droits sont les mêmes : comme le vendeur, c'est sur leur propre chose, sur leurs ouvrages, sur l'augmentation qu'ils ont occasionée, qu'ils viennent exercer leurs droits. Leur refuser une préférence exclusive, c'est permettre aux créanciers du failli de retenir une chose sans la payer, c'est les autoriser à se venger sur ce qui appartient aux architectes.

J'ai vu cette question se présenter à la troisième chambre du tribunal de première instance; et non-seulement le privilége de l'architecte fut reconnu, mais le tribunal jugea que la faillite ayant empêché de requérir l'inscription, l'architecte pouvait se présenter à l'ordre, et faire valoir son privilége, quoique le procès-verbal de réception des ouvrages n'eût jamais été inscrit.

IX. Ce que nous avons dit des priviléges et des hypothèques ordinaires, s'applique également aux hypothèques légales et judiciaires ; et aucune d'entre elles ne saurait être valablement établie dans les dix jours qui précèdent la faillite. Si donc un homme se mariait dans le délai pendant lequel les actes faits avant l'ouverture de la faillite sont déclarés nuls, sa femme n'aurait pas d'hypothèque légale; elle pourrait seulement reprendre en nature les meubles et immeubles qui se trouveraient encore existans. Il en serait de même du pupille ainsi que de celui qui aurait obtenu un jugement de condamnation dans les dix jours. Aux termes de l'ordonnance du 18 novembre 1702, ces jugemens ne peuvent engendrer aucune espèce d'hypothèque.

Mais si le mariage avait été contracté et la tutelle acceptée avant les dix jours, quoique l'inscription n'eût été faite que dans le délai fatal, nul doute que l'hypothèque ne fût valablement éta-

blie, parce que, comme nous l'avons souvent dit,
ces deux hypothèques légales sont indépendantes
de l'inscription. Il en serait sans doute autrement
pour l'hypothèque légale de la nation, des communes et des établissemens publics, parce qu'elle
ne prend de rang et n'a d'efficacité que par l'inscription.

X. Tous ces principes sont adoptés par M. Grenier, tom. 1, n° 125, et par M. Tarrible. Ce dernier enseigne que la faillite de l'acquéreur ou de
l'héritier sous bénéfice d'inventaire, celles du copartageant dans les soixante jours de l'acte de
partage, celles de l'héritier dans les six mois de
l'ouverture de la succession, ne peuvent pas faire
obstacle à l'inscription des priviléges du vendeur,
du copartageant et des créanciers et légataires.

M. Pardessus (*Droit commercial*, t. 4, p. 287,
n° 1132) distingue, pour les priviléges requis sur
les meubles, entre les cas où la loi attache un privilége à la créance, indépendamment de la volonté
du débiteur, et ceux où le débiteur le lui concède
librement.

Pour les premiers, tels que ceux des frais de
justice, des gens de service, etc., les créanciers
ne peuvent les contester, parce qu'ils auraient
leur principe dans des faits qui se seraient passés
dans les dix jours de la faillite.

Pour les priviléges qui naissent des conventions,
ils sont frappés de nullité s'ils ont été acquis dans
les dix jours qui précèdent la faillite.

Ces principes indiquent dans quels cas doit être entendue la règle qui ne permet pas d'acquérir des priviléges sur les immeubles dans les dix jours antérieurs à la faillite.

Les priviléges généraux qui, à défaut de meubles, frappent les immeubles, ne sont pas nuls, puisqu'ils sont donnés par la loi, et qu'il en est plusieurs qui sont de nature à ne prendre naissance qu'à l'instant de la faillite. M. Pardessus étend la même faveur au privilége du vendeur, des cohéritiers, des légataires et créanciers d'une succession qui ont demandé la séparation des patrimoines, des architectes et entrepreneurs. Il n'applique l'annulation des priviléges acquis dans les dix jours antérieurs à la faillite qu'aux seuls architectes.

M. Dalloz (*Répert.*, v⁺ *Priv. et Hyp.*, p. 232) remarque qu'il y a péril à vouloir interpréter les articles 443 et 2146. Il faut, selon cet auteur, se rallier autour de leur texte, se tenir à leurs termes précis. Sur l'art. 443, il embrasse le moyen employé par M. Pardessus, moyen conciliateur de la lettre de la loi avec son esprit général. Il ne déclare atteint, par la disposition de cet article, que le privilége du créancier sur le gage qu'il a reçu depuis la faillite, ou dans les dix jours qui l'ont précédée.

Quant à l'article 2146, il n'admet aucune distinction entre le privilége et l'hypothèque. Il faut donc, suivant lui, décider que tout privilége ou toute hypothèque, assujettis à l'inscription, ne produisent aucun effet à l'égard des créanciers, si l'inscription n'a eu lieu que dans les dix jours antérieurs à la faillite, à quelque époque d'ailleurs que ce privilége ou cette hypothèque aient pris naissance. Pour confirmer cette opinion il rapporte un arrêt de la Cour de cassation qui l'aurait consacrée.

Nous croyons que la doctrine de M. Dalloz est beaucoup trop absolue, et que MM. Grenier, Tarrible, Pardessus ont beaucoup mieux concilié la rigueur des termes de la loi avec ce qu'exige son esprit. Il ne faut pas, en s'attachant trop littéralement à la lettre, favoriser la mauvaise foi, et détruire toute confiance dans les transactions. C'est ce qui arriverait si l'on poussait jusqu'à l'exagération les termes déjà si rigoureux de l'art. 2146.

XI. Les principes que nous venons de développer ne s'appliquent, d'après le texte, soit de l'article 2146, soit de l'article 443 du Code de commerce, qu'à l'état de faillite proprement dit. On ne pourrait donc pas les évoquer à l'égard des débiteurs non négocians qui seraient insolvables et en état de déconfiture. Les hypothèques que ceux-ci auraient consenties, les inscriptions que leurs créanciers auraient prises depuis la déconfiture, ou dans les dix jours qui l'auraient précédée, ne pourraient donc être attaquées, et leur laisseraient le droit de se faire colloquer à la date de ces inscriptions. C'est ce que la Cour de cassation a jugé

plusieurs fois, et notamment par deux arrêts rap-
portés dans nos *Questions sur les Priviléges et
Hypothèques*, tom. 1, de la 2ᵉ édition, et dans le
Journal du Palais, tom. 2 de 1803, pag. 250.

XII. Mais revenons plus particulièrement au
texte de l'article 2146; examinons quelle est l'é-
tendue de la nullité qu'il prononce sur les inscriptions prisés dans les dix jours qui précèdent la
faillite. A ne consulter que les motifs de sa disposition, il semblerait qu'elle ne dût atteindre ces
inscriptions que dans l'intérêt des autres créanciers, et non dans celui des tiers acquéreurs. Cependant la généralité des expressions de notre article 2146 permet-elle d'adopter ce sentiment? On
y trouve que les inscriptions ne *produisent aucun
effet* si elles ont été prises dans le délai pendant lequel les actes faits avant l'ouverture des faillites
sont déclarés nuls : or, ne pas étendre la nullité
aux tiers acquéreurs, c'est leur donner *un effet*, et,
par conséquent, se mettre en opposition avec le
texte de la loi. Néanmoins, nous ne balançons pas
à nous prononcer pour la première opinion. Le
dernier alinéa de l'article 2146 doit servir de com-
mentaire aux autres; et si la nullité qu'il prononce
à l'égard des inscriptions prises sur une succession bénéficiaire, ne s'applique pas ou ne profite
pas aux tiers acquéreurs, il doit en être de même
de celles prises sur les biens vendus par un failli.
(*Voy.* ci-après, n° XVI)

XIII. Notre article ne déclare les inscriptions

nulles qu'autant qu'elles ont été prises dans les dix
jours qui précèdent la faillite ; et cependant l'article 5 de la loi du 11 brumaire appliquait la même
règle à celles requises lors *de toute cessation publique de paiement*, et par conséquent immédiatement avant la cession des biens. Dira-t-on que le
silence du Code à cet égard ne marque pas l'intention de faire une innovation ; mais que, dans son
esprit, l'article de la loi de brumaire doit encore
être exécuté? Je ne penserais point que cette prétention fût fondée. Le législateur connaissait toutes
les dispositions de la loi de brumaire, et il en a
extrait celles qu'il croyait convenir ; toutes celles
dont il n'a pas parlé ont donc, par cela seul, été
abrogées. En second lieu, l'article 1269 du Code
civil, en déclarant que la cession de biens ne confère pas de propriété aux créanciers ; l'article 568
du Code de commerce, en établissant qu'elle n'é-
teint pas leur action sur les biens que le débiteur
peut acquérir par la suite ; et l'article 900 du Code
de procédure, en décidant que la cession des biens
ne suspend l'effet d'aucune poursuite, démontrent
que cette cession n'est d'aucune influence sur les
droits hypothécaires des créanciers ; mais qu'elle
arrête seulement l'exercice de la contrainte par
corps. *Elle n'a d'autre effet*, dit l'article 568, *que
de soustraire le débiteur à la contrainte par corps.*
— Ainsi, il faut conclure de ces réflexions que si,
depuis la cession des biens, le débiteur ne peut plus
consentir d'hypothèque, ses créanciers ont pu,

jusqu'au jugement d'admission, faire utilement inscrire celles qu'ils avaient déjà. (*Voyez* ce que nous venons de dire *suprà*, n° X, à l'égard de la faillite.)

XIV. Les mêmes motifs qui font annuler les inscriptions prises dans les dix jours qui précèdent la faillite, s'appliquent, suivant la seconde partie de notre article 2146, au cas où on aurait pris inscription sur les biens d'une succession acceptée sous bénéfice d'inventaire; mais ne faudrait-il pas faire des distinctions suivant les cas où c'est volontairement que la succession a été acceptée, et celui où c'est par la volonté de la loi, comme lorsque les héritiers sont mineurs? Il pourrait sans doute y avoir des raisons puissantes pour proposer des modifications; mais la loi est là : elle ne distingue pas; nous ne pouvons pas distinguer plus qu'elle. Le législateur savait que les mineurs ne pouvaient jamais accepter que sous bénéfice d'inventaire, et s'il n'a pas fait d'exception en faveur des créanciers de ceux-ci, c'est qu'il a voulu les traiter comme les autres.

XV. Une autre question sera celle de savoir s'il doit en être de même lorsqu'une succession est déclarée vacante, c'est-à-dire, si les inscriptions prises dans les dix jours qui ont précédé celui auquel une succession a été déclarée vacante, sont légalement faites? La question soumise à la Cour de cassation, on y a décidé que la vacance d'une succession la constituait en état de faillite; que son titre seul l'an-

nonçait comme étant hors d'état de faire face à tous
les engagemens du défunt; que, par conséquent,
les inscriptions requises dans les dix jours qui pré-
cédaient la déclaration de vacance devenaient sans
effet vis-à-vis des autres créanciers de la succession.
(L'arrêt est rapporté au *Journal du Palais*, an 13,
tom. 1, art. 24.)

XVI. Enfin, cette dernière partie de notre article présente la même difficulté que celle que nous
avons examinée ci-dessus, n° XII. Là nullité qu'elle
prononce contre les inscriptions prises sur les
immeubles d'une succession acceptée sous bénéfice d'inventaire, a-t-elle son effet seulement à
l'égard des autres créanciers de la succession, ou
peut-elle être également invoquée par les tiers
acquéreurs? La négative résulte clairement du
texte même de notre article, où l'on voit que
c'est seulement *entre les créanciers* de la succession, c'est-à-dire dans leur seul intérêt, que
la loi établit la nullité; d'où l'on doit conclure que
les tiers acquéreurs ne pourraient s'en prévaloir.

XVII. Il faudrait en dire autant pour les créanciers personnels de l'héritier. Comme la loi n'établit
la nullité de l'inscription qu'en faveur des créanciers de la succession, il suit que les premiers ne
pourraient s'en prévaloir; mais que sur les biens
de la succession ils seraient toujours primés par
les créanciers du défunt, qui, dans ce cas, n'avaient
pas besoin d'obtenir la séparation des patrimoines.
(*Voyez* ce que nous avons dit sur l'article 2111.)

Nous pourrions terminer l'explication de cet article par l'examen de la question de savoir, si sa disposition s'applique aux hypothèques antérieures à la loi de brumaire, de telle sorte qu'on ne pût pas les faire inscrire utilement dans les dix jours qui précèdent la faillite ? Mais nous avons traité cette difficulté dans la 2ᵉ édit. de nos *Questions*. Nous nous contenterons d'y renvoyer.

XVIII. Après avoir expliqué notre article et montré l'effet, soit de la faillite, soit du décès du débiteur, il nous reste à nous expliquer sur les suites de l'aliénation de l'immeuble, par rapport au droit de prendre inscription.

Sous la loi de brumaire, les créanciers pouvaient requérir l'inscription de leurs hypothèques, même après l'aliénation de l'immeuble, et jusqu'à la transcription de l'acte de vente. Sous le Code civil, et avant la publication du Code de procédure, les principes ont changé ; et les créanciers n'ont eu le droit de suivre l'immeuble entre les mains de l'acquéreur, qu'autant que leurs hypothèques avaient été inscrites avant l'aliénation (art. 2166). Sous cette loi, l'aliénation arrêtait donc le cours des inscriptions, ou, pour me servir des expressions de notre article, celles faites depuis la vente étaient *sans effet*.

Mais l'article 834 du Code de procédure changea bientôt cette législation. On remarqua qu'il était injuste de priver les créanciers du droit de prendre inscription, lorsque, sans leur participation et à

leur insu, l'immeuble était sorti des mains du débiteur. On leur accorda donc, pour remplir cette formalité, jusqu'à la transcription et quinzaine après.
Ainsi l'inscription faite après l'aliénation ne peut
être sans effet qu'autant qu'elle sera postérieure à la
quinzaine qui suit la transcription. Mais, dans ce
cas, elle sera complètement inutile, même à l'égard
des créanciers chirographaires. (*Voyez* nos observations sur l'art. 2181.)

XIX. Ces principes s'appliquent-ils aux inscriptions prises après une aliénation forcée?

L'expropriation est le but principal de l'hypothèque. Si le débiteur ne paie pas, le créancier fait
vendre le gage, même entre les mains des tiers acquéreurs. Cette prérogative ne peut plus s'exercer
quand les créanciers ont déjà atteint le but final de
l'hypothèque, quand, par une adjudication publique et forcée, ils ont converti leur gage en une
somme d'argent sur laquelle chacun d'eux peut
exercer son privilége et son hypothèque.

Pour que le créancier négligent pût encore,
après l'adjudication, requérir l'inscription de son
hypothèque, il faudrait qu'il pût suivre l'immeuble
entre les mains de l'adjudicataire, sans avoir d'a-
bord requis d'inscription ; ce qui est contraire à
l'article 2166, qui n'accorde le droit de suite qu'aux
hypothèques inscrites. Il faudrait encore que le
créancier poursuivant l'expropriation ne pût se
désister des poursuites sans l'assentiment de ce
créancier qu'il ne connaît pas; ce qui serait contraire

aux articles 695 et 696 du Code de procédure, qui n'exigent que le consentement des créanciers inscrits.

On oppose, à la vérité, l'article 834 du Code de procédure, qui permet de suivre l'immeuble, même lorsqu'on n'est pas au rang des créanciers inscrits à l'époque de l'aliénation, pourvu qu'on requière l'inscription dans la quinzaine de la transcription.

Si cet article s'appliquait aux aliénations forcées comme aux aliénations volontaires; si l'on pouvait en conclure que les unes et les autres doivent être transcrites pour arrêter le cours des inscriptions des créances antérieures, sans doute que le créancier négligent pourrait encore conserver son hypothèque après l'adjudication et pendant la quinzaine de la transcription qui en serait faite.

Mais nous prouverons ailleurs que les adjudications sur saisies immobilières ne sont pas assujetties à la transcription. Il nous suffit de dire maintenant que, par la publicité que reçoivent les procédures sur saisie immobilière, les créanciers, ou tous autres intéressés, sont suffisamment avertis de la mutation qui va s'opérer, et de la nécessité où ils sont de faire tout ce que la loi exige d'eux pour la conservation de leurs droits. S'il en était autrement, l'adjudicataire ne serait jamais tranquille : après avoir exécuté les clauses de l'adjudication, après en avoir payé le prix aux créanciers utilement colloqués et en vertu du jugement d'ordre, il pourrait encore être forcé de déguerpir ou de payer une

seconde fois le prix de son acquisition. Autant
vaudrait-il dire que, malgré la disposition de
l'article 2185, qui refuse le droit de surenchérir
au créancier non inscrit, celui-ci, qui doit imputer
à lui seul sa négligence, conserverait néanmoins
cette excessive prérogative.

Il y a plus : sa négligence lui serait tellement pro-
able, qu'elle le mettrait à l'abri d'une déchéance
que peuvent facilement encourir les autres créanciers. En effet, si, appelés à la rédaction du procès-
verbal d'ordre, des créanciers inscrits manquent
de produire leurs titres, le juge commissaire prononce leur déchéance, et les prive conséquemment du bénéfice de leurs inscriptions. Ainsi ces
créanciers prétendraient en vain troubler l'adjudicataire et exercer une hypothèque qui est définitivement éteinte, par cela seul qu'ils ont négligé de
la rendre utile.

Cependant on voudrait donner plus de droits au
créancier qui a manqué de faire inscrire ; mais sa
négligence est au moins aussi condamnable que
celle du créancier qui n'a pas produit à l'ordre :
l'une et l'autre tendraient à rendre incertains les
droits de l'acquéreur, l'une et l'autre l'exposeraient
à payer une seconde fois le prix de son acquisition ;
ce qui doit faire écarter cette prétention, puisqu'elle
ne tend à rien moins qu'à diminuer la confiance
qu'on doit avoir dans les aliénations faites en justice.

Quant au moyen qu'on tire de l'article 834, il
est encore plus futile que ceux que nous venons

de rélater. Cet article décide une question qu'on avait élevée avant l'émission du Code de procédure : il ne veut point que, par des aliénations clandestines, on puisse dépouiller un créancier qui, par ménagement pour son débiteur, n'avait pas encore voulu requérir d'inscription ; mais ce motif ne s'applique pas également à la vente forcée : elle est toujours précédée de formalités et assez longues et assez publiques, pour que le créancier ne puisse imputer qu'à lui-même les suites de sa négligence ; aussi l'article 834 ne parle que des ventes volontaires. Cela résulte de sa construction grammaticale, puisqu'il n'y est question que des aliénations qui peuvent donner lieu à la surenchère de la part des créanciers inscrits ; et l'on sait qu'il n'y a que les ventes volontaires qui puissent donner lieu à cette mesure. On ne peut pas non plus, par un argument *à pari*, étendre sa disposition à l'adjudication forcée ; puisque, cette adjudication n'étant jamais sujette à la transcription , on ne saurait de quelle époque il faudrait compter le délai de quinzaine dont parle cet article 834.

Ainsi, sous tous les rapports, les créanciers qui, à l'époque de l'adjudication sur saisie immobilière, n'avaient pas rendu publiques leurs hypothèques, ne peuvent plus troubler l'acquéreur, et exercer contre lui des hypothèques définitivement purgées par l'adjudication.

Mais en est-il de même, lorsque l'adjudication n'a eu lieu que par suite d'une licitation, ou de toute

autre aliénation, qui, d'après la qualité des personnes, ne pouvait être faite que d'autorité de
justice? La négative n'est pas susceptible de difficulté. Il y a cette différence entre l'adjudication sur
saisie immobilière, et celle prononcée par suite
d'une licitation ou d'une aliénation de biens de
mineurs, que celle-ci est étrangère aux créanciers
qui n'ont eu aucun moyen légal de la connaître.
Dans l'expropriation, au contraire, les créanciers
ont connu la procédure; ils ont été appelés pour
être présens à l'adjudication; ils ont pu enchérir,
faire porter l'immeuble à sa véritable valeur, et, de
cette manière, s'assurer le paiement intégral de
leurs créances.

Mais les licitations ou les autres ventes, telles
que celles des biens des mineurs ou des interdits,
ont pu être ignorées des créanciers; ceux-ci peuvent ne pas avoir connu le danger : ils n'ont pu être
mis en demeure; ils n'ont donc jamais perdu le
droit de faire inscrire leurs hypothèques. Ces ventes
sont purement volontaires, ou au moins doivent
être assimilées aux aliénations volontaires. La justice remplace l'officier public devant lequel on
aurait consenti la vente, et l'article 834 reçoit sa
pleine application, comme si l'aliénation avait été
faite de la seule autorité des parties.

XX. Nous ne nous arrêterons pas davantage
sur les divers cas dans lesquels l'inscription peut
être inutile ou devenir sans effet à cause de l'époque à laquelle elle a été requise. Tout ce que nous

ajouterons pour terminer l'explication de notre article, c'est que l'inscription doit toujours être faite
au bureau dans l'arrondissement duquel les biens
sont situés. S'il y avait des biens dans plusieurs arrondissemens, il faudrait inscrire partout, encore
qu'ils dépendissent d'une seule exploitation; et n'y
eût-il qu'une seule pièce hors de l'arrondissement
dans lequel l'inscription aurait eu lieu, il faudrait
la frapper par une inscription particulière, au bureau dont elle dépend, à peine de voir échapper
l'hypothèque qu'on avait sur cette pièce.

Art. 2147. *Tous les créanciers inscrits le même
jour exercent en concurrence une hypothèque
de la même date, sans distinction entre l'inscription du matin et celle du soir, quand cette
différence serait marquée par le conservateur.*

Autrefois on reconnaissait une antériorité dans
les hypothèques consenties le même jour; en sorte
que le créancier dont l'hypothèque avait été consentie le matin, primait celle établie le soir; mais
on a craint la collusion entre le créancier et le
conservateur, et voilà pourquoi on n'a pas laissé
à ce dernier les moyens de donner à son gré l'antériorité, lorsque plusieurs créanciers se présente-
raient le même jour. On peut voir à ce sujet l'article 2202.

Mais la disposition de l'article 2147 n'est pas applicable aux priviléges qui doivent être inscrits
dans un certain délai, ni même à ceux qui n'ont

d'effet que du jour de l'inscription; et la raison en
est, que les premiers datent du jour de leur cause,
s'ils ont été utilement rendus publics, et que les
autres, aux termes de l'article 2094, priment toujours le simple créancier hypothécaire.

D'après cela, si un cohéritier, un légataire, etc.,
prennent inscription dans les délais utiles, et le
même jour qu'un simple créancier hypothécaire,
la préférence sera toujours accordée aux privilégiés. Il en serait de même, si c'était un architecte
ou autre ouvrier qui eût fait inscrire le premier
procès-verbal le même jour qu'un créancier hypothécaire.

Art. 2148. *Pour opérer l'inscription, le créancier
représente, soit par lui-même, soit par un tiers,
au conservateur des hypothèques, l'original en
brevet, ou une expédition authentique du jugement ou de l'acte qui donne naissance au privilége ou à l'hypothèque.*

I. Depuis que l'on a disposé que l'hypothèque serait rendue publique, nos législateurs ont varié sur
la manière dont ils voulaient que cette publicité
s'opérât.

Suivant la loi du 9 messidor an III, le créancier
devait fournir un extrait contenant le bordereau de
ses créances, sur papier timbré, signé du fonctionnaire public qui l'avait rédigé. Cet extrait, déposé
d'abord entre les mains du conservateur, devait
être porté en entier sur ses registres, et un double,

au bas duquel le conservateur faisait mention de
l'inscription, restait entre les mains du créancier.

La loi de brumaire apporta plusieurs changemens à ces dispositions. Nous les retracerons successivement sous chacun des paragraphes de notre
article, afin de mieux faire entendre le sens que
nous devons y attacher.

Quant à présent, il suffit de dire que, comme la
loi de messidor, celle du 11 brumaire, et ensuite le
Code civil, ont exigé un extrait du titre ou un
bordereau des créances; mais qu'au lieu de les
faire rédiger par un fonctionnaire public, l'une et
l'autre de ces lois s'en sont rapportées au créancier, qui, plus intéressé que tout autre à la conservation de son hypothèque, a dû scrupuleusement en soigner la publicité.

II. La première formalité indiquée par notre article est la représentation du titre constitutif de
l'hypothèque. Mais, en permettant au créancier de
le présenter lui-même, ou de le faire présenter par
un tiers, ne laisse-t-on pas quelque incertitude sur
la capacité de ceux qui peuvent requérir l'inscription?

En supposant, en effet, que le créancier soit
mineur, interdit, ou qu'il s'agisse de la créance
d'une femme, on pourrait demander si la représentation pourrait s'effectuer par le mineur, l'interdit
ou la femme? Pour nous, nous ne faisons pas de
difficultés qu'ils ne le puissent; et si nous en parlons, ce n'est que parce que nous l'avons souvent

entendu demander. La femme, le mineur et l'interdit, quoique sous la puissance d'autrui, sont
toujours aptes à faire des actes qui n'exigent qu'une
capacité passive, et que l'article 2139 leur donne
nominativement le droit de faire. Ainsi jugé par la
cour de Paris, par arrêt du 31 août 1810. (*Voyez*
la 2ᵉ édition de nos *Questions*, tome 1.)

III. Notre article, en permettant au créancier
de faire requérir l'inscription par un tiers, n'exige
pas de procuration : d'où l'on doit conclure que
tout individu serait recevable à se présenter chez
le conservateur, à l'effet de la faire faire; et certes,
celui-ci serait mal fondé à s'y refuser, parce que la
représentation du titre constitutif de l'hypothèque
prouve suffisamment les pouvoirs qu'a le porteur
de requérir l'inscription.

Il est vrai que l'article 730 du Code de procédure, en permettant aux créanciers de prendre inscription pour conserver les droits de leur débiteur, semble dire que tout autre personne n'en
aurait pas le droit; mais ce n'est pas là le sens de
cet article : il signifie que les créanciers peuvent,
en *leur nom personnel*, prendre inscription sur le
débiteur de leur débiteur; mais il ne décide point
que ceux qui ne sont pas créanciers ne puissent,
au nom du véritable créancier, requérir l'inscription sans en avoir un mandat exprès; et la différence qu'il y a dans ces deux cas, c'est que, dans
l'un, ceux qui requièrent l'inscription le font en

leur nom personnel, tandis que, dans l'autre, on agit toujours à la requête du créancier.

Il faut en dire autant de l'article 63 du livre III du Code de commerce, qui oblige les agens et syndics de la faillite de requérir l'inscription sur les immeubles des débiteurs du failli. En leur imposant cette obligation, la loi veut marquer ce qu'ils ont à faire, mais non désigner les personnes qui seules ont droit de requérir inscription.

En un mot, on ne pourrait, sans violer la lettre et l'esprit de notre article, exiger du tiers qui requiert l'inscription, d'autre mandat que celui que lui donne le titre constitutif de l'hypothèque dont il est porteur.

IV. Une autre difficulté, peut-être plus sérieuse, est celle qu'on propose sur la représentation du titre. Le créancier, dit-on, est-il obligé, à peine de nullité de l'inscription, de représenter l'acte en vertu duquel il la requiert? D'une part, il semblerait que, toutes les formalités étant de rigueur en cette matière, celle-ci devrait être exactement suivie : mais, en y réfléchissant, on demeure convaincu que la représentation du titre n'est pas une formalité substantielle de l'inscription; que ce ne pourrait être que par un excès de rigueur qu'on pourrait la regarder comme un vice radical. En effet; on conçoit aisément qu'un conservateur puisse se refuser à faire l'inscription lorsqu'on ne lui représente pas le titre qui en fait la base; mais ce qu'on ne peut imaginer, c'est qu'on puisse la regarder comme nulle dès qu'elle est faite. L'inscription une fois écrite sur les registres, rien n'atteste la représentation du titre; et cependant tout le monde sait, et la Cour de cassation l'a déjà décidé, qu'on ne juge du mérite et de la validité d'une inscription que par ce qui se trouve relaté sur les registres du conservateur. Or, comme nous l'avons déjà indiqué, la loi n'exige pas qu'on fasse mention de la représentation du titre, et l'expérience prouve que les registres n'en contiennent jamais la preuve.

Ainsi nous tenons que, s'il se trouvait un conservateur assez complaisant pour ne pas exiger la représentation du titre, l'inscription une fois faite n'en serait pas moins valable. Notre opinion, à cet égard, est fortifiée par ce que nous avons dit sur l'art. 2123, et par l'arrêt de la Cour de Riom, que nous y avons rapporté, qui juge que l'inscription d'une hypothèque judiciaire faite avant que le jugement soit expédié, n'en est pas moins valable. (*Voyez* nos observations sur cet article 2123.)

V. Quand bien même on déciderait, contrairement à l'avis que nous venons d'émettre, que la représentation du titre est une formalité substantielle de l'inscription, il faudrait décider que l'art. 2148 n'est pas applicable au renouvellement d'inscriptions, pour créances antérieures à la loi du 11 brumaire an VII. (Lettres des ministres de la justice et des finances. — Arrêt de cassation du 14 avril 1817. — Sirey. 17. 1. 206.) Cet arrêt a été jusqu'à décider que la représentation du titre ne serait même pas nécessaire pour un renouvellement d'inscription d'hypothèque acquise sous le Code civil.

VI. Il serait sans doute surabondant de faire remarquer que les formalités de l'inscription dont nous allons parler ne s'appliquent qu'aux hypothèques conventionnelles et judiciaires, et jamais aux hypothèques légales. Nous parlerons des formalités propres à celles-si, sur l'art. 2153.

Il y joint deux bordereaux écrits sur papier timbré, dont l'un peut être porté sur l'expédition du titre ; ils contiennent :

La représentation des bordereaux semblerait constituer une formalité essentielle de l'inscription, en telle sorte qu'un conservateur ne pourrait se permettre de porter la créance sur ses registres à la simple vue de l'acte constitutif de l'hypothèque ; toutefois s'il l'avait fait, l'inscription ne serait pas nulle, parce que, comme nous venons de le dire sur l'article précédent, on ne juge pas de sa validité par les bordereaux, mais par le contenu des registres.

Ces bordereaux doivent seulement être écrits sur papier timbré, et nulle part on n'exige qu'ils soient signés du requérant. Cependant cette formalité, si elle était prescrite, aurait le double avantage d'indiquer *indubitablement* la personne qui requiert l'inscription, et d'empêcher les conservateurs de grever à leur gré les propriétés immobilières.

Quelques personnes ont pensé qu'il y aurait également de l'avantage à exiger que les bordereaux
fussent datés; mais il nous semble que cette formalité serait surabondante, puisque le registre de remise, sur lequel les conservateurs doivent inscrire
jour par jour les bordereaux qu'on leur apporte,
assure que la date de l'inscription cadrera toujours
avec celle de la remise.

Si les bordereaux étaient écrits sur du papier
ordinaire et non timbré, nous ne pensons pas qu'il
y eût nullité. Le défaut de timbre donne bien lieu
à une amende, mais jamais à la nullité de l'acte
qu'on a fait sur du papier libre. (*Voyez* la loi du
13 messidor an VII.)

1° *Les nom, prénom, domicile du créancier; sa
profession, s'il en a une, et l'élection d'un domicile pour lui dans un lieu quelconque de l'arrondissement du bureau.*

1. Le nom de celui qui requiert l'inscription est
trop essentiel, et sa nécessité trop sentie, pour
qu'on puisse se refuser à regarder comme nulle
l'inscription dans laquelle il serait omis. Mais il n'en
est pas de même des prénom et profession : l'individu étant suffisamment connu par l'énonciation
de son nom de famille, les autres désignations ne
pouvaient être de l'essence de l'inscription; et
dès-lors leur omission ne devait pas en entraîner
la nullité. La loi sur l'organisation du notariat
prescrit aussi l'énonciation des nom, prénom et

profession; mais cette disposition n'est pas du nombre de celles dont son article 68 ordonne l'observation à peine de nullité : ainsi, l'acte qui serait fait sans énoncer les prénom, qualité et domicile du créancier, ne serait pas nul : dès lors, comment faire supporter à l'inscription ou à tout autre acte accessoire une nullité qu'on ne pourrait appliquer à l'obligation principale?

Cette manière de raisonner ne paraît pas cependant exacte à tout le monde. Dire que le nom de famille, sans autre désignation, fait suffisamment connaître l'individu qui requiert l'inscription, c'est nier ce que l'expérience la plus ordinaire atteste. Tous les jours il arrive que deux ou plusieurs individus portent le même nom, qu'on ne les distingue dans la société que par leur prénom, quelquefois même par leur profession et leur domicile ; et cependant la loi a voulu que les autres créanciers, les tiers acquéreurs, pussent, par la seule forme des bordereaux, reconnaître l'individu qui en avait requis l'inscription : se relâcher de la sévérité qui a dirigé les dispositions de la loi, c'est donc renverser son économie et méconnaître son but.

D'un autre côté, ajoute-t-on, il ne faut pas croire qu'il suffise, pour la régularité des bordereaux, que la désignation qu'ils contiennent puisse quelquefois faire connaître le créancier qui requiert l'inscription : si telle eût été la pensée de la loi, elle aurait dit, comme elle l'a fait pour le débiteur,

qu'ils devaient contenir le nom et le prénom, ou
une désignation individuelle et spéciale, telle que
le conservateur pût reconnaître et distinguer dans
tous les cas l'individu grevé d'hypothèque. Mais
elle ne l'a pas dit, et la raison en est sensible : le
créancier sait toujours ses prénom, profession et
domicile, et voilà pourquoi on ne devait pas le
dispenser de se faire connaître par-là à ses cocréan-
ciers et aux tiers acquéreurs. Mais le débiteur
pouvait n'être pas suffisamment connu du créancier, ses prénom et profession pouvaient lui être
étrangers; et cependant il fallait lui laisser la faculté de conserver ses droits par l'inscription : or
on ne le pouvait qu'en lui permettant de désigner
son débiteur d'une tout autre manière.

Le raisonnement qu'on tire de la loi du 25 ventôse an XI, continue-t-on, n'est pas plus fondé. Le
contrat accessoire, la conservation de l'hypothèque, sont assujettis à d'autres formes que le contrat principal; l'un peut être légalement formé,
tandis que l'autre est empreint d'un vice radical :
par exemple, un contrat de prêt sera valable, quoiqu'on n'y ait pas énoncé l'époque du paiement ou
de l'exigibilité; et cependant l'inscription sera
nulle, si l'on y a fait la même omission.

Dans ce conflit d'opinions, quel parti devons-
nous prendre? De ce que nous venons de dire, que
toutes les désignations exigées par notre article
sont essentielles à l'inscription, en concluerons-
nous que la loi les prescrit, à peine de nullité? C'est

ce que la Cour de cassation avait fait par son arrêt
du 7 septembre 1807, dont voici les termes : « Con-
» sidérant que les formalités qui tiennent à la sub-
» stance des actes doivent être exécutées à peine
» de nullité, alors même que la loi ne prononce
» pas cette peine; — *qu'il est évidemment de l'es-*
» *sence d'une inscription hypothécaire, de conte-*
» *nir les énonciations prescrites par les articles* 40
» *et* 17 *de la loi de brumaire an* VII (1), *relative-*
» *ment aux personnes qui s'inscrivent, et à la date*
» *du titre dont elles se prévalent.* »

Mais, depuis cette décision, la jurisprudence a
bien changé. On s'est éloigné, avec raison, de cette
rigidité qui ne produisait que des malheurs, et l'on
a enfin consulté la raison.

II. Suivant l'article 2148 du Code civil, le créancier doit être désigné par ses *nom, prénom, domi-*
cile, et par sa *profession,* s'il en a une.

III. Le *nom* est indispensable : c'est la seule manière de faire connaître le titulaire de la créance,
et de montrer aux tiers quel est l'individu avec lequel ils pourront se trouver en rapport s'ils traitent
avec le débiteur.

Mais qu'on se garde bien de donner à ce principe une trop grande rigueur. Si le créancier vit
encore, c'est son nom que doit contenir l'inscription à peine de nullité; s'il est décédé, et que sa

_____

(1) Notre article est absolument conforme à ceux de la loi de
brumaire que cet arrêt rappelle.

succession soit encore indivise, on pourra inscrire
au nom de la *succession*. (Arrêt de cassation, rapporté au *Journal du Palais*, 2ᵉ semestre, 1829,
pag. 3.) Si la succession a été partagée entre les
héritiers, c'est au nom du nouveau titulaire, de
celui dans le lot duquel la créance est tombée que
l'inscription devra être prise ; si la créance appartient à une maison de commerce, on n'aura pas
besoin d'indiquer le nom des sociétaires, mais l'inscription sera valablement prise au nom de la raison sociale ; si, dans ce dernier, l'inscription était
prise au nom des associés gérans, sans parler de la
raison sociale, elle n'en serait pas moins valable,
puisque le nom des créanciers, de ceux-là à qui
appartient réellement la créance, s'y trouverait,
(Arrêt de cassation, du 1ᵉʳ mai 1810, rapporté
dans la 2ᵉ édition de nos *Questions.*)

IV. Mais si la créance pour laquelle on veut conserver l'hypothèque a été transportée, au nom de
qui sera prise l'inscription ? Elle pourra l'être sans
doute au nom du cessionnaire, en faisant mention
de l'acte de transport ; mais *quid*, si l'inscription
ne présente encore que le nom du cédant ? ne
pourra-t-elle pas être déclarée nulle, *comme n'indiquant pas* le nom du véritable créancier ?

La négative résulte de tous les principes du droit.
Suivant la L. 8, au Code de *Hœred. vel Act. Vendit.*, celui qui a transporté une créance en reste
toujours le titulaire légal, et son cessionnaire n'ob-

tient qu'un mandat, à la vérité *in rem suam*, une action utile pour s'en appliquer le résultat.

C'est ce qui fait dire à la Glose sur cette loi, que le cessionnaire peut toujours agir au nom du cédant, en vertu de l'action directe. *Semper utilis dabitur procuratori in rem suam, suo nomine. Directa, nomine creditoris.*

Et qu'on ne pense pas que ce soit là un principe que nous devions à la subtilité du droit romain; tous nos auteurs n'ont qu'une opinion sur cette matière.

Rousseau de Lacombe, verb. *Transport*, n° 5, s'explique ainsi : « Cessionnaire peut agir par » action utile en son nom, soit que l'action cédée » soit personnelle, ou réelle, *ou au nom du cé-* » *dant.* »

Pothier, dans son *Traité de la Vente*, tom. 2, n° 550, ne paraît pas supposer qu'on puisse élever des doutes à cet égard.

Après avoir dit que, suivant les principes rigoureux du droit, la propriété de la créance reste toujours au cédant, il ajoute :

« Néanmoins les jurisconsultes ont inventé une » manière de transporter les créances sans le con- » sentement ni l'intervention du débiteur. Comme » le créancier peut exercer contre son débiteur, » par un mandataire aussi bien que par lui-même, » l'action qui naît de sa créance, lorsqu'il veut » transporter sa créance à un tiers, il fait ce tiers » son mandataire pour exercer son action contre

» son débiteur; et il est convenu entre eux que l'ac-
» tion sera exercée par le mandataire, *à la vérité*
» *au nom du mandant*, mais au risque et pour le
» compte du mandataire, qui retiendra pour lui
» tout ce qu'il exigera du débiteur en conséquence
» de ce mandat, et n'en rendra aucun compte au
» mandant. Un tel mandataire est appelé par les
»' jurisconsultes, *procurator in rem suam*, parce
» qu'il exerce le mandat, non pour le compte *du*
» *mandant*, mais pour son propre compte. »

Ainsi, il n'est plus permis de douter que, suivant
les vrais principes du droit, suivant le sentiment
de nos meilleurs auteurs, le cessionnaire ne puisse
agir ou en son nom, ou au nom du cédant; et il ne
nous reste qu'à examiner si ces principes ne sont
pas applicables aux inscriptions hypothécaires que
le cessionnaire voudrait requérir.

La cour de cassation a jugé l'affirmative par son
arrêt du 15 ventôse an 13, rapporté dans la 2ᵉ édition de nos *Questions*, et nous ne pensons pas qu'il
y ait rien de raisonnable à opposer à ses motifs.
L'inscription est un acte conservatoire qui doit
faire connaître le créancier; et peu importe que ce
soit celui qui rigoureusement, *et subtilitate juris*,
si l'on veut, est censé propriétaire de la créance, ou
celui qui doit en profiter. En dernier résultat, le
but de la loi est rempli : l'hypothèque a été rendue publique, les créanciers l'ont connue ou pu
connaître; ils ne doivent s'en prendre qu'à eux-
mêmes si son existence préjudicie à leurs intérêts.

V. Les *prénoms du créancier* ne doivent pas
être exigés avec la même sévérité que le nom ; le
plus souvent ils n'ajoutent rien à la connaissance
que le nom seul du créancier donnait au tiers ; et
si déjà ce nom désignait suffisamment le créancier, s'il le faisait connaître, s'il ne laissait sur lui
aucune incertitude, l'inscription dans laquelle
les prénoms auraient été omis ne saurait être annulée.

C'est ce qu'on juge tous les jours, et ce qui a été
particulièrement décidé par un arrêt de la Cour
royale de Bordeaux, rapporté par *Sirey*, tom. 2,
part. 2, pag. 252, et par un arrêt de cassation,
qui, suivant nous, ne laisse rien à désirer.

Jacques - François Gallet était créancier des
sieurs Poulain et Godard ; une inscription avait été
requise, mais sous le nom de *Pierre-Barthélemy*
Gallet.

Il n'y avait pas, comme on le voit, absence ou
omission des prénoms ; mais ce qui est beaucoup
plus grave, puisque cela pouvait induire les tiers en
erreur, il y avait inexactitude dans les prénoms.
Toutefois le tribunal de première instance, et la
Cour royale de Rouen, ayant déclaré valable l'inscription, la Cour de cassation rejeta le pourvoi
par ce motif, qu'une erreur dans les prénoms du
créancier ne pouvait pas vicier l'inscription, *alors
qu'il y était autrement désigné d'une manière
certaine.*

L'arrêt est rapporté par Sirey, tom. 9, part. 2,

pag. 186 ; et dans le *Journal du Palais*, tom. 23 , page 58.

VI. *Le domicile du créancier* est doublement exigé par la loi ; elle veut que les bordereaux contiennent à la fois ; et l'indication du domicile réel du créancier, et la désignation d'un domicile élu par lui dans un lieu quelconque de l'arrondissement des hypothèques.

VII. L'énonciation du domicile réel est nécessaire, non pas pour faire connaître le créancier, qui d'ailleurs doit être désigné d'une manière certaine, mais pour faciliter l'exécution des jugemens obtenus contre lui, exécution à laquelle il serait impossible de se livrer, si l'on ne connaissait le domicile réel du créancier.

On ne manquera pas de nous opposer que le domicile d'élection contenu dans l'inscription supplée efficacement au domicile réel, puisque toutes les significations, suivant l'article 2156, peuvent être faites au domicile élu.

Notre réponse sera simple, mais en même temps décisive. Sans doute le choix d'un domicile fait par une partie, pour l'exécution d'un acte, donne droit aux intéressés de faire à ce domicile les significations, demandes et poursuites relatives à cet acte. Mais l'on ne peut pas étendre cette faculté au-delà du jugement, qui doit être signifié, avant son exécution, au domicile réel. C'est ce que décid l'article 147 du Code de procédure civile pour tou les jugemens de condamnation, et ce qui est appli

qué aux jugemens qui statuent sur la main-levée
et radiation des inscriptions par l'article 548 du
même Code, et par une décision du ministre de
la justice, que nous rapporterons sur l'article
2157.

Ces principes une fois reconnus, il est facile de
montrer que le domicile d'élection ne peut pas
remplacer, dans un bordereau, l'indication du domicile réel.

Le domicile d'élection est suffisant pour toutes
les demandes, significations et poursuites antérieures au jugement; mais dès que le procès est
jugé, dès qu'il s'agit de l'exécution de la sentence,
c'est au domicile réel que la signification doit avoir
lieu; et ce domicile, il faut le trouver dans l'inscription; c'est la seule manière de le faire connaître aux tiers intéressés.

Un exemple confirmera notre assertion.

Un tiers acquéreur demande la main-levée d'une
inscription : son action peut être dirigée, et son
exploit de demande laissé au domicile élu; mais
lorsque le jugement est rendu et la radiation prononcée, il ne pourra pas la faire effectuer, parce
que, ne pouvant pas faire de signification au domicile réel qu'il ne connaît pas, et le conservateur ne
pouvant pas néanmoins rayer sans cela, le jugement restera sans exécution.

Par où l'on voit que l'énonciation du domicile
réel intéresse véritablement les tiers. Elle est l'une
des parties constitutives de la publicité; et, par

cela même, une formalité substantielle de l'inscription.

C'est ce que la Cour de cassation a jugé le 6 juin
1810 en ces termes :

« Attendu que l'article 17 de la loi du 11 bru-
» maire » (il était conçu dans les mêmes termes que
l'article 2148) « veut que l'inscription hypothé-
» caire fasse mention du domicile du créancier ;
» attendu que, dans l'espèce, l'inscription dont il
» s'agit ne fait pas mention du domicile réel de
» l'inscrivant, et que cette mention n'est suppléée
» par aucune énonciation équipollente ; que l'é-
» nonciation d'un domicile élu ne peut être consi-
» dérée comme un équipollent, puisque la loi, dans
» le même article, exige la mention de l'un et de
» l'autre ; etc. »

Il résulte bien clairement de cet arrêt, que l'indication du domicile réel est une formalité substantielle, dont l'omission entraine nécessairement
la nullité de l'inscription. Mais il admet une modification qu'il est essentiel de bien remarquer:
c'est que cette énonciation peut se suppléer par
des équipollens.

En effet, il importe peu au débiteur, et il est
indifférent pour les tiers, que le domicile réel du
créancier soit formellement énoncé dans l'inscription, ou qu'il s'y trouve d'une manière virtuelle ;
il suffit qu'ils puissent apprendre par l'inscription
quel est le lieu où le créancier a son domicile, pour
qu'ils ne se plaignent pas, et qu'ils aient les moyens

de faire au domicile réel les significations que la loi exige. C'est aussi ce que la Cour d'appel de Turin avait jugé, par un arrêt rapporté par *Sirey*, tom. 7, 2ᵉ part., p. 674.

Toutefois nous ne devons pas laisser ignorer qu'il existe deux arrêts de la Cour royale de Paris (rapportés par *Sirey*, tom. 12, 2ᵉ part., pag. 3; et tom. 9, part. 2, pag. 208) qui jugent que le défaut d'indication du domicile réel ne rend pas utile une inscription hypothécaire.

VIII. *Le domicile d'élection* doit être exigé peut-être avec plus de rigueur encore que le domicile réel : l'indication en est indispensable, dans l'intérêt des débiteurs, des autres créanciers et des tiers acquéreurs.

Si le débiteur prétend ne pas devoir, et que pour cela il veuille assigner en radiation de l'inscription, si les autres créanciers veulent poursuivre l'ordre à distribution du prix de l'immeuble aliéné; si le tiers acquéreur veut purger l'hypothèque inscrite, il faut que les uns et les autres puissent agir au domicile élu. C'est le vœu de la loi ; c'est le motif qui a déterminé à exiger l'élection de domicile.

Et vainement on dirait que tout cela peut avoir lieu au domicile réel du créancier, lorsqu'on le suppose exactement indiqué.

C'est précisément ce que la loi n'a pas voulu. Il eût été par trop rigoureux de forcer le poursuivant-ordre d'aller à soixante, quatre-vingts ou cent

lieues, pour dénoncer à un créancier toutes ses
diligences, ou d'exiger d'un tiers acquéreur qui
veut purger, qu'il allât à la même distance faire ses
dénonciations. S'il dénonce aux créanciers dont il
connaît le domicile élu dans l'arrondissement;
que ces créanciers, en l'absence de celui qu'on n'a
pas pu appeler, puisqu'on ne lui connaissait pas de
domicile dans l'arrondissement, se soient entendus, et aient fait un ordre volontaire; que par suite
le tiers acquéreur ait payé, il se sera valablement
libéré, même à l'égard du créancier non appelé,
parce que ce sera par sa faute qu'il ne l'aura pas été;
ce sera parce qu'il aura laissé subsister dans son inscription un vice radical, une nullité substantielle.

Si, dans ce cas, l'inscription est nulle; si le
créancier ne peut pas la faire valoir à l'égard du
tiers acquéreur, il ne doit pas être plus favorablement traité à l'égard des autres créanciers qui n'auront pas encore reçu le montant de leur collocation, parce que la nullité est une, qu'elle est indivisible, et qu'elle ne peut pas exister pour le tiers
acquéreur et disparaître pour tous les autres.

L'élection d'un domicile dans l'arrondissement,
se rattache au système de publicité; elle contri-
bue à mettre à portée, et en quelque sorte sous
la main des tiers, le créancier qui se prétend hypothécaire. Omettre cette formalité, c'est violer le
système de la publicité, ou du moins y porter une
atteinte que les tribunaux doivent réprimer. C'est
ce qu'a jugé la Cour d'Agen, par un arrêt du 31

janvier 1815. On s'est pourvu en cassation contre
sa décision; mais, par arrêt du 2 mai 1816, le
pourvoi a été rejeté. (*Voyez* le *Journal du Palais*,
tom. 3 de 1816, pag. 161.)

Néanmoins aujourd'hui que la jurisprudence
paraît se relâcher de plus en plus sur les nullités
d'inscription, on juge communément que le défaut d'élection de domicile n'est pas suffisant pour
les faire prononcer. Un arrêt tout récent de la
deuxième chambre de la Cour de Paris retrace les
principes en ces termes :

« Considérant que l'art. 2148 du Code civil ne
prescrit pas l'observation de ces dispositions à
peine de nullité; que dès lors il n'y a lieu de prononcer la nullité des inscriptions hypothécaires
que pour cause d'inobservation des formalités substantielles ; que du principe de notre régime hypothécaire il résulte qu'il n'y a de formalités substantielles que celles qui ont pour objet *de faire
connaître aux tiers qui traitent avec le propriétaire de l'immeuble la* POSITION HYPOTHÉCAIRE *de
celui-ci;* que l'élection d'un domicile dans l'inscription n'a et ne peut avoir ce but ;

» Considérant en outre que l'omission de l'élection de domicile n'est pas de nature à porter préjudice aux intérêts légitimes des tiers. »

IX. L'élection d'un domicile dans un lieu quelconque de l'arrondissement, semblerait nécessaire, même lorsque le créancier y a son domicile
réel. La loi ne distingue pas. Néanmoins si l'inscrip-

tion énonçait le domicile véritable dans l'arrondissement, on nous paraîtrait avoir suffisamment
obéi à la loi.

X. *La profession* du créancier est aussi exigée
par l'article 2148; mais cette formalité n'est pas
de l'essence de l'inscription : elle n'est exigée que
pour mieux faire connaître le propriétaire de la
créance; et son objet est rempli lorsqu'il résulte
d'ailleurs de l'inscription elle-même que la personne du créancier est certaine.

C'est ce qui a été plusieurs fois jugé par les
Cours.royales et par la Cour de cassation. On
trouvera les arrêts des Cours royales dans *Sirey*,
tom. 2, part. 2, pag. 376. Voici les termes de l'arrêt de cassation :

« Attendu que la désignation de la profession
» du créancier inscrivant n'étant pas requise par
» la loi à peine de nullité, cette peine ne pourrait
» être suppléée par le juge qu'autant que cette
» désignation pourrait être considérée comme
» une formalité substantielle et intrinsèque de
» l'inscription; mais qu'on ne peut qualifier de
» formalité intrinsèque et substantielle à l'acte
» d'inscription, la désignation de la profession
» du créancier inscrivant, qui n'en est qu'un
» accessoire purement accidentel, surtout *lors-*
» *que, comme dans l'espèce, le débiteur hypo-*
» *thécaire n'a pu se méprendre, et ne s'est au-*
» *cunement mépris en effet sur la personne du*
» *créancier inscrivant;* qu'il suit de là, qu'en

» annulant sur ce seul motif l'inscription hypo-
» thécaire prise par le demandeur, en cassation,
» la Cour d'appel de Besançon a fait, dans l'es-
» pèce particulière, une fausse application de
» l'article cité de la loi. La Cour casse, etc. »

2°. *Les nom, prénom, domicile du débiteur; sa*
profession, s'il en a une connue; ou une désignation *individuelle et spéciale, telle que le con-*
servateur puisse reconnaître et distinguer dans
tous les cas l'individu grevé d'hypothèque.

I. Tout ce que nous venons de dire sur la désignation du créancier s'applique avec plus de
rigueur à la désignation du débiteur. Ce qu'il
importe le plus aux tiers de connaître, c'est l'iden-
tité de la personne qui s'oblige envers eux; avec
celle indiquée dans les registres du conservateur;
autrement le but de la publicité ne serait pas atteint, et tout serait dans le vague, comme sous
l'édit de 1771.

II. Ainsi, l'inscription doit présenter le véritable
nom du débiteur; toute erreur à cet égard entraî-
nerait sa nullité, à moins qu'on ne trouvât dans
les autres parties de l'inscription des correctifs tels
que personne n'eût pu se méprendre sur la personne de ce débiteur.

III. Sa profession doit aussi se trouver indiquée
dans l'inscription; mais s'il n'en a pas, ou si le
créancier n'a pu la connaître, il faut la remplacer,

suivant notre article, par une désignation telle que
le conservateur puisse reconnaître et distinguer,
dans tous les cas, l'individu grevé d'hypothèque ;
ce qui est bien dire que l'indication de la profession
n'est pas une formalité substantielle, et que tout
doit se réduire à ce peu de mots : ou l'ensemble de
l'inscription fait suffisamment connaître le débiteur, et alors le juge doit la déclarer valable, ou,
au contraire, elle a pu laisser les tiers dans l'incertitude : dans ce cas, la nullité doit nécessairement
en être prononcée. Voilà à quoi se réduit toute
la théorie sur l'indication de la profession du débiteur.

IV. Quant à son domicile, il ne faut pas croire
qu'il en doive être comme de celui du créancier.
La loi exige l'indication du domicile de ce dernier,
dans l'intérêt du débiteur, des autres créanciers et
même des tiers acquéreurs : si les uns et les autres
veulent l'assigner en radiation, et ensuite lui faire
notifier le jugement qu'ils auront obtenu, il faut
qu'ils connaissent son domicile ; autrement il
n'existe aucun moyen de parvenir à son exécution : c'est là une formalité substantielle dont l'o-
mission doit entraîner la nullité.

Mais, à l'égard du domicile du débiteur, l'indication n'en est exigée que comme moyen de mieux
faire connaître la personne obligée : cette énonciation est sur la même ligne que celle relative à la
profession, et ne peut pas plus qu'elle entraîner la
nullité de l'inscription, si d'ailleurs son ensemble

fait parfaitement connaître la personne du débiteur.

V. Jusqu'à présent nous avons parlé du débiteur,
mais sans indiquer celui qu'on pouvait regarder
comme tel. En matière ordinaire, le débiteur est
celui qui a souscrit l'obligation et consenti l'hypothèque ; tant qu'il reste saisi de l'immeuble hypothéqué, il est tout à la fois débiteur personnel et
débiteur hypothécaire. S'il aliène cet immeuble, il
reste bien débiteur personnel, mais son acquéreur
devient alors débiteur hypothécaire. Or quel est
celui des deux que l'inscription doit désigner?
Est-ce le débiteur originaire ou bien le tiers acquéreur ?

Un arrêt de la Cour de cassation, en date du 13
thermidor an 12, avait décidé que l'inscription
faite après l'aliénation de l'immeuble devait, à peine
de nullité, être faite sur le propriétaire du fonds
hypothéqué, parce qu'il était, relativement à
l'hypothèque, le seul qu'on dût regarder comme
débiteur.

Mais bientôt cette Cour, par un second arrêt du
30 floréal an 13, modifia sa décision, en jugeant
que le créancier avait pu valablement faire inscrire
sur le débiteur originaire, lorsqu'il ne connaissait
pas la mutation qui s'était opérée.

Enfin, l'on a examiné avec plus de soin cette
question depuis la publication de l'article 834 du
Code de procédure, et l'on a vu que, dans tous
les cas, c'était contre le débiteur originaire que

l'inscription devait être dirigée. (*Voyez* les nombreux arrêts rapportés par Sirey, tom. 7, part. 2, pag. 721 ; tom. 8, part. 2, pag. 289 ; et tom. 12, part. 2, pag. 305.)

3° *La date et la nature du titre.*

I. Le titre en vertu duquel l'inscription est requise, doit être désigné par *sa date* et par *sa nature.*

La date est une formalité substantielle. Il faut que les tiers aient les moyens de vérifier si l'hypothèque a une cause légitime ; ce qu'ils ne pourraient faire s'il n'existait dans un registre public une indication précise non-seulement du titre et de la nature de la créance, mais de sa date ou de celle de l'hypothèque.

C'est ce que la Cour de cassation a jugé plusieurs fois, soit en cassant des arrêts qui avaient validé des inscriptions dans lesquelles la date du titre ne se trouvait pas, soit en rejetant le pourvoi dirigé contre ceux qui les avaient déclarées nulles lorsqu'elles ne contenaient pas la date du titre, ou qu'elles l'indiquaient d'une manière inexacte. (*Voy.* le *Journal du Palais*, tom. 18, pag. 81 ; tom. 20, pag. 209 ; et tom. 32, pag. 512.)

II. *La nature* du titre est également essentielle. Il faut que les tiers sachent, en consultant l'inscription, si l'hypothèque découle d'un contrat de prêt ou d'un contrat de constitution, d'un jugement, ou de toute autre décision : autrement l'hypothèque n'aurait pas de publicité, ou, du moins, ne fournissant pas aux tiers les renseignemens dont ils pourraient avoir besoin pour connaître toute l'étendue de l'hypothèque, elle n'aurait qu'une partie de la publicité que la loi a voulu exiger.

Aussi, toutes les fois que de semblables omissions se sont rencontrées, ou, ce qui est la même chose, toutes les fois qu'oubliant le titre constitutif de l'hypothèque, on en a indiqué tout autre, les tribunaux n'ont pas manqué de prononcer la nullité de l'inscription.

Un créancier est subrogé dans les droits d'un autre; il requiert inscription, et au lieu d'indiquer la nature de l'obligation originaire, il ne fait mention que de l'acte de subrogation. Arrêt de la Cour de Pau, confirmé par la Cour de cassation, qui déclare l'inscription nulle. (Sirey, tom. 7, part. 2, pag. 1005.)

Même décision des Cours de Bruxelles et de cassation. (*Journal du Palais*, tom. 27, pag. 83.)

Un mari s'oblige hypothécairement, tant en son nom qu'en celui de sa femme, pour laquelle il se porte fort, et qui postérieurement a ratifié : le créancier prend inscription sur les biens de la femme; mais il ne fait mention que de l'acte originaire, sans parler de l'acte de ratification; cependant, comme c'est ce dernier acte qui a constitué l'hypothèque sur les biens de la femme, et que c'est précisément de celui-là que la loi a entendu parler, la Cour de Paris a déclaré nulle l'inscription. (*Voy.* le *Journal du Palais,* tom. 21, pag. 551.)

Nous pourrions multiplier les citations; mais les motifs que nous avons donnés pour faire regarder cette formalité comme substantielle, sont par eux-mêmes assez puissans pour nous dispenser de toute autre citation; seulement nous ferons remarquer que, comme toutes les autres, cette formalité peut être remplie par des équipollens, et qu'il doit suffire que le juge la trouve dans l'inscription, n'importe comment elle s'y sera glissée, même virtuellement, pour qu'il doive la déclarer valable. C'est ce qu'a jugé la Cour de cassation, par son arrêt du 9 novembre 1815, rapporté au *Journal du Palais,* tom. 1 de 1816, pag. 460.

C'est aussi la doctrine de tous les auteurs. M. Toullier va plus loin. Il prétend (t. 7, pag. 510) que, la publicité de l'hypothèque une fois assurée, n'importe comment, le but de la loi est atteint. « Or, ajoute ce grave jurisconsulte, qu'est-ce qui » est nécessaire pour assurer cette publicité? La » connaissance donnée du montant des charges ou » hypothèques, et des biens qui en sont grevés. » *Toutes les autres formalités sont manifestement* » *accessoires.* » Selon cet auteur, l'omission des noms, prénoms, domicile et profession du créancier et du débiteur ne peut tirer à conséquence. Qu'importe encore l'époque de l'exigibilité de la somme, pourvu que le montant en soit connu? Quand l'inscription dit : un tel doit payer telle somme, tous ses biens, ou tels de ses biens sont hypothéqués à cette somme, voilà l'avertissement donné; il suffit.

Nous ne pouvons partager le système de M. Toullier. Car la publicité n'est pas complète dans le sens légal, quand l'inscription ne s'explique pas sur la date du titre et sur sa nature. Les tiers ignorent si l'hypothèque a été consentie par un mineur, un interdit ou une femme mariée, ou si elle est destinée à garantir une dette éventuelle, non exigible : toutes ces énonciations sont indispensables pour bien faire connaître l'hypothèque, et la seule chose qu'on puisse exiger, c'est qu'elles ne soient pas soumises à des termes sacramentels et qu'elles puissent résulter d'expressions équipollentes. (*Voyez* Dalloz, *Répert.*, v³ *Privil. et Hyp.*, pag. 269.)

III. Lorsque l'hypothèque ne résultera pas de l'acte qui crée l'obligation, mais d'une convention postérieure, on pourra indiquer la date et la nature de l'un et de l'autre; mais la loi n'exige, à peine de nullité, que l'indication de la date et de la nature du titre constitutif de l'hypothèque.

4° *Le montant du capital des créances* exprimées dans le titre, *ou évaluées par l'inscrivant, pour les rentes et prestations, ou pour les droits éventuels, conditionnels ou indéterminés*, dans les cas où cette évaluation est ordonnée; *comme*

˙ *aussi le montant des accessoires de ces capitaux,*
et l'époque de l'exigibilité.

I. Ce n'est pas assez d'avoir désigné le créancier
inscrivant, d'avoir fait connaître le débiteur et le
titre constitutif de l'hypothèque ; il faut encore,
suivant notre article 2148, indiquer le montant du
capital et de ses accessoires, ainsi que l'époque de
leur exigibilité, et faire connaître de cette manière
toute l'étendue de l'hypothèque.

II. On sent aisément que la première de ces
formalités (le montant du capital) est de l'essence
de l'inscription. Un arrêt de cassation, du 5 septembre 1807, rapporté au *Journal du Palais*, le
juge ainsi, et la plus légère réflexion devait suffire
pour le démontrer. Comment, en effet, les tiers
pourraient-ils connaître les charges qui grèvent les
biens d'un individu, si l'inscription ne rappelait
pas le montant des capitaux pour lesquels il s'est
déjà obligé ?

III. La désignation des accessoires de la créance,
tels que les intérêts, les dépens, les dommages et
intérêts, ne peut pas être exigée avec la même
rigueur ; et si le créancier l'omet dans son inscription, on pourra bien s'opposer à ce qu'il soit colloqué pour ces accessoires, mais l'on n'aura pas le
droit de faire prononcer la nullité de l'inscription.

IV. Si la créance est indéterminée, le créancier
est obligé de l'évaluer, afin que les tiers puissent
voir d'un coup d'œil la somme jusqu'à concurrence
de laquelle l'immeuble est déjà grevé ; or la né-

cessité de l'évaluation s'applique à toute espèce
de créances, aux rentes constituées comme à celles
établies en viager. A la vérité, on pourrait dire, que
la rente viagère n'ayant pas ordinairement de capital fixe et connu, il est fort difficile de le déterminer : mais comme notre texte ne fait pas de
distinction sur la nature des diverses rentes qui
peuvent faire l'objet d'une inscription ; qu'il est désormais de principe qu'aucune hypothèque ne
peut exister sans qu'on en connaisse l'étendue, il
serait bien que le créancier énonçât le capital auquel il croit que la rente viagère peut être portée.
Toutefois nous doutons fort que la nullité fût attachée à cette omission. Comme la connaissance des
arrérages est presque toujours suffisante pour faire
déterminer le capital nécessaire à leur service, la
jurisprudence regardera avec raison cette formalité comme indifférente. On pourrait aller jusqu'à
dire que, la rente viagère n'ayant pas, à proprement parler, de capital, il est inutile pour la validité de l'inscription d'en indiquer un.

V. Néanmoins la Cour de Liège a décidé, et sa
décision a été adoptée par M. Merlin, que le créancier d'une rente en grains ne peut être colloqué
que pour la somme à laquelle il en a évalué le capital dans son inscription ; encore que depuis l'inscription la valeur des denrées ait augmenté, et
qu'au moyen de cette augmentation le capital de la
rente ait acquis une valeur plus considérable. La
raison de cette décision est que, si le législateur a

voulu que le montant du capital des créances fût
exprimé dans le titre, ou au moins qu'il y eût évaluation par l'inscrivant, des rentes et prestations,
ou des droits éventuels, conditionnels ou indéterminés, son intention a été qu'un créancier ne pût
prétendre hypothèque pour une somme plus forte
que celle déclarée dans le bordereau.

VI. Notre article exige encore l'énonciation de
l'époque où la dette est exigible. Mais on avait
long-temps douté si c'était là une formalité tellement essentielle à l'inscription, que son omission
dût en entraîner la nullité. Déjà la Cour de cassation (1) avait décidé l'affirmative, sans pour cela
ramener tous les esprits; et il n'a fallu rien moins
qu'une loi pour dissiper tous les doutes et établir
incontestablement la nécessité de l'énonciation de
l'époque de l'exigibilité. — Nous allons la rapporter, parce qu'elle jette un grand jour sur cette
matière (2).

Art. 1er. « Dans le délai de six mois, à dater de
» la promulgation de la présente loi, tout créancier
» qui aurait, depuis la loi du 11 brumaire an 7 jus-
» qu'au jour de ladite promulgation, obtenu une
» inscription sans indication de l'époque de l'exi-
» gibilité de sa créance, soit que cette époque doive
» avoir lieu à jour fixe, ou après un événement
» quelconque, est autorisé à représenter au bureau

---

(1) Son arrêt est rapporté au *Journal du Palais*, 1806.
(2) Cette loi est du 4 septembre 1807. (*Bulletin des Lois*,
n° 2742.)

» de la conservation où l'inscription a été faite, son
» bordereau rectifié, à la vue duquel le conser-
» vateur indiquera, tant sur son registre que sur le
» bordereau resté entre ses mains, l'époque de
» l'exigibilité de la créance ; le tout, en se con-
» formant à la disposition de l'article 2200 du
» Code civil, et sans perception d'un nouveau droit.

2. » Au moyen de cette rectification, l'inscrip-
» tion primitive sera considérée complète et vala-
» ble, si d'ailleurs on y a observé les autres forma-
» lités prescrites.

3. » La présente loi ne s'applique pas aux ins-
» criptions qui auraient été annulées par jugemens passés en force de chose jugée. »

VII. On aurait cru qu'une loi aussi formelle aurait fait cesser tous les doutes, et établi irrévocablement la nécessité de l'énonciation de l'exigibilité
de la dette. Cependant, tout en convenant du principe, on a demandé, 1° si les inscriptions hypothécaires, pour la conservation des rentes perpétuelles,
devaient aussi indiquer, à peine de nullité, l'époque
de l'exigibilité des arrérages, et même celle ou le
capital peut devenir exigible dans les cas déterminés par les articles 1912 et 1913 du Code civil,
2° si les inscriptions pour créance résultant de jugemens, doivent aussi contenir, à peine de nullité,
la mention de l'époque de l'exigibilité.

Les ministres de la justice et des finances, con-
sultés sur ces deux difficultés, ont répondu :
Sur la première. Que le créancier n'était pas

tenu d'indiquer dans l'inscription l'époque de
l'exigibilité qui pouvait avoir lieu en vertu de l'article 1912 du Code civil ; et qu'en y désignant la
nature et la date du titre, ainsi que le montant du
capital, il avait parfaitement rempli, quant au
capital, l'esprit et l'intention de la loi, puisqu'il
ne devait déterminer d'autre époque d'exigibilité
que celle qui résulte de son titre ; mais que relativement *aux arrérages*, il devait en désigner non-
seulement le taux ou le montant, mais encore
l'époque de leur échéance ou de leur exigibilité,
cette obligation paraissant commandée en termes
exprès, et par la loi de brumaire an 7, et par l'article 2148 du Code civil.

Sur la seconde question : Qu'il n'existait pas de
motif pour soustraire les créances résultant de jugemens à la règle commune; toute créance exigible,
quel que soit le titre qui la constitue, devant être
désignée dans l'inscription, non-seulement par son
capital et ses accessoires, mais encore par l'époque
de leur exigibilité, puisque la loi l'ordonne en
termes formels.

Ces décisions ont été, en grande partie, ratifiées
par la jurisprudence. On a jugé constamment qu'il
n'existait aucune raison pour dispenser de la mention de l'exigibilité les créances qui résultaient des
jugemens. (Arrêt de Rouen, du 1er avril 1809,
rapporté dans la 2e édition de nos *Questions.*)

On a pensé également qu'on était dispensé d'indiquer l'exigibilité éventuelle du capital des rentes

constituées ; mais à l'égard de leurs arrérages, la
jurisprudence n'a pas admis l'opinion des ministres
de la justice et des finances. En effet, ou l'on veut
conserver des arrérages déjà échus, et alors la seule
déclaration que l'inscription est prise pour ces
arrérages, tient lieu de l'énonciation de l'exigibilité ;
ou c'est pour des arrérages à échoir, et dans ce
cas, la seule désignation de la rente prouve que
l'exigibilité a lieu d'année en année. (Arrêt de cassation, du 2 avril 1811, rapporté dans la 2ᵉ édition de nos *Questions*.)

VIII. Il faudrait appliquer, à plus forte raison,
à la rente viagère, ce que nous venons de dire de la
rente constituée en perpétuel. Comme son existence
et ses effets se font naturellement connaître par la
seule énonciation de la nature du titre ; que même,
aux termes des articles 1978 et 1979, elle ne peut
jamais devenir exigible (1), on ne pourrait prescrire au créancier l'énonciation de l'exigibilité. Il en
est de même pour l'inscription des arrérages ; car
les mêmes raisons qui ont porté à juger que l'époque de l'exigibilité de ceux de la rente perpétuelle
ne devait pas être indiquée, s'appliquent naturellement aux arrérages de la rente viagère.

IX. On avait demandé également si le but de
la loi était rempli, lorsque le créancier s'était con-

_____

(1) Si ce n'est lorsqu'elle a été constituée, moyennant un
prix, et que le constituant ne donne pas les sûretés stipulées.
(*Code civ.*, art. 1977.)

tenté d'énoncer que la créance était *exigible*, sans dire à quelle époque elle l'était devenue?

Plusieurs arrêts des cours de Rouen, de Riom et de Nîmes jugent l'affirmative, et nous ne voyons pas ce qu'on pourrait leur opposer de raisonnable. L'énonciation qu'a faite le créancier indique suffisamment la position des parties; elle prouve que sa créance peut être exigée de suite. (*Voyez le Journal du Palais*, tom. 29, pag. 505.)

X. Au surplus, il ne faut pas croire que cette formalité doive être remplie littéralement, et par des termes sacramentels; par exemple, qu'il faille toujours dire que la créance est exigible à *telle époque :* le législateur n'a pas pu être aussi rigoureux. Pour cette formalité, comme pour les autres. il se contente d'équipollens, de désignations telles que, sans trouver dans l'inscription le mot *exigible*, on puisse cependant conclure de son ensemble quelle est la véritable époque d'exigibilité de la créance.

C'est tout ce que l'intérêt des tiers paraît exiger, et ce dont la jurisprudence s'est jusqu'alors contentée.

Un créancier requiert inscription pour des effets de commerce *protestés :* il ne parle pas de l'époque de l'exigibilité de sa créance, mais attendu que le mot *protesté* indique suffisamment l'exigibilité, arrêt de la Cour de cassation qui juge que l'inscription est valable. (*Journal du Palais*, tom. 35, pag. 328.)

On pourrait continuer les citations et les multiplier à l'infini; mais nous croyons qu'il suffit de remonter aux sources ci-dessus indiquées pour demeurer convaincu que la mention d'exigibilité, rigoureusement prescrite par la loi du 4 septembre 1807, peut néanmoins être remplie en termes équipollens.

XI. Toutefois que déciderait-on dans le cas où la formalité aurait été remplie, mais d'une manière inexacte, par exemple, lorsqu'on aurait indiqué l'époque d'exigibilité à un temps plus ou moins reculé que celui où la dette est réellement payable ?

Nous distinguerons deux cas. Si l'exigibilité a été indiquée à une époque plus éloignée que celle fixée par le contrat, l'inscription doit être déclarée nulle : dans ce cas, les tiers n'ont pas connu la créance telle qu'elle était; ils ont cru qu'elle n'était exigible, ainsi que le marquait l'inscription, que dans un délai assez éloigné : cette considération a pu les déterminer à traiter avec le débiteur.

Mais dans le cas où la créance n'est exigible que long-temps après le temps marqué par l'inscription, les autres créanciers, les tiers acquéreurs, ne sauraient s'en plaindre : cette circonstance, loin de leur nuire, tourne à leur avantage, et le débiteur (ou eux pour lui) garde plus long-temps entre ses mains la somme pour laquelle était requise l'inscription. Ainsi aucun motif plausible ne pourrait autoriser les créanciers ou les tiers acquéreurs à demander la nullité.

On ne peut pas assimiler cette erreur à celle
relative à la date du titre constitutif de l'hypothèque. Quand l'inscription n'énonce pas la date du
titre, ou, ce qui est la même chose, quand elle en
énonce une fausse, les tiers ne peuvent pas vérifier
comment l'hypothèque a été consentie, et sous
quelles modifications; si le débiteur était capable
ou ne l'était pas; si l'immeuble qu'il hypothéquait
lui appartenait à cette époque, etc. L'erreur sur la
date pourrait cacher mille choses que les tiers
auraient besoin de connaître. L'erreur dans l'exigibilité, alors qu'elle ne nuit pas aux tiers, alors
qu'elle leur laisse plus de temps qu'ils ne comp-
taient en avoir, leur est assez indifférente pour
qu'elle ne leur donne pas le droit de demander
la nullité. Ainsi jugé par arrêt de la cour de
Metz, confirmé par la Cour de cassation. (*Voyez*
le *Journal du Palais*, tom. 3 de 1814, pag. 213.)

5° *L'indication de l'espèce et de la situation des
biens sur lesquels il entend conserver son privilége ou son hypothèque.*
*Cette dernière disposition n'est pas nécessaire dans
le cas des hypothèques légales ou judiciaires :
à défaut de convention, une seule inscription,
pour ces hypothèques, frappe tous les immeubles
compris dans l'arrondissement du bureau.*

I. Pour compléter le système de publicité, la loi
a voulu que l'inscription désignât, d'une manière à
ne pas s'y méprendre, les biens grevés d'hypo-

thèque; qu'elle les indiquât par leur *nature* et par leur *situation*.

On sent facilement les motifs de cette disposition : c'est afin qu'on ne puisse pas se méprendre sur les biens hypothéqués, afin que, lorsqu'une personne offre tel immeuble en gage de l'emprunt qu'elle veut faire, les tiers auxquels elle s'adresse puissent savoir si déjà le même immeuble n'a pas été hypothéqué au paiement d'une autre dette.

II. Cette formalité est évidemment substantielle; elle est de l'essence de l'inscription; elle en fait prononcer la nullité si elle y est omise.

III. Toutefois nous ne pouvons nous dissimuler que, si ces principes n'ont pas, en théorie, donné lieu à des controverses, il n'en est pas de même dans la pratique. Tout le monde a reconnu que la désignation de l'immeuble était indispensable, mais l'on a différé d'opinion sur la manière de l'opérer.

IV. La loi exige l'indication de l'*espèce* et de la *situation* des biens sur lesquels on entend conserver son privilége ou son hypothèque.

On entend par indication de l'espèce, la déclaration que les biens sur lesquels on prend inscription consistent en bâtimens, terres labourables, prés, champs, vignes, bois, etc. (Arrêt de cassation, rapporté dans le *Journal du Palais*, tom. 26, pag. 565.)

V. Si l'on s'était contenté de dire que l'on prenait inscription sur *tous les biens* que le débiteur possédait dans telle commune, la disposition de

la loi ne serait pas remplie; l'inscription ne contiendrait pas l'indication de l'espèce, et, pour
cela, ne pourrait manquer d'être déclarée nulle.
(Même arrêt.)

VI. La situation de l'immeuble doit être ordinairement indiquée par le nom de la commune de
l'arrondissement, et même du département; mais
nous ne croyons pas que l'omission de l'une de ces
désignations pût déterminer la nullité de l'inscription. La raison en est que, la loi ne donnant pas de
règle, et s'en rapportant pour cet objet aux tribunaux, c'est à eux de voir si les énonciations que
contient l'inscription font suffisamment connaître
la situation de l'immeuble.

C'est conformément à ces principes, qu'un arrêt de la Cour royale d'Aix a décidé que l'indication de la commune où les biens sont situés, n'est
pas indispensable pour la validité de l'inscription.
(*Sirey*, tom. 13, part. 2, pag. 187.)

VII. Notre article dispense les inscriptions faites
pour conserver des hypothèques légales et judiciaires, d'énoncer l'espèce et la situation des biens;
et la raison de cette exception se trouve dans l'é-
tendue de ces sortes d'hypothèques, qui, grevant
les biens présens et à venir du débiteur, doivent
se conserver sur les biens situés dans l'arrondissement du bureau, par le seul effet d'une inscription
générale et indéterminée.

VIII. Mais il en serait autrement si, par l'effet
d'une convention, l'hypothèque judiciaire se trou-

vait réduite à certains immeubles. Comme alors l'hypothèque change de caractère, qu'elle devient pour ainsi dire conventionnelle, on est censé s'être remis sous l'empire de la règle générale, et s'être soumis à l'observation des formalités ordinaires. Si donc, en inscrivant cette hypothèque sur les biens auxquels elle a été réduite, on n'en avait pas désigné la nature et la situation, l'inscription serait absolument nulle.

IX. On pourrait sans doute en dire autant pour l'hypothèque légale de la femme et des mineurs, lorsqu'elle a été réduite, et que les maris et tuteurs n'ont pas, dans leurs inscriptions, désigné la nature et la situation des biens; mais comme, malgré la réduction, ces deux espèces d'hypothèques sont toujours indépendantes de l'inscription, la nullité des bordereaux serait sans objet.

X. Notre article dit *qu'à défaut de convention, une seule inscription pour ces hypothèques frappe tous les immeubles compris dans l'arrondissement du bureau:* ce qui donne lieu à la question de savoir si cette inscription frappe seulement les biens existant au moment où elle est requise, ou si elle atteint aussi les biens que le débiteur pourra acquérir par la suite dans l'arrondissement du même bureau?

L'article 4 de la loi de brumaire limitait l'effet de l'inscription aux biens déjà existans. Il ne permettait aux créanciers d'atteindre les biens acquis ultérieurement qu'en prenant de nouvelles inscriptions. « Le créancier peut aussi (porte cet article),

» par des inscriptions ultérieures, faire porter son
» hypothèque sur les biens qui échoiront au débi-
» teur, ou qu'il acquerrait par la suite. »

Entraîné par cette loi, nous avions dit dans notre première édition que le Code civil paraissait
rédigé dans les mêmes vues; mais peu après nous
nous sommes aperçu de notre erreur. Nous avons
vu, 1° que si le Code ne répétait pas la disposition
de la loi de brumaire, c'est parce qu'il avait voulu
l'abroger; 2° que les termes de l'article 2148 ne
permettaient pas d'équivoque; que, venant de parler de l'hypothèque légale et judiciaire, et sachant
bien qu'elles frappaient l'une et l'autre sur les biens
à venir, le législateur qui dit qu'*une seule inscription frappe tous les immeubles compris dans l'arrondissement*, a voulu par cela indiquer que cette
inscription atteindrait désormais tant les biens
présens que les biens à venir. Enfin, ce qui nous a
confirmé dans cette opinion, c'est qu'en économi-
sant les frais d'une seconde inscription, nous avons
vu qu'on n'altérait pas le système de publicité, et
que, de plus, l'on ne faisait aucun tort aux tiers,
qui avaient toujours les moyens de connaître les
charges qui grevaient les immeubles. Au surplus,
cette question vient d'être jugée tout récemment
dans ce sens par la Cour de cassation; nous avons
rapporté son arrêt dans la 2ᵉ édition de nos *Questions sur les Priviléges et Hypothèques.*

Art. 2149. *Les inscriptions à faire sur les biens d'une personne décédée pourront être faites sous la simple désignation du défunt, ainsi qu'il est dit au n° 2 de l'article précédent.*

I. Souvent il arrive qu'on ne connaît pas le nom des héritiers de son débiteur, et cependant on peut être intéressé plus que jamais à faire inscrire sa créance : voilà pourquoi notre article permet de le faire sous la simple désignation du défunt; mais, dans ce cas, les bordereaux doivent énoncer ses nom, prénoms et domicile, ou toute autre désignation individuelle et spéciale, telle que le conservateur puisse reconnaître et distinguer l'individu grevé d'hypothèque.

Il faut voir à ce sujet ce que nous avons dit sur le § 2 de l'article 2148.

II. Toutefois notre article est facultatif, et laisse au créancier le choix d'inscrire utilement, soit sous la simple désignation du défunt, soit sous celle de chacun des héritiers; mais, dans ce dernier cas, l'inscription ne serait complète qu'autant qu'elle serait dirigée contre tous les héritiers, et qu'elle les désignerait tous nommément. Si donc le créancier s'est contenté d'inscrire contre l'un d'eux, même en ajoutant que c'était en sa qualité d'héritier, l'inscription ne conserverait d'hypothèque qu'autant que, par l'effet du partage, cet héritier se trouverait saisi de l'immeuble affecté et chargé seul du paiement de la dette.

II.　　　　　　　　　　　　　　5

III. On a demandé, sur cet article, si l'inscription pourrait être régulièrement prise sous la simple désignation du défunt, alors que l'héritier aurait reconnu la dette et fourni titre nouvel.

Un arrêt de la Cour d'Angers, rapporté au *Journal du Palais*, tom. 1 de 1813, pag. 382, décide l'affirmative. Ses motifs sont que le titre nouvel augmente bien le nombre des débiteurs, mais ne décharge pas les anciens; que, la succession restant encore obligée, on a pu prendre l'inscription sur elle, ou, ce qui est la même chose, sous la simple désignation du défunt.

Ces motifs ne nous paraissent pas de nature à faire impression; si nous osons même dire toute notre pensée, nous avouerons qu'ils nous semblent erronés. Tant que l'héritier n'a pas accepté la succession, ou même que, l'ayant acceptée, il n'a pas autrement contracté l'obligation d'en payer les dettes, le créancier conserve la succession pour obligée; il peut demander la séparation des patrimoines; en un mot diriger toutes ses poursuites, prendre toutes inscriptions contre cette succession, et conséquemment sous le nom du défunt.

Mais lorsqu'à son acceptation pure et simple l'héritier a joint une reconnaissance de la dette, lorsqu'il s'est obligé *personnellement* à l'acquitter, il a fait novation, il a substitué un débiteur à un autre, une seconde dette à une première qui désormais est éteinte. C'est ce que décide

implicitement l'article 879 du Code civil, en interdisant au créancier, qui a accepté l'héritier
pour débiteur, le droit de demander la séparation des patrimoines. Voici les termes de cet
article.

« Ce droit » (celui de demander la séparation des
patrimoines) « ne peut cependant plus être exercé,
» lorsqu'il y a *novation* dans la créance contre le
» défunt, par l'acceptation de l'héritier pour débi-
» teur. »

Le mot, comme on le voit, est dans la loi.
A ses yeux, il y a novation dès qu'on a accepté
l'héritier pour débiteur, et qu'on s'est contenté
d'un titre nouvel. Le créancier n'a plus le défunt
pour engagé, il n'est plus créancier de la succession ; la première dette est éteinte. Tout ce qu'il
peut faire en perdant le droit de demander la
séparation des patrimoines, c'est donc de venir se
ranger parmi les créanciers de l'héritier.

Cela posé, comment l'inscription pourrait-elle
être prise encore sous la simple désignation du
défunt ? Il est étranger à la dette ; ni lui ni sa
succession ne sont débiteurs personnels ou hypothécaires ; ils sont remplacés par l'héritier : c'est
donc l'héritier qu'il faut indiquer aux tiers; c'est
uniquement contre lui que doit être dirigée l'inscription.

Voilà les motifs qui nous ont portés à nous écarter de la décision de la cour d'Angers, et à adopter
même une opinion toute contraire. A nos yeux,

l'inscription prise contre le défunt est nulle, et
ne peut servir au créancier ni pour se faire colloquer parmi ceux de la succession, ni avec ceux de
l'héritier.

Art. 2150. *Le conservateur fait mention sur son*
registre du contenu aux bordereaux, et remet
aux requérans tant le titre ou l'expédition du
titre, que l'un des bordereaux au pied duquel
il certifie avoir fait l'inscription.

I. La mention à faire par les conservateurs met
le dernier sceau à l'hypothèque; aussi doit-elle
comprendre avec la plus rigoureuse exactitude
tout ce que contiennent les bordereaux, et principalement les formalités qui leur sont essentielles.
S'il arrivait donc qu'un conservateur peu soigneux
omît de faire mention sur ses registres, soit de
l'énonciation des biens, soit de l'énonciation
des sommes pour lesquelles on inscrit, soit enfin de toute autre formalité substantielle, l'inscription serait nulle, et sa nullité ne pourrait
être couverte par la régularité des bordereaux.
La raison en est, 1° que, suivant l'article 2134,
l'hypothèque ne *prend de rang que par l'in-*
scription prise sur les registres du conserva-
teur; 2° que les tiers n'en peuvent connaître
l'existence légale que par cette inscription, puisque le conservateur ne délivre jamais copie des
bordereaux, mais seulement du contenu en ses
registres. C'est ainsi que la Cour de cassation l'a

jugé le 22 avril 1807 (1). L'arrêt est rapporté par Denevers au *Journal des Audiences*, 5ᵉ cahier.

II. Mais renversant la proposition, il faut examiner si le créancier peut se prévaloir de la régularité de l'inscription, lorsque son bordereau est inexact et nul? Les principes adoptés par l'arrêt ci-dessus rappelé, ne permettent guère de doute à cet égard. L'inscription sur les registres du conservateur suffit pour donner le rang à l'hypothèque, et le bordereau n'est exigé que pour l'instruction du conservateur, pour lui donner les moyens de faire l'inscription. D'un autre côté, le conservateur n'étant obligé qu'à donner copie du contenu en l'inscription, le vice du bordereau doit se trouver naturellement couvert.

III. Ainsi, cet arrêt de la Cour de cassation paraît dissiper tous les doutes sur la préférence qu'on doit accorder à l'inscription sur les bordereaux. Mais il nous reste à examiner si, dans le premier cas, lorsque le conservateur a omis de faire mention sur ses registres d'une des formalités substantielles qui se trouvaient dans le bordereau, il doit être déclaré responsable envers le créancier? D'une part, on pourrait dire que, l'article 2197 ayant limité la responsabilité des conservateurs au cas où ils auraient omis sur leurs registres des transcriptions et des inscriptions, et

---

(1) La Cour d'appel du Calvados l'avait aussi jugé, le 9 prairial an 13.

à celui où, dans leurs certificats des inscriptions existantes, ils auraient négligé d'en rappeler quelqu'une, on ne peut arbitrairement les surcharger d'une responsabilité qui n'est déjà que trop onéreuse.

Cependant on peut répondre que le créancier qui a fourni des bordereaux légalement faits, a accompli tout ce que la loi exigeait de lui; que, par conséquent, la conservation de ses droits ne peut pas dépendre du plus ou moins d'exactitude d'un tiers qui lui est étranger. Il est vrai qu'on peut dire qu'en fournissant les bordereaux, il doit veiller à ce que son inscription s'effectue d'une manière régulière; mais la loi ne lui en fait pas un devoir, et lui permet, par cela seul, de s'en dispenser : ce reproche, d'ailleurs raisonnable dans la bouche d'un tiers, d'un autre créancier, par exemple, serait déplacé dans celle du conservateur qui aurait commis la faute. Enfin on peut comparer l'inscription irrégulière que fait le conservateur sur la représentation de bordereaux où toutes les formalités sont observées, au cas où le conservateur aurait omis d'en porter une sur les registres, quoiqu'elle eût été valablement requise. Il est indifférent, en effet, que le conservateur n'ait pas fait l'inscription , ou qu'il l'ait faite d'une manière inexacte et infructueuse. Ainsi, par exemple, s'il avait omis de faire mention de l'exigibilité, ou de toute autre formalité essentielle qui se trouvait dans le bordereau, et qu'ensuite l'inscription fût déclarée nulle, il serait responsable envers le créancier.

IV. Mais si, avant que la difficulté fût élevée, le conservateur s'apercevait de l'irrégularité par lui commise, aurait-il le droit de la rectifier?

Un avis du conseil d'état, du 26 décembre 1810, autorise les conservateurs à faire ces rectifications, mais de la manière suivante : ils doivent porter sur leurs registres, à la date courante seulement, une nouvelle inscription plus conforme aux bordereaux remis par le créancier, en ayant soin de relater l'inscription qu'ils veulent rectifier, afin d'éviter tout double emploi. Cette rectification n'a néanmoins d'effet que du jour où elle est faite; sauf le recours du créancier contre le conservateur, si la différence de date lui porte préjudice.

V. Après avoir fait l'inscription, le conservateur doit remettre au requérant, tant le titre ou l'expédition du titre, que l'un des bordereaux, au pied duquel il certifie avoir fait l'inscription. Dans ce même certificat, il doit énoncer les droits et salaires qui lui ont été payés. — Suivant la loi du 21 ventôse an VII, les droits d'inscription étaient d'un pour mille du capital des créances, quel que fût le nombre des créanciers requérans, et celui des débiteurs grevés; le salaire du conservateur était de cinquante centimes par chaque inscription.

La loi sur les finances de 1816 maintient cette fixation, ainsi qu'on peut s'en convaincre par la lecture de l'article 60.

Art. 2151. *Le créancier inscrit pour un capital produisant intérêt ou arrérages, a droit d'être colloqué pour deux années seulement, et pour l'année courante, au même rang d'hypothèque que pour son capital, sans préjudice des inscriptions particulières à prendre, portant hypothèque à compter de leur date, pour les arrérages autres que ceux conservés par la première inscription.*

I. Suivant les principes du droit romain (1) et de l'édit de 1771, les intérêts résultant de créances qui en étaient susceptibles, étaient toujours colloqués au même rang que le capital; mais depuis la loi de brumaire, on a cherché à empêcher cette agglomération abusive d'intérêts qui souvent excédaient le capital des créances, et l'on a sagement arrêté que l'inscription d'un capital de cette nature ne donnerait droit d'être colloqué que pour *deux années d'intérêt seulement et pour l'année courante.* A la vérité, on n'a pas entendu par là empêcher le créancier de prendre rang pour tous les intérêts échus, dont l'article 2277 lui accorde la répétition; mais, dans ce cas, le système de publicité exigeait qu'il en fît mention, soit en inscrivant le capital de sa créance, soit en prenant pour cet objet une inscription particulière.

(1) L. 12, § 6, et L. 18; ff. *Qui potior in pign.*; L. *Eos qui*, Cod. *de Usur.*

II. Quant aux intérêts non encore échus lors de l'inscription du capital, le créancier a droit d'être colloqué au même rang que pour le capital, mais seulement pour deux années et celle courante. La seule inscription pour le capital, encore qu'il n'y soit pas fait mention des deux années d'intérêts, leur conserve de *plein droit* le même rang qu'au capital. Ainsi jugé par arrêt de la Cour d'appel de Paris, rapporté au *Journal du Palais*, an 13, 2ᵉ semestre, art. 258.

III. Mais il faut bien entendre ce que veut dire notre article par ces expressions, *pour deux années seulement et pour l'année courante.* Quelques personnes avaient pensé que l'année courante était celle durant laquelle se faisait la distribution du prix; un arrêt de cassation, rapporté par Sirey, tom. 16, part. 1, pag. 250, a été rendu dans ce sens; d'autres, dont nous avions suivi le sentiment dans notre première édition, croyaient que le législateur avait entendu parler de l'année durant laquelle l'inscription était prise. En y réfléchissant, nous avons vu que cette difficulté n'avait pas d'objet. Soit qu'on entende les expressions de notre article de manière à les appliquer à l'année où l'inscription est prise, soit qu'on pense qu'elles indiquent l'année dans laquelle se font la vente, l'ordre et la collocation, toujours est-il que la loi accorde trois années d'intérêts, si elles sont dues, au même rang que le capital. D'après cela, il importera peu de les appliquer à telle ou telle année; il suffira que le créancier ne prenne, en vertu de la première inscription, que trois années d'intérêts, pour que les tiers ne puissent se plaindre.

A l'égard des autres années d'intérêts qui peuvent encore être dues, le créancier ne les conservera, comme dit notre article, que par des inscriptions subséquentes, dont l'effet sera de les faire colloquer à leur date seulement.

IV. Cette manière d'expliquer l'art. 2151 nous conduit naturellement à l'examen de cette autre question : si le créancier conserve le droit de se faire colloquer pour trois années d'intérêts, encore que depuis son inscription il ait touché le montant des trois premières, et qu'il ne reste créancier que des trois subséquentes? Exemple : j'avais pris une inscription le 1er janvier 1810; elle conservait, aux termes de l'art. 2151, trois années d'intérêts; j'ai reçu du débiteur les intérêts pour les années 1810, 1811 et 1812 : après la vente de son immeuble, faite en 1816, je me suis présenté à l'ordre, et j'ai demandé à être colloqué pour mon capital et pour trois années d'intérêts qui m'étaient encore dues : ma demande était-elle fondée?

Un arrêt de la Cour de Riom avait jugé que l'art. 2151 s'appliquait limitativement aux trois premières années d'intérêts échues depuis l'inscription; que si le paiement en avait été fait, le créancier n'avait, pour les années postérieures, d'autres ressources que de requérir de nouvelles inscriptions, sans pouvoir jamais invoquer pour celles-ci le bénéfice de la première.

Cet arrêt fut dénoncé à la Cour de cassation par le procureur général, et, le 12 mai 1816, intervint une décision qui cassa l'arrêt de Riom dans l'intérêt de la loi. Ses motifs sont ceux que nous avons indiqués sur le n° précédent; savoir : Que l'article 2151 accorde au créancier trois années d'intérêts au même rang que son capital, sans indiquer sur quelle année cette collocation doit frapper. Tout ce que la loi a voulu par cette disposition, c'est qu'on pût connaître aisément toute la créance; c'est que le tiers qui se proposait de contracter avec le débiteur, apprît d'une manière certaine la somme qui devait le primer : or peu lui importe à lui que cette somme se compose d'un capital ou de plus ou moins d'intérêts, et que ces intérêts s'imputent sur les dernières ou sur les premières années; son but est rempli quand il a connu l'étendue de la créance. Ainsi, dans l'exemple rapporté ci-dessus, je serai colloqué pour les trois dernières années d'intérêts, encore que j'aie été payé des trois premières. (*Voy.* le *Journal du Palais*, t. 3 de 1816 ; pag. 289.)

V. Ces principes nous serviront encore à décider cette autre question : si les trois années dont parle l'article 2151 doivent s'entendre seulement des intérêts à échoir, ou si l'on ne pourrait pas les étendre aussi aux intérêts déjà échus à l'époque où l'inscription est prise ?

En général, l'article 2151 ne s'entend que des
intérêts à échoir; néanmoins nous pensons qu'il
faut distinguer deux cas. Si l'inscription fait mention des arrérages échus, l'article 2151 ne peut
s'appliquer qu'à ceux à échoir. En vérifiant l'inscription, les tiers ont su que les intérêts déjà
échus étaient légalement conservés; que par conséquent la faveur de la loi ne devait se porter que
sur ceux à échoir. (Arrêt de Paris, *Journal du
Palais*, an 13, tom. 2, pag. 552.)

Mais lorsque l'inscription est muette sur ce
point, qu'elle ne fait mention d'aucuns intérêts
ou arrérages, le tiers a dû compter qu'il y aurait
toujours trois années de conservées par le seul fait
de la loi; et comme il lui importe peu que ce soit
trois années avant ou après, il serait mal reçu à
élever cette contestation.

VI. Notre article présente encore une difficulté
qui a d'abord divisé les meilleurs esprits. On a
demandé si le créancier qui est utilement colloqué
pour le capital doit l'être au même rang, outre les
trois années d'intérêts dont nous venons de parler,
pour ceux échus depuis l'adjudication, et durant
les constestations qui se sont élevées sur l'ordre.

Avant le Code procédure, la négative avait
d'abord été soutenue avec succès, et deux arrêts
des Cours de Paris et de cassation semblaient ne
plus permettre de contestations à cet égard; mais
depuis que l'on a vu dans l'art. 739 de ce Code,
que ce n'était qu'après le réglement définitif de

l'ordre que les intérêts cessaient de courir, et dans l'art. 770, que « la partie saisie et le créancier sur » lequel les fonds manquent, auront leur recours » contre ceux qui auront succombé, *pour les inté-* » *rêts courus pendant le cours des contestations;* » personne n'a balancé à proscrire l'ancienne juris-prudence, et à juger que les intérêts échus durant les contestations, devaient être colloqués au même rang que le capital.

Voici, au surplus, comment s'en est expliquée la Cour de cassation.

« Considérant qu'avant la publication du Code » de procédure civile, il était permis de douter » si, aux termes de l'article 19 de la loi du 11 bru- » maire an VII, et de l'article 2151 du Code civil, » les intérêts échus depuis l'adjudication étaient » dus à chaque créancier hypothécaire au même » rang que le capital; mais que tout doute à ce » sujet a été levé par les articles précités du Code » de procédure, de la combinaison desquels il ré- » sulte évidemment que le créancier a droit de » venir au même rang que le capital pour les in- » térêts dont il s'agit; 2° que ces articles, qui » avaient déjà été publiés lors du jugement d'or- » dre du 30 août 1806, et qui étaient en pleine » vigueur le 4 août 1807, jour de l'arrêt dénoncé, » *ne sont pas introductifs d'un droit nouveau,* » mais seulement explicatifs de l'article 19 de la » loi de brumaire an VII, et de l'article 2151 du » Code civil. — D'où il suit que l'arrêt dénoncé,

» en décidant le contraire, est contrevenu à l'ar-
» ticle 2151 du Code civil, interprété par les arti-
» cles 767 et 770 du Code de procédure. »

VII. L'article 2151 s'applique-t-il aux arrérages
de créances antérieures à la loi de brumaire an vii?
M. Grenier, t. 1er, n° 99, pense que l'article 19 de
la loi de brumaire et l'article 2151 du Code civil
s'appliquent aux anciennes créances, comme à
celles qui ont pris naissance depuis l'une ou l'autre
de ces deux lois. Il reconnaît pourtant que la négative paraît avoir été décidée par un arrêt de cassation, du 13 thermidor an xii, rapporté par
M. Merlin, *Rép. de jurisp.*, v° *Hypothèque*, sect. II,
§ 2, art. 14, n° 1er.

VIII. Un autre point a attiré l'attention des conservateurs. Quelques uns d'entre eux ont demandé
si notre article était applicable aux hypothèques
légales comme à celles conventionnelles et judiciaires? Nous pensons qu'il faut distinguer. S'il s'agit
de l'hypothèque de l'État, des communes ou autres
établissemens publics, nul doute que notre article
ne soit absolument applicable : cette hypothèque
ne se conservant, en effet, que par l'inscription,
elle ne diffère des hypothèques ordinaires que par
son origine. Mais si l'on propose la difficulté pour
l'hypothèque des mineurs et des femmes, elle nous
paraît résolue par cela seul que leurs droits se conservent sans inscription durant le mariage ou la
tutelle comme après leur dissolution. Vouloir donc
exiger une inscription pour les intérêts que le mari

ou le tuteur doivent à la femme ou aux mineurs, c'est aller plus loin que la loi, c'est assujettir les accessoires à des règles proscrites pour le principal, c'est, en un mot, violer la lettre et l'esprit de l'article 2135.

Or ces considérations suffisent pour limiter notre article à l'hypothèque légale de la nation, des communes, et à celle conventionnelle et judiciaire.

IX. Nous ne pouvons terminer l'explication de l'article 2151, sans examiner s'il reçoit son application à l'égard des privilèges sur les immeubles qui ne se conservent que par inscription.

Déjà nous avons eu occasion de traiter cette difficulté à l'égard du privilège du vendeur. Nous avons dit (art. 2103, n° 4) que par le fait seul de la transcription de son titre, le vendeur conservait deux années d'intérêts et l'année courante, sauf les inscriptions particulières qu'il avait le droit de requérir pour les intérêts des années subséquentes.

Lorsque nous nous expliquions de cette manière, nous étions loin de penser que l'opinion contraire pût avoir des partisans : cependant, à la même époque, la cour de cassation jugeait que l'article 2151 ne s'appliquait qu'aux hypothèques proprement dites, et que le vendeur privilégié pour son capital devait l'être également pour tous les intérêts de son prix, à quelque somme qu'ils pussent monter.

Voici les motifs de son arrêt : « Attendu qu'il ré-
» sulte de la combinaison des articles précités,
» que le vendeur a, pour le paiement du capital et
» des intérêts du prix de l'immeuble vendu, un
» seul et même privilége, lequel doit d'autant plus
» être considéré comme étant de l'essence du
» même contrat de vente, qu'il est une consé-
» quence nécessaire de la faculté que l'article 1654
» du même Code accorde au vendeur de faire pro-
» noncer la ré liation de la vente à défaut de paie-
» ment par l'acc éreur; que la transcription tient
» lieu d'une insc ption au vendeur, et lui con-
» serve son privilé e; que la disposition de l'ar-
» ticle 2151, qui veut que le créancier inscrit pour
» un capital produisant intérêts, n'ait droit que
» pour trois années d'intérêts *au même rang d'hy-*
» *pothèque* que pour son capital, ne peut s'appli-
» quer au privilége du vendeur, dont le rang n'est
» point fixé par la date de la transcription qui tient
» lieu d'inscription ; qu'il est incontestable que, si
» le vendeur est déchu de son privilége lorsqu'il
» n'a pas pris d'inscription, ou que son acquéreur
» immédiat n'a pas fait transcrire avant la tran-
» scription du tiers acquéreur, » (ou dans la quinzaine suivante, conformément à l'article 834 du
Code de procédure) « il conserve évidemment ce
» privilége à la date du contrat de vente pour le
» capital et pour les intérêts, si l'inscription, soit
» qu'il l'ait prise directement, soit qu'elle résulte
» de la transcription faite par son acquéreur im-

» médiat, a eu lieu dans le délai prescrit par l'ar-
» ticle 834 précité. »

S'il nous est permis de nous expliquer franchement, malgré tout le respect que nous professons
pour les décisions de la Cour suprême, nous dirons
que ces motifs ne nous semblent pas concluans.
Qu'importe, en effet, que l'article 1654 accorde
au vendeur qui n'est pas payé de son prix le droit
de demander la résolution du contrat? ce droit ne
lui est acquis qu'à défaut de paiement du capital;
et s'il arrivait que ce capital ne fût pas encore exigible, et qu'il ne fût dû au vendeur que des intérêts,
nul doute qu'on ne lui refusât l'action résolutoire.

Par où l'on voit que le vendeur n'a pas pour les
intérêts les mêmes priviléges que pour le capital.
Bien mieux, l'article 2103 ne lui en accorde aucun,
puisqu'on y lit ces mots : « Les créanciers privilé-
» giés sur les immeubles sont, le vendeur, sur
» l'immeuble vendu, *pour le paiement du prix;* »
ce qui écarte l'idée d'une pareille préférence pour
les intérêts de ce prix.

Ce n'est donc, comme on le voit, qu'en appliquant l'article 2151 au vendeur, qu'on peut lui
accorder trois années d'intérêts au même rang que
son capital : c'est parce que nous donnons à la
transcription le même effet qu'à une inscription,
que nous arrivons à ce résultat.

Et vainement l'arrêt argumente de ces mots de
l'article 2151, *au même rang d'hypothèque,* pour
en conclure que sa disposition ne s'applique qu'aux

hypothèques. Si la remarque était juste, il faudrait en tirer une conséquence contraire; il faudrait aller jusqu'à dire que, privé d'un privilége par l'article 2103 pour la conservation des intérêts de son prix, le vendeur ne doit pas même en trouver le principe dans l'article 2151. Mais nous avouons que ce serait trop rigoureux. L'article 2151 s'applique aux priviléges, comme tous les autres articles du même chapitre; et il suffit que la rubrique soit commune aux hypothèques et aux priviléges pour que le législateur n'ait pas besoin de répéter à chaque instant les deux dénominations.

Terminons par remarquer que la Cour d'Angers, devant laquelle la Cour de cassation avait renvoyé la cause et les parties, après un mûr examen, a restreint le privilége du vendeur. Elle s'est particulièrement attachée à ce motif de la plus haute considération, qu'accorder au vendeur un privilége illimité pour vingt ans, par exemple, ce serait méconnaître le but de la publicité, et enlever aux tiers les moyens de connaître toute l'étendue de la créance qui doit les primer. (Voyez le *Journal du Palais*, tom. 3 de 1816, pag. 281 ; et le *Traité des Hypothèques*, de M. Grenier, tom. 2, n° 103.)

Depuis, la jurisprudence a été irrévocablement fixée. L'arrêt de la Cour d'Angers a été cassé par les sections réunies; et sur le renvoi devant la Cour de Paris, la Cour, en audience solennelle, a professé les mêmes principes que la Cour de cassation, et accordé au vendeur un privilége pour *tous* les intérêts qui pouvaient lui être dus.

IX. La Cour royale de Paris a décidé aussi que l'acquéreur, créancier du vendeur qui paie les intérêts de son prix, a droit d'être colloqué pour ceux de sa créance, non-seulement pour deux années et la courante; mais encore pour tout le temps depuis l'époque de son acquisition jusqu'au règlement définitif de l'ordre, pourvu qu'il soit régulièrement inscrit quant au capital. (Sirey. 16. 2. 329.)

X. Ce que nous venons de dire à l'égard du vendeur nous dispense d'entrer dans de plus grands détails à l'égard des autres priviléges. Le cohéritier, l'architecte à qui il sera dû une soulte ou le prix des travaux, pourront réclamer trois années d'intérêts au même rang que le capital, si ce capital était de nature à en produire.

XI. Mais que déciderons-nous à l'égard des créanciers et légataires d'une succession? Ne pourront-ils réclamer que trois années d'intérêts, au préjudice des créanciers de l'héritier?

Ici les principes doivent changer. Il ne s'agit pas de l'exercice d'un privilége ordinaire, mais des suites de la demande en séparation des patrimoines régulièrement rendue publique. Or, comme le principal de ses effets est de tenir distincts les patrimoines; d'empêcher, pour me servir des expressions de l'article 2111, qu'aucune hypothèque ne puisse être établie par les héritiers *au préjudice des créanciers et légataires*, il faut dire que l'héritier ni ses créanciers ne peuvent rien réclamer tant que les autres ne sont pas complètement désintéressés en capital, intérèts et frais.

XII. Une dernière observation, trop importante pour que nous la laissions échapper, c'est que l'article 2151 ne reçoit d'application qu'à l'égard des créanciers hypothécaires ou privilégiés entre eux. C'est dans un ordre, et lorsque les créanciers réclament leur rang, que l'on applique l'art. 2151. Mais s'il n'y avait pas de poursuite d'ordre, qu'il n'y eût de débats qu'entre un créancier et le tiers acquéreur qui, ayant payé son prix une première fois, se débattrait pour restreindre d'autant la créance au préjudice de laquelle il aurait payé ; ce tiers acquéreur ne pourrait pas invoquer l'article 2151, et prétendre ne payer que trois années d'intérèts. Suivant l'art. 2168, il doit choisir entre le délaissement de l'immeuble ou le paiement intégral, en capital et *intérèts :* c'est la seule manière de se soustraire aux poursuites du créancier, ainsi que l'a jugé la Cour de Bruxelles, par son arrêt rapporté dans Sirey, tom. 7, part. 2, pag. 1003.

XIII. Conformément à ces principes, la Cour de Colmar a jugé que les intérèts non conservés par des inscriptions étaient réputés hypothécaires. « Considérant, a-t-elle dit, que les intérèts non » conservés par l'inscription, ne sont pas chiro- » graphaires par leur nature, mais bien hypothé- » caires, puisqu'ils sont l'accessoire du principal ;

» qu'ils participent de la même nature que lui,
» et qu'en prenant une inscription spéciale pour
» lesdits intérêts, le créancier ne leur confère pas
» le caractère d'hypothécaire, et ne fait au con-
• traire que leur assigner un rang d'hypothèque. »
(*Sirey*, 18.2.137.)

Art. 2152. *Il est loisible à celui qui a requis une
inscription, ainsi qu'à ses représentans, ou cessionnaires par acte authentique, de changer sur
le registre des hypothèques le domicile par lui
élu, à la charge d'en choisir et indiquer un
autre dans le même arrondissement.*

I. L'élection de domicile faite lors de l'inscription, ne lie ni le créancier ni ses cessionnaires.
Mais pour que ces derniers puissent changer le domicile élu, l'acte contenant cession doit être *authentique.* La loi de brumaire ne l'exigeait pas;
mais, comme on a senti qu'on pourrait trop facilement tromper les conservateurs en représentant
des cessions sous signature privée, et par là nuire
beaucoup aux véritables créanciers, notre loi a
exigé que les actes de cession fussent dans la forme
authentique.

II. Il faut remarquer néanmoins que l'authenticité de la cession n'est exigée qu'autant que le
cessionnaire veut changer le domicile élu par le
cédant; mais elle n'est pas nécessaire dans le cas
où une inscription nouvelle est prise par le
cessionnaire. (*Sirey*, 19.1.490.)

III. Pour que le changement de domicile soit légalement fait et ne vicie pas l'inscription, il faut indiquer en même temps un nouveau domicile. Si le créancier s'était borné à dire qu'il révoquait le domicile qu'il avait choisi, et n'en indiquait pas un autre dans l'arrondissement du bureau des hypothèques, son inscription deviendrait nulle, et se trouverait dans le même état que si l'on n'avait jamais fait d'élection de domicile. Mais nous osons croire que jamais l'on n'aura occasion de prononcer cette nullité, attendu que les conservateurs ne recevront jamais de pareilles déclarations, si elles n'indiquent un nouveau domicile à la place de celui que l'on veut changer.

IV. Suivant une décision du ministre en date du 28 pluviôse an 12, les déclarations portant changement de domicile élu doivent être faites et rédigées en marge de l'inscription ; le créancier doit les signer : si l'espace manquait, elles devraient être portées à la date courante du registre, en consignant en marge de l'inscription une note indicative du volume et du numéro où est placé le changement de domicile.

Mais lorsque les parties ne savent pas signer, il est nécessaire d'un acte notarié.

V. L'article 15 de la loi du 21 ventôse an 7, accorde aux conservateurs un salaire de vingt-cinq centimes pour chaque déclaration de changement de domicile. Ce droit doit toujours être payé par le requérant.

Art. 2153. *Les droits d'hypothèque purement légale de l'état, des communes et des établissemens publics, sur les biens des comptables, ceux
des mineurs ou interdits sur les tuteurs, des
femmes mariées sur les époux, seront inscrits
sur la représentation de deux bordereaux contenant seulement,*

1° *Les nom, prénoms, profession, et domicile réel
du créancier, et le domicile qui sera par lui,
ou pour lui, élu dans l'arrondissement;*

2° *Les nom, prénoms, profession, domicile ou désignation précise du débiteur;*

3° *La nature des droits à conserver, et le montant
de leur valeur quant aux objets déterminés,
sans être tenu de le fixer quant à ceux qui sont
conditionnels, éventuels ou indéterminés.*

I. En comparant cet article avec l'article 2148,
on peut facilement juger des formalités dont la loi
fait remise aux hypothèques purement légales.
D'abord, il n'est pas nécessaire de représenter le
titre en vertu duquel on requiert l'inscription; en
second lieu, on ne doit énoncer ni l'époque de l'exigibilité, ni la valeur des droits conditionnels, éventuels ou indéterminés, ni les immeubles sur lesquels on entend conserver l'hypothèque. Néanmoins, quant à ce dernier objet, notre article ne
doit s'appliquer qu'aux hypothèques *purement légales*, et non à celles qui auraient été réduites

suivant les principes des articles 2140, 2141 et suivans (1).

Cependant le dernier numéro de notre article, qui dispense d'énoncer le montant des sommes indéterminées pour lesquelles on a hypothèque, a fait naître une difficulté. On a demandé s'il était applicable à l'inscription prise par la caution pour la conservation d'une hypothèque consentie par *le comptable cautionné*, à raison du cautionnement? La cour d'appel d'Amiens avait jugé l'affirmative ; mais, sur le pourvoi qu'avaient formé les autres créanciers, la Cour de cassation a cassé l'arrêt, et par conséquent érigé en principe, qu'il n'y avait que les hypothèques *purement légales* qui fussent dispensées de l'énonciation du capital et des accessoires de la créance. L'arrêt est rapporté au *Journal du Palais*, an 1809, article 11.

II. D'un autre côté, il est aisé de voir, d'après tout ce que nous avons dit sur l'article 2135, que les formalités dont nous nous occupons, ne sont *essentiellement* requises que pour l'hypothèque légale de l'état, des communes et des établissemens publics, puisqu'elle est la seule qui dépende de l'inscription, et qui ne prend de rang que par elle. Si donc il est vrai que, lorsqu'un mari et un tuteur veulent prendre inscription sur leurs

___

(1) Cet article 2153 ne parlant que des hypothèques *purement légales*, ne peut être étendu aux autres hypothèques dont nous avons parlé sur l'article 2121.

propres biens, ils soient obligés de suivre, dans les bordereaux, les formalités prescrites, il n'en est pas moins exact de prétendre que l'omission même la plus essentielle ne saurait vicier l'hypothèque légale qu'ils veulent rendre publique, puisqu'elle est indépendante de toute inscription.

Mais quant à l'hypothèque de l'état et des communes, il faut lui appliquer, avec la même rigueur, tout ce que nous avons dit sur les §§ 1, 2 et 4 de l'article 2148.

III. L'inscription de l'hypothèque légale de l'état doit se faire, savoir : sur les comptables et autres débiteurs du trésor public, à la réquisition de MM. les préfets ou de l'agent judiciaire du trésor ; et pour la conservation des créances nationales, à la diligence des receveurs de l'administration.

Art. 2154. *Les inscriptions conservent l'hypothè-que et le privilége pendant dix années, à compter du jour de leur date : leur effet cesse, si ces inscriptions n'ont été renouvelées avant l'expiration de ce délai.*

I. Cet article se trouvant clairement développé par un avis du conseil d'état, approuvé par le gouvernement, le 22 janvier 1808, nous nous contenterons de le rapporter :

« La section de législation avait proposé de lais-» ser aux inscriptions tout leur effet *pendant tout* » *le temps que dureraient l'obligation et l'action* » *personnelle contre le débiteur, ou pendant tout*

» *celui que durerait l'action hypothécaire con-*
» *tre le tiers détenteur*, *quand le bien chargé*
» *d'hypothèque serait dans ses mains.*

» Cette proposition fut rejetée : ce n'est pas
» qu'on ne trouvât un avantage pour les citoyens
» à n'être pas obligés de renouveler les inscrip-
» tions qu'ils auraient prises; mais l'article de la
» section présentait de grands inconvéniens dans
» son exécution; on se réunit même à penser que
» l'exécution en serait impossible.

» En effet, l'obligation personnelle dont le
» terme devait, suivant l'avis proposé, régler la
» durée de l'inscription, pouvait se prolonger un
» siècle peut-être, soit par des actes conserva-
» toires, soit par une suite de minorités : or
» comment un conservateur aurait-il pu se retrou-
» ver dans cette foule de registres qu'il serait forcé
» de consulter tous les jours, à chaque fois qu'on
» lui demanderait un certificat d'inscription?

» Cette objection parut insoluble; et tout en re-
» connaissant qu'il eût été à désirer qu'il fût pos-
» sible d'épargner aux citoyens l'embarras d'un
» renouvellement d'inscription, on pensa qu'il
» n'y avait pas de moyens pour y parvenir : l'ar-
» ticle passa tel qu'il est aujourd'hui, *sans aucune*
» *exception*; c'est-à-dire, que les inscriptions ne
» conservent les hypothèques et les priviléges
» que pendant dix ans, et que leur effet cesse si
» elles ne sont pas renouvelées avant l'expiration
» de ce délai.

» Le Code ne fait aucune exception, et c'est en
» quoi le nouvel article diffère de la disposition de
» la loi du 11 brumaire an VII sur la durée des
» inscriptions.

» L'article 23 de cette loi présente d'abord la
» même disposition que celle de l'article 2154 du
» Code; il offre ensuite deux exceptions à cette
» règle : la première, en faveur des inscriptions
» prises sur les comptables et leurs cautions, *les-*
» *quelles*, est-il dit, *auront leur effet jusqu'à*
» *l'apurement définitif des comptes, et six mois*
» *au delà;* la deuxième, en faveur des inscrip-
» tions sur les biens des époux pour leurs droits et
» conventions, *lesquelles dureront pendant tout le*
» *temps du mariage et une année après.*

» Si ces exceptions ne sont pas retracées dans
» le Code civil, ce n'est point par oubli, mais
» avec réflexion et par une suite des principes qui
» sont la base des nouvelles dispositions concer-
» nant les hypothèques.

» D'abord, les inscriptions relatives aux droits
» des femmes et des mineurs ne sont plus néces-
» saires pour la conservation de leurs hypothè-
» ques, qui existent indépendamment de toute
» inscription, suivant l'article 2135 du Code; on
» n'a donc pas dû ordonner, pour la conserva-
» tion de cette hypothèque, le renouvellement
» d'une inscription qui n'était plus nécessaire pour
» son établiss ment.

» Quant aux inscriptions sur les droits des

» comptables, il est constant que les créances du
» trésor public n'ont pas été affranchies de la for-
» malité de l'inscription par le Code civil. L'ar-
» ticle 2135 ne donne ce privilége qu'aux mineurs,
» aux interdits et aux femmes. L'administration,
» qui a partout des agens qu'on doit supposer
» plus actifs et plus éclairés que le commun des
» citoyens, peut, sans contredit, faire renouveler
» les inscriptions qu'elle a dû prendre.

» On sent, d'ailleurs, que les inconvéniens
» sans nombre qui ont empêché de donner aux
» inscriptions un effet indéfini, se trouveraient
» tous dans une disposition qui affranchirait celles
» prises sur les comptables, de la nécessité du re-
» nouvellement avant l'expiration du terme de dix
» ans, généralement fixé pour toutes les inscrip-
» tions.

» On vient de dire que, l'hypothèque légale des
» femmes et des mineurs existant indépendam-
» ment de l'inscription, il n'y avait pas lieu, de
» leur part, à renouveler une mesure dont ils
» étaient dispensés.

» C'est ici le moment de remarquer qu'en af-
» franchissant les droits des femmes et des mi-
» neurs de la nécessité d'une inscription pour
» l'existence de leur hypothèque, on a cependant
» pris des mesures sévères pour que ces droits
» fussent rendus publics, et pour que ceux qui
» traiteraient avec les maris et les tuteurs ne fus-

» sent pas les victimes d'une clandestinité que le
» régime hypothécaire actuel a voulu proscrire.

» En conséquence, l'article 2136 du Code
» porte que les maris et les tuteurs seront tenus
» de rendre publiques les hypothèques dont leurs
» biens seront grevés à raison du mariage ou de
» la tutelle; il leur est ordonné d'en requérir eux-
» mêmes l'inscription sur leurs propres biens, sous
» peine d'être réputés stellionnataires, et, comme
» tels, contraignables par corps.

» L'hypothèque n'existe pas moins à défaut de
» cette inscription de la part des maris et des tu-
» teurs, mais ceux-ci sont punis personnellement
» s'ils ont négligé de faire inscrire l'hypothèque.

» C'est ainsi qu'on a cherché à concilier dans
» cette occasion l'intérêt général, qui veut la pu-
» blicité des hypothèques, et l'intérêt particulier
» des femmes et des mineurs, qui ne doivent pas
» être victimes du défaut d'une inscription qu'ils
» seraient souvent dans l'impossibilité de former.

» Mais il est hors de doute que les maris et les
» tuteurs sont tenus, sous les peines portées en
» l'article 2136, de renouveler, avant l'expiration
» du délai de dix ans, les inscriptions des hypo-
» thèques dont leurs biens peuvent encore être
» chargés : le motif qui leur a fait ordonner d'in-
» scrire, leur prescrit aussi de renouveler l'inscrip-
» tion, toutes les fois que leurs biens continuent
» d'être grevés à raison du mariage ou de la tu-
» telle.

» Il ne reste plus qu'à s'expliquer sur le renou-
» vellement des inscriptions prises d'office. Le
» texte de l'article 2154 du Code, et les dévelop-
» pemens qu'on vient de donner, ne doivent plus
» laisser de doute sur la nécessité de ce renouvel-
» lement avant l'expiration du délai de dix années:
» on ne pourrait en élever que sur la personne
» chargée de prendre ce soin; mais avec un peu
» de réflexion, on demeure convaincu que, même
» sur ce point, il est impossible d'élever un doute
» sérieux.

» L'article 2108 porte que la transcription vaut
» inscription pour le vendeur; le même article
» charge le conservateur de faire d'office l'ins-
» cription sur son registre. La raison en est sen-
» sible : le conservateur trouve dans l'acte de vente
» qu'on lui présente tous les élémens du borde-
» reau qu'un créancier ordinaire doit fournir pour
» faire inscrire son titre; le conservateur a donc
» sous les yeux tout ce qu'il peut désirer pour être
» en état d'inscrire la créance du vendeur : la loi
» l'oblige à cette inscription, sans qu'il soit né-
» cessaire de lui faire, à ce sujet, une réquisition
» particulière; la présentation de l'acte à la tran-
» scription équivaut à cette réquisition.

» Résulte-t-il de là que l'inscription ainsi faite
» d'office ne doit pas être renouvelée? en résulte-
» t-il que, lorsque l'époque du renouvellement
» est venue, c'est au conservateur à y pourvoir?
» Il est évident que non. Le conservateur ignore,

» au bout de dix ans, si la créance du vendeur est
» ou non soldée; il lui serait d'ailleurs impossible
» de tenir note de toutes les ventes qu'il aurait
» transcrites, pour veiller, chaque jour, à ce que
» chaque inscription d'office fût renouvelée à son
» terme.

» On n'a pas dû, on n'a pas pu imposer une
» pareille charge au conservateur : on n'a pas pu
» davantage l'obliger, à chaque demande d'un
» certificat d'inscription, de consulter tous ses
» registres depuis quarante ans et plus, pour s'as-
» surer qu'il n'existe pas quelqu'inscription d'of-
» fice; recherche qui serait cependant indispen-
» sable, si les inscriptions d'office n'étaient pas
renouvelées.

» Il est donc vrai de dire que l'inscription d'office
» doit être renouvelée, comme toute autre, pour
» la conservation de l'hypothèque, et que c'est au
» vendeur à veiller au renouvellement : il ne doit
» pas se trouver blessé par une obligation qui lui
» est commune avec tous les créanciers sans ex-
» ception, quand ils veulent conserver leurs droits.

» Les principes que nous venons d'établir s'ap-
» pliquent aussi à une autre espèce d'inscription
» d'office, ordonnée par l'article 7 de la loi du 5
» septembre 1807.

» Les conservateurs des hypothèques sont te-
» nus, sous peine de destitution et de dommages
» et intérêts, au vu des actes translatifs de pro-
» priété passés par les receveurs généraux et

» payeurs, de faire d'office une inscription au nom
» du trésor public pour la conservation de ses
» droits, et d'en envoyer un bordereau à l'agent
» du trésor public.

» Il est facile à l'administration de tenir un re-
» gistre de ces envois, et de faire renouveler ces
» inscriptions dans les délais prescrits; il n'y a ici
» aucun motif d'exception à la règle générale.

» Ainsi, pour se résumer : 1° *Toute* inscription
» doit être renouvelée avant l'expiration du laps
» de dix années;

» 2° Lorsque l'inscription a été nécessaire pour
» opérer l'hypothèque, le renouvellement est né-
» cessaire pour sa conservation;

» 3° Lorsque l'hypothèque existe indépendam-
» ment de l'inscription, et que celle-ci n'est or-
» donnée que sous des peines particulières, ceux
» qui ont dû la faire doivent la renouveler sous
» les mêmes peines;

» 4° Enfin, lorsque l'inscription a dû être faite
» d'office par le conservateur, elle doit être renou-
» velée par le créancier qui y a intérêt. »

II. Après un avis aussi clair, il ne nous reste
que peu de chose à ajouter. Toutes les inscriptions,
de quelque nature qu'elles soient, semblent devoir
être renouvelées, et ce principe ne doit souffrir,
y est-il dit, *aucune exception.* Cependant on a
encore élevé quelques doutes sur les inscriptions
à prendre par les conservateurs sur les cautionne-
mens et immeubles qu'ils sont obligés de fournir.

L'article 7 de la loi du 21 ventôse porte, en effet, que l'inscription une fois prise subsiste pendant la durée de la responsabilité du conservateur, *sans avoir besoin d'être renouvelée;* d'où l'on a conclu qu'encore aujourd'hui les conservateurs ne devaient pas renouveler les inscriptions par eux prises sur leur cautionnement. Mais cette prétention ne nous paraît pas fondée; l'avis du conseil d'état la rejette formellement, puisque, d'une part, on y voit que le principe du renouvellement, lors de la discussion de l'article 2154, fut unanimement adopté sans *aucune exception*, et que, dans le résumé de ce même avis, le conseil établit en règle générale « que *toute* inscription doit être renouvelée » avant l'expiration du laps de dix années. »

« M. Dalloz, *Rép.* v⁵ *Priv. et Hyp.;* p. 361, ne » partage pas tout-à-fait l'avis que nous venons d'é- » mettre. Il pense qu'il est juste d'admettre quel- » que restriction. Je crois que le conservateur agira » sagement en renouvelant son inscription, mais » pourtant que le défaut de renouvellement dans » le délai ne devait pas primer l'inscription. On ne » peut pas, dit-il, opposer aux créanciers ce dé- » faut de renouvellement, puisque ce n'est point » sur eux que pèse cette obligation. L'article 7 de » la loi de ventôse an VII met l'inscription à la » charge du préposé : et s'il était vrai que le défaut » de renouvellement fût opposable aux tiers dont » cette inscription a pour objet d'assurer le re- » cours éventuel contre le conservateur, celui-ci

» serait le maître d'anéantir la garantie que la loi
» a stipulée de lui. »

Cette objection n'est pas dépourvue de force,
cependant elle ne change pas notre conviction.
L'article 2154 est général, il doit être, sans aucune exception, la loi de tous. Si les droits des
créanciers antérieurs doivent être garantis, il faut
aussi que ceux des créanciers postérieurs soient
assurés ; ceux-ci, sans l'obligation du renouvellement de l'inscription, n'auraient aucun moyen de
savoir si des hypothèques grèvent déjà les immeubles que veut leur hypothéquer le débiteur.

Il eût mieux valu, sans doute, comme le remarque M. Dalloz lui-même, ne pas charger le
conservateur de renouveler l'inscription sur lui-
même et laisser ce soin aux parties intéressées ;
mais en l'absence de toute disposition législative
contraire, il faut appliquer sans restriction l'article 2154, et décider que, si le conservateur ne
renouvelle pas l'inscription dans les dix années, si
les parties intéressées ne trouvent pas moyen de
l'y contraindre, ou si elles ne le font pas elles-
mêmes, l'hypothèque perd tout son effet.

III. Pour que le renouvellement soit utilement
fait, il doit avoir lieu avant l'expiration de dix
ans, et au plus tard le dernier jour ; c'est ce que
dit formellement notre article. Toutefois les contestations qui surviendraient sur la distribution,
et pendant lesquelles expireraient les dix années,

ne dispenseraient-elles pas le créancier de faire renouveler son inscription?

Le renouvellement d'une inscription est nécessaire, lorsque l'hypothèque ne peut produire son
effet qu'après la révolution des dix années : alors,
intéressé à conserver son rang, le créancier doit
renouveler son inscription avant que la première
ait perdu son efficacité, et au plus tard le dernier
jour des dix années.

Ce principe ne saurait s'appliquer au cas
où l'hypothèque serait irrévocablement fixée, où
son rang serait définitivement arrêté. Ayant en
quelque sorte produit tout son effet dès qu'on en a
fait usage, l'inscription est désormais inutile; et
c'est ce qui arrive dès qu'un immeuble a été exproprié, que l'adjudication s'en est suivie, et que
par-là l'adjudicataire s'est chargé d'en payer le
prix aux créanciers utilement colloqués.

IV. Mais que déciderions-nous dans le cas où,
après une vente volontaire, l'acquéreur aurait fait
transcrire, sans ensuite avoir poursuivi l'ordre ni
même dénoncé son titre aux créanciers inscrits? La
transcription dispenserait-elle du renouvellement,
et pourrait-on dire, comme dans l'espèce précédente, que l'inscription avait déjà produit son
effet?

Nous ne le pensons pas. La transcription toute
seule est étrangère aux créanciers inscrits : elle n'a
d'autres effets que d'arrêter les inscriptions à faire,
ou plutôt de faire courir le délai de quinz 'ne, du-

rant lequel les créanciers antérieurs à la vente peuvent utilement requérir inscription. Mais à l'égard des créances déjà inscrites, cette transcription peut d'autant moins les fixer et leur faire produire un effet quelconque, que leur position reste la même, et que l'acquéreur n'est pas plus obligé à les acquitter, qu'il ne l'était avant la transcription.

V. Nous adopterions l'opinion contraire, si la transcription avait été suivie de la dénonciation aux créanciers inscrits : comme alors le rang de l'inscription est fixé, qu'elle a véritablement produit son effet, puisque par cette dénonciation l'acquéreur s'est soumis à acquitter les créances inscrites, jusqu'à concurrence de son prix, rien n'oblige à renouveler avant l'expiration des dix ans.

Toutefois nous pensons que cette solution, conforme aux principes, ne pourrait pas être appliquée indistinctement. A l'égard de l'acquéreur et des créanciers déjà inscrits, rien de plus naturel que de dispenser du renouvellement : l'acquéreur, ainsi que nous l'avons dit, doit le prix qu'il a offert de payer ; il est désormais obligé personnellement, et son obligation n'est soumise, pour se conserver, à aucune formalité. De leur côté, les créanciers auxquels a été faite la dénonciation, n'ont rien à désirer : entre eux, leur rang est irrévocablement fixé, et il ne leur reste qu'à se faire distribuer par justice la somme que leur a offerte l'acquéreur.

Mais à l'égard de l'immeuble et des tiers auxquels l'acquéreur pourrait y donner des droits, il
ne doit pas en être de même. Par cela que les inscriptions ne sont pas renouvelées dans les dix ans,
et qu'elles sont ainsi périmées, l'immeuble en est
affranchi, et doit passer libre entre les mains, soit
d'un nouvel acquéreur, soit des créanciers auxquels le premier l'a donné en hypothèque ; autrement tout le système hypothécaire serait renversé,
et la publicité, dont on ne conserverait que l'om-
bre, ne servirait qu'à mieux tromper ceux qui voudraient prêter à l'acquéreur.

En résumé, voici dans un seul exemple, et à notre avis, toute la théorie de la loi. Pierre a acquis
un immeuble pour cent mille francs : après avoir
transcrit et trouvé dix inscriptions, il a fait sa dénonciation à chacun des créanciers inscrits ; avec
déclaration qu'il était prêt à acquitter leurs créances
jusqu'à concurrence de son prix ; depuis, aucun
des créanciers n'a renouvelé, et la plupart des inscriptions sont périmées. Si l'on poursuit l'ordre,
tous les créanciers seront admis, et ceux dont les
inscriptions ne seront pas périmées, n'auront pas
le droit de se plaindre du défaut de renouvellement
de la part des autres. De son côté, Pierre sera tenu
pendant trente ans de la représentation de son
prix, même à l'égard des créanciers qui ont laissé
périmer leurs inscriptions. Mais s'il a emprunté et
donné une hypothèque sur cet immeuble, ou s'il l'a
vendu ; comme en ne renouvelant pas leurs inscrip-

tions, les créanciers ont perdu leur droit de suite,
et qu'en vérifiant à la conservation des hypothèques, les prêteurs ou le nouvel acquéreur n'ont
trouvé aucune inscription, ils auront valablement
traité et ne pourront pas être inquiétés par ces anciens créanciers, de leur chef seulement ; car,
comme exerçant les droits de leur débiteur, ils
pourront se servir de l'inscription d'office.

VI. Maintenant, examinons la nécessité du renouvellement quand il y a eu vente forcée. Nous
avons déjà dit ci-dessus, n° III, que lorsque les
dix années expiraient après l'adjudication, et durant les contestations élevées sur l'ordre, le créancier n'avait pas besoin de renouveler. Mais *quid*,
si l'adjudication n'a pas encore eu lieu, et que les
dix années viennent à expirer durant les poursuites
de saisies immobilières, faudra-t-il renouveler?

Sous l'empire de la loi de brumaire, la Cour de
cassation avait jugé que l'inscription produisait
son effet du jour où l'adjudication de l'immeuble
était annoncée par affiche contenant l'état des inscriptions : tout renouvellement devenait, dès cette
époque, inutile. Cette décision ne peut pas à la vérité être invoquée d'une manière positive ; puisque la procédure n'est pas la même : mais elle doit
nous conduire, par analogie, à une juste solution.

En effet, tant que la saisie immobilière n'existe
qu'entre le créancier et le débiteur, et qu'elle est
encore étrangère aux autres créanciers, rien ne
peut dispenser de la nécessité du renouvellement :

l'inscription n'a pas encore produit son effet; elle est donc sujette à la péremption.

Mais, lorsqu'en vertu de l'article 695, le placard d'affiche a été notifié à chaque créancier inscrit; lorsque, par là, et suivant l'article 696, chacun d'eux a acquis le droit d'empêcher que la saisie fût désormais rayée sans son consentement : alors l'inscription a produit son effet, comme elle l'avait produit, sous la loi de brumaire, par l'affiche contenant l'état des inscriptions ; la péremption ne peut plus l'atteindre, et le créancier est dans la position de celui auquel, en vente volontaire, l'on aurait dénoncé le contrat. C'est ce qu'a jugé la Cour de Bruxelles, par un arrêt rapporté par Sirey, tome 13, partie 2, page 371.

Toutefois, MM. Grenier et Rolland de Villargues pensent « que, s'il résulte de l'article 696 du Code » de procédure, qu'après l'enregistrement qui y » est prescrit, la saisie ne peut plus être rayée que » du consentement des créanciers, ou en vertu de » jugemens rendus contre eux, il ne suit pas pour- » tant de là que le débiteur soit dessaisi. Le contraire » résulte de la combinaison des art. 693 et 694. » On y voit que le débiteur peut arrêter toutes les » poursuites possibles en consignant une somme » suffisante pour acquitter, en principal, intérêts » et frais, les créances inscrites. Mais il est dit que » cette consignation n'aura cet effet qu'autant » qu'elle sera faite avant l'adjudication. La dépos-

» session n'est opérée contre le débiteur que par
» l'adjudication. »

M. Grenier soutient que l'hypothèque « existe
» jusqu'à l'adjudication, et que, jusqu'à ce mo-
» ment, elle doit être conservée par des inscrip-
» tions en vigueur. Mais il n'est pas d'avis qu'il y
» ait lieu de renouveler l'inscription dont les dix
» ans expiraient entre l'adjudication et l'ouverture
» de l'ordre, puisque l'adjudication dépouille le
» débiteur de la propriété, et qu'il est, sans con-
» tredit, superflu de prendre une inscription sur
» celui qui n'est plus propriétaire de l'immeuble,
» ni débiteur du prix, puisque ce prix est dû par
» l'adjudicataire. Un arrêt de la chambre des re-
» quêtes, du 7 juillet 1829, consacre cette doc-
» trine. » (*Voir* M. Grenier, tom. 1, n° 108. —
M. Rolland de Villargues, v^it *Priv. et Hypot.*,
n° 377.)

M. Merlin va plus loin. Selon ce jurisconsulte,
« l'obligation de renouveler l'inscription ne cesse
» qu'après que l'ordre est ouvert, et au moment
» où le créancier qui l'a prise a produit ses titres.»
(*Répertoire*, tom. 16, v^it *Priv. et Hypot.* § 8 *bis*,
n° 5, pag. 468.)

M. Dalloz pense « que ce n'est qu'après la clôture
» de l'ordre, après que les bordereaux de collocation
» ont été délivrés aux créanciers sur l'adjudicataire,
» qu'on peut réellement dire que l'inscription a
» produit tout son effet; car la délivrance de ces
» bordereaux est suivie d'un paiement immédiat, et

» le créancier colloqué, en donnant quittance du
» montant de sa collocation, doit, aux termes de
» l'article 772 du Code de Procédure , consentir la
» radiation de son inscription. » *Répert.* v^{it} *Privil.*
et Hypot., pag. 302.)

Mais toutes ces raisons s'effacent devant les mo-
numens les plus certains de la jurisprudence, et
tous nous autorisent à soutenir que, lorsqu'il y a
saisie immobilière, la dénonciation du placard d'affiche a fait produire à l'hypothèque tout son effet.
Nous avons comparé cette dénonciation à la notification que fait de son titre l'acquéreur volontaire ;
et , dans l'un comme dans l'autre cas , nous avons
trouvé la dispense du renouvellement.

Nous pouvons appuyer cette opinion d'un arrêt
de la Cour de Rouen, qui adopte formellement
cette doctrine : le voici tel qu'il est rapporté dans
le *Journal du Palais*, tom. 1 , de 1818, page 110.

« Attendu , en droit , que la saisie immobilière,
» après sa dénonciation au saisi, et du jour de la
» notification des placards aux créanciers inscrits,
» fixe l'état des inscriptions lors existantes , et, par
» conséquent, conserve entre elles le rang qui
» leur appartient légalement, sans qu'il soit besoin
» de les renouveler pendant la durée de l'instance
» en expropriation , et de ses suites, jusqu'à la
» délivrance des bordereaux de collocation ; que
» ce point de doctrine a sa source dans l'accomplis-
» sement de l'objet de l'inscription hypothécaire
» à l'égard du tiers, lequel s'opère, par le résultat

» du concours des formalités de l'art. 692 du Code
» de procédure qui, à compter du jour de la dé-
» nonciation au saisi, lui interdit toutes facultés
» d'aliéner ; et de l'article 695, dont l'effet est de
» constater les créanciers inscrits, et de leur ren-
» dre communs tous les actes de l'expropriation ;
» qu'il est d'ailleurs appuyé de plusieurs arrêts, et
» qu'il y aurait raison de l'appliquer à la notifica-
» tion faite par le tiers-acquéreur, en exécution
» de l'art. 2183 du Code civil, aux créanciers in-
» scrits, de son contrat d'acquisition duement tran-
» scrit ; qu'en tous cas, on ne peut se défendre de
» reconnaître qu'à l'époque de l'adjudication défi-
» nitive sur saisie immobilière, de surenchère,
» d'un contrat de vente volontaire, une inscrip-
» tion hypothécaire est encore en pleine acti-
» vité, et ne peut être rejetée dudit ordre sous pré-
» texte que, dans l'intervalle de l'adjudication à
» l'ouverture dudit ordre, les dix années de sa date
» se trouvent accomplies sans renouvellement :
» l'effet de l'adjudication finale étant de convertir
» l'immeuble en deniers, sur lesquels il ne peut
» être pris ni hypothèque, ni inscriptions. » Par
ces motifs, etc.

La Cour de cassation vient de confirmer tout
récemment cette doctrine.

« Vu les articles 2114 et 2154 du Code civil ; at-
» tendu que, d'après l'article 2114, l'hypothèque
» est un droit réel sur les immeubles affectés à l'ac-
» quittement d'une obligation;

» Que d'après l'article 2154, les inscriptions
» qui n'ont pas produit leur effet, doivent être re-
» nouvelées dans le délai de dix ans ;

» Attendu que les inscriptions ont pour objet
» d'assurer la publicité des créances hypothécaires
» ou privilégiés, et d'attribuer aux créanciers,
» dans le cas de non paiement, le droit de pro-
» céder à l'expropriation publique des immeubles
» hypothéqués ;

» Que, par conséquent, dès que l'expropriation
» est consommée par l'adjudication, les inscriptions
» ont produit leur effet et ne doivent plus être re-
» nouvelées ;

» Que les inscriptions, qui seraient renouvelées
» après l'adjudication, ne greveraient plus l'im-
» meuble du débiteur qui est dessaisi par la jus-
» tice, mais bien l'immeuble adjugé ;

» Que, cependant, l'adjudicataire n'est tenu que
» du paiement de son prix, qui ne forme qu'une
» chose mobilière ;

» Qu'en décidant le contraire, la Cour royale
» de Rennes a faussement appliqué l'article 2154, et
» violé l'article 2114 du Code civil. — Casse, etc.»
(*Journal du Palais*, an 1832, tom. 1, page 350.
— Voir encore an 1830, tom. 2, pag. 489. Arrêts
de la Cour royale de Grenoble, du 8 avril 1829 ;
et de la Cour royale de Toulouse du 18 juin 1830,
tom. 2 de la même année.)

VII. Les cas que nous venons de parcourir ne
sont pas les seuls où les créanciers soient dispensés

de renouveler leurs inscriptions. Il faut y joindre
encore celui où le débiteur a fait faillite avant la
révolution de dix années. Comme, par cet événé-
ment, le sort des créanciers est irrévocablement
fixé, et que même, suivant l'article 2146, on ne
peut prendre utilement contre les biens du failli
aucune inscription, les créanciers sont dispensés
de renouveler celles déjà prises avant l'ouverture de la faillite. (Arrêt de la Cour de Paris,
du 9 mars 1812, rapporté par Sirey, t. 2, part. 2,
pag. 408.)

VIII. M. Dalloz se pose cette question :

Le créancier premier inscrit, et dont la créance
absorbe au-delà de la valeur de l'immeuble hypothéqué, se trouve-t-il dispensé de renouveler son
inscription, lorsqu'il acquiert cet immeuble, avec
la clause formelle que le prix en demeure com-
pensé jusqu'à due concurrence avec le montant de
sa créance ? « Selon l'équité, dit M. Dalloz ; on ne
» devrait pas se montrer trop rigoureux envers le
» créancier acquéreur, qui a dû voir qu'étant pre-
» mier inscrit, et la valeur de l'immeuble étant en-
» core de beaucoup inférieure à sa créance, il ne
» serait point recherché par les autres créanciers,
» et a ainsi négligé de veiller à ce que son inscrip-
» tion fût exactement renouvelée à chaque période
» décennale. Mais la Cour de cassation, ajoute-t-il,
» n'a pas tenu compte de ces considérations d'é-
» quité, et elle a appliqué dans toute son étendue
» l'article 2154. » (Dalloz , *Répertoire*, v⁰ , *Privil.*

et Hypot., pag. 304.) Cette décision est rigoureuse, sans doute ; mais elle est conforme aux principes.

IX. Nous avons vu, dans l'avis du conseil-d'état, que, lorsque l'hypothèque existe indépendamment de l'inscription , et que celle-ci n'est ordonnée que sous des peines particulières, ceux qui ont dû la faire , doivent la renouveler sous les mêmes peines.

Mais *quid*, si la femme est tutrice de son mari interdit ? Perdra-t-elle son hypothèque si elle n'a pas renouvelé son inscription ? Nous pensons que, même dans ce cas, la femme ne serait pas privée de son hypothèque , malgré le défaut de renouvellement ; car il est de principe que l'hypothèque légale de la femme existe , dans tous les cas , indépendamment de l'inscription. N'est-il pas possible d'ailleurs , de faire ici l'application de l'art. 2194 du Code civil? Les acquéreurs seuls auraient le droit de se plaindre du non renouvellement de l'inscription ; mais alors la femme, pour ce renouvellement, comme pour la première inscription, pourra, pendant les deux mois de l'affiche du contrat translatif de propriété, requérir , soit par elle-même, soit par ses parens ou amis , soit par le procureur du roi , le renouvellement de l'inscription , et conserver par là l'effet de son hypothèque légale. Ce ne serait qu'en négligeant cette formalité qu'elle perdrait son hypothèque.

X. Nous avons déjà fait remarquer que , pour être utilement fait , le renouvellement devait avoir

lieu avant l'expiration des dix ans, et, au plus tard,
le dernier jour. Mais il s'est élevé des doutes sur
le jour qu'on pouvait regarder comme le dernier.
Dans une espèce dans laquelle l'inscription avait
été prise le 12 mai 1799, la Cour de Colmar a
jugé que le renouvellement devait avoir lieu, au
plus tard, le 12 mai 1809, et que l'inscription
faite le 13 n'empêchait pas la péremption. Au contraire, la Cour de Paris a pensé que le 13 mai, le
créancier était encore à temps, parce que ce n'é-
tait réellement que ce jour-là que s'accomplissait la
dixième année. Ce dernier arrêt nous semble d'autant plus conforme aux principes, que le premier
renverse la maxime si connue : *Dies termini non
computatur in termino.* (*Voy.* les deux arrêts dans
le *Journal du Palais,* tome 3 de 1814, page 343
et 364.)

Quid, si le dernier jour est un jour férié ? Ce
jour devrait être retranché du délai, et l'inscription serait valablement faite le lendemain ; car, dit
M. Grenier, on ne peut imputer à négligence ce
qui n'a pu être fait par une circonstance indépendante de celui qui devait agir. D'abord on peut se
servir des paroles d'une ordonnance qui veut que
lorsqu'une assignation échoit à un jour fixé, la
comparution soit renvoyée au lendemain.

XI. L'effet de la péremption ou du défaut de renouvellement dans les dix ans, est de détruire l'inscription et de faire perdre au créancier le rang
qu'elle lui donnait. Il conserve, à la vérité, son

hypothèque, ainsi que le droit de la faire inscrire de nouveau si l'immeuble est encore dans les mains du débiteur, ou si la quinzaine de la transcription n'est pas encore expirée ; mais son rang est toujours fixé à la date de la nouvelle inscription.

XII. La péremption détruit tellement l'inscription, qu'elle est censée ne pas exister même à l'égard du conservateur. Si donc l'on demandait à celui-ci un état des inscriptions qui frappent sur un immeuble, il ne devrait pas y comprendre celles qui seraient périmées, et il pourrait même être contraint à la restitution des droits qu'il aurait perçus à cette occasion. (Arrêt de Paris, du 21 janvier 1814, rapporté au *Journal du Palais,* tom. 1 de 1814, pag. 246.)

XIII. Pour opérer le renouvellement, le créancier représente deux bordereaux rédigés comme ceux désignés dans les articles 2148 et 2153, suivant qu'il s'agit d'hypothèque conventionnelle ou d'hypothèque légale ; ensuite le conservateur effectue l'inscription sur le registre courant, indiquq en marge le numéro de l'ancienne inscription, et perçoit un nouveau droit proportionnel.

XIV. Mais est-il nécessaire, pour renouveler une inscription hypothécaire, de représenter au conservateur les titres de créances ? Non : l'art. 2154 ne prescrit pas que le renouvellement soit accompagné de la répétition de toutes les énonciations exigées pour la validité de l'inscription primitive. Cette exigence serait entièrement inutile, puisque ces énonciations se trouvent déjà consignées sur le registre public du conservateur, et qu'il est toujours indispensable de recourir à l'inscription dite renouvelée. (Arrêt de la deuxième chambre de la Cour royale de Paris. — *Journal du Palais*, année 1832, tom. 1, pag. 303. — Voir aussi M. Merlin qui soutient le sentiment contraire.)

Art. 2155. *Les frais des inscriptions sont à la charge du débiteur, s'il n'y a stipulation contraire; l'avance en est faite par l'inscrivant, si ce n'est quant aux hypothèques légales, pour l'inscription desquelles le conservateur a son recours contre le débiteur. Les frais de la transcription, qui peut être requise par le vendeur, sont à la charge de l'acquéreur.*

Cet article met bien les frais d'inscription à la charge du débiteur, mais il ne donne aucune garantie au créancier pour le recouvrement; il le laisse dans la classe des créanciers chirographaires, puisqu'il ne lui attribue ni privilége ni hypothèque. Ce créancier ne doit pas être mieux traité que ne serait le fisc à qui les droits d'inscription n'ont pas été payés. La loi ne lui accordant aucun privilége pour le recouvrement de ces droits, le créancier qui en a fait les avances, et qui se trouve par là subrogé en son lieu et place, ne peut faire valoir que les droits que le fisc aurait eu la faculté d'exercer, c'est-à-dire les droits d'un simple créancier chirographaire.

Tout fois, en admettant que ce créancier ait une hypothèque pour les frais de son inscription, au moins est-il certain qu'il ne peut la conserver par l'inscription même dont elle est née, si cette inscription n'énonce formellement la somme que le créancier a droit de répéter : car, d'après l'article 2148, § 4, les bordereaux d'inscription doivent contenir le montant du capital des créances, ainsi que *le montant des accessoires.* Or, pour soutenir que le créancier a une hypothèque pour le recouvrement des frais d'inscription, il faut bien regarder ces frais comme un accessoire de la créance ; et si l'on est obligé d'en convenir, il faudra bien aussi avouer que cet accessoire ne pourra être conservé par l'inscription qu'autant qu'il y sera formellement désigné.

Ajoutons que cette désignation doit d'autant plus être exigée, que sans elle les autres créanciers, les tiers acquéreurs, seraient toujours induits en erreur, puisque, ne croyant le bien du débiteur hypothéqué que jusqu'à concurrence du montant des inscriptions, ils seraient forcés ensuite d'ajouter de nouvelles sommes sur lesquelles ils ne pouvaient pas compter, puisqu'elles n'étaient pas désignées dans les bordereaux d'inscription.

Voilà tout ce qu'on peut dire pour refuser l'hypothèque au créancier, et pour soutenir que, dans le cas même où il en aurait une, elle ne se conserve pas par l'inscription prise pour le capital de la créance. Mais tous les moyens qu'on a invoqués pour parvenir à cette preuve sont ou inexacts ou inapplicables à l'espéce de créance qui nous oc- cupe.

En effet, si l'article 2155 ne donne pas positi- vement une hypothèque au créancier, on ne peut pas dire au moins qu'il la lui refuse ? Il résulte au contraire, de la généralité de ses expressions, que l'intention du législateur a été, de mettre les frais d'inscription au même rang que le capital de la créance ; car, en donnant un recours contre le dé- biteur pour l'avance faite par le créancier, la loi eût ouvert à celui-ci une voie souvent illusoire, si elle n'eût réellement pas étendu aux frais d'inscrip- tion l'hypothèque acquise pour la créance.

Il en est de ces frais comme de ceux faits pour obtenir jugement. Quoique la loi ne leur accorde nommément aucune hypothèque, personne n'a ja- mais douté qu'ils ne fussent mis au même rang que la créance pour laquelle ils avaient été faits.

Cela résulte, d'ailleurs, de l'article 2148 § 4. Cet article établit que le créancier jouit d'une hy- pothèque et pour le capital de la créance, et pour les accessoires. Or, les frais faits pour obtenir ju- gement, comme ceux avancés pour donner à l'hy- pothèque toute son efficacité, ne sont rien autre chose que des accessoires de la créance. Ainsi, sous ce rapport, ils jouissent de la même hypo- thèque que celle assurée au capital de la créance. On dit que, si les droits d'inscription n'avaient pas été payés au fisc, celui-ci n'aurait ni privilége ni

hypothèque pour en assurer le recouvrement ;
que le créancier qui en a fait les avances étant subrogé en son lieu et place, il ne peut avoir plus de
droits que lui.

Je veux bien convenir que le fisc n'a, dans ce
cas, aucun privilége pour le recouvrement des
droits d'inscription ; mais je ne vois pas qu'il en résulte que le créancier ne puisse pas avoir plus de
droits que lui. Ce n'est pas, en effet, comme subrogé aux droits du fisc, que le créancier peut exiger une hypothèque, mais seulement comme porteur de créance dont l'hypothèque s'étend à tous
les accessoires qui sont une suite nécessaire de
cette créance. Or, nous avons déjà établi que les
droits d'inscription n'étaient autre chose qu'un
accessoire de la créance.

On part ensuite de là pour soutenir que, si le
créancier jouit d'une hypothèque pour le recouvrement de ses frais, il ne peut au moins la conserver qu'en énonçant dans son inscription le
montant de ces frais, ou en prenant ensuite une
inscription particulière : les motifs de cette opinion
sont pris de la nécessité où l'on est, d'après le
nouveau système hypothécaire, de montrer aux
tiers intéressés la véritable position du débiteur.

Mais que tous ces motifs sont faibles ! Le conservateur qui fait l'inscription énonce sur son registre la somme qu'il reçoit, et par conséquent
celle que peut ensuite réclamer le créancier. Par-
là l'objet de l'article 2148 est rempli, puisque le

montant de cet accessoire résulte nécessairement de l'inscription elle-même. Ainsi que les tiers intéressés à connaître la véritable position du débiteur joignent au montant des inscriptions ce qu'elles ont coûté, ils auront un tableau juste des sommes auxquelles s'élèvent les hypothèques créées par le débiteur.

S'il en était autrement, s'il fallait toujours une inscription particulière pour conserver l'hypothèque acquise pour le recouvrement des frais faits pour la première inscription, le créancier ne retirerait jamais tout ce qui lui en aurait coûté, puisqu'il faudrait bien qu'il restât sans hypothèque pour la dernière inscription. Par exemple, en supposant qu'il veuille bien consentir à faire une nouvelle inscription pour les frais de la première, comment conservera-t-il l'hypothèque qu'il doit aussi avoir pour les frais de la dernière?

Tout cela prouve, d'une part, que le créancier a une hypothèque pour le recouvrement des frais de son inscription, et, de l'autre, que cette hypothèque se conserve par l'inscription même requise par lui pour le capital de sa créance.

Il suivant l'article 23 de la loi du 11 brumaire an 7, l'inscription des créances appartenant à l'état, aux hospices civils et aux autres établissemens publics, devait être faite sans avance de droit d'hypothèque et des salaires des préposés. Notre article étend la même faveur à toute hypothèque

légale, pour l'inscription de laquelle le conservateur a aussi son recours contre le débiteur.

. III. Mais on a élevé des difficultés relativement
aux créances appartenant aux fabriques. On a prétendu que , n'étant ni une propriété publique, ni
une propriété de l'état, on ne pouvait leur appliquer l'article 23 de la loi de ventôse, ni l'article
du Code civil que nous examinons ; qu'on ne devait considérer les fabriques que comme des mineurs, dont les tuteurs (c'est-à-dire les adminis-
trateurs) devaient faire l'avance des frais faits pour
leur intérêt et pour la conservation de leurs droits.

Cependant une décision du gouvernement, du
24 pluviôse an VIII, a fait cesser tous les doutes,
et établi que les fabriques devaient participer aux
mêmes avantages que les autres établissemens publics, en ce qui concerne les formalités hypothécaires.

IV. Lorsque les tuteurs auront payé les frais
d'inscription de l'hypothèque légale qui les grève,
pourront-ils les porter en dépenses ? L'article 24
de la loi du 11 brumaire en avait une disposition
expresse ; et je ne pense pas qu'il soit entré dans
l'idée du législateur de faire une innovation pour
cet objet. La fonction de tuteur est assez fatigante
pour ne pas chercher à la rendre encore dispen-
dieuse.

. V. Quant à la transcription que peut requérir
le vendeur pour conserver et rendre public son
privilége, comme elle intéresse principalement

l'acquéreur, dont elle consolide les droits, il était juste d'en mettre les frais à sa charge; mais, dans ce cas, le conservateur n'a pas de recours à exercer contre lui : le vendeur fait les avances, et se fait ensuite indemniser par l'acquéreur.

Art. 2156. *Les actions auxquelles les inscriptions peuvent donner lieu contre les créanciers, seront intentées devant le tribunal compétent, par exploits faits à leur personne ou au dernier des domiciles élus sur le registre; et ce, nonobstant le décès, soit des créanciers, soit de ceux chez lesquels ils auront fait élection de domicile.*

I. Le tribunal compétent pour juger de la validité des inscriptions, est toujours celui dans le ressort duquel elles ont été faites. L'article 2159 nous semble au moins le décider d'une manière positive. Cependant, en parcourant le *Répertoire de jurisprudence*, j'ai trouvé, au mot *Domicile élu*, que tel n'était pas le sentiment de l'illustre auteur de cet ouvrage. Voici, en effet, comment il s'en explique :

« Il y a encore une élection de domicile qui, » d'après les lois nouvelles, n'est pas attributive » de juridiction : c'est celle que le créancier hy- » pothécaire doit faire dans un lieu quelconque » de l'arrondissement du bureau où il fait in- » scrire son hypothèque. Cette élection donne seu- » lement le droit à ceux qui ont des actions à in-

» tenter contre le créancier inscrit, à raison de
» son inscription même, de lui faire donner assi-
» gnation au domicile qu'il a élu sur le registre du
» conservateur. (*Voyez* la loi du 1 brumaire
» an VII, articles 17 et 20, et le Code civil, arti-
» cles 2148 et 2156.) »

Je ne sais si je n'ai pu pénétrer l'esprit des articles auxquels ce magistrat renvoie; mais il me
semble qu'ils laissent encore la question indécise.
L'article 17 de la loi du 1 brumaire, et ensuite
l'article 2148 du Code civil, prescrivent seulement
l'élection d'un domicile; et en cela ils sont en quelque sorte étrangers à la difficulté. On ne pourrait
donc invoquer que l'article 2156, qui n'est que la
répétition de l'article 20 de la loi du 1 brumaire;
et encore sa disposition ne serait-elle pas d'un
grand poids. On y lit, en effet, que les actions
auxquelles les inscriptions peuvent donner lieu
contre les créanciers, *seront intentées devant le*
tribunal compétent, par exploits faits à la personne
ou au dernier des domiciles élus.

Cet article ne jette pas encore un grand jour
sur la question à résoudre, et j'avoue que je ne
vois pas comment on peut l'invoquer pour ou contre l'opinion par nous déjà émise. Cependant l'autorité du magistrat dont j'ai rapporté le sentiment
me laisse des doutes que j'ai cherché à éclaircir.

J'ai encore ouvert le *Répertoire de Jurispru-*
dence; j'ai examiné quel avait été le sentiment que
M. Tarrible avait émis, et j'ai repris quelque con-

fiance, en voyant qu'il avait donné à l'article 2156
le sens que j'avais cru y trouver.

Voici, en effet, comme il s'explique, verb. *Inscription*, § 3, *in fin.* « Cet article (l'art. 2156)
« plus important que le précédent, règle la compé-
» tence des tribunaux où doivent être portées
» les actions auxquelles les inscriptions donnent
» lieu contre le créancier. — Les actions hypothé-
» caires sont purement réelles, comme l'hypothè-
» que qui y donne lieu ; *elles doivent donc, par
» cela même, être portées devant le tribunal du
» lieu où les immeubles frappés d'hypothèques
» sont situés.* »

Quoique satisfait d'avoir fait cette découverte,
je ne m'en suis pas tenu là ; j'ai voulu connaître
l'esprit qui avait dirigé le législateur lors de la rédaction de l'article 2156, et j'ai compulsé les procès-verbaux des discussions au conseil, que j'avais
simplement indiqués dans ma première édition
de cet ouvrage.

Mes recherches n'ont point été infructueuses.
Voici ce que j'ai trouvé dans le procès-verbal de
la séance du 20 ventôse an XII.

« Le cit. Regnault (de Saint-Jean-d'Angély) dit
» qu'il est nécessaire d'indiquer quel tribunal est
» compétent. Il s'est élevé des doutes sur ce sujet.
» On a hésité à décider quelle cause devait être
» portée devant le tribunal de l'arrondissement où
» l'inscription a été faite, et où le créancier a élu
» son domicile. Il semble que, l'action étant réelle,

PRIVILÈGES. Art. 2156.   121

» doit être poursuivie devant ce tribunal, et non
» devant celui du domicile ordinaire.

» Le cit. Treilhard dit que l'article 2159 décide
» la question dans ce sens.—L'article est adopté. »

Le conseil a donc entendu appliquer à toute demande à laquelle pourrait donner lieu une inscription hypothécaire, la disposition de l'article 2159; et en effet, serait-il permis d'en douter d'après le texte même de cet article? On y lit que la radiation non consentie est *demandée au tribunal dans le ressort duquel l'inscription a été faite*: or, ce tribunal ne peut être compétent que parce que l'immeuble hypothéqué est situé dans son arrondissement, ou parce qu'on requérait l'inscription. On a été obligé d'élire un domicile.

On opposera peut-être que l'article 2159 est spécial et ne concerne que les demandes en radiation; que dès lors on ne peut pas l'étendre aux autres actions auxquelles donnerait lieu des inscriptions hypothécaires.

La réponse est que, quelles que soient les actions que des tiers aient intérêt à former à propos des inscriptions, ces actions ont toujours pour objet la radiation totale ou partielle de l'inscription. C'est ce qu'insinue assez clairement l'article 160, en disant que la radiation peut être ordonnée par les tribunaux, lorsque l'inscription a été faite sans être fondée ni sur la loi ni sur un titre, ou lorsqu'elle l'a été en vertu d'un titre soit irrégulier, soit éteint ou soldé, ou lorsque les

droits de privilége ou d'hypothèque sont effacés
par les voies légales.

De tout cela nous pouvons conclure que l'opinion par nous émise est encore la véritable et la
seule qu'il soit possible d'admettre.

II. La dernière partie de notre article décide
une question fort controversée parmi les anciens
auteurs (1) : c'est celle de savoir si le domicile élu
prend fin par le décès de ceux qui l'ont constitué.
Les uns pensaient que, lorsqu'il était élu par contrat, la mort ne lui portait aucune atteinte; les autres décidaient, dans tous les cas, qu'il cessait
d'exister par la mort de celui qui l'avait constitué.
Aujourd'hui il ne peut plus y avoir d'incertitude,
du moins quant au domicile élu par l'inscription :
il subsiste, dit notre article, nonobstant le décès,
soit des créanciers, soit de ceux chez lesquels il
aura été choisi.

III. Cependant ce pourrait être une question
que celle de savoir, si le domicile élu continue-
rait d'avoir son effet après le décès du créancier ?
si les poursuites et demandes pourraient être dirigées contre la personne décédée, ou si, au contraire, il faudrait les diriger à ce domicile élu
contre les héritiers du créancier ? La question s'est
présentée à l'audience de la première chambre de
la Cour royale, dans la cause du sieur Bruyères

---

(1) *Voyez* Bacquet, des *Droits de Justice*, chap. 8, n° 16.
— Rousseau de Lacombe, *Jurisp. civ.*, verb., *Domicile*, t. 14.

contre les héritiers Savannes. Je soutenais, au nom du sieur Bruyères, que la disposition de l'article 2156 était positive; qu'elle n'admettait aucune exception; que le domicile élu par l'inscription subsistait avec toutes ses prérogatives, avant comme après le décès du créancier; que le principal motif de la loi avait été de dispenser les tiers de recourir au domicile réel pour connaître la position des créanciers inscrits; que son but ne serait pas atteint si la mort pouvait apporter quelque changement, puisqu'avant de donner l'assignation au domicile élu, il faudrait s'informer s'il n'était pas arrivé quelque changement dans la position du créancier.

Sur cette défense, à laquelle nous donnions quelques développemens, intervint, le 8 juillet 1814, un arrêt qui, en infirmant un jugement du tribunal de Versailles, dont Bruyères était appelant, décida que l'on avait pu assigner le créancier au domicile élu, encore qu'il fût décédé depuis long-temps.

CHAPITRE III.

DE LA RADIATION ET RÉDUCTION DES INSCRIPTIONS.

Art. 2157. *Les inscriptions sont rayées du consentement des parties intéressées et ayant capacité à cet effet, ou en vertu d'un jugement en
dernier ressort ou passé en force de chose jugée.*

I. Pour que le conservateur puisse effectuer la
radiation des inscriptions, il faut ou que les parties qui les ont requises donnent leur consentement, ou qu'un jugement l'ordonne.

II. Tout le monde ne pourrait pas consentir à
la radiation; il faut, pour cela, être intéressé,
avoir la capacité exigée.

III. On est partie intéressée lorsqu'on a soi-
même requis l'inscription, ou qu'on représente
celui qui l'a fait faire; encore, dans ce dernier cas,
le consentement ne serait-il suffisant qu'autant qu'il
émanerait de tous les représentans du créancier.
Si donc l'un des héritiers avant partage consentait
seul à la radiation, le conservateur ne pourrait,
sans exposer sa responsabilité, se permettre de
l'effectuer. Mais il en serait autrement si le partage était déjà fait, et que la créance pour laquelle
avait été donnée l'hypothèque, fût tombée dans
le lot de celui qui a consenti la radiation.

IV. Il faut, pour consentir à la radiation, avoir *la capacité*, c'est-à-dire, être capable de contracter et de donner décharge de l'obligation pour laquelle l'hypothèque avait été consentie. Or, la femme mariée, même celle qui est généralement autorisée à faire les actes d'administration, n'aurait pas la capacité de donner main-levée d'une inscription prise en sa faveur : en effet, si elle était mariée sous le régime de la communauté, ou avec la clause de séparation de biens, ou sous tout autre régime que le régime dotal, elle ne pourrait donner la main-levée et consentir à la radiation d'une inscription prise à son profit qu'avec l'autorisation de son mari, ou, à son défaut, celle de justice. Si elle était mariée sous le régime dotal, et que la créance pour laquelle existait l'hypothèque fût dotale, le mari seul pouvant recevoir le remboursement aux termes de l'article 1549, lui seul pourrait consentir à la radiation. Si la créance était paraphernale, ce serait la femme autorisée de son mari ou de justice (article 1576). Mais s'il s'agissait d'une inscription prise sur les biens du mari au profit de la femme, et pour la conservation de ses reprises, le mari n'aurait pas d'autre moyen, pour en faire prononcer la radiation à son profit, que de suivre les formalités prescrites par l'article 2146.

V. Le mineur, émancipé ou non, ne peut pas non plus consentir seul une radiation; il doit se faire assister de son tuteur ou curateur, parce qu'aux termes du titre *des Tutelles*, et notamment de l'article 482, il ne peut pas donner décharge d'un capital mobilier sans l'assistance du tuteur ou du curateur.

VI. Cependant, dit M. Carrier, professeur à l'école de droit de Dijon, puisque le mineur émancipé a le droit de recevoir des revenus et d'en donner décharge, il doit aussi avoir le droit de consentir à la radiation de l'hypothèque prise pour garantir l'exécution du bail, quand le fermier a pleinement satisfait aux conditions qu'il imposait : le consentement à la radiation n'est qu'une conséquence de l'acquittement de l'obligation contractée envers lui par le fermier. S'il n'avait pas la faculté de donner ce consentement, le fermier ne paierait pas, et alors le mineur ne pourrait plus recevoir ses revenus. (M. Carrier, *Traité des Priviléges et Hypothèques*.)

VII. A la vérité, il reste à savoir si dans ce cas, le tuteur et le curateur doivent être eux-mêmes autorisés par une délibération du conseil de famille : mais nous ne le pensons pas. La loi laissant aux tuteurs et curateurs le droit de recevoir les dettes actives des mineurs, leur imposant même l'obligation de les recouvrer, doit leur donner le droit de décharger complètement les débiteurs ; autrement ceux-ci pourraient se refuser à payer, et cette précaution, loin de tourner à l'avantage des mineurs, tendrait véritablement à leur ruine.

Or, pouvant légalement décharger les débiteurs, ils doivent pouvoir consentir les radiations des in-, criptions, qui ne sont qu'une suite, un effet im-, médiat du paiement.

M. Tarrible accorde plus d'extension au pouvoir du tuteur. Il veut qu'il puisse seul consentir à la radiation, même lorsqu'il n'a pas reçu le montant de la dette. Il appuie cette doctrine sur ce que le tuteur peut toucher les sommes mobilières ap-partenant au mineur et les dissiper, sauf sa respon-sabilité au jour de la reddition du compte de tu-telles. A plus forte raison peut-il toujours, sous la même responsabilité, faire remise des sûretés qui garantissent la dette. (M. Tarrible, v° *Radiat. d'Hy-poth.*, n° 2.)

M. Grenier (t. 1a, n° 521) repousse avec raison cette doctrine : « Sans doute, le tuteur peut dissi-» per les capitaux dont il reçoit le remboursement ; » mais ce fait de dissipation est contraire au vœu » de la loi, qui l'en punit en l'assujettissant à une » sévère responsabilité, et, certes, on ne peut ar-» gumenter de ce fait, désavoué par la loi, pour en » induire qu'*en droit* le tuteur peut à son gré com-» promettre les créances dues à son pupille. »

VIII. Les prodigues, les faibles d'esprit, seraient aussi inhabiles à consentir une radiation, et leur consentement ne pourrait autoriser le conserva-teur à rayer l'inscription qu'autant qu'il serait cor-roboré de l'approbation du conseil judiciaire. On peut voir à ce sujet les art. 499 et 513 du Code civil.

IX. Il n'est pas peut-être aussi facile de se décider pour les envoyés en possession provisoire dans le cas d'absence déclarée. N'ayant, aux termes de l'article 125, qu'un dépôt dont ils sont comptables envers l'absent s'il reparaît, on pourrait douter s'ils ont capacité pour consentir une radiation; cependant, comme l'ensemble des dispositions du chapitre III, au titre *de l'Absence*, paraît établir qu'ils peuvent exercer les droits de l'absent, recevoir les dettes actives, en poursuivre le remboursement, il faut admettre comme conséquence nécessaire, qu'ils peuvent décharger les débiteurs, et par suite consentir aux radiations des inscriptions.

X. Il n'en serait pas de même dans le cas de présomption d'absence, et celui qui aurait été nommé pour administrer les biens ne pourrait consentir aux radiations : dans ce cas, le tribunal serait seul compétent pour autoriser l'ancien débiteur à faire rayer l'inscription; encore ne le pourrait-il qu'après avoir entendu le procureur du Roi (art. 114).

XI. Un mandataire général, à l'effet de donner toute main-levée des inscriptions, peut également consentir la radiation, et le conservateur pourrait l'effectuer sans craindre d'exposer sa responsabilité. Mais il en serait autrement du pouvoir donné pour vendre un immeuble : comme on ne saurait y voir un mandat formel à l'effet de consentir les radiations des inscriptions d'office qui le grèvent,

un conservateur ne devrait pas y procéder. (*Voyez* article 1988.)

XII. Tout ce que nous avons dit jusqu'à présent ne s'applique qu'aux inscriptions requises par les particuliers; mais comme l'état, les communes, les établissemens publics peuvent aussi en requérir, il faut voir comment on peut les faire radier.

Suivant deux décisions de LL. EExc. les ministres des finances et du trésor public, en date des 28 novembre 1808 et 24 janvier 1809, la radiation des inscriptions faites à la requête de l'agent du trésor public doit s'opérer sur la remise des mains-levées *authentiques* consenties par cet agent, et qui font mention des arrêts de la Cour des comptes, ou arrêtés ministériels, en exécution desquels elles sont données.

XIII. Un décret du 11 thermidor an 13, fixe aussi le mode à suivre pour parvenir à la radiation des inscriptions prises dans l'intérêt des pauvres. Les receveurs de ces établissemens ne peuvent consentir aucune radiation qu'en vertu d'une décision spéciale du conseil de préfecture, prise sur une proposition formelle de l'administration, et de l'avis du comité consultatif établi près de chaque arrondissement communal, en exécution de l'arrêté du 7 messidor an 9.

XIV. Après avoir vu comment pouvait s'effectuer la radiation des inscriptions, lorsqu'elle était volontairement consentie, il nous reste à examiner

II.   9

le second cas prévu par notre article, celui où elle
est ordonnée par jugement.

Un jugement peut faire la base d'une radiation
lorsqu'il est *en dernier ressort* ou *passé en force
de chose jugée*. Un jugement est *en dernier ressort*, lorsqu'il ne peut jamais être attaqué par une
des voies ordinaires, telles que l'opposition ou
l'appel.

Il *est passé en force de chose jugée*, lorsqu'étant
d'abord attaquable, soit par opposition, soit par
appel, soit par l'une et l'autre voie, l'opposition et
l'appel ne sont plus recevables.

XV. D'après cela, il est facile de juger quels
sont les jugemens dont la représentation peut obliger les conservateurs à rayer l'inscription : ce sont
tous ceux qui ne peuvent plus être attaqués par
aucune des voies ordinaires ; tous les autres, tels
que les jugemens susceptibles d'être encore attaqués par l'opposition ou l'appel, ne peuvent obliger les conservateurs à opérer la radiation.

Cependant nous devons à la vérité d'avouer que
cette opinion n'est pas partagée par tout le monde,
et que même l'on peut citer de puissantes autorités
en faveur du sentiment contraire.

On dit, pour l'établir, qu'un jugement dont on
peut appeler est passé en force de chose jugée,
tant que l'appel n'est pas interjeté; que l'ordonnance de 1667, sous l'empire de laquelle le Code
civil a été promulgué, l'établissait ainsi, puisque
l'article 5 du titre 27 portait : « Les sentences et

» jugemens qui doivent passer en force de chose
» jugée, sont ceux rendus en dernier ressort, et
» *dont il n'y a appel*, ou dont l'appel n'est pas
» recevable, soit que les parties y eussent formel-
» lement acquiescé, ou qu'elles n'en eussent inter-
» jeté appel dans le temps, ou que l'appel ait été
» déclaré péri. » Or, un jugement *dont il n'y a appel*, est un jugement dont on peut appeler, et qui,
d'après cet article, est passé en force de chose jugée tant que l'appel n'est pas interjeté.

On confirme ce sentiment par l'autorité de Pothier qui, dans son *Traité des Obligations*, t. 2,
pag. 440, n° 3, pense que « l'ordonnance unit
» dans un article aux jugemens rendus en dernier
» ressort *ceux dont il n'y a pas encore d'appel in-
» terjeté*, parce que, tant qu'il n'y a pas encore
» d'appel, ils ont, de même que ceux rendus en
» dernier ressort, une espèce *d'autorité de chose
» jugée* qui donne à la partie, en faveur de qui ils
» ont été rendus, le droit d'en poursuivre l'exécu-
» tion, et forme une espèce de présomption *juris
» et de jure*, qui exclut la partie contre qui ils ont
» été rendus de pouvoir rien proposer contre, tant
» qu'il n'y a pas d'appel interjeté. »

Depuis le Code de procédure, ajoute-t-on, ce
sentiment doit d'autant mieux prévaloir, que l'article 548 porte que les jugemens qui prononcent
*une main-levée, une radiation d'inscription hypo-
thécaire*, ou quelque autre chose à faire par un
tiers ou à sa charge, ne sont exécutoires par les

tiers ou contre eux, *même après le délai de l'oppo-sition , ou de l'appel*, que sur le certificat de l'a-voué de la partie poursuivante, contenant la date de la signification du jugement, et sur l'attestation du greffier, contatant qu'il n'existe contre le juge-ment ni opposition ni appel. Or, il résulte de là que les conservateurs doivent opérer la radiation, *même avant l'expiration des délais de l'opposition ou de l'appel*, si on justifie, par les certificats exi-gés par cet article, qu'il n'y a encore ni opposition ni appel.

Enfin, on confirme ce sentiment par une lettre du grand-juge, sous la date du 13 mars 1809, dans laquelle Son Exc. paraît reconnaître que depuis le Code de procédure le conservateur doit procéder à la radiation , *même* avant l'expiration des délais de l'opposition ou de l'appel , et dès qu'on lui re-présente les certificats exigés par l'art. 548.

Il y a peut-être de la témérité à persister dans l'opinion que j'avais d'abord émise ; mais comme Son Exc. le ministre de la justice observe dans la lettre déjà citée , que c'est aux tribunaux à régula-riser ce point de forme , j'ai cru pouvoir encore développer le sentiment qui résulte de la combi-naison des dispositions de la loi.

D'abord , il ne me semble pas exact de soutenir que , d'après l'article 5 du titre 27 de l'ordonnance de 1667, un jugement fût passé en force de chose jugée, par cela seul qu'on n'en avait pas encore interjeté appel. Cet article dit bien que les juge-

mens qui doivent passer en force de chose jugée
sont ceux *dont il n'y a appel;* mais ces expressions
doivent s'interpréter autrement qu'on ne le fait,
elles expliquent les mots qui précèdent, ainsi qu'il
est facile de le faire voir.

En effet, cet article regarde comme passés en
force de chose jugée, 1° les jugemens en dernier
ressort; 2° ceux dont l'appel n'est plus recevable.
Après avoir nommé les jugemens en dernier ressort, il ajoute ces mots : *et dont il n'y a pas appel,* non pas pour indiquer que ceux dont l'appel
n'est pas encore interjeté sont passés en force de
chose jugée ; mais pour expliquer qu'il entend par
jugemens en dernier ressort ceux dont il n'a jamais
pu y avoir d'appel : la conjonctive *et,* placée au
commencement de cette périphrase, semble l'indiquer suffisamment.

On peut encore expliquer ces mots d'une autre
manière. On peut dire que l'ordonnance n'a pas
voulu indiquer par là que les jugemens dont l'appel était recevable, mais non encore interjeté,
seraient absolument passés en force de chose jugée;
mais qu'ils seraient exécutoires tant qu'on n'en aurait pas encore appelé. C'est ainsi que Rodier, dans
ses *Questions* sur cette ordonnance, explique l'article 5. Après avoir rapporté ces mots , *dont il n'y
a appel,* cet auteur ajoute : « L'ordonnance n'en-
» tend par là dire autre chose, sinon que, tandis
» qu'il n'y a pas d'appel, ces jugemens ou sen-
» tences peuvent être mis à exécution, ainsi qu'il a

» déjà été observé sur l'article 1er, question 2 ; *car*
» *d'ailleurs on ne peut pas dire qu'un jugement*
» *est passé en force de chose jugée, lorsqu'il est*
» *sujet à l'appel et que cette voie est ouverte.*»

Pothier, dans le passage ci-dessus rapporté,
loin de contredire cette explication, semble au
contraire l'adopter ; car il ne dit pas formellement
que les jugemens dont il n'y a pas encore d'appel
sont passés en force de chose jugée, mais qu'ils ont
une *espèce* d'autorité de chose jugée ; c'est-à-dire
qu'à l'égard des choses qui peuvent être réparées
en définitif, et rétablies sans inconvénient dans le
même état, le jugement qui n'est pas encore attaqué par appel doit être exécuté comme s'il était
inattaquable ; mais ce n'est pas décider que le jugement est par cela même, et dans toute la force
de cette expression, passé en force de chose jugée.

Ainsi il nous paraît que l'article 5 du titre 27 de
l'ordonnance n'est pas contraire à l'opinion que
nous avons émise, et que, sous son empire, le jugement n'était véritablement passé en force de chose
jugée que lorsqu'il était en dernier ressort et non
susceptible d'être attaqué par une des voies ordinaires.

D'après cela, l'article 2157 doit avoir été conçu
dans ces vues, puisque c'est sous l'empire de l'ordonnance de 1667, et lorsqu'elle était encore en
vigueur, que le Code civil a été promulgué.

Ajoutez que toutes les fois que, dans le Code
civil, l'on emploie les termes de *jugement passé en*

force de chose jugée, on leur donne toujours le sens dans lequel nous venons de les prendre. (*Voyez-en* des exemples dans les articles 264, 265, 2056 et 2215.)

Maintenant examinons si l'article 548 du Code de procédure a pu déroger à ces principes, et si, lorsqu'une radiation ne pouvait être obtenue qu'en vertu d'un jugement qui n'était plus attaquable, il a pu ou entendu la permettre en vertu de jugemens qui pouvaient encore être réformés par la voie de l'opposition ou de l'appel.

· On se persuadera difficilement qu'en rédigeant cet article 548, le législateur ait entendu modifier ou même rapporter l'article 2157 du Code civil. C'est un principe que tout le monde reconnaît aujourd'hui, que le Code de procédure (si l'on en excepte l'article 834) n'abroge ou ne modifie aucune des dispositions du Code civil : destiné à faire connaître son mode d'exécution, il ne peut contenir aucune disposition législative sur une matière déjà fixée par ce Code.

A la vérité, la rédaction de l'article 548 semblerait bien indiquer qu'il ne faut pas un jugement passé en force de chose jugée dans le sens de l'article 2157, pour opérer la radiation ; car il y est dit que le jugement qui prononcera une main·levée d'inscription, ou une radiation, ne pourra être exécuté, *même* après les délais de l'opposition ou de l'appel, que sur un certificat de l'avoué et du greffier. Ce mot *même*, n'indiquerait·

il pas assez clairement que le jugement pourra être
exécuté avant l'expiration des délais de l'opposition ou de l'appel?

Cette objection est de la plus grande force, et
j'avoue qu'on ne peut y répondre qu'en disant que
l'article 548, réunissant plusieurs cas, sa disposition doit s'appliquer d'une manière distributive
à chacun de ceux qui peuvent s'exécuter même
avant l'expiration des délais de l'opposition ou de
l'appel. Ainsi un jugement qui ordonne un paiement, celui qui ordonne à un séquestre ou un dépositaire de vider ses mains en celles de l'une des
parties, ne pourra être exécuté, même avant de
passer en force de chose jugée, que sur le certificat de l'avoué et l'attestation du greffier. Mais lorsque, par sa nature, le jugement ne peut pas s'exécuter avant d'être passé en force de chose jugée (et
nous avons vu que tel était, suivant l'article 2157,
le caractère du jugement qui ordonnait une radiation), on ne peut pas lui appliquer l'induction
qu'on tire du mot *même*, ni en faire résulter une
exécution prématurée et toujours nuisible à des
tiers.

En effet, s'il arrivait que le jugement qui ordonne la radiation vînt à être infirmé, mais après
avoir été exécuté, ce ne serait pas le débiteur qui
en souffrirait, mais des tiers qui dans l'intervalle
auraient traité avec lui. Supposons qu'après avoir
fait opérer la radiation, le débiteur ait vendu sa
propriété, que l'acquéreur ait fait faire la trans-

cription, et ensuite requis un certificat du conservateur, qui a dû lui en délivrer un négatif, puisque l'inscription était rayée : aux termes de l'article 2198, l'immeuble doit être affranchi dans ses
mains, et aucun recours ne peut être donné aux
créanciers. Cependant, que deviendra l'inscription
qui d'abord aura été rayée en vertu d'un jugement,
et qui, aux termes de l'arrêt infirmatif, devra être
rétablie? Grevera-t-elle l'immeuble entre les mains
du tiers-acquéreur? L'article 2198 s'y oppose
formellement ; et si on ne lui donne pas cet effet,
on se met en opposition avec tous les principes,
qui veulent que l'arrêt qui infirme un jugement,
rétablisse les choses dans l'état où elles auraient été
si l'appelant eût d'abord gagné sa cause.

Comme on le voit, si on se permettait de rayer
l'inscription en vertu d'un jugement qui pourrait
encore être infirmé, tout serait incertain ; et il arriverait que ceux qui auraient contracté sans connaître l'inscription qui a été rayée, mais qui peut
être rétablie, seraient toujours dupes de leur
bonne foi.

Ainsi tout porte à exiger, même depuis le Code
de procédure, un jugement passé en force de chose
jugée.

C'est ce que la cour de Paris a jugé plusieurs fois,
et notamment par un arrêt rapporté par *Sirey*,
tom. 8, part. 2, pag. 227.

XVI. Mais quand peut-on regarder les jugemens par défaut comme passés en force de chose

jugée? Autrefois l'appel de ces jugemens étant recevable pendant trente ans, il est clair que ce n'était qu'à l'expiration de ce délai qu'ils étaient censés passés en force de chose jugée; mais le Code de procédure ayant apporté des changemens notables à ces principes, il faut les consulter pour se faire une idée juste des règles à suivre en cette matière.

Par les articles 157 et 158, on fait une distinction entre les jugemens par défaut, rendus contre une partie ayant avoué, et ceux où il n'y avait pas d'avoué constitué de la part du condamné. Si celui-ci avait constitué avoué, l'opposition doit être formée dans la huitaine de la signification; tandis que, lorsque le jugement a été rendu contre une partie qui n'avait pas d'avoué, l'opposition est recevable jusqu'à l'exécution du jugement.

D'après cela, s'il s'agissait de jugemens qui ne fussent pas susceptibles d'appel, il est évident qu'ils seraient passés en force de chose jugée dès que la huitaine qui suit la signification du jugement serait expirée, ou, lorsqu'on n'a pas constitué d'avoué, que le jugement aurait été exécuté.

Mais comme ces jugemens peuvent être attaqués par appel, il ne suffit pas que le délai de l'opposition soit expiré, il faut encore que celui de l'appel soit échu. Or, suivant l'article 443 du Code de procédure, le délai de l'appel expire trois mois après le jour où l'opposition n'est plus recevable.

Ainsi, en comparant ces divers articles, on voit

que les jugemens par défaut qui ordonnent une radiation, doivent être regardés comme passés en force de chose jugée, savoir : lorsqu'ils sont rendus contre une partie ayant avoué, trois mois après l'expiration de la huitaine ; et dans le même délai, à partir de l'exécution du jugement, lorsqu'il n'y a pas eu d'avoué constitué de la part de la partie condamnée.

XVII. Mais ce n'est pas encore tout : si, dans la théorie, il est aisé de juger du jour où ces jugemens passent en force de chose jugée, il n'en est pas de même dans la pratique, surtout pour ceux rendus contre des parties qui n'avaient pas constitué d'avoué. Il est vrai que, d'après les articles du Code de procédure que nous venons d'analyser, c'est après l'expiration des trois mois, à partir de l'*exécution*. Mais quand est-ce qu'un jugement qui ordonne simplement une radiation est censé exécuté ? Il semblerait que ce ne pourrait être que lorsque le conservateur aurait rayé l'inscription, ce que cependant il ne peut faire que lorsque le jugement est définitivement passé en force de chose jugée.

Toutefois l'article 159 du Code de procédure jette un grand jour sur cette difficulté : il établit que le jugement est censé exécuté lorsque les meubles saisis ont été vendus, ou que le condamné a été emprisonné ou recommandé, ou que la saisie d'un ou plusieurs de ses immeubles lui a été notifiée, *ou que les frais ont été payés*, ou enfin lorsqu'il y a quelque acte duquel il résulte nécessairement que l'exécution du jugement a été connue de la partie défaillante.

Or, comme un jugement qui ordonne la radiation des inscriptions condamne toujours la partie défaillante aux dépens, il est aisé de juger à quelle époque la condamnation est passée en force de chose jugée : c'est, suivant l'article 159, lorsqu'on a obtenu le payement des frais, ou que, pour y parvenir, on a saisi et fait vendre les meubles, ou dénoncé à la partie condamnée la saisie d'un de ses immeubles. Ainsi jugé par arrêt de la Cour d'appel de Paris, en date du 14 mai 1808.

Mais on insiste, et l'on dit que souvent il arrivera que le jugement ne pourra pas être exécuté, parce qu'il aura été rendu contre des personnes insolvables, à qui l'on ne pourra pas faire de saisie, parce qu'elles n'auront pas de propriété.

D'abord la loi ne devait pas prévoir ce cas, qui est purement hypothétique, et qui ne se réalisera que bien rarement ; d'une autre part, on peut répondre que le législateur ne devant pas exiger l'impossible, il a laissé la faculté de remplacer sa disposition par des équivalens ; que, par conséquent, au lieu de saisir les meubles et de les faire vendre, il a pensé qu'il suffisait de faire connaître par tout autre acte, à la partie défaillante, l'existence de la condamnation contre elle prononcée. Ainsi nous croyons que la saisie et la notification ne pouvant pas avoir lieu, on pourra les rempla-

cer par un commandement fait à personne ou domicile, suivi d'un procès-verbal de carence ; et pour
les individus dont on ne connaît pas le domicile
réel, par une notification faite tant au domicile
élu dans l'inscription, qu'entre les mains de M. le
procureur du roi, et après affiche à la princi-
cipal porte de l'auditoire du tribunal. (Argument
tiré de l'art. 59, n° 8, du Code de procédure.)

XVIII. Notre article exige seulement que le jugement en vertu duquel on veut faire radier l'inscription, soit en dernier ressort, ou passé en
force de chose jugée ; mais l'article 548 du Code
de procédure ajoute de nouvelles obligations. Suivant cet article, le conservateur ne peut rayer l'inscription que sur la représentation d'un certificat
de l'avoué de la partie poursuivante, contenant la
date de la signification du jugement faite *au domicile de la partie condamnée*, et sur l'attestation du
greffier, constatant qu'il n'existe contre le jugement ni opposition ni appel. Mais aussi, à la vue
de ces certificats, l'article 505 du même Code veut
que le conservateur ne puisse se refuser à opérer
la radiation ordonnée. Le créancier lui ferait donc
en vain signifier des défenses extra-judiciaires ; la
radiation devrait toujours s'effectuer.

XIX. Mais l'on a demandé si cette décision
s'appliquerait à toute espèce de jugemens qui pro-
nonceraient une radiation, et, par exemple, si
l'adjudicataire qui voudrait faire faire la radiation
des inscriptions, devrait représenter au conserva-

teur, indépendamment du jugement d'ordre, les
certificats de l'avoué et du greffier.

L'affirmative est incontestable, et les motifs qui
ont fait exiger les certificats de l'avoué et l'attestation du greffier, s'appliquent même avec plus de
force aux jugemens d'ordre qu'aux autres décisions. Il importe, en effet, de savoir si la signification du jugement a fait courir les délais de l'appel,
ou si, après la signification, on s'est pourvu contre
le jugement. Si l'on pouvait rayer les inscriptions
sans avoir des renseignemens positifs, il arriverait
qu'on exécuterait un jugement dont la partie n'aurait peut-être jamais eu connaissance, ou contre
lequel elle se serait déjà pourvue; en un mot, on
s'exposerait à faire une radiation en vertu d'un jugement qui ne serait pas encore passé en force de
chose jugée : ce qui serait contraire aux principes
que nous avons développés dans le n° XV de ce
chapitre.

XX. L'article 548, que nous venons de citer, a
donné naissance à une difficulté qu'il est essentiel
de ne pas passer sous silence : c'est celle de savoir
à quel domicile doit être faite la signification du
jugement : est-ce au domicile réel? ou peut-elle
légalement être faite au domicile élu par l'inscription?

A ne consulter que les articles 111 et 2156 du
Code civil, il semblerait que la signification pût
avoir lieu au domicile élu. Les articles 695 et 753
du Code, de procédure confirmeraient d'autant

plus dans cette opinion, qu'en matière de saisie immobilière, et dans les instances d'ordre, ils autorisent les significations aux domiciles élus par les inscriptions.

Néanmoins, LL. EExc. les ministres de la justice et des finances ont décidé, les 21 juin et 5 juillet, que la signification devait être faite au domicile réel. Voici comment ils ont motivé leurs décisions et répondu aux objections.

« Il semble, ont-ils dit, que toutes les fois qu'il
» s'agit de l'exécution d'un jugement définitif, la
» signification doit être faite au domicile de la
» partie condamnée.

» L'article 147 du Code de procédure le dit en
» termes exprès : il porte que le jugement ne pourra
» être exécuté qu'après avoir été signifié à avoué, à
» peine de nullité; et que les jugemens provisoires
» ou définitifs qui prononceront des condamna-
» tions, seront en outre signifiées à la partie, *à
» personne ou domicile*.

» Voilà bien le domicile réel de la partie claire-
» ment distingué du domicile par elle élu chez son
» avoué; et la nécessité de signifier à ce domicile
» réel, lorsqu'il s'agit d'exécuter des jugemens, éta-
» blies d'une manière incontestable.

» D'après cela, on doit croire que le domicile de
» la partie condamnée, dont il est question dans
» l'article 548, ne peut s'entendre que du domi-
» cile *réel*. Cet article ordonne, pour les jugemens
» portant radiation d'inscription hypothécaire, ce

» que l'article 147 ordonne en termes généraux
» pour tous les jugemens portant condamnation.
» Dans l'un comme dans l'autre, c'est au domicile
» de la partie condamnée que la signification doit
» être faite.

, » Quant aux articles 595 et 753, qu'on cite, il
» est facile de remarquer qu'ils ne concernent que
» des actes d'exécution, tels que notifications,
» placards, sommations de produire, et autres qui
» peuvent et doivent être signifiés au domicile élu
» par l'inscription; mais pour la signification des
» jugemens portant condamnation, elle doit être
» faite au domicile de la partie condamnée, puis-
» que les articles 147 et 543 l'ordonnent ainsi.

. . » Du reste, ont ajouté LL. EExc., cette opinion
» paraît d'autant plus susceptible d'être adoptée,
» que, si elle peut avoir quelques inconvéniens,
» ils ne sont pas comparables à ceux qui résulte-
» raient d'une signification d'un jugement définitif
» faite à un domicile dont le choix et presque tou-
» jours forcé, et où l'on n'est pas toujours sûr de
» trouver le zèle et l'attention nécessaires pour
» instruire à temps la partie intéressée du juge-
» ment rendu contre elle, et qui pourrait acqué-
» rir la force de la chose jugée, avant qu'elle en eût
» eu connaissance. »

. XXI. S. Exc. le grand juge, par une lettre écrite
au ministre des finances, en date du 25 fructidor
an 12, et publiée dans le *Journal de l'enregistrement*, a encore décidé une autre question fort im-

portante. Quelques tribunaux, en ordonnant la radiation des inscriptions, avaient cru pouvoir ordonner l'exécution provisoire de leurs jugemens, et
certains conservateurs paraissant résister à exécuter ces décisions, prétendaient que les jugemens n'étant pas en dernier ressort, ni passés en
force de chose jugée, ils ne pouvaient, sans exposer leur responsabilité, rayer les inscriptions. Mais
le grand juge a pensé que les conservateurs ne
pouvaient pas s'immiscer dans ce qui tient à l'autorité judiciaire, leur devoir consistant à exécuter
ce qui leur est prescrit, et à effectuer la radiation;
que par conséquent leur garantie se trouve dans
les décisions des tribunaux, dont ils gardent toujours expédition. Mais nous pensons qu'il en serait autrement, si le créancier avait obtenu des défenses de la Cour d'appel, et qu'il les eût fait signifier au conservateur : dans ce cas, il serait du
devoir de celui-ci d'obtempérer à ces défenses, et
de ne pas rayer l'inscription. (*Voyez* l'article 459
du Code de procédure (1).

XXII. Les jugemens d'ordre ont aussi fait naître
quelques difficultés. Suivant l'article 34 de la loi
du 11 brumaire, sur les expropriations, il suffi-

_____

(1) Cet article est ainsi conçu : « Si l'exécution provisoire a
» été ordonnée hors les cas prévus par la loi, l'appelant pourra
» obtenir des défenses à l'audience, sur assignation à bref délai,
» sans qu'il puisse en être accordé sur requête non communi-
» quée. »

sait, pour que le conservateur dût faire la radiation, que la créance n'eût pas été contestée. La
raison en était, que le droit d'appeler n'étant accordé qu'aux parties qui avaient contesté la collocation, les créances non contestées devaient recevoir leur exécution, et par conséquent être suivies
de radiation.

Aujourd'hui on se demande si cette disposition
est tellement abrogée par la nouvelle législation,
que l'appel formé par l'un des créanciers arrête la
radiation de toutes les créances, même celles qui
n'ont subi aucune contestation ?

Voici comment s'explique à ce sujet l'art. 758 du
Code de procédure : « En cas de contestation, le
» commissaire renverra les contestans à l'audience,
» et *néanmoins arrêtera l'ordre pour les créances*
» *antérieures à celles contestées, et ordonnera la*
» *délivrance des bordereaux de collocation de ces*
» *créanciers*, qui ne seront tenus à aucun rap-
» port à l'égard de ceux qui produiraient postérieu-
» rement. »

Ensuite l'article 767, prévoyant le cas où il s'é-
leverait des difficultés, établit que : « quinzaine
» après le jugement des contestations, et, en cas
» d'appel, quinzaine après la signification de l'ar-
» rêt qui y aura statué, le *commissaire arrêtera*
» *l'ordre des créances contestées et de celles posté-*
» *rieures.* »

Ce qui prouve deux choses : 1° que l'état des
créances antérieures à celles contestées est défini-

tivement arrêté par l'ordonnance du juge-commis-saire, puisqu'on délivre des bordereaux qui, sui-vant l'article 771, sont de suites exécutoires contre l'acquéreur; 2° qu'il n'y a que les créances contes-tées, et celles qui les suivent, dont le rang soit suspendu par l'appel, puisque c'est de celles-là seules que doit s'occuper le juge-commissaire dans la quinzaine qui suit la signification de l'arrêt. Ainsi il paraît certain que l'appel n'est d'aucune influence sur le sort des hypothèques non contes-tées, et antérieures à celles qui l'ont été; que par conséquent le conservateur peut en rayer les in-scriptions, même durant l'appel.

Ce qui confirme cette opinion, c'est le rappro-chement des articles 771 et 773. Dans le premier, en effet, on voit que les bordereaux de collocation sont exécutoires contre l'acquéreur. Par le second, on établit que le conservateur, *au fur et à mesure du paiement, et sur la représentation du bordereau et de la quittance du créancier, déchargera d'of-fice l'inscription, jusqu'à concurrence de la somme acquittée.* Or, si la quittance est acquittée dans son intégrité, qu'elle le soit, comme le veut l'arti-cle 771, avant ou durant l'appel interjeté pour les créances contestées, le conservateur devra éga-lement décharger l'inscription, et par conséquent la rayer malgré l'appel : il serait difficile d'opposer quelque chose de solide à la conséquence naturelle qui s'induit de ces articles.

Quant aux créances postérieures à celles contes-

tées, leur rang est toujours suspendu par l'appel,
quoiqu'elles n'aient pas directement éprouvé de
contestation ; et le conservateur ne peut les rayer
qu'après l'appel, puisque c'est seulement à cette
époque que le juge-commissaire arrête l'ordre
des créances contestées et de celles postérieures.
(Art. 767 du Code de procédure.)

XXIII. L'article 773 exige la représentation de la
quittance délivrée par le créancier utilement colloqué à l'acquéreur, mais ne s'explique pas sur sa
forme ; d'où l'on pourrait conclure qu'elle peut être
donnée sous signature privée. Cependant, comme
pour toute radiation, on exige un acte authentique, et que le conservateur, pour sa propre sûreté,
doit garder expédition de l'acte portant radiation,
nous croyons que la quittance délivrée à l'acquéreur doit être en forme authentique.

Il semblerait également qu'il ne fût pas nécessaire de faire mention, dans cette quittance, du
consentement que le créancier donne à la radiation,
puisque, suivant l'art. 773, c'est le conservateur
qui *la fait d'office.* Mais comme cet article ne s'applique qu'à l'inscription d'office, et que, d'un autre
côté, l'article 772 exige impérieusement le consentement, il faut bien que la quittance en fasse
mention.

XXIV. Quant à la radiation des créances non
utilement colloquées, elle doit être ordonnée par
le juge-commissaire (art. 759), et le conservateur
doit y procéder, savoir : s'il n'y a pas eu de contes-

tation sur l'ordre, aussitôt qu'on lui représentera
l'ordonnance du juge-commissaire (art. 774); et
s'il y a eu des contestations, lorsque le jugement
qui les aura terminées sera passé en force de
chose jugée : or les jugemens d'ordre sont passés
en force de chose jugée lorsque l'appel n'a pas été
interjeté dans les dix jours de la signification à
avoué, ou dans le même délai, augmenté d'un jour
par trois myriamètres de distance du domicile réel
de chaque partie (art. 763).

Encore, dans ce dernier cas, l'acquéreur qui de-
mandera la radiation devra-t-il représenter, comme
le veut l'article 548, un certificat de l'avoué, contenant la date de la signification du jugement, et
une attestation du greffier, constatant qu'il n'existe
pas d'appel contre le jugement.

XXV. Mais l'on a demandé si ces jugemens et
ordonnances, qui prescrivent la radiation des créances non utilement colloquées, ne devaient pas
être préalablement signifiés au domicile réel, comme
nous venons de dire qu'on l'exigeait pour les autres jugemens ?

Nous ne le pensons pas. L'article 763 du Code
de procédure décide que les jugemens d'ordre devront être signifiés au domicile de l'avoué ; et,
quoiqu'on puisse dire que ce n'est que pour faire
courir le délai de l'appel, il est néanmoins plus
exact de penser que c'est également pour rendre
le jugement ou l'ordonnance du juge-commissaire
exécutoire.

L'appel et la signification du jugement sont deux choses corrélatives. Le délai de l'appel ne peut pas être expiré sans qu'on puisse aussitôt exécuter le jugement. C'est ce qu'a jugé la cour de cassation, le 8 août 1809, en décidant précisément que, dans la procédure spéciale de l'ordre, il n'était pas nécessaire de signifier le jugement au domicile réel.

XXVI. Jusqu'ici nous avons examiné les diverses difficultés que pouvait faire naître la comparaison des articles du Code de procédure avec l'article 2157 du Code civil; il nous reste maintenant à parcourir sommairement les cas où, suivant les principes du droit, quelques inscriptions doivent être rayées par suite de certains événemens auxquels la loi attache cet effet.

XXVII. Suivant les articles 954 et 963 du Code civil, la révocation des donations, soit pour inexécution des conditions, soit pour survenance d'enfans, fait rentrer les objets donnés entre les mains du donateur, francs et quittes de toutes charges et hypothèques. L'article 1673 établit une semblable disposition pour le vendeur à faculté de rachat, lequel en exerçant son réméré, reprend l'immeuble exempt de toutes charges et hypothèques dont l'acquéreur l'aurait grevé. Or, dans ces trois cas et autres semblables, comment faire pour obtenir la radiation? Faudra-t-il seulement prouver au conservateur l'existence de la révocation et l'exercice du rachat, ou bien faudra-t-il rapporter le consentement des créanciers, ou un jugement en dernier ressort ou passé en force de chose jugée?

Il nous semble que toujours il faudra, ou le consentement des créanciers, ou un jugement passé
en force de chose jugée. En effet, le jugement qui
ordonne la révocation des donations, l'acte qui fait
connaître la survenance d'un enfant, et celui qui
établit l'exercice du réméré, sont des choses étrangères aux créanciers inscrits, qui ne peuvent être
exécutées contre eux que lorsqu'ils en ont eu connaissance. Il faut d'ailleurs distinguer les poursuites
dirigées contre les détenteurs des biens, d'avec
celles faites contre les créanciers inscrits. Les unes
ont bien pour objet d'obtenir la nullité de l'hypothèque, mais c'est d'une manière secondaire et par
suite d'une action principale; les autres, au contraire, constituent l'exercice du droit acquis par
les premiers, et en sont pour ainsi dire le complément. Ainsi, ce n'est qu'après avoir fait prononcer
ou obtenu la révocation ainsi que l'exercice du réméré, que le propriétaire peut exercer contre les
créanciers inscrits le droit que lui donnent les art.
954, 963 et 1673 du Code civil, et les forcer à consentir à la radiation.

XXVIII. Mais ces principes s'appliqueraient-ils
également aux rescisions? en d'autres termes, un
conservateur à qui l'on présenterait un jugement
qui rescinderait une vente pour cause de lésion
énorme, devrait-il effectuer la radiation ? A la vérité, cette question dépend d'une difficulté fort
controversée dans l'ancienne jurisprudence, et que

le Code civil n'a pas fait cesser. Elle consiste à savoir si, en rescindant la vente, le jugement a aussi
annulé les hypothèques dont l'acquéreur avait
grevé les biens? Barthole, et quelques autres commentateurs sur la Loi 2, au Code, *de Rescind.*
Vendit., avaient pensé que la rescision ne s'opé-
rant pas dans ce cas, *ex causâ necessariâ*, les hypothèques consenties par l'acquéreur devaient subsister même après la rescision du contrat. Mais Pothier, dans son *Traité du Contrat de vente*,
n° 371, répondait avec raison que, lorsque la rescision du droit d'un propriétaire était prononcée
sans qu'aucun fait de sa part, intervenu depuis
l'acquisition, y eût donné lieu, et qu'elle ne procé-
dait que d'un vice inhérent à son titre, il était
vrai de dire que la rescision se faisait *ex causâ
necessariâ*, et que par conséquent elle entraînait
la rescision des hypothèques et autres charges. Il
ajoutait que c'était là véritablement le cas de la
maxime *Soluto jure dantis, solvitur jus accipientis*,
puisque personne ne peut céder plus de droits qu'il
n'en avait lui-même.

A ces raisons, bien fortes sans doute, nous nous
permettrons d'en ajouter une nouvelle, que l'article 1673 nous suggère. Cet article, en effet, prévoyant le cas où le vendeur voudrait exercer son
action en réméré, décide qu'il reprendra les biens
exempts de toute hypothèque. Ce droit qu'a le vendeur n'est autre chose qu'une action rescisoire,
qui ne diffère de celle que la loi lui donne lorsqu'il

a souffert une lésion énorme, qu'en ce que l'une naît de la convention, et l'autre de la loi. Mais, en dernier résultat, toutes les deux doivent produire le même effet, de dépouiller l'acquéreur, et de le faire regarder comme n'ayant jamais été propriétaire. Or, si tel est leur objet, si leurs effets sont tellement ressemblans, pourquoi ne donnerait-on pas à l'action en rescision ce que l'article 1673 accorde à l'exercice du rachat? Pourquoi, dans un cas comme dans l'autre, n'anéantirait-on par les hypothèques et autres charges consenties par l'acquéreur?

Cela une fois établi, il ne peut pas y avoir de difficulté pour la radiation des inscriptions consenties par l'acquéreur, dont le titre a été rescindé; les principes que nous avons invoqués pour la révocation des donations et pour le réméré sont absolument applicables. Comme le jugement qui rescinde la vente est une chose étrangère aux créanciers de l'acquéreur qui ont obtenu hypothèque, qu'ils sont censés ne pas le connaître, il est clair que le propriétaire qui veut faire rayer leurs inscriptions, n'a pas d'autre moyens que d'obtenir leur consentement, ou de faire rendre contre eux un jugement particulier, à moins qu'en formant la demande en rescision il ne les ait assignés en déclaration de jugement commun, et qu'il n'ait de suite, et par le même jugement, fait prononcer la radiation.

XXIX. Tout ce qu'on vient de dire justifie ce

principe que nous avons déjà énoncé, que le conservateur ne peut être forcé de rayer une inscription que lorsqu'il y a un jugement qui l'ordonne,
ou que les parties intéressées y consentent.

Cependant nous rappellerons une exception
qu'une loi spéciale a pu seule consacrer.

L'article 9 de la loi du 5 septembre 1807 décide
que, faute par le trésor de fournir et déposer au
greffe, dans les trois mois de la notification, un
certificat constatant la situation du comptable, la
main-levée des inscriptions par lui requise aura
lieu *de droit*, et sans qu'il soit besoin de jugement.

Il résulte de là que si le trésor n'a pas accompli
la formalité que lui prescrit cette loi, son hypothèque est éteinte de plein droit, et que la radiation doit être effectuée aussitôt, sans jugement,
sans acte portant consentement à la radiation.

Toutefois, comme le conservateur ignore si le
trésor n'a pas déposé l'état de situation du comptable, c'est à celui qui requiert la radiation à en administrer la preuve; ce qu'il ne peut faire qu'en représentant un certificat du greffier, constatant qu'il
n'a pas été fait de dépôt de la part du trésor public.

XXX. Les inscriptions prises sur les débiteurs
de l'état ne doivent être rayées que sur la remise
de l'arrêté du préfet qui autorise cette radiation.
L'arrêté doit exprimer que les inscriptions n'ont
eu lieu que pour la sûreté des créances dont le
comptable est libéré par une décision administra-
tive, laquelle est formellement relatée. (Décision

du ministre des finances, 28 brumaire an 14. *Si-rey*, 6. 2, 233.)

XXXI. La radiation des inscriptions prises à la requête de l'agent du trésor public, doit être opérée sur la remise des mains-levées authentiques consenties par cet agent, et qui feront mention ou des arrêts de la Cour des comptes, ou des arrêtés ministériels en exécution desquels elles seront données. (Décision du ministre des finances. *Si-rey*, 10. 2. 331.)

Art. 2158. *Dans l'un et l'autre cas, ceux qui requièrent la radiation déposent au bureau du conservateur l'expédition de l'acte authentique portant consentement, ou celle du jugement.*

I. Le consentement à la radiation doit être établi par acte authentique, c'est-à-dire, passé devant notaire. Celui qu'on aurait donné devant un juge-de-paix ne serait pas suffisant, soit que le juge-de-paix siégeât en bureau de conciliation, soit qu'il siégeât comme juge, du consentement des parties. Dans le premier cas, l'acte ne serait pas authentique, puisque, suivant l'article 54 du Code de procédure, les conventions des parties insérées au procès-verbal n'ont que force d'obligations privées. Dans le second, le juge-de-paix serait incompétent à raison de la matière, puisqu'il s'agirait d'une action réelle, que *d'office* il devait renvoyer devant le tribunal dans le ressort duquel l'immeuble est situé.

II. Mais ce n'est pas assez d'avoir un acte authentique ou un jugement qui permette ou ordonne la radiation d'une inscription, il faut encore en déposer une expédition au bureau de la
conservation des hypothèques. Ce dépôt est exigé
dans l'intérêt du conservateur, pour mettre à couvert sa responsabilité; il faut qu'il puisse justifier
que ce n'est pas de son propre mouvement et
d'une manière arbitraire qu'il a fait la radiation.

III. En exigeant le dépôt de l'expédition de l'acte
portant consentement, ou celle du jugement, notre article ne désigne pas le cas où la radiation aurait été consentie ou ordonnée par des actes qui
contiendraient en même temps des choses étrangères à la radiation; mais il exige, dans tous les cas,
l'expédition de l'acte ou du jugement, ce qui suppose l'expédition *entière* de l'acte. Cependant quelques personnes ont prétendu que dans ce dernier
cas une expédition par extrait devait suffire, puisque l'objet de la loi était rempli dès que le conservateur avait la partie du jugement ou de l'acte qui
concernait la radiation. Nous ne verrions pas, en
effet, de grandes difficultés à adopter cette opinion; mais il nous semble qu'alors il faudrait obliger les notaires et greffiers à certifier dans leurs
extraits que les jugemens ou actes ne contenaient
pas des réserves, et qu'ils donnaient dans leur
expédition tout ce qui concerne la radiation.

IV. Les conservateurs gardent dans leurs bureaux, pour leur propre responsabilité, les expé-

ditions des actes authentiques ou des jugemens qu'on produit pour les radiations. (*Décision du ministre des finances*, du 18 germinal an x.)

Leur salaire est fixé, par l'article 15 de la loi du 21 ventôse an 7, à cinquante centimes pour chaque radiation.

Art. 2159. *La radiation non consentie est demandée au tribunal dans le ressort duquel l'inscription a été faite, si ce n'est lorsque cette inscription a eu lieu pour sûreté d'une condamnation éventuelle ou indéterminée, sur l'exécution ou liquidation de laquelle le débiteur et le créancier prétendu sont en instance ou doivent être jugés dans un autre tribunal; auquel cas la demande en radiation doit y être portée ou renvoyée.*

Cependant la convention faite par le créancier et le débiteur, de porter, en cas de contestation, la demande à un tribunal qu'ils auraient désigné, recevra son exécution entre eux.

I. Toutes les fois qu'il s'agit d'une action réelle, elle doit être portée devant le tribunal dans l'arrondissement duquel est situé l'immeuble (art. 59 du Code de procédure).

Ce principe ne souffrant presque pas d'exception, doit être particulièrement appliqué en matière d'inscriptions hypothécaires, surtout lorsqu'il s'agit de savoir si elles ont été légalement prises, ou si l'on doit procéder à leur radiation. Ainsi, le créancier qui serait poursuivi ailleurs que devant les juges de la situation de l'immeuble, même devant ceux de son domicile, pourrait proposer son déclinatoire, et faire renvoyer la demande devant des juges légitimes.

II. Toutefois prenons garde de donner à cette règle plus d'extension qu'elle n'en comporte. Elle est vraie et conforme à la loi lorsqu'il s'agit *principalement* de la radiation d'une inscription ; mais lorsque cette radiation n'est que secondaire, qu'elle n'est que la conséquence d'une demande principale, les principes ne sont pas les mêmes : ainsi un débiteur demande-t-il la nullité de son obligation, soit par défaut de cause, d'incapacité, ou pour tout autre motif, quoique la radiation de l'inscription soit aussi comprise dans sa demande, l'action ne pourra être portée que devant le juge du domicile : la raison en est qu'il ne s'agit principalement que d'une action personnelle dont la connaissance, suivant l'article 59 du Code de procédure, appartient au tribunal du domicile du défendeur. (Arrêt de cassation, du 29 brumaire an 13, rapporté par *Sirey*, tom. 7, part. 2, pag. 1001.)

III. Il y a même, suivant notre article, des cas où, quoique la demande en radiation soit principale, elle doit être renvoyée devant les juges du domicile ; par exemple, au moment où le tiers acquéreur forme contre le créancier, et au tribunal de la situation, une demande en radiation de son inscription, le débiteur et le créancier sont en in-

stance devant le juge du domicile de celui-ci, sur
la validité, l'existence ou la légitimité de l'obligation : comme la demande en radiation est connexe à celle-ci, que même elle dépend absolument
du jugement à rendre, les juges devront renvoyer
devant le tribunal du domicile, encore que la demande en radiation fût, par rapport au tiers acquéreur, une demande principale. (Arrêt de cassation, du 5 mai 1812, rapporté par *Sirey*, t. 13,
part. 1, pag. 251.)

IV. Les mêmes principes s'appliquent à la radiation des créances éventuelles ou indéterminées,
sur l'existence ou la liquidation desquelles les parties sont en instance devant un autre tribunal que
celui de la situation de l'immeuble hypothéqué.
Dans ce cas, non seulement on peut assigner le
créancier devant le juge déjà saisi, et faire joindre
les contestations; mais le juge de la situation doit
y renvoyer la cause et les parties, si déjà il en était
saisi. C'est ce que décide nettement notre article
2159, et ce que confirme la raison. En effet, lorsque le créancier et le débiteur sont en contestation
sur une action principale, il est naturel de renvoyer aux juges de cette action toutes les demandes qui lui sont accessoires, car personne n'est à
même de juger et d'apprécier les droits des parties,
comme celui qui statue d'une manière générale
sur toutes leurs prétentions. Aussi le Code de procédure (art. 171) dit-il expressément que, « S'il
» a été formé précédemment, en un autre tribunal,

» une demande pour le même objet, ou si la con-
» testation est connexe à une cause déjà pendante
» en un autre tribunal, le renvoi pourra être de-
» mandé et ordonné. »

Dans ce cas, le tribunal peut, même *d'office*,
ordonner le renvoi. La raison en est puisée dans
l'article lui-même, puisque, suivant sa disposition,
il suffit, pour que le tribunal *doive* ordonner le
renvoi, qu'il y ait déjà une instance principale à
laquelle se rattache celle relative à la radiation.

V. Ceci nous conduit à l'examen d'une difficulté que nous avions simplement indiquée dans
notre première édition ; c'est de savoir si, lorsque
la demande en radiation est principale, et qu'elle
ne se rattache à aucune autre contestation pendante ailleurs, le juge du domicile qui s'en trouve
saisi doit, d'office, la renvoyer au juge de la situation ?

S'il s'agissait d'une action purement réelle, pour
laquelle le législateur n'eût pas consacré d'exception, il faudrait bien que d'office le juge déclarât
son incompétence : ce serait la suite de la maxime
que consacre l'article 170 du Code de procédure,
que pour incompétence *ratione materiæ*, les tribunaux ne doivent pas attendre que les parties
proposent leur déclinatoire.

Mais il n'en est pas ainsi pour les demandes en
radiation, et soit qu'elles ne constituent pas des
actions purement réelles, soit que le législateur ait
voulu en cette matière établir une exception à l'ar-

ticle 170 du Code de procédure, toujours est-il
que le juge ne doit pas ordonner d'office le renvoi : c'est ce qu'indique suffisamment cette faculté
accordée par notre article aux parties, de convenir d'un tribunal devant lequel les demandes en
radiation devront être portées. Leur consentement,
à cet égard, peut être formel et exprès ou tacite;
et par cela seul qu'aucune d'elles ne propose le
déclinatoire, le juge doit présumer que c'est parce
qu'elles consentent à être jugées par lui qu'elles
gardent le silence.

VI. Cette stipulation que notre article permet
de faire, qu'en cas de contestation la demande
sera portée devant le tribunal que les parties dési-
gneront, ne lie que le créancier et le débiteur, et
jamais les tiers : c'est ce qu'on trouve clairement
indiqué dans les procès-verbaux des discussions,
pag. 209, article 2159. Si donc un tiers acquéreur
demandait la radiation, il est hors de doute qu'il
pourrait porter sa demande devant les juges de la
situation de l'immeuble hypothéqué, parce que
l'effet de la stipulation étant renfermé entre les
parties contractantes, il ne change pas l'ordre des
juridictions à l'égard des tiers.

Art. 2160. *La radiation doit être ordonnée par les tribunaux, lorsque l'inscription a été faite sans être fondée ni sur la loi, ni sur un titre, ou lorsqu'elle l'a été en vertu d'un titre, soit irrégulier, soit éteint ou soldé, ou lorsque les droits de privilége ou d'hypothèque sont effacés par les voies légales.*

I. Cet article détermine les cas où, à défaut de convention des parties, et sur la réclamation d'une d'elles, les tribunaux doivent ordonner la radiation : c'est lorsque l'inscription a été illégalement prise; qu'elle n'était fondée ni sur la loi, ni sur un titre, ou que le titre qui en faisait la base était irrégulier ou éteint; enfin, lorsque le privilége et l'hypothèque étaient effacés *par les voies légales.*

On entend ici *par voies légales*, les divers modes prescrits, tant pour purger les hypothèques que pour obtenir leur extinction : ainsi, par exemple, le tiers acquéreur qui a régulièrement purgé les hypothèques qui grevaient le fonds acquis, a suivi les voies légales, et doit, par conséquent, obtenir la radiation; ainsi encore, le vendeur qui a exercé le réméré dans les délais prescrits, le donateur qui a fait révoquer la donation pour cause d'inexécution des conditions, ont par là mis en œuvre les voies légales, et doivent, par conséquent, obtenir la radiation des inscriptions consenties par l'acquéreur et le donataire.

II. On voit encore, par cet article, qu'il ne suffit

pas, pour faire faire la radiation, de prouver au conservateur l'extinction du titre qui produisait l'hypothèque; il faut, en outre, qu'elle soit consentie par
les parties intéressées, ou qu'il y ait un jugement
en dernier ressort, et passé en force de chose jugée. C'est sur ce fondement que S. Exc. le ministre
des finances, de concert avec S. Exc. le grand-juge,
a décidé, le 17 novembre 1807, que, dans le cas
d'une rente viagère éteinte par le décès du titulaire,
le conservateur ne pouvait rayer que du consentement des héritiers ou en vertu d'un jugement; mais
que le jugement n'était pas nécessaire lorsqu'on
produisait l'acte en bonne forme, qui établissait la
qualité et le consentement des hérifiers du titulaire
de la rente.

III. Si l'inscription avait été requise en vertu
d'un titre régulier, mais d'une manière inexacte,
par exemple, sans indication de la nature du titre,
et de la nature et de la situation des biens, les juges
devraient-ils en ordonner la radiation? Notre article ne le suppose pas; il parle uniquement du
vice du titre ou de son extinction, mais sans jamais dire un mot de l'irrégularité de l'inscription.
Un autre motif doit servir d'ailleurs à écarter le débiteur qui formerait une semblable demande: c'est
que l'inscription n'est pas exigée dans son intérêt,
et que, tant qu'il doit, il ne peut pas se plaindre
des actes conservatoires que fait son créancier.

Mais il faudrait décider autrement si c'était un
tiers acquéreur qui, après avoir fait transcrire et

payé son prix au vendeur ou aux autres créanciers, trouverait sur le fonds une inscription irrégulière prise auparavant. Comme c'est principalement dans son intérêt que l'inscription est requise, et que, par cela même, il a capacité pour se plaindre de son irrégularité, il aurait le droit d'en demander et d'en faire prononcer la radiation.

IV. Une autre question, souvent agitée et quelquefois aussi jugée par les tribunaux, mérite de trouver place dans nos observations : c'est celle de savoir si les tribunaux doivent prononcer la radiation d'une inscription prise en vertu d'une stipulation de garantie, alors que l'acquéreur ne peut plus indiquer un danger réel qu'il puisse craindre.

Pour résoudre cette question, nous distinguons le cas où la stipulation de garantie est indéfinie et non expressément motivée, et celui où l'on trouve dans l'acte la cause et le motif des garanties et de l'hypothèque qui doit la rendre efficace. Dans le premier cas, l'obligation de garantie dure trente ans, et l'hypothèque, qui n'en est que l'accessoire, doit avoir le même sort. En vain dirait-on que l'acquéreur n'est pas menacé, qu'il n'a rien à craindre; il suffit que durant trente ans il y ait possibilité qu'il soit inquiété, pour que le vendeur ne se plaigne pas. Il savait lors du contrat, ou il devait savoir l'étendue de son obligation; c'était à lui à ne pas la contracter.

Mais lorsque le contrat indique le motif de la

garantie particulière que promet le vendeur, l'hypothèque n'est censée donnée que pour ce cas, et doit s'évanouir dès que la cause de l'éviction a cessé. Par exemple, Pierre a vendu à Jacques une maison avec promesse de garantir, fournir et faire valoir, envers et contre tous, de toutes dettes, charges, hypothèques, arrérages de rentes du passé jusqu'à ce jour, *même et par exprès de toutes substitutions* ; pour sûreté de cette obligation, Pierre a hypothéqué ses biens sur lesquels Jacques a pris inscription. Dès qu'il sera devenu certain, par la transcription, que Jacques ne peut être assujetti à aucune dette contractée par Pierre ; par la prohibition des substitutions, ou même par le décès des appelés, qu'il ne peut plus être évincé par eux ; les juges devront ordonner la radiation de son inscription. Ainsi jugé par arrêt de la Cour de Limoges, du 9 mai 1812, rapporté au *Journal du Palais*, tom. 3 de 1813, pag. 442.

V. Une demande en radiation d'inscription, formée contre l'agent du trésor public, est subordonnée à la question de savoir si le redevable est ou non débiteur ; les tribunaux doivent suspendre toute décision tant que la Cour des comptes n'a pas arrêté définitivement l'état de situation du débiteur. (Sirey, 13. 1. 177.)

Art. 2161. *Toutes les fois que les inscriptions prises par un créancier qui, d'après la loi, aurait droit d'en prendre sur les biens présens ou sur les biens à venir d'un débiteur, sans limitation convenue, seront portées sur plus de domaines différens qu'il n'est nécessaire à la sûreté des créances, l'action en réduction des inscriptions, ou en radiation d'une partie, en ce qui excède la proposition convenable, est ouverte au débiteur. On y suit les règles de compétence établies par l'article 2159.*

La disposition du présent article ne s'applique pas aux hypothèques conventionnelles.

I. En assurant, par l'hypothèque, le paiement de ce qui pouvait être dû aux créanciers, il fallait aussi prendre garde de trop gêner la circulation des propriétés; et l'on ne pouvait mieux atteindre ce but qu'en permettant aux débiteurs, dont l'universalité des biens se trouverait grevée d'hypothèques pour quelque somme modique, d'en demander la réduction.

Cependant ce droit ne pouvant généralement s'appliquer à toute espèce d'hypothèque, il est essentiel d'entrer dans quelques détails.

II. D'abord, l'hypothèque conventionnelle devant, aux termes de l'article 2129, désigner nommément les immeubles sur lesquelles elle est établie, il serait difficile de la réduire sans porter

atteinte à la convention des parties (1); aussi notre
article donne-t-il pour règle constante que le principe de la réduction ne s'applique pas à cette sorte
d'hypothèque. Néanmoins nous verrons, sur l'article 2163, que cette règle souffre une exception
pour les créances indéterminées que le créancier
a été obligé d'évaluer pour en requérir l'inscription.

III. Le passage de l'ancienne législation à la nouvelle a fait naître sur cette matière une difficulté
qu'il ne sera pas inutile d'examiner. Autrefois l'hypothèque générale des biens présens et à venir
était non-seulement permise, mais suppléée dans
tous les actes authentiques : celui sur les biens duquel elle était assise ne pouvait jamais en demander la réduction quelle que fût la valeur des biens.
Est venu ensuite le nouveau système de spécialité;
et l'on a demandé si, en abrogeant, pour l'avenir,
tout ce qui tenait à la généralité de l'hypothèque,
la nouvelle loi avait en même temps entendu permettre au débiteur de demander la réduction de
l'hypothèque générale précédemment consentie ?

La question soumise au tribunal de première
instance d'Agen, on y a décidé que le nouveau régime ne pouvant admettre la concurrence du premier, il fallait de toute nécessité ordonner la réduction de l'hypothèque.

_____

(1) Les conventions légalement formées tiennent lieu de loi
à ceux qui les ont faites. (Art. 1134 du *Code civil*.)

Sur l'appel, on a soutenu avec raison que ce serait donner un effet rétroactif à la loi, que de réduire une hypothèque conventionnelle contractée
avant sa promulgation, et lorsque cette stipulation
était absolument permise; que les parties étant
maîtresses, à cette époque, de stipuler la garantie
la plus absolue, il était hors du domaine de la loi
d'y porter atteinte; que, d'ailleurs, le Code civil
défendant la réduction de toute hypothèque conventionnelle, sa disposition devait, à plus forte
raison, être appliquée aux hypothèques anciennes,
sous la foi desquelles on avait contracté.

Ces raisons furent adoptées par arrêt du 4 fructidor an XIII. En infirmant le premier jugement, la
Cour consacra le principe, que les hypothèques
antérieures sont hors du domaine de la nouvelle
loi; qu'elles doivent encore être exécutées telles
qu'elles ont été consenties, et sans souffrir aucune
réduction. L'arrêt est rapporté au *Journal du Palais*, 1er semestre 1806, art. 2. Depuis, la même
chose a été jugée par les Cours de Caën et de Besançon, ainsi qu'on peut le voir dans le Recueil de
Sirey, tom. 13, part. 2, pag. 218.

IV. L'hypothèque judiciaire est principalement
soumise à la règle de la réduction, et l'article 2161
lui est entièrement applicable. Cette hypothèque,
en effet, portant sur l'universalité des biens, sur
ceux que le débiteur possède, comme sur ceux
qu'il acquerra par la suite, il paraissait juste de lui
accorder le droit d'obtenir la radiation sur ce qui

excédait les sûretés convenables. Mais on doit observer, encore une fois, que ce principe est particulier à l'hypothèque judiciaire acquise depuis le Code civil, et qu'on ne saurait, sans faire rétroagir sa disposition, l'appliquer aux hypothèques antérieures.

V. Quant à l'hypothèque légale, je pense qu'il faut distinguer entre celle des femmes et des mineurs, et celle de l'état, des communes et des établissemens publics, sur les biens des comptables. La première peut être réduite : nous en avons établi le principe sur les articles 2140, 2141, 2143 et 2144; mais la seconde ne saurait souffrir de réduction sans exposer l'état, les communes et les établissemens publics à des pertes considérables. Il est vrai que le silence que garde notre article à cet égard pourrait peut-être faire croire qu'il s'applique à toute espèce d'hypothèque qui affecte les biens présens et à venir; mais en rapprochant de sa disposition celle de l'article 2162, il est impossible d'admettre la réduction; suivant cet article 2162, la réduction n'est ordonnée que lorsque la valeur d'un seul domaine ou de quelques uns d'entre eux excède de plus d'un tiers, en fonds libres, le montant des créances en capital et accessoires. Or, comment faire cette évaluation dans une hypothèque qui n'a pour objet que les prévarications d'un fonctionnaire public dont la responsabilité excède presque toujours son avoir?

Concluons que la réduction que permet d'exiger

l'art. 2161 ne n'applique ni à l'hypothèque de l'état ni à celle des communes et des établissemens publics, mais seulement aux hypothèques judiciaires qui affectent plus de biens qu'il n'en faut pour assurer l'exécution des obligations.

VI. M. Dalloz, *Répert.*, v¹ˢ *Priv. et Hyp.* p. 431, est d'un avis diamétralement opposé à celui que nous émettons. Selon lui, les termes de l'art. 2161, généraux, absolus, ne comportent aucune distinction. C'est en vain que nous excipons de l'indétermination des créances de l'état, des communes et des établissemens publics. Les femmes mariées, les mineurs, ajoute-t-il, ont aussi des droits indéterminés à faire valoir contre leurs tuteurs et maris; cette indétermination empêche-t-elle la restriction de leur hypothèque?

Toutes ces raisons ne nous paraissent pas de nature à affaiblir nos argumens. Nous croyons toujours que l'impossibilité de faire l'évaluation d'une hypothèque qui n'a pour objet que les prévarications d'un fonctionnaire public, doit faire déclarer que l'article 2161 n'est pas applicable à l'hypothèque de l'état, des communes et des établissemens publics.

VII. Les inscriptions ou transcriptions, faites pour la conservation des priviléges, ne sauraient non plus être réduites, quelle que fût la valeur des immeubles affectés; et la raison en est qu'on ne peut affranchir des priviléges une partie des immeubles, sans porter atteinte à ces mêmes priviléges, dont le caractère consiste à embrasser indéfiniment la totalité de l'immeuble. Si donc on avait en même temps vendu deux immeubles à la même personne, et que la valeur d'un de ces immeubles excédât de plus d'un tiers ce qui restait dû au vendeur, l'acquéreur n'aurait pas le droit de demander la réduction.

VIII. La réduction, suivant notre article, peut être demandée toutes les fois que l'hypothèque frappe sur plus de *domaines* qu'il n'est nécessaire pour la sûreté de la créance ; mais en serait-il de même si elle n'existait que sur un seul domaine d'une valeur supérieure de beaucoup au montant de la créance.

L'affirmative paraîtrait résulter de la nature des choses. Il semble, en effet, que lorsqu'un domaine vaut cent mille francs, et qu'il est hypothéqué pour une créance de quatre mille, le débiteur doive être aussi favorablement traité que lorsque cette créance est hypothéquée sur deux domaines différens, mais qui, réunis, ne sont pas d'une valeur plus considérable.

Cependant l'opinion contraire est littéralement écrite dans l'article 2161 du Code civil, qui porte, que toutes les fois que des inscriptions seront portées *sur plus de domaines différens* qu'il n'est nécessaire à la sûreté des créances, l'action en réduction sera ouverte au débiteur.

Et cette décision se rattache parfaitement à l'esprit de la législation hypothécaire. Quand l'hypo-

thèque porte sur deux ou plusieurs domaines, et
que le débiteur vient à les aliéner, il serait obligé,
s'il ne pouvait demander la réduction, ou de rembourser la créance, quoique non encore éxigible,
ou de laisser entre les mains de chaque acquéreur
le montant de la créance; ce qui multiplierait ses
obligations, et le forcerait de laisser autant de fois
la somme due qu'il y aurait d'acquéreurs.

Au contraire, quand il n'y a qu'un domaine hypothéqué à la dette, le débiteur ne peut pas demander la réduction, parce que, quelle que soit la
valeur de cet immeuble, s'il vient à l'aliéner, il n'est
jamais obligé de laisser entre les mains de l'acquéreur qu'une fois la somme due. Cette considération
serait donc seule suffisante pour ne laisser au débiteur le droit de demander la réduction que lorsque ayant plusieurs domaines, tous hypothéqués à
la dette, il aurait été obligé de laisser entre les
mains des acquéreurs tout autant de fois la somme
due qu'il aurait de domaines différens.

IX. Au commencement de nos explications sur
cet article, nous avons rapporté le texte de la loi
qui prohibe la réduction pour les hypothèques
conventionnelles. Nous demandons maintenant si
cette disposition s'applique au cas prévu par l'article 2130, c'est-à-dire lorsque le débiteur, recon-
naissant l'insuffisance de ses biens présens et libres, consent que chacun des biens qu'il acquerra
par la suite soit affecté à l'hypothèque à mesure
des acquisitions?

M. Grenier, t. 1, n° 63, M. Battur, t. 4, n° 700, décident que dans ce cas il y a exception. M. Grenier motive ainsi son opinion : « La modification » de l'hypothèque spéciale, qui résulte de l'ar- » ticle 2130, fait naître l'idée de rapprocher cette » hypothèque, ainsi modifiée, de l'hypothèque ju- » diciaire et même de l'hypothèque légale, à l'é- » gard desquelles la réduction est admise. Lorsque » le débiteur ne peut régler lui-même les limites » de l'hypothèque conventionnelle, par l'effet de » l'ascendant que le créancier prend sur lui, c'est » le cas d'invoquer l'esprit de l'article 2161. On ne » doit pas se livrer à la fantaisie, à la dureté, ou à » une crainte chimérique du créancier. »

Nous répondrons, avec M. Dalloz, que toutes ces raisons pourraient être bonnes s'il s'agissait d'insérer dans la loi une exception à l'article 2130, mais qu'elles sont impuissantes contre le texte précis de l'article 2161. D'ailleurs les conventions légalement formées tiennent lieu de loi à ceux qui les ont faites. (Art. 1138.) (Voir M. Dalloz, *Rép.*, v° *Priv. et Hyp.*, p. 436.)

X. Quand le créancier d'une rente viagère s'est fait colloquer sur un immeuble du débiteur, pour le capital de la rente, peut-il demander de nouvelles collocations sur d'autres immeubles ? Non. Il a spécialisé son hypothèque; il s'est fait lui-même sa condition, en provoquant une division complètement exécutée par la délivrance des bordereaux. On ne peut pas dire qu'en lui refusant

une nouvelle collocation, on réduit ses hypothèques : « Car, encore que ce principe soit vrai de
» la manière la plus générale, il n'en est pas moins
» certain qu'en cas de distribution du prix d'un
» ou de plusieurs immeubles par la justice, tout
» immeuble, ainsi que le porte l'article 2163 du
» même Code, est le gage commun de tous les
» créanciers inscrits qui doivent être colloqués et
» payés suivant l'ordre de leurs inscriptions, du
» montant de leurs créances : ce qui ne pourrait
» se faire, si un rentier viager, sous prétexte de
» son hypothèque conventionnelle et spéciale sur
» tous les immeubles, pouvait exiger une collo-
» cation intégrale et séparée sur chacun d'eux, ou,
» pour mieux dire, plusieurs collocations identi-
» ques, de manière à absorber lui seul la totalité
» ou la plus grande partie des sommes à distri-
» buer; considérant que cette prétention est inad-
» missible sous tous les rapports, 1° parce que le
» rentier viager qui a obtenu la collocation d'une
» somme suffisante, ne peut plus nuire au créan-
» cier postérieur; 2° parce que le principe que les
» hypothèques conventionnelles ne peuvent pas
» être réduites, n'a rien de commun avec le cas
» où le rentier viager exerce son action entière et
» sans réduction; 3° parce qu'enfin, en admettant
» que le rentier soit intéressé à se procurer le plus
» de sûreté possible contre les accidens qui peu-
» vent détériorer son gage, il n'est pas pour cela
» autorisé à absorber le gage entier commun, etc. »

(Arrêt de la Cour d'appel de Paris du 20 avril 1814. *Sirey*, 15. 2. 270.)

VIII. La réduction peut être consentie par les parties, et alors elle se règle par leur convention; mais si elle n'est pas consentie, et qu'elle soit autorisée par la loi, le débiteur doit porter sa réclamation devant le tribunal dans l'arrondissement duquel a été prise l'inscription. Il faut appliquer ici tout ce que nous avons dit (art. 2159) sur la compétence en matière de radiation.

IX. Cependant à quel tribunal faudrait-il s'adresser, si l'on voulait faire restreindre à un seul immeuble une inscription prise sur plusieurs qui seraient situés dans divers arrondissemens ?

En suivant les règles d'analogie qui semblent, au premier abord, exister entre ce cas et celui où un mari et un tuteur demandent une pareille réduction, ce serait au tribunal du domicile du créancier que le débiteur devrait s'adresser (*voyez ci-dessus*, art. 2145); mais, en y réfléchissant, on aperçoit aisément des différences qui doivent amener une autre solution. En effet, si nous avons dit que dans la même position c'était au tribunal du domicile que le mari et le tuteur devaient s'adresser, c'est parce que ce tribunal était le seul qui pût apprécier la nature et l'étendue des répétitions que la femme et le mineur pourraient avoir à exercer; ce qui n'a pas lieu dans la réduction d'une créance ordinaire, que tout tribunal peut apprécier par la seule représentation du titre. D'un autre côté, il n'y a rien de personnel dans cette action, qui est, au contraire, toute réelle, puisqu'elle ne constitue autre chose qu'une radiation partielle de l'inscription. Ainsi, ce ne peut pas être au tribunal du domicile du créancier que cette action doit être portée, mais à celui de la situation des immeubles. A la vérité la difficulté n'est pas encore complètement résolue, puisque l'on suppose que ces immeubles sont situés dans divers arrondissemens. Mais nous approcherons du véritable point de solution, si nous voulons remarquer que cette réduction n'est autre chose qu'une radiation par rapport aux immeubles que l'on veut faire dégager; radiation qui, suivant l'article 2159, doit toujours être demandée au tribunal de la situation des immeubles.

Ainsi, mon créancier a pris inscription sur mes immeubles de Paris, de Versailles et de Melun ; je soutiens que mes immeubles de Paris sont suffisans pour répondre de ma dette, et que main-levée doit être ordonnée des autres inscriptions : pour cela je ne m'adresserai pas au tribunal de Paris, ni à l'un des deux autres, mais successivement à l'un et à l'autre, parce qu'à chacun je demanderai main-levée de l'inscription prise sur les immeubles de son ressort.

X. La réduction n'étant qu'une radiation partielle, on ne peut l'opérer qu'en vertu d'un jugement en dernier ressort ou passé en force de chose jugée (arg. tiré de l'art. 2157), et sur la représentation du certificat de l'avoué de la partie poursuivante, contenant la date de la signification du jugement faite au domicile réel de la partie condamnée, et sur l'attestation du greffier, constatant qu'il n'existe contre le jugement ni opposition, ni appel. (Code de procédure, art. 548.)

Après cela les conservateurs opèrent la réduction, mais de manière à se renfermer dans les termes de l'acte ou du jugement, et en faisant les réserves pour la partie de l'inscription qui doit subsister.

En outre, leur responsabilité exige qu'ils gardent dans leur bureau les expéditions qu'on produit pour la réduction des inscriptions.

Art. 2162. *Sont réputées excessives les inscriptions qui frappent sur plusieurs domaines, lorsque la valeur d'un seul ou de quelques uns d'entre eux excède de plus d'un tiers en fonds libres le montant des créances en capital et accessoires légaux.*

On exige que la valeur de l'immeuble excède de plus d'un tiers en fonds libres le montant des créances, à cause des événemens qui peuvent en diminuer la valeur; et aussi en considération des frais que le créancier serait obligé de faire si jamais il était forcé de se servir de son hypothèque. Ces frais devant nécessairement se prendre sur le prix de l'immeuble, ils rendraient le gage insuffisant, et mettraient le créancier en péril de perdre une portion de sa créance.

Quant à la manière de fixer le *quantùm* de la

II.   I 2

créance, et à l'idée qu'on doit se former de ce que la loi entend ici par *accessoires légaux*, il faut voir nos observations sur le § 4 de l'article 2148.

Art. 2163. *Peuvent aussi être réduites, comme excessives, les inscriptions prises d'après l'évaluation faite par le créancier, des créances qui, en ce qui concerne l'hypothèque à établir pour leur sûreté, n'ont pas été réglées par la convention, et qui, par leur nature, sont conditionnelles, éventuelles ou indéterminées.*

Cet article fait une exception à la règle établie par l'article 2161, et cela devait être ainsi. S'il est juste, en effet, d'interdire toute réduction lorsque l'étendue de l'hypothèque a été fixée par la convention des parties, il n'est pas moins équitable d'admettre d'autres principes lorsque, par l'indétermination primitive de la dette, le créancier s'est trouvé forcé de la fixer par aperçu. Dans ce cas, comme l'événement peut prouver qu'il a exagéré ce qui pouvait lui être dû, le débiteur peut obtenir une réduction des inscriptions déjà prises.

Le même principe s'applique, d'après cet article, aux dettes conditionnelles par leur nature, comme à celles qui sont absolument indéterminées; mais on doit observer que, par dettes conditionnelles, on entend ici seulement celles qui, étant d'abord indéterminées, peuvent devenir plus ou moins fortes par l'événement de la condition. Si donc il s'agissait d'une dette conditionnelle, dont l'évalua-

tion fût certaine, comme, par exemple, si on avait
dit qu'on *donnerait* 1,000 francs si tel vaisseau arrivait, la réduction de l'hypothèque ne pourrait
pas avoir lieu, parce que, dans ce cas, l'évaluation
n'a pas dû être faite comme l'exige l'article, par le
créancier seul, mais qu'elle résultait de l'obligation elle-même.

Enfin, il faut observer que pour qu'il y ait lieu
à réduction des inscriptions prises pour créances
indéterminées ou éventuelles, il faut qu'elles l'aient
été d'après l'évaluation *faite par le créancier;* que
par conséquent, comme l'observe M. de Malleville,
le débiteur ne pourrait demander de réduction, si
le montant de la créance avait été déterminé, même
par aperçu, entre lui et le créancier.

Art. 2164. *L'excès, dans ce cas, est arbitré par les
juges, d'après les circonstances, les probabilités
des chances et les présomptions de fait, de manière à concilier les droits vraisemblables du
créancier avec l'intérêt du crédit raisonnable à
conserver au débiteur, sans préjudice des nouvelles inscriptions à prendre, avec hypothèque
du jour de leur date, lorsque l'événement aura
porté les créances indéterminées à une somme
plus forte.*

Non-seulement le débiteur d'une dette indéterminée, et dont la fixation ou liquidation dépend de
quelque événement, peut demander la réduction
lorsqu'il est devenu certain que le créancier avait

exagéré ce qui pouvait lui être dû, mais encore avant l'événement, et lorsque les probabilités et les circonstances font supposer que la somme due a été portée trop haut. C'est alors aux tribunaux à prononcer, et à rechercher dans les faits et les chances le juste milieu sans lequel leur décision nuirait toujours ou au débiteur ou au créancier.

Mais si, malgré les précautions dont les juges ont pu s'entourer, leur décision se trouve, par l'événement, avoir trop réduit l'hypothèque du créancier, il semblerait que celui-ci dût toujours exercer son hypothèque pour la totalité de sa créance, puisque son inscription paraît l'avoir conservée. Cependant, comme par l'effet de la réduction ordonnée, les immeubles dégagés ont pu être aliénés, et regardés par les tiers comme libres, il serait inconvenant et contraire aux premiers élémens du nouveau système hypothécaire, de les faire rentrer sous l'affectation de l'hypothèque. Aussi notre article se borne-t-il à donner au créancier le droit de prendre de nouvelles inscriptions, avec hypothèque du jour de leur date, lorsque l'événement aura porté les créances à une somme plus forte.

Ainsi, dans ce dernier cas, le créancier aura hypothèque du jour de la première inscription, jusqu'à concurrence de la somme à laquelle aura été d'abord fixée sa créance, et, pour le surplus, à compter de la nouvelle inscription seulement.

Art. 2165. *La valeur des immeubles dont la comparaison est à faire avec celle des créances et le
tiers en sus, est déterminée par quinze fois la
valeur du revenu déclaré par la matrice du
rôle de la contribution foncière, ou indiqué par
la quote de contribution sur le rôle, selon la
proportion qui existe dans les communes de la
situation entre cette matrice ou cette quote et le
revenu, pour les immeubles non sujets à dépérissement; et dix fois cette valeur, pour ceux qui
y sont sujets. Pourront néanmoins les juges s'ai-
der en outre des éclaircissemens qui peuvent
résulter des baux non suspects, des procès-verbaux d'estimation qui ont pu être dressés précédemment à des époques rapprochées, et autres
actes semblables, et évaluer le revenu au taux
moyen entre les résultats de ces divers renseignemens.*

Pour savoir si un fonds excède la valeur des
créances, et par conséquent s'il y a lieu à réduction
de l'hypothèque, il faut commencer par en fixer la
valeur. Pour cela, le législateur distingue les biens
sujets à dépérissement d'avec ceux qui n'y sont pas
sujets. Dans le premier cas, la valeur du fonds est
censée du décuple du revenu déclaré par la contribution foncière, suivant la proportion qui existe
dans la commune de la situation de l'immeuble.
Dans le second cas, la valeur est présumée s'élever

à quinze fois le revenu, apprécié comme nous venons de le dire. Mais ce ne sont pas les seules preuves que les juges puissent admettre : celles qu'ils tireront des baux, des procès-verbaux d'estimation et des autres renseignemens qu'ils se procureront ou qu'on leur offrira, serviront à les diriger dans cette évaluation.

CHAPITRE VI.

DE L'EFFET DES PRIVILÉGES ET HYPOTHÈQUES CONTRE LES TIERS DÉTENTEURS.

Art. 2166. *Les créanciers ayant privilége ou hypothèque inscrite sur un immeuble, le suivent, en quelques mains qu'il passe, pour être colloqués et payés suivant l'ordre de leurs créances ou inscriptions.*

I. Nous avons souvent parlé des effet de l'hypothèque, mais sans les spécialiser d'une manière particulière : le moment est venu de nous en occuper plus sérieusement, et de donner à cet égard des explications indispensables.

II. Les effets de l'hypothèque doivent être considérés sous deux rapports, relativement aux tiers acquéreurs et relativement aux créanciers hypothécaires entre eux. Quant au débiteur, l'existence de l'hypothèque est indifférente, puisque son obligation est la même, soit qu'il y ait hypothèque, soit qu'il n'y en ait eu jamais d'accordée.

III. A l'égard des tiers acquéreurs, l'effet de l'hypothèque est de suivre l'immeuble dans leurs mains, et de continuer de les frapper jusqu'à l'extinction de la dette, ou la purgation définitive de l'hypothèque : *Si fundus pignoratus venierit, ma-*

net causa pignoris, quia cum suá causá fundus transeat. L. 18. § 2. ff. de Pign. Act.

IV. Ce droit de suite s'applique à tous les immeubles hypothéqués, à chacun d'eux séparément, et même à chaque parcelle, parce que l'hypothèque est indivisible et qu'elle frappe toutes les parties de l'immeuble qui y est assujetti. C'est le sens de cette maxime que nous avons rapportée sur l'article 2114 : *Est tota in toto, et tota in quálibet parte.*

Si donc le débiteur qui avait donné ou laissé prendre une hypothèque sur la totalité de ses biens, venait à vendre un immeuble ou même une partie de cet immeuble, le créancier pourrait le suivre entre les mains du tiers acquéreur, et le faire exproprier à défaut de paiement; encore qu'il restât, entre les mains du débiteur, des immeubles plus que suffisans pour le paiement de la dette. (*Voyez* nos observations sur l'article 2114.)

V. Mais si, au lieu de vendre tout ou partie de l'immeuble hypothéqué, le débiteur n'avait fait que constituer une servitude, le créancier hypothécaire aurait-il également le droit de suite?

L'affirmative est indubitable. C'est là un démembrement de la propriété, une aliénation plus ou moins étendue, une véritable transmission d'un droit réel qui diminuerait le gage du créancier, si celui-ci n'avait pas le droit de suite. Aussi résulte-t-il de l'article 2181 du Code civil, que ce droit lui est accordé, et que le tiers qui a acquis la servitude, ne peut la purger de l'hypothèque qu'en faisant transcrire et en dénonçant son titre aux créanciers inscrits.

VI. Mais s'il n'y a pas de difficulté dans ce droit de suite à l'égard de l'acquéreur de la servitude, comment les créanciers pourront-ils le réaliser? Par exemple, si l'acquéreur ne purge pas, ils auront bien le droit de lui demander le paiement de leurs créances, ou même s'il purge et qu'ils se contentent de la somme offerte par lui, ils pourront bien se la faire distribuer par ordre d'hypothèque ; mais qu'arriverait-il si la somme déclarée par le tiers était insuffisante et au dessous de la valeur réelle de la servitude : ces créanciers auraient-ils le droit de surenchérir?

A la rigueur, ce devrait être la conséquence du droit de suite que nous disons appartenir à chaque créancier inscrit. Mais comme l'objet de cette surenchère serait de faire exproprier la servitude isolément et séparée de l'immeuble auquel elle appartient, qu'une semblable expropriation n'est pas autorisée par la loi, nous sommes forcé de refuser ce droit aux créanciers hypothécaires. Tout ce qu'ils pourraient faire dans ce cas, ce serait de faire ordonner l'estimation de la servitude, afin de constater le préjudice que le débiteur leur aurait fait, et la somme que le tiers acquéreur devrait payer pour se libérer de leurs hypothèques.

VII. Si le débiteur n'avait pas vendu l'immeuble hypothéqué, et s'il n'y avait pas constitué de servitude, mais qu'il l'eût donné à bail, quel serait, à l'égard de l'hypothèque, l'effet de cette location?

Il faut distinguer l'époque à laquelle le bail a été consenti. S'il a eu lieu antérieurement à l'hypothèque, et qu'il continue depuis, je ne pense pas que l'affectation hypothécaire puisse lui porter la plus légère atteinte. Légalement dépouillé de la possession pour tout le temps que doit durer le bail, le propriétaire ne peut pas nuire au preneur; il ne peut pas se soustraire à ses propres obligations, il ne peut pas accorder à ses créanciers personnels plus de droits qu'il n'en a lui-même. Cependant c'est ce qui arriverait si, au mépris du bail, il pouvait donner une hypothèque qui, en définitif, pourrait déposséder le preneur.

L'article 1743 du Code civil paraît avoir été conçu dans la vue de mettre de l'égalité dans les droits du bailleur et du locataire. Il n'a point voulu que le preneur pût impunément se soustraire à ses engagemens, tandis que l'autre y demeurerait soumis. Voilà pourquoi il a décidé que, lorsque le bailleur vendrait la chose louée, l'acquéreur ne pourrait pas expulser le locataire. Or comment supposer que le créancier hypothécaire puisse ce que n'a pas le droit de faire un acquéreur? Comment concevoir qu'il parvienne à dépouiller le locataire, alors que celui qui lui a donné quelque droit ne le pourrait pas lui-même?

L'hypothèque conduit à l'aliénation. Le créancier qui en est nanti peut exproprier l'immeuble;

mais, dans l'état où il est, c'est-à-dire, avec la charge du bail qui existait avant l'hypothèque. Cette obligation ne peut pas être onéreuse au créancier, puisque, le prix du bail représentant les revenus, le gage restera toujours le même.

Cependant, si l'on était convenu dans l'acte de bail que l'acquéreur pourrait expulser le preneur, le créancier hypothécaire postérieur pourrait exproprier l'immeuble, en laissant la faculté à l'adjudicataire d'user de la réserve portée par le bail

Mais lorsque le bail est postérieur à l'hyp.. ..eque, il semble qu'il ne puisse lui porter aucune atteinte. Frappant sur la propriété et la jouissance, l'hypothèque ne se trouverait-elle pas en quelque sorte restreinte à la nue propriété, si l'on pouvait ainsi louer l'immeuble ? Non ; cette restriction n'est qu'apparente. Le prix du bail représente la jouissance, et c'est pour cela que l'article 691 du Code de procédure n'accorde aux créanciers le droit d'en demander la nullité que lorsqu'avant le commandement en saisie immobilière, le bail n'avait pas de date certaine.

Ainsi, dans l'un et l'autre cas, soit que le bail ait été consenti avant l'hypothèque, soit qu'il n'ait eu lieu que depuis, il conserve toute sa validité, malgré l'expropriation de l'immeuble.

Toutefois les créanciers peuvent se tr ...ver dans une position telle, que leur gage soit sensiblement diminué. Le bail de l'immeuble peut être fait pour plusieurs années, et le prix peut en avoir été payé par anticipation. Si l'on maintient le contrat, les droits des créanciers ne sont plus les mêmes ; et, malgré leur droit réel, malgré le droit de suite que confère l'hypothèque, leur garantie sera réduite, par le fait du débiteur, à un gage presque toujours insuffisant.

Pour obvier à cet inconvénient, les créanciers pourraient sans doute demander la nullité du bail toutes les fois qu'il serait frauduleux ; mais la fraude est difficile à démasquer, et l'on parvient rarement à la prouver, alors surtout qu'il faut justifier que tous les contractans y ont participé.

C'est pourquoi M. Tarrible, dans le *Répertoire de Jurisprudence*, v° *Tiers-Détenteurs*, propose d'assimiler le bail dont le prix a été payé par anticipation, à un véritable usufruit.

Cette proposition ne manquera pas sans doute d'être adoptée par la jurisprudence : elle satisfait la raison, elle rend la fraude infructueuse ; et, ce qu'il y de plus à remarquer, c'est qu'elle est conforme aux principes. En effet, qu'est-ce qu'un bail à longues années, dont le prix a été payé par anticipation, si ce n'est un véritable usufruit constitué à titre onéreux ?

Le preneur, comme l'usufruitier, prend tous les fruits de la chose ; il est assujetti aux mêmes charges et presque aux mêmes obligations ; en un mot, il ne diffère guère de celui-ci que par la dénomination de son titre.

Ainsi, de même que l'aliénation de l'usufruit,

faite postérieurement à l'hypothèque, n'empêche pas l'exercice de celle-ci sur la nue propriété et sur l'usufruit ; de même le louage fait pour plusieurs années, et dont le prix a été payé par anticipation, ne peut arrêter l'exercice de l'hypothèque tant sur la propriété que sur la jouissance.

M. Dalloz, *Rép.*, vⁱ *Priv. et Hyp.*, p. 331, ne partage pas notre avis. Il rejette l'assimilation du bail à longues années, dont le prix a été payé par anticipation, à une constitution d'usufruit, à titre onéreux et pour un temps déterminé. Il prétend qu'il existe de trop grandes différences entre la jouissance du fermier ou locataire et celle de l'usufruitier, soit par rapport aux droits, soit par rapport aux charges, pour que cette assimilation soit permise, d'autant plus qu'elle n'est jamais nécessaire pour mettre à couvert les intérêts du créancier hypothécaire. « En effet, aux termes de » l'article 2191 du Code civil, ajoute M. Dalloz, » l'antichrèse ne peut jamais préjudicier aux droits » que des tiers peuvent avoir acquis précédem- » ment sur l'immeuble. Or, quel est l'objet de l'anti- » chrèse? De dépouiller, pendant un certain temps, » le débiteur de la jouissance de ses fonds, et de » donner au créancier antichressiste le droit de s'en » attribuer exclusivement les revenus. Quel dom- » mage apporterait donc au créancier hypothé- » caire la nécessité de maintenir en possession le » créancier antichressiste ? Celui de diminuer con- » dérablement la valeur vénale de l'immeuble.

» Tout bail, dont les paiemens ont été anticipés,
» produirait évidemment le même résultat : il doit
» donc, à l'instar de l'antichrèse, être considéré
» comme non avenu vis-à-vis du créancier hypo-
» thécaire, par la seule raison qu'il lui préjudicie,
» sans que ce dernier soit tenu de prouver la fraude.»

M. Dalloz n'accorde au propriétaire le droit de
louer ou affermer l'immeuble hypothéqué que
pour le temps de neuf années. Si la durée du bail
excédait ce temps, il serait difficile, selon lui, de
ne pas voir, dans une semblable stipulation, bien
qu'elle ne soit pas réprouvée par la loi, une fraude
pratiquée contre le créancier. Il va plus loin encore : il pense qu'alors même qu'il n'y aurait aucune anticipation dans les paiemens, il suffit que
le bail soit consenti à long terme, pour que le
créancier ait le droit d'en faire réduire la durée à
neuf ans. Il emprunte cette doctrine à M. Pigeau.
« Le Code civil, dit ce dernier auteur, regardant
» les baux excédant neuf ans comme une sorte
» d'aliénation du fonds, puisqu'il ne donne au
» mineur émancipé, à l'usufruitier et au mari le
» droit d'en faire que pour neuf ans (481, 595
» et 1429), il faut les regarder, envers ces créan-
» ciers (les hypothécaires antérieurs au bail),
» comme une aliénation qui leur serait préjudi-
» ciable, si elle pouvait avoir lieu, en ce que le
» débiteur pourrait, après avoir hypothéqué un
» immeuble de la valeur, par exemple, de 20,000 fr.,
» le diminuer de cette valeur, en le louant pour

» une longue durée, et faire par là que le bien
» sera vendu moins, par exemple, 15,000 francs.
» Ils peuvent donc l'attaquer pour le faire réduire
» à la période de neuf ans, dans laquelle ils se
» trouvent la conformité de ce que le Code civil,
» art. 595 et 1429, prescrit pour ceux faits par
» l'usufruitier et le mari. »

Nous avons rapporté cette opinion de M. Dalloz, pour que, dans une question aussi importante,
on puisse avoir sous les yeux tous les motifs de
décision; mais nous n'en persistons pas moins à
la regarder comme contraire aux véritables principes.

VIII. En cas de vente de l'immeuble hypothéqué, les créanciers ont droit aux fruits échus depuis la vente, encore que le débiteur les ait donnés
en paiement par anticipation.

« Attendu, dit la Cour de cassation par son arrêt
» du 5 novembre 1813, qu'il résulte de la dispo-
» sition générale de l'article 2166, que les créan-
» ciers qui ont acquis privilége ou hypothèque sur
» un immeuble ont droit non-seulement sur le
» prix de l'aliénation de cet immeuble, mais en-
» core sur les intérêts du prix, à compter du jour
» de l'aliénation; qu'en effet, à compter de l'alié-
» nation faite par le débiteur ou prononcée contre
» lui, le prix entier de la vente volontaire ou de
» l'adjudication forcée appartient et doit être dis-
» tribué aux créanciers inscrits, jusqu'à concur-
» rence de leurs créances; et que ce prix se com-

» posé non-seulement de la somme principale qui
» a été fixée pour l'aliénation, mais encore des in-
» térêts à échoir, qui sont un accessoire du prin-
» cipal; d'où il suit que les créanciers inscrits ont
» droit à ces intérêts, nonobstant toutes ventes ou
» cessions anticipées qui pourraient avoir été faites
» par le débiteur, ou de ces intérêts, ou des reve-
» nus qui les représentent; qu'autrement le débi-
» teur, qui serait menacé d'une expropriation for-
» cée, ou qui aurait l'intention de vendre, pourrait
» impunément porter préjudice aux droits de ses
» créanciers inscrits et s'enrichir à leurs dépens,
» en consentant des ventes ou cessions, à prix
» comptant, des revenus de l'immeuble hypo-
» théqué, pour un grand nombre d'années à
» échoir. » (*Sirey*, 14. 1. 6.)

IX. Il y a sur cette matière une autre question
bien importante: c'est celle de savoir si les créanciers peuvent attaquer le bail non frauduleux, qui
aurait été fait par l'acquéreur dépouillé postérieurement par la folle enchère? Mais comme cette
question ne tient pas à l'explication de l'art. 2166,
nous nous contenterons de dire que notre opinion
est que le bail est valable, puisque ce n'est qu'un
acte d'administration que le fol enchérisseur avait
le droit de faire.

X. D'après ce que l'on vient de voir, l'aliénation
totale ou partielle de l'immeuble hypothéqué ne
peut jamais nuire aux créanciers qui obtiennent,
par le droit de suite, ce qu'ils auraient eu si leur

débiteur ne se fût pas dépouillé. Mais que dirons-
nous des dégradations que ce débiteur voudrait se
permettre? Les créanciers auraient-ils le droit de
les empêcher, ou si elles étaient déjà commises,
pourraient-ils le faire condamner à des dommages-
intérêts?

Tant que le débiteur est solvable, il peut, comme
propriétaire, user et abuser de sa chose, la mor-
celer, en changer la surface, sans que personne
puisse lui demander compte de ses actions. Le
créancier hypothécaire a d'autres moyens de conserver ses droits; c'est à lui de les mettre en
œuvre.

Ces moyens consistent, selon l'article 1188,
dans le droit de priver le débiteur, qui, par *son
fait*, a diminué les sûretés données par le contrat,
du bénéfice du terme, ou, selon l'article 2131,
dans le droit d'exiger un supplément d'hypothèque,
lorsque le créancier trouve plus avantageux de ne
pas exiger le paiement de la somme due. Ainsi,
tant que le débiteur est d'ailleurs solvable, rien ne
peut autoriser le créancier à modifier son droit de
propriété, en l'empêchant d'abuser de sa chose et
d'y commettre des dégradations, ou même en exigeant des dommages-intérêts auxquels rien ne
peut donner lieu, puisqu'il n'y a pas de dommage
réel souffert par ce créancier.

Mais lorsque le débiteur est dans un état d'insolvabilité tel, que le créancier ne peut ni obtenir
le remboursement actuel, ni se procurer un sup-

plément d'hypothèque, croirait-on que le droit de propriété n'eût pas souffert d'altération, et qu'il dépendît encore du débiteur de commettre des dégradations qui resteraient impunies?

Non, sans doute, l'équité et la bonne foi interdisent toute espèce de fraude, et obligent celui qui l'a commise à une réparation proportionnée au dommage.

A la vérité, on oppose l'article 690 du Code de procédure, qui paraîtrait n'interdire la faculté de commettre des dégradations qu'à la *partie saisie;* d'où l'on induit que t .nt qu'il n'y a pas de saisie, le débiteur reste le   aître de dégrader ses propriétés, au grand détriment des créanciers.

Mais deux réponses à cette objection :

1°. Il est de principe qu'une disposition législative doit s'appliquer là où se trouvent les raisons qui l'ont fait admettre : *Ubi eadem ratio, ibi idem jus.* Ici on retrouve les mêmes motifs, puisque, dans l'un et l'autre cas, soit que la saisie ait eu lieu, soit qu'on n'ait pas pu encore y procéder, la loi a voulu ménager le gage au créancier et empêcher que le débiteur ne pût arbitrairement en réduire la valeur. Or, elle n'aurait pas atteint son but, s'il dépendait du débiteur, dès qu'il est averti par un commandement de l'imminence d'une saisie immobilière, de dénaturer ses propriétés, de restreindre le gage déjà insuffisant de ses créanciers, sous le vain prétexte que, jusqu'à la saisie, il peut encore user et abuser de la chose.

2° Quand bien même il serait vrai que l'article 690 ne dût s'appliquer qu'au saisi, au moins serait-il exact de prétendre que le cas de fraude est toujours excepté. Ainsi, qu'on soutienne, si l'on veut, que le débiteur qui, ignorant le commandement qui lui a été signifié au domicile par lui élu, a valablement pu commettre des dégradations ou faire quelque coupe de bois, au moins est-il que, lorsqu'il aura fait ces coupes ou commis ces dégradations en connaissance de cause, et dans l'unique but de nuire à ses créanciers et de profiter de leur gage, il sera tenu de les indemniser, comme s'il eût été déjà sous l'empire de la saisie.

Autrement les créanciers n'auraient aucun moyen de conserver leur gage : toujours obligés de laisser écouler un délai de trente jours entre le commandement et la saisie, ils se verraient réellement dépouillés sans pouvoir l'empêcher.

De tout ce que nous venons de dire, il faut conclure que si le débiteur n'est pas dans un état d'insolvabilité, les créanciers ne peuvent pas autrement se plaindre des dégradations, qu'en exigeant le paiement de la dette ou en demandant un supplément d'hypothèques ; mais que, lorsque le gage des créanciers est déjà insuffisant, ils peuvent se plaindre des dégradations et obtenir des dommages-intérêts, même lorsque ces dégradations sont commises avant la saisie des biens du débiteur.

C'est ainsi que la Cour d'appel de Paris l'a jugé

dans l'affaire des sieurs Tourton, Ravel et compagnie.

XI. Après avoir développé les effets du droit de suite en général, nous devons examiner quels sont les créanciers qui peuvent en profiter : ce sont, suivant les termes de notre article, tous ceux qui ont une hypothèque *inscrite* avant l'aliénation. Sous la loi de brumaire, la vente transmettait l'immeuble à l'acquéreur, avec les hypothèques déjà inscrites ou qui l'étaient avant le transcription. Sous l'empire du Code civil, la vente toute seule arrêtait le cours des inscriptions, en sorte que le droit de suite n'appartenait qu'aux créanciers déjà inscrits lors de l'aliénation ; mais le Code de procédure a apporté des modifications à cette partie de notre législation. Sous son empire, les créanciers *antérieurs* à la vente peuvent encore requérir inscription, et conserver le droit de suivre l'immeuble entre les mains de l'acquéreur, s'ils ont rempli cette formalité au plus tard dans la quinzaine de la transcription. (*Voyez* ce que nous dirons sur les articles 2181 et 2182.)

XII. Le même droit de suite appartient aux mineurs, aux femmes mariées, encore qu'ils n'aient pas requis inscription, et que les tuteurs et maris n'en aient pas fait faire pour eux : la raison en est que leurs hypothèques sont dispensées d'inscription, et que la loi leur donne le même effet sans les soumettre à aucune formalité. (*Voyez* l'article 2135.)

XIII. La femme mariée qui renonce à son hypothèque légale en faveur d'un second acquéreur des biens de son mari, est-elle censée renoncer par là à exercer son hypothèque vis-à-vis d'un premier acquéreur étranger à la deuxième vente, et au profit duquel la renonciation n'a pas été faite? Les immeubles acquis par celui-ci restent-ils affectés au droit hypothécaire de la femme? Non; car il s'agit ici de la renonciation à un droit acquis : et, en règle générale, les renonciations sont rigoureuses et doivent être restreintes dans leurs termes. Il faut les limiter aux personnes au profit de qui elles ont été consenties. (*L.* 21. *Cod. ad Sen. Cons. Vell.*) Dans l'espèce, les droits de la femme sur les biens du premier acquéreur doivent rester intacts, parce qu'elle n'a jamais eu l'intention d'y renoncer, et, qu'eût-elle eu cette intention, il suffirait qu'elle ne l'ait pas manifestée.

Le premier acquéreur ne peut pas se plaindre de la distinction que la femme établit entre lui et celui au profit duquel elle a renoncé à son hypothèque légale; car la loi ne prescrit pas au créancier un acte successif dans lequel il doive exercer son action hypothécaire. *Creditoris arbitrio permittitur, expigneribus sibi obligatis, quibus velit distractis, ad suum commodum pervenire.* (*L.* 8. *ff. de Distract. Pign. et Hyp.*) (Cour de cassation, 12 août 1816. *Sirey*, 16. 1. 381.)

XIV. Il en est de même des priviléges qui sont dispensés de l'inscription; à l'égard des autres, ils ne peuvent suivre l'immeuble dans les mains des tiers acquéreurs, qu'autant qu'ils ont été inscrits avant l'aliénation, ou au plus tard dans la quinzaine de la transcription (*Voyez* ci-dessus, article 2106 et suivans.)

XV. En accordant le droit de suite aux créanciers, notre article n'exige pas d'autre condition que celle de l'inscription. Peu importe qu'il reste dans les mains du débiteur, des immeubles suffisans pour répondre de la dette, ou que le créancier ne puisse pas espérer de se faire utilement colloquer sur l'immeuble vendu : dans l'un et l'autre cas, il suffit que le créancier soit inscrit, pour que son hypothèque continue de frapper l'immeuble entre les mains de l'acquéreur.

Cependant nous trouvons dans le *Journal du Palais*, page 41 du tome 2, de 1816, un arrêt de la cour de Rouen, qui juge que le créancier ne peut pas poursuivre l'expropriation de l'immeuble entre les mains de l'acquéreur, alors qu'il a la certitude d'être primé par les créanciers antérieurs en ordre d'hypothèque.

Cet arrêt est sans doute équitable, puisque, dans l'espèce dans laquelle il a été rendu, l'acquéreur était lui-même créancier, et qu'il absorbait à lui seul la totalité du prix; mais nous ne craignons pas de dire qu'il est contraire à tous les principes. Le poursuivant était un créancier hypothécaire inscrit : son hypothèque existait après l'aliénation, comme auparavant; elle grevait encore l'immeuble

entre les mains du tiers acquéreur, et voilà pourquoi elle lui donnait le droit de le poursuivre et de
le forcer à payer ou à délaisser. Si le tiers acquéreur voulait conserver l'immeuble et arrêter les
poursuites, c'était à lui à remplir les formalités de
la purge légale, à faire transcrire, à dénoncer son
contrat, et à déclarer qu'il était prêt à payer les
créanciers inscrits jusqu'à concurrence de son prix:
par là il évitait l'expropriation; et, s'il avait acquis
l'immeuble à sa véritable valeur, sans crainte de
la surenchère, il pouvait poursuivre l'ordre, se
faire colloquer au premier rang puisqu'il était le
premier inscrit, et obtenir ensuite la radiation des
autres inscriptions. Voilà la marche qu'il devait
suivre; voilà les véritables principes, tels que
notre législation nous les indique, et que la Cour
de Rouen nous semble avoir méconnus. Il n'y a,
comme nous l'avons dit, qu'un sentiment d'équité
qui puisse justifier sa décision; mais l'on sait combien sont dangereux de pareils arrêts.

XVI. L'effet naturel du droit de suite, que notre
article accorde aux créanciers hypothécaires, est,
non-seulement de faire vendre l'immeuble sur la
tête du nouvel acquéreur, *mais de se faire colloquer suivant l'ordre de leurs créances ou inscriptions*; ce qui nous ramène à l'effet de l'hypothèque à l'égard des créanciers entre eux.

XVII. Lorsque le gage commun est réduit au
prix de l'immeuble, chaque créancier a le droit
de poursuivre l'ordre, et de se faire colloquer au

rang que lui donne son inscription, d'après les
règles que nous avons déjà développées, soit sur
l'article 2135, soit sur les articles 2146 et 2147
ci-dessus.

XVIII. La collocation de chaque créancier doit
être entière sur chaque immeuble, et doit avoir
lieu autant de fois qu'il y a des immeubles et des
acquéreurs différens. Par exemple, j'avais hypothèque sur trois maisons situées à Paris, vendues
à trois acquéreurs différens, et dont l'ordre du
prix se poursuit simultanément devant le tribunal
de la Seine : quoique la collocation que j'obtien-
drais sur le premier acquéreur pût être suffisante,
je devrais néanmoins obtenir un bordereau de
collocation contre chacun des autres, parce que
mon hypothèque est indivisible, et qu'elle existe
sur les trois maisons, tant que je ne suis pas réellement désintéressé.

Il en serait de même si les trois ordres ne s'é-
taient ouverts que successivement. La collocation
que j'aurais obtenue dans le premier ne m'empê-
cherait pas de me présenter au second et au troisième, parce que le bordereau me mettant à même
de me faire payer, sans me payer réellement, ce
n'est pas à moi de courir les chances de l'insolvabilité du débiteur, et de la perte de l'immeuble.
Comme je n'ai prêté mes fonds que sous l'hypothèque des trois maisons, l'on ne peut pas me
forcer à libérer l'une d'elles avant que je sois complètement désintéressé.

Mais, nous dira-t-on, ne vous mettez-vous pas
en opposition avec ce que vous avez dit sur l'article 2114, à l'égard des rentes viagères? Oui, la remarque est rigoureusement vraie : nous avons dit,
en effet, que le rentier viager qui avait hypothèque sur plusieurs immeubles, et qui avait été colloqué intégralement sur le prix de l'un d'eux, ne
pouvait pas se présenter à l'ordre du prix des
autres; mais nous avons été entraînés dans cette
décision par deux arrêts de la cour de Paris, et
par une considération qui ne se rencontre pas
lorsqu'il s'agit de créances exigibles.

En effet, si le rentier viager pouvait se présenter
dans les trois ordres, il arriverait qu'au détriment
du débiteur et des créanciers, et peut-être sans
avantage pour lui, il paralyserait toutes les ressources du débiteur, et ferait retenir le capital de
sa créance autant de fois qu'il y aurait d'immeubles. Exemple, Pierre me sert une rente viagère
de 2000 francs, pour laquelle j'ai hypothèque sur
l'universalité de ses biens; Pierre a beaucoup d'autres créanciers auxquels il a donné hypothèque
après moi.

L'un d'eux, dont la créance est actuellement exigible, poursuit l'expropriation d'un immeuble, et
le fait vendre moyennant 42,000 francs. L'ordre est
ouvert, et je suis seul colloqué, parce qu'il faut
une somme de 40,000 francs, que gardera l'adjudicataire pour assurer le service de ma rente.

Contrarié par cet événement, ce même créancier

fait exproprier un second immeuble, et parvient
au même résultat, si l'on décide que le rentier viager peut se faire colloquer autant de fois qu'on lui
a donné en gage d'immeubles différens; il tentera
tout aussi inutilement l'expropriation d'un troisième ou d'un quatrième; en telle sorte qu'alors
même que le débiteur aura 400,000 francs de
biens, et qu'il ne devra, outre ma rente, que
10,000 francs, il sera impossible au créancier de
se faire payer, si chaque immeuble en particulier
ne vaut pas plus de 40 à 42,000 francs. Ajoutons
qu'il faudrait laisser entre les mains de chaque
adjudicataire le capital nécessaire pour le service
de la rente, et par conséquent paralyser, contre
l'intérêt public, vingt fois plus que le débiteur ne
doit.

Or, ces inconvéniens ne se rencontrent pas dans
la collocation des créances actuellement exigibles;
chacun des créanciers colloqués sur plusieurs immeubles ne recevra néanmoins sa créance qu'une
fois, et dès qu'il sera payé, ce qui ne peut manquer
d'arriver incessamment, la valeur des autres immeubles sera libre et sur-le-champ dévolue à ceux qui
sont ultérieurement colloqués. Ainsi nous pensons
qu'en persistant dans notre opinion à l'égard des
rentes viagères, il faut tenir rigoureusement au
principe de l'indivisibilité de l'hypothèque, et accorder autant de bordereaux de collocation qu'il y
a d'immeubles soumis à des dettes exigibles.

XIX. Nous avons parcouru les effets de l'hypo-

thèque tant à l'égard des tiers acquéreurs que vis-
à-vis des créanciers entre eux, et il ne nous reste,
pour terminer nos observations, qu'à ajouter deux
mots sur ce qui concerne les créanciers chirographaires.

XX. On n'a pas besoin de dire qu'ayant pour
gage tous les biens du débiteur tant qu'ils sont dans
ses mains, ses créanciers ne jouissent pas du droit
de suite exclusivement accordé aux créanciers hypothécaires inscrits; mais l'on a demandé si, après
l'aliénation de l'immeuble, ils avaient des droits
sur le prix dû par l'adjudicataire, et si, par conséquent, ils pouvaient intervenir dans la procédure
d'ordre pour y surveiller leurs intérêts?

L'affirmative ne nous a jamais paru douteuse;
tant que le prix n'est pas distribué, il appartient
au débiteur, et forme, avec ses autres biens, le
gage commun de ses créanciers, sans distinction
des hypothécaires et des chirographaires. Ceux-ci
ne peuvent pas, à la vérité, se faire colloquer au
préjudice des autres, mais rien n'empêche qu'ils
surveillent leurs droits, et qu'ils interviennent
pour arrêter des collocations frauduleuses; autrement il serait trop facile de leur nuire, et de dé-
tourner des sommes qui, après le paiement des
véritables et légitimes créanciers hypothécaires,
doivent nécessairement leur revenir.

Ces créanciers peuvent donc intervenir de leur
chef; mais ils le peuvent encore du chef du débi-

teur, et comme exerçant ses droits, ainsi que cela résulte de l'article 1166 du Code civil.

XXI. Mais faudrait-il conclure de là qu'une fois présens à l'ordre, les créanciers chirographaires pourraient faire ou proposer les mêmes contestations que les créanciers hypothécaires? Nous ne le pensons pas. Tout ce qui est le fonds du droit, tout ce qui concerne l'existence de la créance ou sa quotité, peut, sans contredit, être relevé par eux; mais ils sont étrangers aux autres contestations, et ne doivent pas pouvoir les relever. Ainsi les nullités de l'inscription ne pourraient pas être proposées par eux, parce que les formalités sur l'omission desquelles elles reposent n'étant pas exigées pour eux et dans leur intérêt, ils seraient non-recevables à se plaindre.

XXII. Voilà les développemens que nous avons cru devoir donner à l'article 2166. On en trouvera d'autres, sur les effets de l'hypothèque, dans nos réflexions sur les articles qui suivent.

Art. 2167. *Si le tiers détenteur ne remplit pas les formalités qui seront ci-après établies, pour purger sa propriété, il demeure, par l'effet seul des inscriptions, obligé, comme détenteur, à toutes les dettes hypothécaires, et jouit des termes et délais accordés au débiteur originaire.*

Art. 2168. *Le tiers détenteur est tenu, dans le même cas, ou de payer tous les intérêts et capitaux exigibles, à quelque somme qu'ils puissent monter, ou de délaisser l'immeuble hypothéqué, sans aucune réserve.*

I. Le système hypothécaire aurait été bien incomplet si, après avoir établi les droits des créanciers en cas d'aliénation, le législateur ne s'était pas occupé de l'intérêt des tiers acquéreurs : mais, loin de lui adresser des reproches à ce sujet, on est forcé de convenir qu'il a tout prévu, soit dans les articles que nous allons expliquer, soit dans les chapitres VIII et IX que nous développerons plus tard. Quant à présent, tout semble se réduire à ce peu de mots : Ou l'acquéreur d'un immeuble hypothéqué veut le purger des hypothèques et priviléges qui le grèvent, ou, au contraire, ce n'est pas son intention. Dans le premier cas, i doit accomplir les formalités indiquées par les chapitres VIII et IX ci-après, et offrir de payer les créanciers, seulement jusqu'à concurrence de son prix. Dans le second, les obligations du tiers acquéreur sont bien plus étendues, puisque, suivant

l'article 2167, il *est obligé à toutes les dettes hypothécaires*. Toutefois qu'on nous permette d'entrer
à cet égard dans quelques détails.

II. L'acquéreur qui n'a pas purgé les hypothèques inscrites ou non inscrites, mais existantes légalement, est tenu au paiement de toutes les dettes
sans distinction; qu'elles soient exigibles ou non
exigibles, conditionnelles ou pures et simples, il
les doit toutes également : mais comme il est *loco
debitoris*, il pourra, comme lui, jouir des termes
et délais, et profiter des conditions sous lesquelles
la dette aurait été contractée.

III. Néanmoins, remarquons qu'anciennement,
pour faire regarder le tiers acquéreur comme
obligé, l'on avait l'habitude d'intenter contre lui
l'action en déclaration d'hypothèque, et de faire
ainsi déclarer le titre exécutoire contre lui. Aujour-
d'hui cette précaution serait inutile, et devrait
même être repoussée (ainsi que nous le dirons
plus amplement sur l'article suivant), parce que,
aux termes de l'article 2167, c'est par *l'effet seul
des inscriptions* que le tiers détenteur est soumis
à toutes les dettes hypothécaires.

IV. Cependant, qu'on ne pense pas que cette
obligation imposée au tiers détenteur de payer
toutes les dettes, soit tout à la fois une obligation
irrévocable et une obligation personnelle.

Elle n'est pas irrévocable, puisque la loi ne fixant
pas de délai pour remplir les formalités de la purge
légale, le tiers acquéreur est toujours à temps d'ar-

rêter les poursuites, et de se libérer en faisant transcrire son contrat, et en remplissant les autres formalités prescrites par les chapitres VIII et IX ci-
après. D'un autre côté, cette obligation cesse par
l'abandon de l'immeuble dont il sera parlé dans les
articles 2169 et 2172.

V. Les obligations que contractent les tiers acquéreurs, en ne purgeant pas les hypothèques, ne
sont pas non plus des obligations personnelles,
puisque, suivant l'expression de l'article 2167, ce
n'est que *comme détenteurs* qu'ils les ont contrac-
tées : donc, en cessant d'être détenteurs des immeubles en les délaissant, les tiers acquéreurs cessent
d'être obligés envers les créanciers inscrits.

De là la conséquence que jamais l'on ne peut
faire condamner le tiers acquéreur *personnellement* à acquitter les dettes hypothécaires ; qu'on
ne peut pas saisir ses autres biens, former des
oppositions sur lui; en un mot, diriger d'autres
poursuites et faire d'autres actes d'exécution que
sur l'immeuble par lui acquis. Ainsi jugé par plusieurs arrêts rapportés dans *Sirey*, 1809, part. 2,
pag. 50; et tom. 12, part. 1, pag. 43 et 300.

VI. On va voir, sur l'article suivant, quelle est
la nature des poursuites qu'on peut diriger contre
le tiers acquéreur qui n'a point purgé et qui ne
veut pas délaisser.

Art. 2169. *Faute par le tiers détenteur de satisfaire pleinement à l'une de ces obligations, chaque créancier hypothécaire a droit de faire vendre sur lui l'immeuble hypothéqué, trente jours après commandement fait au* débiteur originaire, *et sommation faite au tiers détenteur de payer la dette exigible ou de délaisser l'héritage.*

I. Si le tiers acquéreur n'a pas purgé, s'il ne paie pas les dettes hypothécaires, et s'il ne délaisse pas le fonds, les créanciers ont le droit de diriger des poursuites; mais de quelle nature? Ce ne sont pas des poursuites personnelles, puisqu'il n'est obligé que comme tiers détenteur; ce n'est pas, par la même raison, par des actes d'exécution sur ses biens propres : comment donc doivent-ils agir?

Autrefois les créanciers pouvaient assigner le tiers détenteur en déclaration d'hypothèque; ils concluaient à ce que l'immeuble fût déclaré hypothéqué à leurs créances, et qu'en conséquence le tiers détenteur fût condamné à payer ce qui leur était dû, ou à délaisser l'héritage. Quelquefois cette action avait un autre but : elle tendait seulement à la reconnaissance de la dette par le tiers acquéreur, afin d'en empêcher la prescription; alors elle prenait le nom d'*action d'interruption* (*Voyez* Denisart, verb. *Déclaration d'hypothèque.*)

Cette double action existe-t-elle encore? Pour ce qui est de l'action à fin d'interruption, on est bien forcé de l'admettre : c'est le seul moyen que le créancier puisse employer pour empêcher la prescription de son hypothèque. Mais ce n'est, dans ce cas, qu'une action conservatoire, qui ne donne pas plus de droits au créancier qu'il n'en avait précédemment, et qui ne peut aggraver la condition de l'acquéreur. Depuis l'action comme après le jugement qui l'admettra, celui-ci restera bien obligé comme tiers détenteur, mais jamais il ne pourra être atteint par l'action personnelle.

A l'égard de l'action en déclaration d'hypothèque, proprement dite, elle n'existe plus, elle est remplacée par l'expropriation dont nous parlerons bientôt, seule voie désormais reconnue par le Code civil. C'est, à notre avis, ce que la Cour de cassation a parfaitement démontré dans l'arrêt que nous allons rapporter, et qu'on trouve dans le *Journal du Palais*, tom. 3, de 1812, pag. 38.

« Attendu, 1° que l'action en déclaration d'hy-
» pothèque n'a pas été expressément abrogée par
» le Code civil, mais *qu'elle ne peut plus avoir*
» *d'autre objet que d'interrompre la prescription*
» *à l'égard des tiers détenteurs;* que, sous tous
» les autres rapports, elle serait frustratoire, et
» que notamment elle n'est plus admissible d'après
» les articles 2166, 2167, 2168 et 2169 du Code
» civil, pour contraindre les tiers détenteurs au
» paiement de la dette hypothécaire; 2° que l'ar-
» ticle 2169 a fixé les droits du créancier et la
» marche qu'il doit suivre dans le cas où le tiers

» acquéreur, qui n'a pas rempli les formalités
» prescrites pour purger sa propriété, ne paie pas
» les dettes hypothécaires, ou ne délaisse pas l'im-
» meuble hypothéqué; que, dans ce cas, le créan-
» cier a le droit de faire vendre l'immeuble sui-
» vant les formes qui sont déterminées; *que l'ar-*
» *ticle 2169 est virtuellement exclusif d'un autre*
» *mode de procéder,* et qu'aucun autre article,
» soit du Code civil, soit du Code de procédure
» civile, n'autorise un mode différent; 3° que
» c'est une des bases du nouveau système hypo-
» thécaire, et qu'il résulte notamment des articles
» 2167, 2168, 2169, 2170, 2172 et 2173 du
» Code civil, que le tiers détenteur qui n'est pas
» personnellement obligé au paiement de la dette,
» ne peut être contraint à ce paiement, qu'en qua-
» lité de détenteur, sur le bien même qui est hy-
» pothéqué, et non par voie de condamnation per-
» sonnelle, lors même qu'il ne délaisserait pas le
» bien, etc. »

On ne peut pas mieux établir que l'action en
déclaration d'hypothèque est aujourd'hui abrogée.
Mais cet arrêt n'est pas le seul; on en trouvera un
grand nombre dans les Recueils. Pour nous dispenser d'entrer à cet égard dans de plus grands
détails, voyez *Sirey,* tom. 12, part. 1, pag. 300, et
tom. 10, part. 2, pag. 537.

II. Maintenant que nous sommes fixés sur le
sort de l'action hypothécaire, nous ignorons encore quelle voie pourront prendre les créanciers,

à défaut de paiement ou de délaissement de la part du tiers détenteur. Mais si nous voulons consulter l'article 2169, nous parviendrons aisément à connaître la marche que la loi leur trace ; c'est l'expropriation de l'immeuble hypothéqué. On adresse d'abord un commandement au débiteur originaire ; puis on fait sommation au tiers détenteur de payer ou de délaisser : si le débiteur vient à payer, il n'y a nulle raison d'inquiéter le tiers détenteur.

Les formalités à suivre pour le commandement sont fixées par le Code de procédure, et nous ne nous en occuperons pas : toute notre attention va donc se porter sur la sommation à faire au tiers acquéreur.

III. Cette sommation est exigée toutes les fois que l'immeuble hypothéqué est passé entre les mains d'un tiers, et que les créanciers hypothécaires se proposent de le faire vendre sur sa tête. Le titre qui en a transmis la propriété ne change rien à cette obligation ; et fût-il même gratuit, la sommation serait nécessaire pour le dépouiller.

IV. Il en serait de même, si le débiteur n'avait aliéné qu'une partie de l'immeuble ou même de l'usufruit ; dans ce cas, comme dans celui d'aliénation absolue, on devrait sommer le tiers d'avoir à payer les dettes hypothécaires, ou de délaisser ce qu'il a acquis.

V. Les lois romaines (ff. *de Pign. et Hyp.*) admettaient l'action hypothécaire, tant contre l'acquéreur qui était déjà en possession, de l'immeuble, que contre celui à qui on ne l'avait pas encore livré : nous pensons qu'il en serait de même aujourd'hui pour la sommation dont nous parlons, et que, par conséquent, les créanciers qui voudraient exproprier l'immeuble non encore livré, devraient également faire sommation à l'acquéreur. La raison en est, que la vente étant parfaite par le seul consentement, le tiers n'a pas besoin d'être mis en possession pour devenir propriétaire. (Art. 1583.)

VI. Mais, au contraire, si la vente avait été faite sous condition, et qu'avant l'événement les créanciers voulussent en poursuivre la vente forcée, il ne serait pas nécessaire de sommer le tiers acquéreur, parce que la condition empêchant l'existence du contrat, il est censé n'avoir jamais eu de droit sur l'immeuble.

VII. Généralement, la sommation prescrite par notre article doit être faite à tous ceux qui ont acquis ; cependant, si les acquéreurs avaient déclaré par le contrat acquérir solidairement, il est à présumer que la sommation pourrait être dirigée contre l'un d'eux ; car tel est l'effet de la solidarité, de faire regarder chacun des acquéreurs pris séparément comme propriétaire de l'universalité de l'immeuble.

VIII. De même, si les créanciers d'une succession agissaient contre les immeubles qui, par l'effet du partage, sont devenus la propriété d'un des

cohéritiers, celui-ci devrait être regardé comme
un tiers, et par conséquent sommation devrait lui
être faite d'avoir à payer ou à délaisser.

IX. Enfin, si l'immeuble hypothéqué avait été
vendu à un mari agissant au nom de la communauté, ce serait à lui seul qu'on devrait faire sommation : tandis que si c'était la femme qui eût
contracté avec son autorisation, la sommation devrait être dirigée contre le mari et la femme. (Arg.
tiré de l'art. 2208.)

X. La sommation de payer ou de délaisser, faite
au tiers détenteur d'un immeuble, par le cessionnaire de la créance, à laquelle l'immeuble est affecté, peut-elle être déclarée valable, bien qu'elle
ne contienne pas copie de l'acte de cession et de
la signification de cet acte au débiteur originaire,
lorsque d'ailleurs il y est donné copie du titre originaire de la créance, et du commandement fait au
débiteur principal? Aucune des dispositions du
Code civil n'oblige le cessionnaire à signifier au
tiers détenteur les titres qui justifient sa créance.
L'article 2169 donne au créancier le droit de faire
vendre sur le tiers détenteur l'immeuble hypothéqué, mais trente jours après commandement fait
au débiteur et *sommation faite au tiers détenteur
de payer ou de délaisser.*

Cet article n'exige rien de plus, et c'est ajouter
à ses dispositions que d'exiger qu'il soit donné
avec la sommation copie des titres de créance et
du commandement. Cette copie, il est vrai, est

nécessaire pour que le tiers détenteur connaisse le titre, la cause, le *quantùm* de la créance : mais il n'est pas nécessaire de faire connaître l'acte de transport, car le tiers détenteur n'y verrait rien de plus que dans le titre de créance. (Cassation, 16 avril 1821. — *Sirey*, 21. 1. 414.)

XI. Tout ce que nous venons de dire sur la sommation de payer ou de délaisser, semblait annoncer qu'il n'y avait pas d'autre formalité à remplir à l'égard du tiers détenteur. Cependant, si l'on s'en rapporte à un arrêt de la cour de Nimes, inséré dans le *Journal du Palais*, tom. 1, de 1813, p. 309, il faut encore que le créancier fasse une seconde sommation au tiers acquéreur pour le mettre en demeure de purger. Mais, nous ne craignons pas de le dire, cet arrêt est allé beaucoup plus loin que la loi ; il a exigé ce qu'aucun article du Code civil ne prescrit. Il suffit que le tiers ait été mis en demeure de payer ou de délaisser, pour qu'ensuite le créancier puisse faire exproprier l'immeuble. C'est ce que nous avons fait juger plusieurs fois, et ce qui aujourd'hui ne fait plus question au Palais.

XII. Cet arrêt de la cour de Nimes juge une autre question, qui, auparavant, ne nous eût pas paru probable. Il décide que le tiers détenteur, poursuivi par expropriation, a le droit de proposer la nullité du commandement fait au débiteur originaire. Néanmoins, on avait toujours soutenu que ce droit était personnel au débiteur, et que, de

même que l'on jugeait journellement que la partie
saisie ne pouvait pas relever les nullités dont les
dénonciations aux créanciers inscrits étaient en-
tachées, de même on devait décider que le tiers
détenteur était sans qualité pour relever les vices
du commandement. (Voyez le *Journal du Palais*,
an XI, tom. 2, pag. 422 et 550 ; et an XIII, tom. 1 ,
pag. 537.)

XIII. Après la sommation au tiers détenteur et
le commandement au débiteur originaire, l'on
peut, avons-nous dit, passer à l'expropriation de
l'immeuble, mais jamais avant les trente jours qui
suivent le dernier de ces actes. La raison en est
qu'il a fallu laisser au débiteur le temps de se procurer de l'argent pour payer, et au tiers détenteur
un espace assez long pour prendre un parti et se
décider à payer ou à faire le délaissement.

XIV. Le droit que donne l'article 2169 du Code
civil de faire vendre l'immeuble hypothéqué sur
le tiers détenteur appartient à tout créancier hypothécaire, et n'est pas subordonné à la question
de savoir si, lors de la distribution du prix, le
créancier poursuivant sera colloqué en ordre utile.
Le tiers détenteur ne peut opposer au créancier
poursuivant qu'il ne pourra être colloqué utilement
à raison du rang de son hypothèque, et que par
conséquent il est non recevable par défaut d'intérêt. Ce serait intervertir l'ordre des questions à
juger, le rang des créanciers ne devant être fixé
qu'après l'expropriation.

XV. Jusqu'à présent nous n'avons parlé des droits des créanciers que pour les cas ordinaires, et en l'absence de toute convention; mais que serait-ce, si, par une stipulation formelle, le créancier était convenu qu'à défaut de paiement de la part du débiteur, il aurait le droit de faire vendre l'immeuble hypothéqué sans aucune formalité?

Cette convention ne pourrait pas avoir d'effet; on ne pourrait pas l'opposer au tiers détenteur ni aux autres créanciers inscrits, parce qu'elle leur serait étrangère, et qu'en rendant illusoire la publicité des hypothèques, elle détruirait complètement le gage sur lequel ils avaient compté. C'est, au surplus, ce que décide, pour les meubles donnés en gage, l'article 2078, ce que la raison nous autorise à appliquer à l'hypothèque, et ce qu'a jugé la cour de Bourges, par un arrêt rapporté dans le tom. 16, pag. 189, de la Jurisprudence du Code civil.

XVI. Mais, conformément à cet article 2078 que nous venons de citer, le créancier aurait-il le droit de faire ordonner en justice que l'immeuble lui demeurerait en paiement jusqu'à due concurrence? La question n'est pas proposable, si déjà l'immeuble a passé entre les mains d'un tiers, qui ne peut en être dépouillé, ainsi que nous l'avons dit, que par la voie de l'expropriation. Si l'immeuble est encore dans la possession du débiteur, l'application de l'article 2078 semble plus facile, mais encore n'est-elle pas plus conforme aux règles

du droit. En effet, en matière de gage mobilier,
la chose peut être d'un prix si modique, qu'on serait certain, en exigeant la vente judiciaire, de
ravir au créancier toute garantie, et de manger en
rais la valeur du gage. En matière d'hypothèque,
au contraire, l'immeuble est d'une valeur plus considérable, et surtout plus en rapport avec l'importance de la créance. D'un autre côté, d'autres créanciers peuvent avoir des droits comme le premier,
et être intéressés à critiquer, soit la créance de celui-ci, soit la manière dont il l'a conservée; ce qu'ils
ne peuvent faire qu'à l'ordre. Ainsi cette action ne
serait pas recevable, et le créancier serait obligé,
s'il voulait être payé, de faire exproprier l'immeuble.

Art. 2170. *Néanmoins le tiers détenteur, qui n'est pas personnellement obligé à la dette, peut s'opposer à la vente de l'héritage hypothéqué qui lui a été transmis, s'il est demeuré d'autres immeubles hypothéqués à la même dette dans la possession du principal ou des principaux obligés, et en requérir la discussion préalable, selon la forme réglée au titre du Cautionnement. Pendant cette discussion, il est sursis à la vente de l'héritage hypothéqué* (1).

Art. 2171. *L'exception de discussion ne peut être opposée au créancier privilégié ou ayant hypothèque spéciale sur l'immeuble.*

I. Lorsque le tiers détenteur est *personnellement* obligé au paiement de la dette, comme lorsqu'il est un des héritiers du débiteur (2), ou qu'il s'est engagé avec lui, il ne peut rien opposer à l'action des créanciers, et il est forcé de payer ou de délaisser le fonds (3). (Pothier, *Traité des hypothèques*, chap. 2, section 1ʳᵉ, art. 2, § 2.)

II. Mais il est quelquefois embarrassant de savoir quand on peut regarder le tiers possesseur

---

(1) Cet article rétablit l'exception de discussion introduite par les lois romaines, mais abolie par la loi du 11 brumaire an VII. *Voyez* l'arrêt de la Cour de cassation, du 16 décembre 1806.

(2) Arrêt du parlement de Paris, en date du 29 décembre 1607.

(3) Il en serait autrement du légataire particulier. Ainsi jugé par arrêt du 7 mars 1701.

comme personnellement obligé. Par exemple,
s'il s'est porté caution, ou s'il a, lui-même, donné
hypothèque pour sûreté de la dette contractée
pour un autre, devra-t-on le juger obligé personnellement? Loiseau, *Traité du Déguerpissement*,
liv. 3, chap. 8, n° 14, décide la négative pour
le cas où il a hypothéqué un de ses immeubles, et
nous croyons que c'est avec raison ; car on ne peut
pas dire que la personne soit engagée, quand l'immeuble seul répond de la dette.

Quant au cautionnement, la question est peut-
être plus difficile, mais elle peut se résoudre par
les règles particulières à cette espèce de contrat.
En effet, en s'obligeant pour un autre, la caution
s'engage à exécuter l'obligation; elle devient réellement débitrice de la somme due, puisqu'elle
peut être contrainte à payer à défaut du débiteur
principal, et même avant la discussion de celui-ci,
si elle n'oppose pas cette exception. Aussi, pensons-nous que la caution est personnellement obligée à la dette, et que par conséquent elle doit
payer les créanciers hypothécaires sans nulle discussion.

III. Si le tiers possesseur n'est pas obligé personnellement au paiement de la dette, il peut se
dispenser d'abandonner l'immeuble et de payer les
créanciers hypothécaires, en opposant *l'exception
de discussion* (1).

_____

(1) Cette exception peut être proposée par tout acquéreur

Mais pour cela il faut, 1° que l'hypothèque qui grève l'immeuble acquis, ne soit pas spéciale; 2° qu'il soit resté entre les mains du principal obligé, d'autres immeubles hypothéqués à la même dette; 3° que ces immeubles ne soient pas litigieux, ni situés hors de l'arrondissement de la cour d'appel; 4° que cette exception soit proposée sur les premières poursuites dirigées contre le tiers détenteur; 5° que celui-ci avance les frais suffisans pour faire la discussion.

IV. Lorsque l'hypothèque est spéciale, l'immeuble grevé devient le gage direct et exclusif des créanciers. Vouloir ensuite arrêter l'exercice de son droit, pour le transporter sur un autre objet, ce serait anéantir la convention des parties, enlever au créancier le gage sans lequel il n'aurait pas prêté. Ainsi, appliquant ce premier principe, que la discussion ne peut être opposée qu'à celui qui a hypothèque spéciale, il faut tenir que cette exception n'est utile que pour les hypothèques légales et judiciaires, mais jamais pour l'hypothèque conventionnelle, qui, de sa nature, est toujours spéciale.

V. En second lieu, l'exception de discussion ne saurait être opposée par le tiers détenteur, qu'autant qu'il reste entre les mains des débiteurs principaux, ou de l'un d'entre eux, d'autres immeubles *hypothéqués* à la même dette. La circonstance que

_____

pur et simple comme par celui qui a acquis sous faculté de rachat (art. 1666), pourvu qu'il n'y ait pas renoncé (art. 2021.)

ces derniers ont encore des immeubles libres, ne pourrait autoriser cette exception, parce que le créancier ne peut pas être forcé d'abandonner son droit de préférence sur l'immeuble hypothéqué, pour s'en tenir à un simple droit qui, sur les fonds non hypothéqués à sa dette, le mettrait au même rang que les créanciers cédulaires..

VI. Il en serait de même si, n'ayant pas d'autres immeubles libres, le débiteur possédait un riche mobilier. Dans ce cas, le tiers détenteur ne serait pas plus fondé à opposer l'exception de discussion, parce que, encore une fois, le créancier ne peut pas être forcé de renoncer à son hypothèque, pour un simple droit qui le ferait venir en concurrence avec les autres (1).

VII. La loi exige encore que les immeubles ne soient pas litigieux, ni situés hors l'arrondissement de la cour d'appel. La raison en est, qu'on ne peut astreindre le créancier à une discussion difficile, dont le résultat tournerait toujours à son préjudice, puisqu'elle retarderait le paiement de la dette, et nécessiterait de sa part quelques déplacemens toujours onéreux.

VIII. Suivant l'article 2022, l'exception de discussion doit être proposée sur les premières poursuites ; elle est en effet une exception dilatoire, et l'on sait que les exceptions de cette nature doivent

_____

(1) *Voyez* l'exception que nous avons faite à cette règle sur l'article 2092.

être proposées avant toutes défenses au fonds.
Voy. l'article 186 du Code de procédure; *Loiseau*,
liv. 3 , chap. 8 , n° 26.)

IX. Mais il peut s'élever des difficultés sur ce
qu'on doit entendre par ces mots de l'article 2022,
premières poursuites. Autrefois il était facile de juger à quelle époque le tiers détenteur devait opposer l'exception de discussion, puisqu'il fallait un
jugement pour déclarer contre lui le titre exécutoire; mais aujourd'hui qu'il n'est besoin d'aucune
action, et que tout se réduit à quelques actes d'exécution, il est plus embarrassant de déterminer
quand cette exception doit être proposée. Si nous
suivions à la rigueur le texte de l'article 2022, sans
doute que le tiers détenteur devrait demander la
discussion dès qu'on lui a fait la sommation pres-
crité par l'article 2169; mais comme les créanciers
hypothécaires ne peuvent faire vendre l'immeuble
que trente jours après la sommation ou le commandement, que jusque là le tiers peut se consulter
pour le genre de défense qu'il a à opposer, il nous
semble qu'il est toujours à temps de proposer la
discussion, et que son exception ne peut être couverte et anéantie que par les poursuites subséquentes faites pour parvenir à la vente de l'immeuble hypothéqué.

X. Enfin, de ce que l'exception de discussion
est une exception dilatoire, il suit qu'elle ne fait
que suspendre l'action hypothécaire; que, par
conséquent, le créancier peut de nouveau attaquer

le tiers détenteur, lorsque la discussion du debiteur ne lui a pas procuré le paiement de la dette.

Cependant, si les immeubles indiqués par le tiers étaient d'abord suffisans pour remplir le créancier de ses droits, mais que, par sa faute, ils fussent ensuite tellement diminués de valeur qu'il ne pût, en les discutant, se procurer le paiement de ce qui lui était dû, il n'aurait plus de recours à exercer. (*Voy.* l'art. 2024.)

XI. Outre l'exception de discussion, le tiers acquéreur peut quelquefois en opposer une autre aux poursuites du créancier hypothécaire : c'est celle qui résulte de la garantie. Lorsqu'en effet un créancier se trouve personnellement obligé envers le tiers détenteur à la garantie de l'immeuble qu'il a acquis, comme, par exemple, s'il est héritier du vendeur, le tiers détenteur peut lui opposer une exception péremptoire, suivant la maxime : *Quem de evictione tenet actio, eumdem, agentem repellit exceptio.* (*Voy.*, sur cette exception, Pothier, *Traité des hypothèques*, chap. 2, art. 2, § 5.)

Art. 2172. *Quant au délaissement par hypothèque, il peut être fait par tous les tiers détenteurs qui ne sont pas personnellement obligés à la dette, et qui ont la capacité d'aliéner.*

I. Nous avons dit, sur l'article 2170, que lorsque le tiers possesseur était personnellement obligé à la dette, il ne pouvait pas opposer l'exception de discussion, mais qu'il devait payer. Nous ajoutons ici que, dans le même cas, il ne peut pas même abandonner l'immeuble pour se dispenser d'acquitter la dette. La raison en est, que l'obligation personnelle frappant tout à la fois les biens et la personne du débiteur, celui-ci ne peut se libérer qu'en payant.

II. Cependant cette partie de notre article a présenté quelque difficulté dans l'application. On a demandé si, lorsque le tiers détenteur s'était obligé envers le débiteur, mais hors la présence du créancier à payer la dette, il était encore recevable à délaisser le fonds?

. Pour l'affirmative, on a dit que cette stipulation faite entre le vendeur principal obligé, et celui qui achetait l'immeuble, était étrangère au créancier hypothécaire, et que, suivant la maxime, *alii per alium acquiri nequit*, il ne pouvait s'en prévaloir, ni pour cela résister au délaissement ; que, si l'acquéreur s'était obligé, ce n'était que comme tiers détenteur et à l'occasion de l'immeuble ; que, dès lors il n'y avait pas d'obligation personnelle proprement dite, même à l'égard du vendeur ; que ce principe, rappelé par *Loiseau*, liv. 4, ch. 4, n° 15 et 16, est admis par l'article 2173 du Code civil, et a été consacré par deux arrêts des cours de Turin et de Bruxelles, rapporté par *Sirey*, 1812, part. 2, page 182 ; et par *Denevers*, tome 4, partie 2, page 198.

Mais la Cour ne cassation en a pensé autrement ; et par arrêt du 21 mai 1807, elle a décidé que l'ac-

quéreur n'était pas recevable à délaisser l'immeuble, parce que, par l'effet de la convention passée
entre lui et son vendeur, il était devenu *débiteur
personnel* de la somme due.

III. A plus forte raison, il faudrait adopter la
même décision, dans le cas où l'acquéreur aurait
directement contracté avec le créancier inscrit, et
se serait obligé à le payer : il y aurait alors obligation personnelle de la même nature que celle du
débiteur direct. C'est ce qu'a jugé la Cour de
Bruxelles par un arrêt rapporté par Sirey, tom. 13,
par. 2, pag. 365.

IV. Le délaissement pourrait-il être fait par l'héritier, détenteur d'héritages hypothéqués, en offrant au créancier sa part dans la dette? Oui, répond M. Dalloz. (*Répert.*, v^{it} *Privil. et Hypot.*,
pag. 342.) « Voudrait-on dire, ajoute-t-il, que les
» termes de la loi sont absolus, et qu'ils ne distin-
» guent pas si l'un est débiteur pour la totalité ou
» pour partie seulement? Mais l'héritier, qui s'est li-
» béré de sa portion contributoire dans la dette, cesse
» d'être obligé pour le surplus, et rien ne saurait,
» dès lors, s'opposer au délaissement qu'il veut
» faire.» Telle est aussi la doctrine de Pothier, qui
combat Loiseau sur ce point : *de l'Hypothèque*,
chap. 2, sect. 2, § 1er; *idem*, M. Grenier, n° 172.

V. Pour délaisser l'immeuble, il faut, suivant
l'article 2172, avoir la capacité d'aliéner; d'où il
suit, 1° que le mineur émancipé ou non, ne peut
pas l'effectuer; que le tuteur ou curateur seul ne

pourrait pas y consentir, mais qu'il devrait être
autorisé par le conseil de famille, dont la délibération serait homologuée par le tribunal (articles 457 et 458 du Code civil);

2° Que l'interdit n'a pas plus de droit que le mineur, mais que son tuteur doit suivre, pour parvenir à ce délaissement, les règles prescrites au tuteur des mineurs (art. 509);

3° Que le faible d'esprit et le prodigue ne peuvent délaisser l'immeuble acquis qu'avec l'assistance de leur conseil (art. 499 et 513);

4° Que la femme mariée ne peut faire de délaissement sans l'autorisation de son mari (art. 217);
mais que celui-ci peut seul, et sans le concours de
sa femme, délaisser un immeuble de la communauté (art. 1421) : (arrêt de Bruxelles!, rapporté
par Sirey, tom. 7, part. 2, pag. 834) ;

5° Enfin que, dans le cas d'absence, les envoyés
en possession provisoire n'ont pas la capacité d'effectuer le délaissement d'un immeuble appartenant
à l'absent (art. 128). Le délaissement peut être
fait par les syndics définitifs, mais non par les syndics provisoires.

Art. 2173. *Il peut l'être même après que le tiers détenteur a reconnu l'obligation ou subi con-damnation en cette qualité seulement : le délaissement n'empêche pas que , jusqu'à l'adju-dication , le tiers détenteur ne puisse repren-dre l'immeuble en payant toute la dette et les frais.*

I. Le délaissement peut être effectué par le tiers détenteur, encore qu'il ait passé titre nouvel; mais il faut pour cela que ce titre n'ait été consenti par lui qu'en qualité de tiers détenteur. Si donc il s'é-tait obligé personnellement, il ne pourrait plus dé-laisser l'immeuble (1); il en serait de même s'il avait été condamné personnellement à payer le créan-cier hypothécaire. (*Voy.* nos observations sur l'ar-ticle précédent.)

II. Mais l'on demande si l'acquéreur qui n'a ni purgé ni payé les dettes auxquelles l'immeuble était hypothéqué, peut en faire le délaissement après la saisie faite sur lui?

Pour l'affirmative, on pourrait dire que la loi ne limite précisément aucun temps pour faire le délais-

---

(1) Si l'immeuble acquis était hypothéqué à une rente, et que le tiers possesseur se fût obligé de la continuer, serait-il censé s'être obligé personnellement ? Loiseau, liv. 4, chap. 4, n°° 15 et 16 ; et Pothier, *des Hypothèques* , chap. 2, n° 3, pensent que non. La raison qu'ils en donnent, c'est qu'on croit difficilement qu'il ait voulu s'engager à plus qu'il ne devait.

sement ; qu'il suffit qu'on ne soit pas personnellement obligé à la dette, pour qu'on puisse se soustraire aux poursuites des créanciers hypothécaires,
en leur abandonnant l'immeuble hypothéqué, que
cela résulte particulièrement de l'article 2173, qui
accorde cette faculté même aprèsque le tiers détenteur a reconnu l'obligation ou subi condamnation
en cette qualité : or, le silence du tiers acquéreur,
depuis le commandement jusqu'après la saisie, ne
peut être considéré que comme une reconnaissance
de la dette, incapable de mettre obstacle au délaissement.

. L'opinion contraire me semble cependant préférable; elle résulte de la comparaison des articles
2169 et 2174. Le premier établit que, faute par
le tiers acquéreur de payer ou de délaisser, chaque
créancier hypothécaire aura droit *de faire vendre
sur lui,* l'immeuble hypothéqué, trente jours après
commandement fait au débiteur originaire, et
sommation faite au tiers détenteur. Or, ce droit
serait illusoire, si même après ces trente jours, et
lorsque la saisie a été déjà faite, le tiers pouvait encore délaisser; il ne serait plus vrai de dire qu'on
pourrait faire vendre *sur lui,* puisqu'il pourrait
toujours éviter les poursuites en faisant le délaissement.

Les mêmes idées se puisent dans l'article 2174,
qui veut qu'en cas de délaissement, il soit créé à
l'immeuble délaissé un curateur sur lequel la vente
de l'immeuble doit être poursuivie. Or, cet article

suppose nécessairement que c'est avant les poursuites, avant la saisie de l'immeuble, que le délaissement a été fait; car il ne peut pas dépendre du tiers
acquéreur, qui depuis long-temps est en demeure
de payer ou de délaisser, d'entraver la marche de
l'expropriation, multiplier les frais, et paralyser
pendant quelque temps l'action des créanciers. Ce
tiers a pu, pendant les trente jours qui ont précédé la saisie, prendre un parti; et s'il ne l'a pas
fait, il doit supporter toutes les suites de sa négligence.

Ainsi nous ne voyons aucune raison plausible
pour accorder au tiers acquéreur, qui s'est laissé
prévenir par une saisie immobilière, le droit de
faire encore le délaissement.

III. Le délaissement légalement effectué ne peut
pas être regardé comme une mutation; car l'article
68 de la loi du 22 frimaire an vii ne l'assujettit qu'à
un droit fixe de cinq francs. En second lieu, notre
article met le comble à cette assertion, en permettant au tiers possesseur qui a délaissé l'immeuble,
de le reprendre en payant *toute la dette et les
frais*; c'est-à-dire en acquittant complètement ce
qui peut être dû en capital, intérêts et frais.

Art. 2174. Le délaissement par hypothèque se fait au greffe du tribunal de la situation des biens, et il en est donné acte par ce tribunal.

Sur la pétition du plus diligent des intéressés, il est créé à l'immeuble délaissé un curateur sur lequel la vente de l'immeuble est poursuivie dans les formes prescrites pour les expropriations.

Art. 2175. Les détériorations qui procèdent du fait ou de la négligence du tiers détenteur, au préjudice des créanciers hypothécaires ou privilégiés, donnent lieu contre lui à une action en indemnité; mais il ne peut répéter ses impenses et améliorations que jusqu'à concurrence de la plus-value résultant de l'amélioration.

I. La première partie de cet article 2175, en faisant supporter au tiers détenteur les dégradations par lui faites, est absolument opposée et à la loi romaine, et à l'opinion générale des auteurs qui ont écrit sur le délaissement par hypothèque. La loi 31, § 3, ff. *de Hered. petit.;* Loiseau, liv. 5, chap. 14, n° 7; Pothier, chap. 2, art. 3, décident en effet que le tiers détenteur ne peut être condamné qu'à délaisser l'immeuble dans l'état où il se trouve, mais jamais à indemniser les créanciers des dégradations par lui faites. Pothier ajoutait même que cela devait être ainsi, encore que le tiers détenteur eût eu connaissance des hypothèques.

Cependant le principe de l'article 2175 est plus juste, puisqu'il veille à la conservation des droits des créanciers, et force les acquéreurs d'immeubles qu'ils savent être hypothéqués, à être plus circonspects. — Ajoutez à cela que ce n'est qu'autant que les dégradations procèdent du fait ou de la négligence des tiers possesseurs, que la loi les rend responsables. Si elles étaient, en effet, l'ouvrage du hasard ou d'une force majeure qu'ils n'auraient pas pu arrêter, ils seraient déchargés de toute responsabilité.

II. Ce droit de réclamer une indemnité pour les dégradations, ne semble exister qu'en cas de délaissement de la part de l'acquéreur; toutefois comme il y a les mêmes raisons de décider alors que l'acquéreur est exproprié, nous pensons qu'il faudrait appliquer le même principe.

Il en serait autrement, si les dégradations n'avaient eu lieu que postérieurement à la sommation de payer ou de délaisser, encore qu'elles fussent arrivées par suite d'un cas fortuit; car les créanciers ne doivent pas souffrir de la demeure du tiers possesseur, et celui-ci doit répondre des dégradations, à moins que l'immeuble n'en eût été également atteint entre les mains des créanciers.

III. En délaissant l'immeuble, le tiers acquéreur a droit de répéter les impenses qu'il a faites, mais seulement, suivant notre article, jusqu'à concurrence *de la plus-value*. Si donc l'immeuble se

trouvait augmenté d'une valeur de trois mille livres,
il ne pourrait répéter que cette somme, encore
qu'il en eût dépensé une plus considérable. Cependant, si ces impenses pouvaient être facilement enlevées, sans dégrader l'immeuble, nous ne faisons
pas de doute qu'on ne lui accordât la faculté de les
retirer : c'était l'avis de Pothier, qui nous semble
devoir encore être suivi.

IV. Si les dépenses étaient inférieures à l'augmentation de valeur qu'elles auraient occasionée,
il semblerait peut-être, d'après notre texte, que
le tiers eût droit d'exiger la totalité de la plus-value ;
mais nous ne pensons pas que ce soit là le véritable
sens de notre article ; on a voulu mettre des bor-
nes aux réclamations du tiers possesseur, mais non
porter ses espérances au delà de ce qu'il a dépensé.
Il doit donc se contenter de retrouver ses fonds,
sans chercher à bénéficier sur l'augmentation produite par les circonstances.

V. Il est même des impenses que le possesseur
ne peut pas répéter, quoiqu'elles aient, en quelque
sorte, augmenté la valeur de l'immeuble ; ce sont
celles connues sous le nom de *dépenses d'entretien.*
Comme il a joui des fruits, et que ces dépenses en
sont une charge, il ne peut avoir de répétition à
exercer. (*Voyez* Pothier, *Traité des Hypothèques,*
chap. 2, art. 2, § 4.)

VI. Suivant les principes du droit romain (L.
29, §. 2, ff. *de Pig. et Hyp.*), le tiers possesseur
pouvait retenir l'immeuble jusqu'au rembourse-

ment des impenses qu'il avait droit de répéter. Mais
cette jurisprudence n'était pas suivie dans l'ancien
droit (ainsi que l'atteste Loiseau, *Traité du Déguerpissement*), et ne doit pas l'être davantage
dans le nouveau : c'est au moins ce qu'a jugé la
cour de Turin, le 30 mai 1810, par un arrêt rapporté dans le *Journal du Palais*, tom. 31, page
396; mais nous pensons qu'ayant le droit de dis-
traire du prix de l'immeuble la valeur des réparations, l'acquéreur aurait sur ce prix un véritable
privilége.

VII. Cet article 2175 a présenté une autre difficulté qu'il ne sera pas inutile de rapporter. On a
demandé si lorsqu'un second acquéreur fait le
délaissement, le premier qui n'a pas fait transcrire,
mais qui, avant de vendre, a fait des impenses, peut
les répéter jusqu'à concurrence de la plus-value.
D'un côté, on pourrait dire que les créanciers du
vendeur originaire, ne devant pas profiter des améliorations au préjudice du premier acquéreur, mais
devant prendre l'immeuble dans l'état où il était lors
de l'aliénation, ils seraient mal fondés à s'opposer
à cette déduction des impenses.

De l'autre, on peut répondre que l'article 2175
n'accorde le droit de retenir les impenses qu'au tiers
acquéreur qui fait le délaissement; que le premier
acquéreur, ne pouvant être regardé que comme un
créancier chirographaire, n'a pas le droit de troubler les créanciers hypothécaires, dont les prérogatives ne peuvent être limitées que par l'acte d'a-

bandon. C'est ainsi que l'a jugé la Cour de cassation, par son arrêt du 5 novembre 1807, rapporté dans sa jurisprudence, an 1808, 3ᵉ cahier.

Art. 2176. *Les fruits de l'immeuble hypothéqué ne sont dus par le tiers détenteur qu'à compter du jour de la sommation de payer ou de délaisser, et si les poursuites commencées ont été abandonnées pendant trois ans, à compter de la nouvelle sommation qui sera faite.*

I. Que le tiers détenteur soit de bonne ou mauvaise foi, qu'il soit acquéreur à titre onéreux ou à titre gratuit, il ne doit jamais les fruits que du jour de la sommation. Cependant s'il y avait eu dol, et que l'on parvînt à faire rescinder le contrat, il n'est pas douteux qu'il ne dût rapporter tout ce qu'il aurait perçu.

II. Si depuis la sommation les poursuites ont été interrompues, et qu'elles l'aient été pendant trois ans, l'acquéreur ne devra les fruits qu'à partir de la nouvelle sommation de payer ou de délaisser, qu'on sera tenu de lui faire. Dans ce cas il y a péremption des poursuites, et, contre la règle ordinaire, cette péremption a lieu de plein droit et sans avoir besoin d'être opposée.

III. Mais cette seconde disposition de notre article 2176 n'a-t-elle pas été abrogée par l'article 674 du Code de procédure? Non. A la vérité, cet article, en parlant du commandement qui doit précéder l'expropriation, en limite la durée à trois mois, et semble par-là fixer une pareille durée à la sommation à faire aux tiers détenteurs. Mais comme cet article ne parle pas formellement de cette sommation, et que l'abrogation des lois ne se présume pas, nous devons tenir qu'elle ne se périme que par trois ans, au moins relativement à son effet sur la restitution des fruits.

Art. 2177. *Les servitudes et droits réels que le tiers détenteur avait sur l'immeuble avant sa possession, renaissent après le délaissement ou après l'adjudication faite sur lui.*

Ses créanciers personnels, après tous ceux qui sont inscrits sur les précédens propriétaires, exercent leur hypothèque à leur rang sur le bien délaissé ou adjugé.

I. Sur la première partie de cet article, voyez ce que nous avons dit, art. 2168.

II. Il semblerait que l'acquéreur d'un immeuble hypothéqué étant propriétaire par le fait seul de la vente, il a pu hypothéquer lui-même cet immeuble à ses propres créanciers, et leur donner le rang dû à leurs inscriptions. Cependant notre article en décide autrement, puisqu'il appelle d'abord tous les créanciers hypothécaires du vendeur sans distinction, et que ce n'est qu'après eux qu'il permet de colloquer ceux personnels à l'acquéreur.

Mais la raison en est sensible : le vendeur, en aliénant l'immeuble hypothéqué, n'a pu le trans-

mettre que sous l'affectation des priviléges et hypothèques dont il était déjà chargé; et suivant
l'article 834 du Code de procédure, ces priviléges
et hypothèques ont toute leur activité, s'ils sont
inscrits dans la quinzaine de la transcription. —
Ainsi, en nous résumant sur le sens de cet article,
il faut dire que, si l'acquéreur consentait des hypothèques sur l'immeuble acquis, et qu'elles fussent
inscrites avant celles établies antérieurement à la
vente par le vendeur, ces dernières primeraient les
créanciers de l'acquéreur, pourvu qu'elles fussent
inscrites dans la quinzaine de la transcription.

Mais il en serait autrement si les créanciers personnels du vendeur n'avaient pas pris inscription
dans la quinzaine de la transcription. Comme, par
cette omission, ils auraient perdu leurs hypothèques, les créanciers de l'acquéreur qui auraient fait
inscrire devraient être préférés.

III. Le délaissement par hypothèque n'étant
qu'une abdication de la possession de l'immeuble,
il est hors de doute qu'après le paiement des créanciers hypothécaires du vendeur, ceux de l'acquéreur, qui n'ont pas d'hypothèques, profitent de ce
qui reste du prix de la vente de l'immeuble : et en
cela ils sont plus avantageusement traités que les
créanciers chirographaires du vendeur, qui ne
peuvent être colloqués sur le prix de l'immeuble,
dès qu'il est sorti des mains de leur débiteur.

IV. Mais l'acquéreur qui profite, soit par lui-
même, soit par ses créanciers, de l'excédant du prix,

supporterait-il la différence qui existerait au moins entre son acquisition et la revente ? S'il s'agissait d'une folle enchère, l'acquéreur devrait payer la différence : il aurait occasioné la revente; il devrait en supporter les suites. Mais il n'en est pas ainsi en cas de délaissement ou d'expropriation : comme il n'a pas tenu à lui que la première vente eût son exécution, il ne doit pas supporter les suites d'un événement qu'il ne pouvait empêcher.

Art. 2178. *Le tiers détenteur qui a payé la dette hypothécaire, ou délaissé l'immeuble hypothéqué, ou subi l'expropriation de cet immeuble, a le recours en garantie, tel que de droit, contre le débiteur principal.*

I. Ce recours a lieu non-seulement pour la valeur actuelle de l'immeuble, mais encore pour tous les dommages-intérêts que le vendeur doit naturellement à l'acquéreur, ainsi que les frais et loyaux coûts du contrat. (Art. 1630 du Code civil.)

II. Si l'immeuble était diminué de valeur ou considérablement détérioré, même par la négligence de l'acheteur, le vendeur n'en serait pas moins responsable de la totalité du prix qu'il aurait reçu. (Art. 1631.)

III. Tout cela est d'une application facile par rapport aux tiers acquéreurs; mais, relativement aux donataires d'immeubles, ces principes sont peut-être moins faciles; et, par exemple, on demande si le donataire qui a payé la dette hypothé-

caire du donateur ou délaissé l'immeuble, doit avoir
son recours contre lui ?

Cette question a une grande affinité avec celle de
savoir si le donateur doit la garantie des objets par
lui donnés? Les lois romaines avaient fixé deux cas
où le donataire pouvait exercer cette garantie; mais
c'étaient les seuls: elle avait lieu, suivant les LL. 18,
ff. D, *de Donat.*, et 2, Cod. *de Evictionibus*,
1° lorsqu'elle avait été formellement promise par le
donateur; 2° lorsque celui-ci s'était rendu coupable
de dol, comme lorsque sciemment il avait donné la
chose d'autrui.—Nos anciens auteurs avaient aussi
admis le recours du donataire dans ces deux cas,
mais dans tous les autres ils l'avaient toujours rejeté.
Ainsi, on ne permettait pas que le donateur fût
tracassé par les réclamations du donataire, lorsque,
de bonne foi, il avait donné la chose d'autrui, et
que la cause de l'éviction ne provenait point de son
fait.

Ces principes sont encore ceux qu'il faut pro-
fesser. Le Code civil ne parle pas de la garantie
du donateur; d'où il faut tirer cette conséquence,
qu'il n'a pas entendu l'y soumettre s'il ne l'a lui-
même déclaré, ou s'il ne s'est rendu coupable de
dol.

Mais faudrait-il étendre ces principes jusqu'à les
appliquer aux dettes payées par le donataire comme
détenteur, ou au délaissement fait en la même qualité? Par exemple, Pierre a fait donation à Jacques
d'un immeuble : cet immeuble est hypothéqué au

paiement d'une somme de vingt mille francs; par suite de l'action hypothécaire, Jacques a été obligé de payer les vingt mille francs ou de délaisser l'immeuble : aura-t-il son recours contre Pierre?

Il est constant que, dans le cas où le donataire a payé la dette hypothécaire, il a nécessairement son recours contre le donateur. Il n'est pas tenu personnellement au paiement des dettes, car le donataire particulier est assimilé au légataire : on peut donc lui appliquer l'article 874, et décider que, comme le légataire particulier qui a payé la dette dont l'immeuble légué était grevé, il demeure subrogé aux droits du créancier contre le donateur lui-même. Cela résulte plus particulièrement du § 3 de l'article 1251, qui porte que la subrogation a lieu de plein droit au profit de celui qui, étant tenu pour d'autres, avait intérêt d'acquitter la dette.

Le donataire, ainsi que nous venons de le dire, n'était pas obligé personnellement; il n'était tenu que pour le donateur et en sa qualité de détenteur seulement: il se trouve donc, par la seule force de la loi, subrogé dans les droits du créancier qu'il a été obligé d'acquitter; il peut donc répéter les sommes par lui déboursées.

Ce n'est pas, comme on le voit, par l'action en garantie que le donataire peut agir contre le donateur, car elle lui est refusée; mais c'est parce qu'il a payé pour lui; c'est parce qu'il est subrogé en tous les droits du créancier; et il y a cette dif-

férence entre ces deux actions, que, s'il agissait
par voie de garantie, il pourrait exiger une indemnité pleine et parfaite, tandis qu'en action-
nant le débiteur comme créancier subrogé, il ne
peut répéter que ce qu'il a payé pour lui.

Au reste, ces principes se trouvent consacrés
par l'article 2178 du Code civil, où l'on voit que
le *tiers détenteur* qui a payé la dette hypothécaire,
a le recours en garantie, *tel que de droit*, contre
le débiteur principal.

Cet article ne distingue pas. Il accorde ce recours au tiers détenteur, sans examiner si son titre
est onéreux ou gratuit : et si ensuite il n'en fixe
pas l'objet, s'il dit que le créancier qui a payé, a
son recours *tel que de droit*, c'est précisément
parce que le but de l'action est différente, suivant
que le titre du tiers détenteur est onéreux ou gratuit.

Ainsi, sous tous les rapports, le donataire qui a
payé la dette hypothécaire a droit de répéter du
donateur tout ce qu'il a déboursé pour lui.

Il en est de même, lorsqu'étant dans l'impossibilité de payer la dette hypothécaire, il a délaissé
l'immeuble ou en a subi l'expropriation. Il n'aura
point, dans ce cas, d'action en garantie; il ne pourra
pas se faire indemniser de la perte que lui fait éprouver le délaissement ou l'expropriation de l'immeuble: mais il aura payé une dette à laquelle
il n'était pas personnellement obligé, il sera subrogé aux droits du créancier, ce qui lui donnera

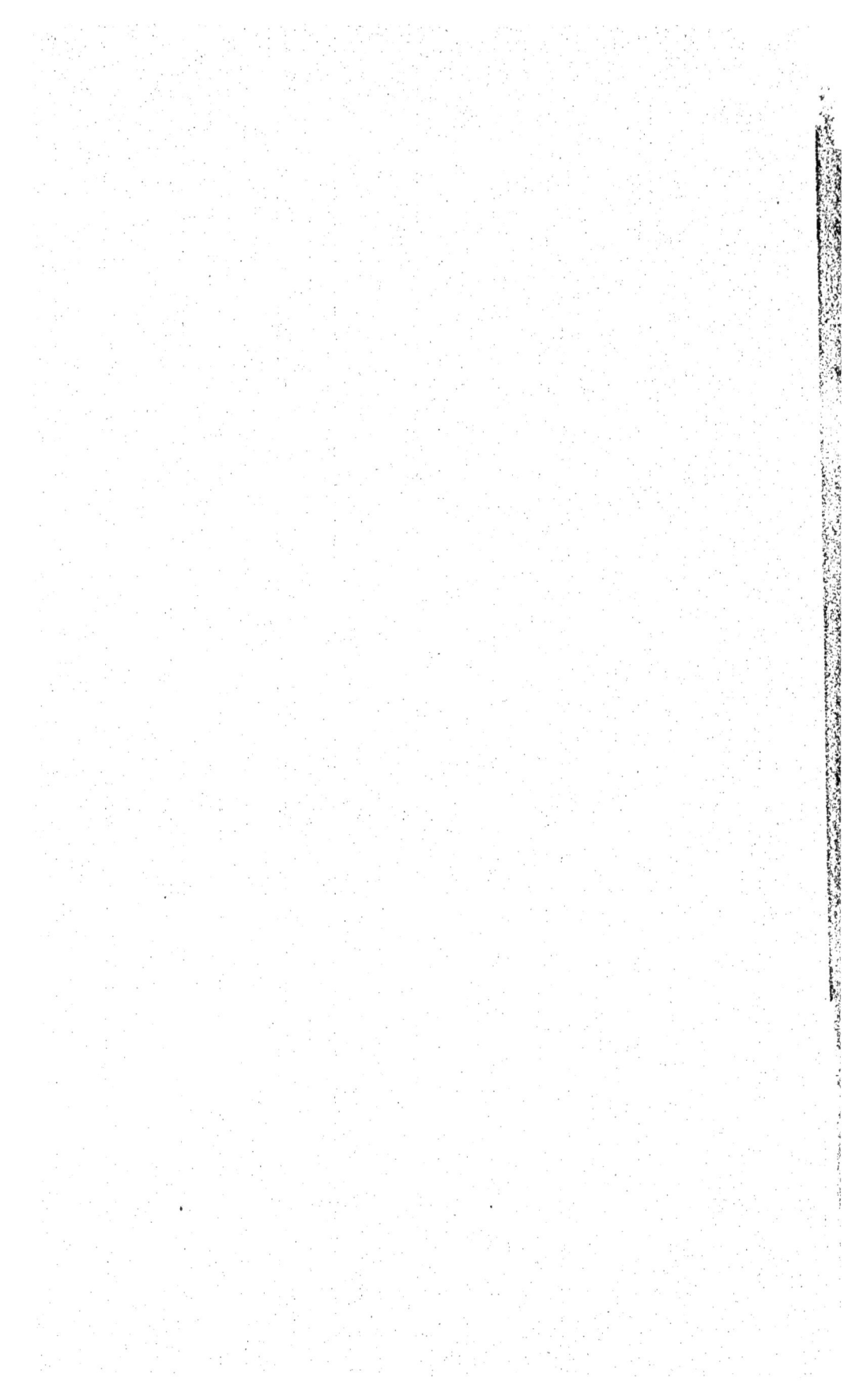

le droit de répéter tout ce que le créancier aurait pu exiger du donateur.

Telle est la doctrine que consacrent nos meilleurs auteurs : notamment M. Grenier, dans son *Traité des donations*, tom. 1, pag. 275; et M. Tarrible, dans le *Répertoire de Jurisprudence*, verb. *Tiers Détenteur.*

Art. 2179. *Le tiers détenteur qui veut purger sa propriété en payant le prix, observe les formalités qui sont établies dans le chapitre VIII du présent titre.*

Voyez nos observations sur les divers articles de ce chapitre VIII.

CHAPITRE VII.

DE L'EXTINCTION DES PRIVILÈGES ET HYPOTHÈQUES.

Art. 2180. *Les privilèges et hypothèques s'éteignent:*

1°. *Par l'extinction de l'obligation principale;*

2°. *Par la renonciation du créancier à l'hypothèque;*

3°. *Par l'accomplissement des formalités et conditions prescrites aux tiers détenteurs pour purger les biens par eux acquis;*

4°. *Par la prescription.*

La prescription est acquise au débiteur, quant aux biens qui sont dans ses mains, par le temps fixé pour la prescription des actions qui donnent l'hypothèque ou le privilège.

Quant aux biens qui sont dans la main d'un tiers détenteur, elle lui est acquise par le temps réglé pour la prescription de la propriété à son profit : dans le cas où la prescription suppose un titre, elle ne commence à courir que du jour où il a été transcrit sur les registres du conservateur.

Les inscriptions prises par le créancier n'interrompent pas le cours de la prescription établie par la loi en faveur du débiteur ou du tiers détenteur.

I. Nous allons reprendre chacune de ces cau-

ses qui peuvent amener l'extinction des hypothèques et des priviléges, et donner séparément
les explications qu'elles nous paraissent compor-
ter. Commençons par *l'extinction de l'obligation
principale*; ce qui a lieu quand il y a paiement,
consignation, compensation, novation, confusion,
remise volontaire de la dette, extinction de la
chose due, ou condition résolutoire. (Art. 1234
du Code civil.)

II. Le paiement de ce qui est dû, éteint, à la
vérité, l'hypothèque; mais pour cela le paiement
doit être de toute la dette. (L. 9, §. 3, ff. *de Pign.
Act.*) S'il en restait quelque partie, si le créancier
avait encore des réclamations à exercer, soit pour le
capital, soit pour les intérêts conservés par l'inscription, l'hypothèque subsisterait dans son entier
jusqu'à parfait paiement.

Mais lorsque le créancier a reçu tout ce qui lui
revenait, peu importe la personne qui a fait le
paiement, et l'hypothèque n'en est pas moins
éteinte, si celui qui a payé ne s'est pas fait légalement subroger aux droits et hypothèques du
créancier. (*Voyez* art. 1236.) S'il a requis la subrogation, l'hypothèque n'est pas éteinte, mais seulement transférée avec l'obligation sur la tête du
subrogé. (Arrêt de Paris, du 5 juillet 1816; rapporté par *Sirey*, tom. 6, part. 2, pag. 230.)

III. La consignation et la compensation étant
généralement regardées comme un paiement, elles
en ont tous les effets, et par conséquent celui

d'éteindre l'hypothèque, si elles sont valablement faites ou imposées. (*Voyez* art. 1454, n° 289 et suivans.)

que d'une partie de la dette, et par conséquent.

La novation éteint aussi la dette principale, et doit par conséquent faire cesser l'hypothèque; mais cela n'a lieu qu'autant que la novation est faite purement et simplement, et sans réserve; car si le créancier, en faisant une novation, s'était réservé les privilège et hypothèques de l'ancienne créance, ils continueraient d'exister dans leur état primitif.

personne capable d'aliéner: ainsi lorsqu'un père

Si la novation s'était opérée entre le créancier et l'un des débiteurs solidaires, les privilèges et hypothèques de l'ancienne créance ne pourraient être réservés que sur les biens de celui qui contracte la nouvelle dette. (Art. 1280.)

Mais si la novation s'opérait par la substitution d'un nouveau débiteur, l'hypothèque consentie d'abord sur les biens de l'ancien ne passerait pas sur ceux du nouveau; et celui-ci pourrait seulement consentir une hypothèque dont le rang serait réglé par l'inscription que le créancier aurait prise postérieurement à la novation.

V. Lorsque le débiteur devient héritier du créancier, *aut vice versâ*, il s'opère une confusion de droits qui éteint l'obligation, et par suite l'hypothèque; mais pour cela il faut être héritier pour la totalité, et n'avoir pas accepté sous bénéfice d'inventaire: car si l'on n'était héritier que pour une portion, ou sous bénéfice d'inventaire, il n'y auraît pas de confusion, du moins pour la totalité, parce qu'au premier cas, on ne serait débiteur que d'une partie de la dette, et par conséquent l'hypothèque subsisterait pour le reste; au second, les droits du créancier resteraient dans le même état et sans être confondus avec ceux de l'héritier.

VI. La remise de la dette entraîne aussi l'extinction de l'hypothèque, équivalant à une renonciation formelle de ce droit; mais pour qu'on puisse s'en prévaloir, il faut qu'elle soit faite par une personne capable d'aliéner : ainsi le mineur, l'interdit, etc., ne peuvent pas faire remise d'une dette souscrite en leur faveur.

VII. L'extinction du fonds sur lequel était établie l'hypothèque fait encore cesser ce droit, puisque, par l'événement, il se trouve sans objet; mais il faut que cette extinction soit entière : s'il restait quelque partie de l'immeuble, comme, par exemple, si la maison hypothéquée avait été consumée par les flammes, l'hypothèque subsisterait sur le fonds : *Domus pignori data exusta est, eamque areum emit Lucius Titius : Paulus respondit pignoris persecutionem durare.* (L. Paulus, S. Domus, ff. de Pign. et Hyp.)

VIII. Autrefois on allait même plus loin : on pensait que l'hypothèque continuait d'exister sur les matériaux qui avaient échappé aux flammes, tant qu'ils paraissaient destinés à la reconstruction de la maison. (Pothier, des Hypot., chap. 3, S. 3.) Aujourd'hui on ne pourrait admettre cette déci-

sion, puisqu'aux termes de l'article 532 les matériaux sont essentiellement meubles.

Mais si la maison était ensuite reconstruite, la
loi romaine (L. 29, § 2, ff. *de Pign. et Hypot.*)
faisait revivre l'hypothèque dans son intégrité, de
même que si elle n'eût jamais été détruite. Il y a
tout lieu de croire que cette décision serait encore
adoptée de nos jours.

IX. Le changement survenu dans la chose hypothéquée, comme si d'un champ on en a fait une
vigne, d'une vigne un jardin, n'éteint pas l'hypothèque, (L. 16, § 2, ff. *de Pign. et Hypot.*) Mais il
n'en est pas de même du privilége qui porte sur des
meubles; le changement qui est survenu le détruit
totalement, si les meubles sont tellement changés
qu'on ne puisse les reconnaître.

X. Lorsque, par l'effet d'une clause résolutoire,
le droit de celui qui a constitué l'hypothèque vient
à cesser, l'hypothèque doit également s'éteindre;
et c'est véritablement là le cas de la maxime : *Soluto jure dantis, solvitur jus accipientis.* Si donc le
débiteur qui a constitué l'hypothèque n'avait
qu'une propriété résoluble dans certains cas,
comme, par exemple, s'il était acquéreur sous faculté de rachat, l'hypothèque serait censée contractée sous la même condition, puisqu'il est de
principe qu'on ne peut transmettre à un autre plus
de droits qu'on n'en a soi-même. (L. 54, ff. *de Reg.
jur.*) Aussi c'est sur ce fondement que la Cour d'appel de Rouen, par son arrêt du 14 décembre 1808,

rapporté au *Journal du Palais*, n° 673, art. 53, a
jugé que, lorsque le contrat de vente avait été ré-
silié par suite du pacte commissoire, le vendeur
pouvait revendiquer l'immeuble au préjudice de
tous les créanciers inscrits de l'acquéreur. (*Voy.*, au
surplus, ce que nous avons dit sur l'art. 2157a.)

XI. Il y a pourtant une exception à l'application
de cette maxime : *Soluto jure dantis, solvitur jus
accipientis.* C'est pour les absens envoyés en possession définitive. Leur droit est résoluble dans le
cas du retour de l'absent ou de ses descendans;
et néanmoins les hypothèques, consenties par eux
sur les biens, sont conservées. Mais cette exception trouve sa cause dans l'intérêt public : il
fallait bien fixer un terme après lequel les biens
de l'absent dussent rester dans la circulation.

XII. Dans tous les cas, l'hypothèque suit le sort
de l'obligation principale, et, comme tout autre
accessoire, elle cesse d'avoir son effet lorsque l'o-
bligation principale est éteinte; mais qu'arriverait-
il si l'obligation venait à revivre, comme, par
exemple, lorsque le créancier est évincé de la chose
qu'on lui avait donnée en paiement? Dans ce cas,
l'hypothèque suit encore le sort de l'obligation;
et s'il arrivait que l'inscription n'eût pas été rayée,
elle serait censée n'avoir jamais cessé d'exister, et
donnerait au créancier le même rang qu'auparavant : mais si la radiation avait suivi le paiement,
tout en faisant revivre l'hypothèque, l'on ne pourrait pas lui donner d'autre rang que celui de la

nouvelle inscription ; parce qu'autrement ce serait tromper les tiers et les induire en erreur.

XIII. L'hypothèque s'éteint encore, par la renonciation du créancier à l'hypothèque. La renonciation à l'hypothèque a toujours été regardée comme une manière de l'éteindre, mais elle n'a pas toujours été exempte de difficultés ; c'est pourquoi il eût été à désirer que, dans le nouveau système, on eût cherché à aplanir les doutes, et à fixer surtout quelles étaient les manières dont devait être faite la renonciation. Quoi qu'il en soit, nous tâcherons de suppléer au silence de la loi, et de remplir ses lacunes par l'exposition des principes généraux du droit applicables à cette matière.

XIV. La renonciation à l'hypothèque ne peut être faite, comme on se l'imagine, que par ceux qui ont la capacité d'aliéner ; dès lors le mineur, l'interdit, le prodigue ne sauraient la consentir.

Pour ce qui est de la femme, nous avons déjà remarqué qu'elle ne pouvait pas renoncer à l'hypothèque légale au profit de son mari, sans suivre les formalités prescrites par l'article 2144 ; mais que, vis-à-vis des tiers, elle avait toute capacité, dès qu'elle était autorisée par son mari ou par justice.

XV. La renonciation à l'hypothèque se fait expressément ou tacitement : *expressément*, quand on déclare, dans un acte quelconque renoncer à l'hypothèque qu'on avait sur tel immeuble ; *taci-*

tément, quand on peut induire de quelques faits ou circonstances ... un abandon absolu ou ... d'hypothèque ...

XVI. La première manière ne peut guère présenter de difficultés ; elle est toujours réglée par l'acte qui la contient ; la seconde, au contraire, est entourée de doutes ; parce qu'on ne s'accorde pas sur les faits dont on peut induire une renonciation. À la vérité, les lois romaines pourront nous ... à ... les principes sur cette matière.

XVII. Suivant le ... *Quib. ... jure ... ,* le créancier qui consent à la vente, à la donation, à l'échange de l'immeuble hypothéqué, sans réserver son hypothèque, est censé renoncer à ses droits et éteindre par là l'hypothèque (1). La raison en est que le débiteur pouvant vendre, donner, échanger sans le consentement du créancier, celui-ci n'a dû ... intervenir ... que pour ... l'immeuble de son hypothèque ...

XVIII. Tous les jours on fait l'application de ce principe à l'égard de la femme qui intervient au contrat de vente que fait le mari et lui de ses propres, ou qu'il vent conjointement avec lui, même un conquêt de communauté. Comme sa présence n'est pas nécessaire, qu'elle ne peut pas personnellement vendre ... ... qui lui appar...

_____

(1) ... L'hypothèque ...

tient pas; elle n'est censée intervenir dans l'acte que pour garantir la vente, pour rassurer l'acquéreur contre l'exercice de son hypothèque légale; en un mot, pour renoncer à cette hypothèque.

XIX. Mais si, par la suite, l'aliénation venait à être annulée ou rescindée, soit par un défaut de forme, soit par l'exercice du pacte de rachat, ou par toute autre condition résolutoire, le § 3 de la même loi 4 nous apprend que le créancier rentrerait dans tous ses droits. La raison en est encore que la vente ne subsistant plus, elle est censée n'avoir jamais existé, et le créancier n'avoir jamais renoncé à son hypothèque.

XX. Néanmoins, il n'en serait pas de même si le débiteur redevenait, de toute autre manière, propriétaire de l'immeuble, comme, par exemple, en le rachetant; car ayant absolument perdu son hypothèque par l'aliénation, le créancier ne pourrait l'acquérir que par une nouvelle convention.

XXI. La L. 8, § 18, ff. Quib. Mod. Pign., nous apprend également que si, en donnant son consentement à la vente, le créancier avait dit qu'elle serait consommée dans un délai, ou faite pour une certaine somme, il ne serait dépouillé qu'autant que l'aliénation serait faite dans le temps fixé et aux conditions par lui imposées.

XXII. Si, au lieu de consentir à la vente, ou même de figurer en quelque sorte dans l'acte d'aliénation, le créancier avait accepté le mandat qu'on lui aurait donné de recevoir tout ou partie du prix, serait-il censé avoir renoncé à son hypothèque?

Je ne le pense pas. La vente a eu lieu sans sa participation. Lorsque le tiers a acquis, il n'a pas pu croire à l'extinction de cette hypothèque; et l'immeuble a dû passer dans ses mains avec les charges qui le grevaient d'abord. Or, en acceptant la procuration, ou même en recevant postérieurement le prix en qualité de mandataire, le créancier n'a rien fait en son nom, il n'a point changé de position, et sa conduite peut se concilier avec le maintien de son hypothèque, ce qui n'a pas lieu lorsqu'il figure à l'acte de vente ou qu'il y donne son consentement. C'est, au reste, ce qu'a jugé la Cour de Paris, par son arrêt du 25 janvier 1812, ainsi qu'on peut le voir dans le Recueil de *Sirey*, tome 12, part. 2, page 362.

XXIII. De même, si le créancier hypothécaire avait donné son consentement à ce que l'immeuble qui lui était déjà hypothéqué fût donné en hypothèque à un autre créancier, il serait censé avoir renoncé à son droit sur l'immeuble. (L. 12, ff. *Quib. Mod.*) La raison en est, comme l'observe Pothier (*des Hypothèques*, chap. 3, § 5), que le débiteur n'ayant pas besoin du consentement du créancier pour hypothéquer de nouveau l'immeuble, son adhésion ne peut pas être requise et donnée pour une autre fin que pour remettre son hypothèque.

Toutefois il faudrait, ainsi que le remarque le

judicieux Pothier, rechercher l'intention des parties : il pourrait arriver que le consentement du créancier ne fût donné, dans ce cas, que pour céder son rang de priorité au nouveau créancier, mais non pour renoncer absolument à l'hypothèque. C'était l'avis de la Glose et des plus célèbres interprètes, ainsi que le rapporte Basnage, *des Hypothèques*, chap. 17.

XXIV. Jusqu'à présent, nous n'avons parlé que du cas où le créancier avait formellement consenti, soit à l'aliénation de l'immeuble hypothéqué, soit à ce que le débiteur hypothéquât de nouveau le même fonds. Mais on a demandé si le consentement du créancier pourrait s'induire ou être présumé de la circonstance qu'il avait connu, soit l'aliénation, soit la nouvelle constitution d'hypothèque faite par son débiteur. La L. 8, § 15, ff. *Quib. mod.*, décide négativement la question, et sa disposition nous paraît devoir encore être suivie. Voici comment elle est conçue : *Non videtur dominus consensisse creditor, si, sciente eo, debitor rem vendiderit, cum ideo passus est vendere, quod sciebat ubique pignus sibi durare.*

La même loi continue, et dit qu'il en serait autrement, si le créancier avait signé le contrat de vente : *Sed si subscripserit forte in tabulis emptionis, consensisse videtur.*

XXV. Cette dernière partie de la loi à présent présente de grandes difficultés dans la pratique. On a demandé si le notaire qui recevait l'acte de vente, les témoins qui le signaient, étaient censés renoncer à l'hypothèque qu'ils avaient déjà sur l'immeuble?

D'après le texte même de cette loi 8, § 15, il serait difficile de ne pas voir, dans la signature du notaire et des témoins, une véritable renonciation. Cependant on s'était autrefois écarté de sa disposition, et l'on distinguait si l'acte de vente contenait purement et simplement la signature du notaire et des témoins, ou s'il portait que l'immeuble vendu était *franc et quitte de toute dette*. Au premier cas, on décidait qu'il n'y avait pas renonciation; au second, que la clause de *franc et quitte* éteignait l'hypothèque des notaires et témoins.

Aujourd'hui on ne verrait pas pourquoi cette distinction ne serait pas adoptée; elle est fondée en justice, et elle conserve tout à la fois les droits de l'acquéreur et des créanciers. C'est aussi l'avis de M. de Maleville, sur l'article 2180.

XXVI. Suivant la loi 8, la signature du créancier ne fait induire la renonciation à l'hypothèque qu'autant qu'il a signé *sciemment et sans être trompé*. Il en serait de même s'il n'avait donné qu'une de ces signatures qu'on donne toujours sans connaître le contenu de l'acte, comme cela arrive dans les contrats de mariage, par exemple.

XXVII. Tout ce que nous venons de dire sur les renonciations, soit expresses, soit tacites, ne doit néanmoins s'appliquer qu'à ceux en faveur de qui elles ont été faites. Ainsi, lorsque le créancier consent à la vente de l'immeuble hypothéqué, lorsqu'il signe un contrat dans lequel il est dit que l'immeuble est exempt d'hypothèque, cette renonciation ne peut profiter qu'à l'acquéreur, qui ne peut désormais être inquiété par ce créancier. Mais s'il arrive que cet acquéreur soit poursuivi par un autre créancier, et par suite obligé de purger ou de délaisser, la renonciation n'empêchera pas le créancier de venir à l'ordre, et de se faire colloquer, comme il l'eût fait auparavant. Mais si la renonciation avait été faite en faveur du débiteur lui-même, non-seulement elle profiterait aux tiers détenteurs, mais aussi à tous les créanciers sans distinction, parce qu'ils peuvent faire valoir les droits du débiteur commun.

XXVIII. D'après les termes de notre article 2180, l'hypothèque s'éteint aussi par l'accomplissement des formalités et conditions prescrites aux tiers détenteurs pour purger les biens par eux acquis. Mais comme le Code civil consacre un chapitre exprès à ce mode d'extinction, nous nous abstiendrons d'en parler ici.

XXIX. L'hypothèque s'éteint encore *par la prescription.* Pour juger comment l'hypothèque peut se prescrire, il faut, suivant notre article, distinguer deux cas; ou le débiteur est encore en possession de l'immeuble hypothéqué, ou la propriété en a été transmise à un tiers.

XXX. Si l'immeuble est dans les mains du débiteur, de ses héritiers, ou de tout autre individu personnellement obligé à la dette, la prescription ne peut s'acquérir que par le temps fixé pour la prescription des actions qui donnent lieu au privilége et à l'hypothèque. Si donc il s'agit d'une créance ordinaire, de celle d'un vendeur, par exemple, le privilége ne se prescrira que par trente ans. Mais s'il s'agit d'une action qui ne dure qu'un moindre temps, celle, par exemple, du mineur sur les biens de son tuteur, l'hypothèque légale se prescrira par dix ans, à compter de la majorité. (Art. 475.)

XXXI. Mais lorsque la propriété de l'immeuble hypothéqué est passée entre les mains d'un tiers, la prescription ne lui est acquise que par le temps réglé pour la prescription de la propriété à son profit, à moins que, dans cet intervalle, le débiteur n'ait *lui-même prescrit la dette.*

XXXII. Ce temps est de trente ans, si le tiers n'a pas de titre (art. 2262); de dix ans entre présens, et de vingt entre absens, lorsqu'il y a titre et bonne foi (art. 2265). Cette dernière prescription exige quelque développement.

XXXIII. Le titre exigé par la loi est tout acte translatif de propriété, *titulus idoneus ad transferendum dominium.* Il peut être authentique ou sous signature privée : néanmoins on a élevé des doutes sur ceux de cette dernière catégorie, qui n'auraient pas été enregistrés lors de leur confection. Voyez ce que nous en avons dit dans le tom. 2;

de la deuxième édition de nos *Questions sur les Priviléges et Hypothèques.*

Outre son titre, le tiers doit avoir la bonne foi. Cette bonne foi se présume facilement, et c'est au créancier à prouver le contraire; mais si, à l'époque de l'aliénation, l'hypothèque était légalement inscrite, penserait-on que le tiers fût censé avoir la bonne foi exigée? Il semblerait d'abord que non. La publicité que l'inscription donne à l'hypothèque, établit contre le tiers une présomption de mauvaise foi, dont il peut difficilement se décharger; et dès lors on pourrait croire que ce serait à lui à détruire cette première impression et à prouver sa bonne foi. Néanmoins l'opinion contraire est plus certaine; le tiers détenteur a pu croire que le débiteur s'était libéré, et que ce n'était que par erreur que l'inscription existait encore. Le silence que gardent ensuite les créanciers pendant dix ou vingt ans, a dû le confirmer dans cette opinion, et par là maintenir sa bonne foi présumée. (*Voyez* Rousseau de Lacombe, verb. *Prescription.*)

XXXIV. Quant à l'inscription qui survient postérieurement à l'aliénation, et même depuis la transcription, elle ne peut pas changer l'état du tiers acquéreur, parce que, suivant l'article 2269, il suffit que la bonne foi existe au moment de l'acquisition.

XXXV. Dans le cas où l'immeuble aliéné est passé entre les mains d'un tiers, en vertu d'un juste titre, la prescription ne commence pas à courir du

jour de l'aliénation, mais de celui de la transcription du titre. La raison en est que la prescription
ne court jamais que du jour où on a pu en connaître la cause : or le créancier hypothécaire ne
peut être mis en demeure d'exercer son action que
lorsqu'il a légalement connu ou pu connaître l'a-
liénation du fonds hypothéqué.

XXXVI. Néanmoins ce principe n'existe que
depuis l'émission du nouveau régime hypothécaire. Avant la loi du 11 brumaire an VII, la prescription commençait à courir du jour de l'aliéna-
nation, encore que les créanciers ignorassent que
leur débiteur eût cessé de posséder l'immeuble. Ce
qui donne lieu à la question de savoir si l'on doit
aujourd'hui appliquer le nouveau principe aux
tiers détenteurs dont les actes de propriété re-
montent à une date antérieure à la loi du 11 brumaire?

Un arrêt de la cour de Paris, contre lequel on
s'est inutilement pourvu en cassation, a jugé la
négative; et la cour a pensé, avec raison, qu'en
décidant autrement, ce serait donner à la loi un
effet rétroactif et priver le tiers détenteur d'un
droit déjà acquis, d'une prescription commencée
sous une loi qui ne l'assujettissait à aucune formalité. (Voy. *Sirey*, tom. 10, pag. 319.) Mais depuis
la loi de brumaire, et à l'égard des prescriptions
commencées sous son empire, il en est autrement,
ainsi que nous l'avons montré dans le tom. 2 de
la 2ᵉ édition de nos *Questions.*

XXXVII. Suivant l'article 2257, la prescription ne court, à l'égard d'une créance conditionnelle, que du jour de l'événement de la condition, et à l'égard de celle à terme, seulement du jour fixé; mais ce principe s'applique-t-il au tiers détenteur, et celui-ci ne peut-il commencer à prescrire l'action hypothécaire que du jour de l'événement de la condition ou du terme? Autrefois on décidait la négative, ainsi que le rapporte Loiseau, *du Déguerp.*, liv. 3, chap. 2, n° 18. Nous avions exprimé, dans notre première édition, une opinion contraire; mais c'est à tort. Les motifs qui existaient autrefois subsistent encore, et le tiers ne peut pas être assujetti, pour l'hypothèque, à des conditions qui n'existent pas pour la prescription de la propriété. Ainsi, quel que soit le caractère de la dette, conditionnelle ou à terme, la prescription commencera toujours à l'époque de la transcription, sauf la faculté accordée au créancier de l'interrompre par les voies légales.

XXXVIII. Mais si l'obligation avait été constamment exécutée par le débiteur principal, le tiers détenteur pourrait-il également prescrire l'hypothèque? Par exemple, le fonds aliéné étant assujetti à une rente perpétuelle que le débiteur a continué de servir sans nulle interruption, le fait du débiteur pourra-t-il nuire à l'acquéreur et l'empêcher de prescrire?

La négative est indubitable. La position du tiers acquéreur est indépendante de celle du débiteur;

et quoiqu'il arrive toujours que celui-ci ne soit pas
déchargé de l'obligation au bout de dix ans, cela
n'empêche pas le tiers acquéreur d'opposer la prescription, et de se libérer de cette manière de l'hypothèque. On objectera sans doute que le créancier
n'aura, dans ce cas, aucun moyen d'empêcher la
prescription, puisque, la rente lui étant régulièrement servie, il ne lui sera pas permis de réclamer.
On se trompe. Le créancier pourra, dans tous les
cas, interrompre la prescription, et diriger contre
l'acquéreur l'action en déclaration ou en interruption, dont nous parlerons dans un instant.

XXXIX. Jusqu'à présent nous avons parlé de
l'époque à laquelle commençait à courir la prescription, mais sans nous expliquer positivement
sur le temps dont elle se composait. Nous avons
bien dit que le tiers acquéreur prescrivait par dix
ans entre présens, et vingt ans entre absens; mais
nous ne nous sommes pas expliqué sur les individus dont la présence ou l'absence pourrait in-
fluer sur la durée de la prescription.

XL. Quand il s'agit de la prescription de la
propriété, c'est la personne du propriétaire que
l'on considère; en telle sorte que si ce propriétaire
est présent, c'est-à-dire, s'il habite dans le ressort
de la cour royale, la prescription s'accomplit par
dix ans, tandis qu'elle doit être de vingt ans s'il
habite ailleurs. A l'égard de l'hypothèque, il semblerait devoir en être autrement. C'est la personne
du créancier et le ressort qu'il habite que l'on de-

vrait prendre en considération. En effet, ce n'est pas contre le débiteur, ancien propriétaire de l'immeuble, que s'exerce la prescription; ce n'est pas à lui qu'on l'oppose, mais au créancier, qui doit s'imputer de ne l'avoir pas interrompue.

Il semble donc que le délai pour l'interrompre doive être plus ou moins long, suivant les moyens que le créancier a pu avoir; s'il est domicilié dans le ressort de la cour, dix ans lui ont suffi, et s'il les a laissé passer, c'est à lui seul qu'il doit l'imputer: s'il est domicilié dans le ressort d'une autre cour, vingt années passées par le tiers acquéreur, sans trouble et sans inquiétude, doivent seules devenir un obstacle à l'exercice de son action hypothécaire. En un mot, les raisons qui font accorder vingt ans au débiteur domicilié dans un autre ressort que celui de la situation de l'immeuble, s'appliquent avec une égale force au créancier à qui l'on oppose la prescription.

Cependant cette opinion n'est pas partagée par toutle monde. Le délai de la prescription doit être, dit-on, à l'égard de l'hypothèque, ce qu'il est à l'égard de la propriété, et l'on ne peut pas supposer que le tiers puisse prescrire la propriété par un délai plus court que celui qu'on exigerait pour l'hypothèque. C'est toutefois ce qui arriverait, si on exigeait une possession de vingt années pour prescrire l'hypothèque, alors qu'on se contenterait de dix ans pour la propriété. Un exemple rendra la chose plus sensible.

Un tiers avait acheté un immeuble qui n'appartenait pas à son vendeur ; le véritable propriétaire
avait son domicile dans le ressort de la Cour dans
l'étendue duquel était situé l'immeuble ; dix années
de possession devront être suffisantes pour la prescription de la propriété : il doit en être de même
pour la prescription de l'hypothèque, encore bien
que le créancier ait son domicile dans le ressort
d'une autre Cour, parce qu'en prescrivant la propriété, on l'acquiert pleine et entière, c'est-à-dire,
libérée des charges dont elle était grevée. En un
mot, il paraît impossible de prescrire la propriété,
sans prescrire en même temps l'hypothèque, qui
n'est qu'un démembrement de la propriété.

Cette assertion est visiblement erronée. L'hypothèque est tellement distincte de la propriété,
qu'il existe pour chacune d'elles des moyens particuliers de la conserver. Ainsi rien n'empêche que
le créancier ne fasse des actes conservatoires lorsque le véritable propriétaire laisse écouler le temps
de la prescription sans troubler le possesseur.
Dans ce cas, la prescription lui sera bien acquise
à l'égard du propriétaire, sans qu'il puisse pour
cela s'en prévaloir à l'égard du créancier hypothécaire : donc il est possible de prescrire la propriété
sans prescrire l'hypothèque ; donc la prescription
de l'une n'entraîne pas nécessairement la prescription de l'autre.

Au surplus, on ne verrait pas pourquoi on ferait
dépendre les droits du créancier de la présence ou

de l'absence du propriétaire; et de même qu'il serait mal fondé à exiger vingt années de possession
lorsqu'il serait sur les lieux, mais que le propriétaire habiterait dans le ressort d'une autre Cour
royale, de même on ne pourrait restreindre la
prescription de dix ans, lorsque, demeurant à une
distance considérable du lieu de la situation de
l'immeuble, il a pu en ignorer l'aliénation.

C'est ce que tous nos auteurs paraissent établir.
Soulatges particulièrement, dans son *Traité des
hypothèques*, ne balance pas à le regarder comme
une maxime constante; car, voulant indiquer comment se compte le temps de la prescription, il dit :
« *A l'égard de l'absence du créancier*, qui fait
» porter à vingt ans les dix ans de l'action hypo-
» thécaire, etc. »

Le Code civil nous semble avoir voulu s'expliquer dans le même sens; et quand il a prolongé
la durée de la possession en faveur de ceux qui
habitaient dans un autre ressort, il a entendu disposer pour tous ceux à qui serait opposée la prescription, et conséquemment aux créanciers hypothécaires, comme aux véritables maîtres de
l'immeuble.

XLI. Quand le tiers détenteur n'a pas juste titre,
la prescription de l'hypothèque pour lui a le même
point de départ que celle de la propriété. Elle est
alors de trente ans, et elle commence à courir du
jour de la possession (arrêt de la Cour royale de
Riom, 2 avril 1816).

XLII. Suivant M. Grenier, tom. 2, n° 516, le tiers détenteur ne pourrait pas prescrire les hypothèques par dix ou vingt ans, si, après la transcription, il avait notifié son titre aux créanciers ; avec offre de payer, puisque cette notification emporte, de la part de l'acquéreur, *une obligation personnelle.* Dans ce cas, les hypothèques ne pourraient être prescrites que par le même temps que cette obligation, c'est-à-dire, par trente ans.

XLIII. Disons maintenant deux mots des causes qui peuvent empêcher la prescription, ou fournir aux créanciers des moyens de l'interrompre.

XLIV. Tout le monde connaît la maxime, *contra non valentem agere, nulla currit præscriptio,* et le Code civil lui-même en fait l'application dans l'article 2252, en établissant que la prescription ne court pas contre les mineurs et les interdits; en sorte que si leurs propriétés étaient possédées par des tiers, même de bonne foi, la prescription serait nécessairement suspendue pendant la minorité et l'interdiction.

Les mêmes principes s'appliquent nécessairement à l'hypothèque, et le créancier mineur ne peut pas plus être écarté par la prescription qu'on prétendrait avoir couru contre lui, qu'on ne pourrait la lui opposer lorsqu'il revendiquerait un immeuble dont il aurait perdu la possession.

Mais en serait-il de même à l'égard du co-créancier majeur? et celui-ci pourrait-il profiter de l'exception de minorité que l'autre ferait valoir?

Cette question est décidée contre le majeur par la loi unique au Code : *Si in communi eademque causa in integ. restit. postul.*, dont voici les expressions : *Quamvis illa minor proportione sua restitutionis auxilium implorare possit, vobis tamen ad communicandum edicti perpetui beneficium ejus ætas patrocinari non potest.*

On trouve dans les recueils d'arrêts des décisions conformes à cette loi. Catellan, liv. 5, ch. 12, en rapporte notamment deux, qui ont jugé que l'exception établie pour le mineur ne pouvait pas profiter au majeur; que, par conséquent, la prescription de l'hypothèque court contre celui-ci, encore qu'elle soit suspendue à l'égard de l'autre. A la vérité Brodeau, sur Louet, lettre II, n° 20, rapporte un arrêt qui a jugé le contraire; mais, en le rappelant, cet auteur ajoute que cela reçoit beaucoup de difficulté, parce qu'il y a de grandes différences à faire entre les choses indivisibles et incorporelles, et celles indivises, mais corporelles.

Ces mots de cet auteur me semblent donner la clef de la difficulté. Quand il s'agit de choses corporelles indivisibles, ou seulement indivises, la minorité de l'un des co-propriétaires arrête toujours le cours de la prescription, même à l'égard des majeurs. La raison en est que le mineur, avant le partage, ayant droit sur toutes les parties de la chose, ce serait visiblement prescrire contre lui que de laisser courir la prescription pour quelque partie de la chose.

Il en serait de même si la chose était incorporelle et essentiellement indivisible. Comme elle ne peut pas s'acquérir par parties, et qu'en prescrivant contre le majeur on nuirait nécessairement au mineur, il en résulte que l'exception introduite pour le mineur profite forcément au majeur. Ainsi, en matière de servitude, si, parmi les co-propriétaires, il s'en trouve un contre lequel on ne puisse pas prescrire à cause de sa minorité, il conservera le droit de tous les autres. C'est ce qu'établit l'article 710 du Code civil.

On dira peut-être que l'hypothèque rentre dans cette classe, puisqu'elle est indivisible par elle-même : mais, pour écarter cette objection, il suffira de faire remarquer que l'hypothèque n'est indivisible que dans ce sens seulement, qu'elle subsiste tout entière sur la totalité, sur chaque partie des fonds hypothéqués ; mais cette indivisibilité n'empêche pas que l'exercice de l'action ne puisse être divisé sur chacun des créanciers. Par exemple un créancier meurt laissant deux héritiers, dont l'un seulement est mineur ; sa créance, divisée de plein droit entre les deux héritiers, prend dans chacun un nouveau caractère; en sorte qu'on pourrait dire qu'il y a deux créances absolument distinctes et sujettes à des modifications différentes.

Aussi rien n'empêche que la prescription de l'action personnelle ne s'accomplisse contre l'héritier majeur, et l'exception introduite dans ce cas, pour le mineur, ne peut certainement pas profiter au majeur.

D'après cela, je ne vois pas comment on lui permettrait d'user de cette exception pour l'hypothèque qui n'est que l'accessoire, lorsqu'on le lui interdirait pour l'action principale : il y aurait dans cette opinion quelque chose de trop contradictoire pour craindre qu'elle soit défendue.

On peut donc conclure que, si le majeur a laissé écouler le temps de la prescription sans l'interrompre, il ne pourra pas ensuite profiter de la minorité dans laquelle se trouvait son co-créancier. (*Voy.* Soulatges, *Traité des Hypothèques*, p. 306, édit. in-12; et l'arrêt rapporté dans *le Journal des Audiences*, tom. 2, liv. 3, chap. 16.)

XLIV. Il résulte de l'article 2244, que le créancier peut interrompre la prescription, à l'égard de l'acquéreur de l'immeuble, par un commandement ou une saisie qu'il lui ferait signifier; mais cette voie ne peut être employée que lorsque le droit est ouvert et que la créance est exigible.

Autrefois il pouvait l'interrompre également, en assignant l'acquéreur en déclaration d'hypothèque; en sorte que le jugement qui déclarait l'hypothèque sur le fonds vendu, empêchait la prescription de dix et vingt ans, et prorogeait l'action à trente ans à compter du jugement. On peut voir Catellan, liv. 7, chap. XXI, et Soulatges, dans son *Traité des Hypothèques*, chap. 5, *in fin.*

Aujourd'hui, quoique régulièrement on n'assi-

gne plus en déclaration d'hypothèque, je ne ver-
rais pas pourquoi on ne laisserait pas au créancier
ce moyen d'interrompre la prescription. Aucune
disposition, au titre des *Hypothèques*, ne s'y oppose; et l'article 2244 paraît textuellement la lui
accorder, en décidant qu'une citation en justice
interrompt la prescription : ajoutez que c'est la
seule manière de se soustraire à la prescription,
lorsque la créance n'est pas exigible.

On opposera peut-être un arrêt de la cour de
cassation, par lequel la cour rejette le pourvoi dirigé contre un arrêt de la cour de Paris, qui avait
jugé qu'on ne pouvait pas agir contre le tiers détenteur par l'action en déclaration d'hypothèque.
Mais en lisant attentivement cet arrêt, qui est sous
la date du 6 mai 1811, on se convaincra facilement que la cour n'a jugé autre chose, sinon que
l'action en déclaration d'hypothèque ne pouvait
être jointe à l'action personnelle contre un tiers
détenteur non obligé personnellement. (*Voyez*
au surplus nos observations sur les articles 2167
et 2169.)

La prescription de l'hypothèque, soit que l'immeuble se trouve entre les mains du débiteur,
soit qu'il ait été aliéné, est interrompue ou suspendue par toutes les causes détaillées au titre
de la Prescription; mais on doit observer que la
seule inscription faite par le créancier n'est pas
une interruption légale.

wwwwwwwwwwwwwwwwwwwwwwwwwwwwwwwwwwwwwwwwwwwwwwww

CHAPITRE VIII.

DU MODE DE PURGER LES PROPRIÉTÉS DES PRIVILÉGES ET HYPOTHÈQUES.

Art. 2181. *Les contrats translatifs de la propriété d'immeubles ou droits réels immobiliers, que les tiers détenteurs voudront purger des priviléges et hypothèques seront transcrits en entier par le conservateur des hypothèques dans l'arrondissement duquel les biens sont situés.*

Cette transcription se fera sur un registre à ce destiné, et le conservateur sera tenu d'en donner reconnaissance au requérant.

Art. 2182. *La simple transcription des titres translatifs de propriété sur le registre du conservateur ne purge pas les hypothèques et priviléges établis sur l'immeuble.*

Le vendeur ne transmet à l'acquéreur que la propriété et les droits qu'il avait lui-même sur la chose vendue; il les transmet sous l'affectation des mêmes priviléges et hypothèques dont il était chargé.

I. C'est ici le lieu d'examiner quels sont les effets de la transcription, sa nécessité et son importance.

Nous nous livrerons avec d'autant plus de zèle à cet examen, que le problème à résoudre intéresse la majeure partie des citoyens, et laisse dans l'inquiétude la classe nombreuse des propriétaires.

Afin de parvenir à une juste solution, nous examinerons d'abord quelle était à cet égard la législation qui précéda le Code civil; puis nous parlerons séparément de la transcription, relativement aux aliénations gratuites, et de son effet sur les aliénations à titre onéreux, soit volontaires, soit forcées.

II. Avant le Code civil, et sous la loi de brumaire an VII, la transcription était un des élémens de toute aliénation; sans elle, on ne devenait pas propriétaire incommutable, et le tiers acquéreur de l'immeuble ne pouvait jamais opposer son titre à ceux qui, postérieurement, avaient traité avec le vendeur. La cour de cassation avait même jugé, le 5 thermidor an XIII, que la connaissance que les créanciers postérieurs avaient de la vente n'empêchait pas d'opposer le défaut de transcription. (Cet arrêt est rapporté au *Journal du Palais*, n° 34.)

III. Est venu ensuite le Code civil, et l'on s'est demandé s'il avait adopté les mêmes principes? Pour répondre avec méthode à cette question, nous avons déjà annoncé que nous distinguerions entre les aliénations gratuites et celles faites à titre onéreux.

IV. Pour les aliénations gratuites, il ne peut

guère s'élever de difficulté. Les art. 938 et 941 (1)
adoptent sans restriction les principes de la loi du
11 brumaire : le donataire, en effet, propriétaire,
relativement au donateur, dès que la donation
est acceptée, ne le devient, relativement aux tiers,
que par la transcription des actes contenant donation et acceptation. C'est ce que décide expressément l'article 941, en disant que le défaut de
transcription peut être opposé par toutes personnes ayant intérêt. Si donc le donateur, dans
l'intervalle de la donation à la transcription, alié-
nait de nouveau l'objet donné, il est sûr que l'acquéreur qui aurait fait transcrire avant le donataire, ou dont le titre aurait seulement une date
certaine antérieure à la transcription que celui-ci
doit faire faire, lui serait préféré.

Il faut en dire autant des créanciers antérieurs
qui auraient pris inscription depuis la donation ;
et à ne consulter que l'art. 941, il faudrait appliquer les mêmes principes aux créanciers postérieurs à l'acte de donation ; mais l'article 834 du
Code de procédure, dont nous aurons bientôt oc-

---

(1) « La donation dûment acceptée sera parfaite par le seul
» consentement des parties ; et la propriété des objets donnés
» sera transférée au donataire, sans qu'il soit besoin d'autre
» tradition. » (Art. 938.)

« Le défaut de transcription pourra être opposé par toutes
» personnes ayant intérêt, excepté toutefois celles qui sont
» chargées de faire faire la transcription, ou leurs ayant-cause
» et le donateur. » (Art. 941.)

casion de parler, modifie en ce point la disposition
de l'art. 941, puisqu'il n'accorde le droit de
prendre inscription après l'aliénation qu'aux
créanciers antérieurs. Ainsi il semble que le donateur, dépouillé par le seul effet de l'acte de donation, ne peut plus hypothéquer les biens donnés
dès qu'ils sont sortis de ses mains.

Cet article 834 ajoute aussi à l'article 941, puisque, suivant celui-ci, les créanciers antérieurs à
la donation n'avaient plus le droit de prendre inscription dès que le donataire avait fait transcrire,
et que le premier leur réserve le droit de requérir
l'inscription durant la quinzaine qui suit la transcription de la donation.

Ainsi, en supposant qu'un donateur ait consenti
des hypothèques, ou laissé prendre des priviléges
sur l'immeuble avant la donation; que, postérieurement, d'autres créanciers en aient également
acquis, les premiers pourront conserver leurs
droits en requérant inscription dans la quinzaine,
tandis que les autres ne pourront jamais vivifier
leur privilége ou leur hypothèque, encore qu'ils
n'eussent pu connaître la donation.

V. Mais quelle est la nature de cette transcription? est-elle de l'essence de la donation, ou, au
contraire, doit-on la regarder comme une simple
formalité hypothécaire?

Quelques personnes avaient cru remarquer,
dans plusieurs articles du Code civil, l'intention
d'attribuer à la transcription les mêmes effets qu'à

l'insinuation; en sorte que, la regardant comme
de l'essence de la libéralité, ils pensaient que son
omission pouvait être relevée par tous ceux qui y
avaient intérêt, par les héritiers du donateur et
par les créanciers mêmes chirographaires.

Toutefois cette opinion est visiblement erronée.
Il résulte des discussions qui ont eu lieu au conseil d'état sur l'article 939, qu'en empruntant de
la loi du 11 brumaire la formalité de la transcription, on n'a voulu en changer ni la nature ni les
effets, et qu'on l'a regardée moins comme une
formalité de la donation, que comme se liant in-
timement au régime hypothécaire.

Cela résulte encore de ce que la transcription
n'est exigée qu'à l'égard des donations d'immeubles; ce qui est d'autant plus extraordinaire, que,
si on eût voulu assimiler la transcription à l'insinuation, on n'eût pas manqué de l'exiger également pour les donations d'objets mobiliers.

On dit, pour toute réponse, que la transcription était impraticable à l'égard des meubles. Mais
on se trompe; elle était tout aussi facile que l'insinuation. Celle-ci se faisait au domicile du donateur; la transcription aurait pu y être requise, si
elle eût réellement tenu à la substance de la donation.

Ainsi ce n'est donc pas la difficulté de remplir
cette formalité qui a empêché de l'adopter pour
les meubles, mais son inutilité; car les meubles
n'ayant aucune suite par hypothèque, les tiers

n'ont pas pu compter raisonnablement sur des effets pour lesquels la possession seule vaut titre.

On argumente aussi de l'article 941, qui porte que le défaut de la transcription peut être opposé *par toutes personnes ayant intérêt;* et l'on en conclut qu'il peut être opposé, non-seulement par les créanciers inscrits et hypothécaires, mais aussi par les créanciers chirographaires et mobiliers : donc cette formalité tient aux donations elles-mêmes, et nullement au régime hypothécaire.

Quand il serait vrai que les créanciers chirographaires pussent opposer le défaut de transcription, je ne crois pas qu'il en résultât que la transcription est une formalité de la substance des donations. Mais, au reste, cette règle est inexacte. Les créanciers chirographaires ne peuvent pas opposer le défaut de transcription, ainsi que je vais le démontrer.

La donation est parfaite par le seul consentement des parties, et la propriété des objets donnés est transférée au donataire, sans qu'il soit besoin d'autre tradition. (Art. 938.)

En supposant que, depuis la donation, le donateur ait vendu l'objet qu'il avait précédemment donné, l'acquéreur ne pourra pas opposer le défaut de transcription; puisqu'aux termes de l'article 2182, le vendeur ne transmet à l'acquéreur que la propriété et les droits qu'il avait lui-même.

Il en est donc de la donation comme de la vente :

le premier acquéreur ne peut pas être privé de ses droits par une aliénation subséquente.

Or, si un acquéreur subséquent ne peut pas opposer le défaut de transcription, comment supposer qu'un créancier qui n'a jamais acquis de *jus in re*, de droit sur l'immeuble aliéné, puisse le suivre entre les mains du donataire?

Mais poursuivons : on peut supposer que le donataire ait aliéné l'immeuble donné, que l'acte d'aliénation indique tous les précédens propriétaires, et qu'après avoir fait transcrire, l'acquéreur ait obtenu du conservateur un certificat des inscriptions existant sur la tête du donateur et du donataire : en payant les divers créanciers inscrits, jusqu'à concurrence de son prix, l'acquéreur affranchit l'immeuble, le purge à l'égard de tout le monde, et devient propriétaire incommutable. — Après cela, il peut l'aliéner, le faire passer successivement dans une infinité de mains, sans que les créanciers hypothécaires qui n'ont pas été payés puissent le suivre ni troubler les possesseurs.

Si donc les créanciers hypothécaires ne peuvent pas troubler l'acquéreur, s'ils ne peuvent opposer le défaut de transcription de la donation qu'autant que leur hypothèque n'est pas purgée, la conséquence qu'on doit naturellement en tirer, c'est que le droit d'opposer le défaut de transcription est attaché à leur hypothèque, et non à leur créance toute nue, au droit réel qu'ils peuvent avoir sur l'immeuble donné, et non à leur action purement personnelle, chirographaire ou mobilière.

L'article 834 du Code de procédure met le dernier sceau à cette démonstration : il veut que les créanciers antérieurs *aux aliénations* puissent suivre l'immeuble entre les mains des tiers, et requérir la mise aux enchères, s'ils ont fait inscrire leurs titres au plus tard dans la quinzaine de la transcription.

Ces mots, *antérieurs aux aliénations*, prouvent que la disposition de cet article 834 s'applique tant aux aliénations gratuites qu'à celles faites à titre onéreux; car ils sont généraux et présentent le même sens que ceux employés dans la loi du 11 brumaire. Or personne n'a douté que cette loi n'ait entendu comprendre dans sa disposition toute espèce d'actes translatifs de propriété, et par conséquent la donation comme la vente.

D'où il résulte, 1° que les créanciers postérieurs à la donation ne peuvent jamais (suivant l'art. 834) opposer le défaut de transcription; 2° que les créanciers antérieurs qui n'ont pas pu devenir hypothécaires à cause de la faillite du donateur, par exemple, ou ceux qui, étant hypothécaires, n'ont pas requis à temps leur inscription, ne peuvent jamais opposer le défaut de transcription; 3° que ce droit est réservé aux seuls créanciers hypothécaires qui, par leurs inscriptions utilement prises, ont conservé sur l'immeuble leur droit de suite.

Il est juste de dire que tous les auteurs ne par-

tagent pas à cet égard notre manière de voir.
M. Duranton, t. 8, n° 517, pense, avec la cour
d'Amiens, que les créanciers chirographaires
peuvent se prévaloir du défaut de transcription.
A l'égard, dit-il, des créanciers du donateur, les
biens, aliénés à titre gratuit, sont censés appartenir à ce dernier tant qu'il n'y a pas eu transcription : la donation n'existe pour eux que du moment de la transcription : « Or, si elle n'eût
» réellement eu lieu qu'à cette époque, les créan-
» ciers, même chirographaires, en fraude des
» droits desquels elle aurait été faite, eussent pu
» incontestablement l'attaquer par action révoca-
» toire, en vertu de l'article 1167; donc ils le
» peuvent également, par cela seul qu'ils sont an-
» térieurs à la transcription, quoiqu'ils fussent
» postérieurs à la donation, puisque le défaut de
» transcription en temps utile, ou le défaut absolu
» de transcription, fait qu'à leur égard la dona-
» tion est censée ne pas exister, et les biens être
» restés dans le patrimoine du donateur. »

Toutefois la cour de Grenoble a proscrit cette
doctrine par arrêt du 17 juin 1832. Elle donne
pour motif de sa décision que l'article 941 n'est
que *le corollaire de l'article* 939; *et que, puisque,*
par ce dernier article, le législateur, en prescri-
vant la transcription, n'avait en vue que les biens
susceptibles d'hypothèque, par une juste consé-
quence, il n'a pu donner, par l'article 941, qu'aux

créanciers porteurs d'hypothèques le droit d'op-
poser le défaut de transcription.

Toutes ces assertions se justifieront encore davantage par l'arrêt que nous rapporterons bientôt.

Quant à présent, nous nous bornerons à en tirer
cette conséquence, que les articles 938 et 941 adoptent sans restriction les principes de la loi du 11
brumaire : ce qui nous autorise à établir, comme
un principe invariable, que la transcription ne
tient pas à la substance de la donation, qu'elle n'est
qu'une formalité extrinsèque de l'acte, totalement
puisée dans le régime hypothécaire.

Or, si ce principe est exact, ce dont nous ne
doutons pas, comment concevoir que les héritiers
du donateur puissent opposer le défaut de transcription? naturellement chargés de toutes les obligations de leur auteur, *cujus personam sustinent,*
ils sont obligés d'exécuter la donation comme le
donateur lui-même.

Il est vrai que l'article 941 n'exclut du droit
d'opposer le défaut de transcription que ceux qui
étaient chargés de la faire faire, et le *donateur;* ce
qui prouverait que les héritiers sont du nombre de
ceux qui peuvent l'opposer.

Mais il est à croire que si l'on n'a pas formellement désigné les héritiers, c'est parce qu'on a
pensé qu'en indiquant le donateur, c'était naturellement s'expliquer sur tous ceux qui le représen-
ent, puisque, succédant à ses droits, ils succèdent

à toutes ses obligations, et particulièrement à celle d'entretenir et d'exécuter la donation.

C'est ce qu'a jugé la Cour de cassation, le 12 décembre 1810. Comme son arrêt renferme tout ce qu'il est possible de dire contre la prétention des héritiers, nous allons le transcrire.

« Considérant, 1° que la transcription prescrite » par l'article 939 du Code civil ne tient, *sous au-* » *cun rapport, à la substance de la donation;* » *qu'elle n'est qu'une formalité extrinsèque à* » *l'acte qui la contient;* que cela résulte de l'ar- » ticle 938 du même Code, qui porte que la do- » nation est parfaite par le seul consentement des » parties, et que la propriété des objets donnés est » transférée au donataire sans qu'il soit besoin » d'autre tradition, pourvu, toutefois, qu'aux » termes de l'article 932, la donation ait été ac- » ceptée expressément et par acte authentique, du » vivant du donateur;

» 2° *Que la formalité établie par la loi du 11* » *brumaire an VII, dans l'intérêt des créanciers et* » *des tiers acquéreurs, et non dans l'intérêt des* » *héritiers des donateurs, a été de nouveau re-* » *quise par le Code civil,* PAR LE MÊME MOTIF ET » SANS MODIFICATION;

» 3° Que de là il suit que, lorsque l'art. 941 du » Code a dit que le défaut de transcription pour- » rait être opposé par *toutes personnes ayant inté-* » *rêt,* il est impossible de supposer que le législa- » teur ait voulu, par ces mots *toutes personnes,*

» désigner les *héritiers du donateur;* qu'il est évi-
» dent, au contraire, qu'il a entendu parler de
» ceux qui auraient traité avec le donateur, dans
» l'ignorance des donations qu'il aurait pu faire,
» et qui ne seraient pas *responsables de ses faits;*
» c'est-à-dire, les créanciers envers lesquels il se
» serait obligé, les tiers auxquels il aurait vendu
» ou transféré à titre onéreux le tout ou partie des
» biens dont il se serait précédemment dépouillé
» par une donation ;

» 4° Que ces mots, *toutes personnes*, ne peu-
» vent évidemment pas désigner les héritiers du
» donateur, puisque ses héritiers le *représentant*,
» sont *tenus* de ses faits, et sont censés n'être avec
» lui qu'une seule et même personne; que, pour
» soutenir avec succès le contraire, il faudrait
» trouver dans la loi une exception précise, et telle
» que celle qui avait été insérée dans l'ordonnance
» de 1731 ;

» 5° Que ceux qui voudraient opposer les dis-
» positions des articles 939 et 941 du Code civil,
» et prétendre qu'on y remarque une ressemblance
» parfaite entre la transcription au bureau des hy-
» pothèques et l'insinuation, pour en conclure que
» la transcription remplace l'insinuation voulue à
» peine de nullité par l'ordonnance de 1731, tom-
» beraient dans une erreur évidente; qu'en effet,
» en rapprochant toutes les dispositions du Code
» sur la transcription, et les combinant avec celles
» des articles 1069, 1070, 1072, on sera forcé de

» reconnaître que l'insinuation n'est pas remplacée
» par la transcription dans l'intérêt des héritiers
» des donateurs, mais seulement dans l'intérêt des
» créanciers et des tiers acquéreurs, desdits do-
» nateurs ; de manière qu'il doit demeurer pour
» constant, que les héritiers de ces mêmes dona-
» teurs ne peuvent pas être reçus à demander la
» nullité des donations par eux faites, sous pré-
» texte qu'elles n'auraient pas été transcrites du
» vivant desdits donateurs ;

   » Considérant enfin que, de tout ce qui vient
» d'être dit, il résulte que la transcription est une
» formalité essentiellement différente de l'insinua-
» tion et par son objet et par ses conséquences;
» d'où il suit que la nullité qui résultait autrefois
» du défaut d'insinuation pendant la vie du dona-
» teur, ne peut être invoquée contre une donation
» faite à une époque où la formalité de l'insinuation
» était abrogée; et, par voie de conséquence, que
» la cour d'appel de Montpellier, en décidant que
» les héritiers d'Antoine Baldeyron n'étaient pas
» recevables, depuis les dispositions du Code civil
» citées, à opposer à son donataire la nullité de la
» donation faite à son profit, à raison du défaut de
» transcription du vivant du donateur, a fait une
» juste application des dispositions de ce même
» Code, dont elle a parfaitement saisi le sens et
» l'esprit..... »

   VI. M. Delvincourt pense que, lorsque le défaut
de transcription a causé un préjudice à l'héritier,

celui-ci doit être indemnisé. Par exemple si l'héritier, ignorant la donation, a accepté purement
et simplement la succession, il pourrait réclamer
la somme qu'il serait obligé de payer pour les
dettes et charges de la succession, en sus de ce
qu'il a de biens, la donation déduite, et sans jamais excéder la valeur de ce dont elle se com-
poserait.

Cette opinion nous semble tout-à-fait erronée
et même en contradiction avec celle admise par
M. Delvincourt, sur l'impossibilité pour les héritiers du donateur d'opposer le défaut de transcription. Si le créancier n'est pas obligé de faire transcrire vis-à-vis les héritiers du donateur, par voie
de conséquence ne doit-il être tenu à leur égard
d'aucune indemnité si l'ignorance de l'existence
de la donation leur cause un préjudice? Tant pis
pour eux si, avant d'accepter purement et simplement la succession, ils ne prennent pas tous les
renseignemens possibles; ils répondent de leur
imprudence. Tant que le créancier n'emploie pas
des moyens frauduleux pour engager l'héritier à
accepter, il n'est pas responsable de ne lui avoir
pas fait connaître sa créance..... C'était à l'héritier
à s'assurer de l'état de la succession.

VII. Quant aux aliénations onéreuses, les principes sont plus difficiles, et méritent un sévère
examen. Mais pour les rendre plus clairs, nous
allons encore diviser la matière, et rechercher la
nécessité de la transcription relativement aux

créanciers du vendeur; ensuite nous nous occuperons de son importance, eu égard aux aliénations subséquentes que le propriétaire originaire
pourrait se permettre.

VIII. Le vendeur pourrait avoir consenti des hypothèques qui n'étaient pas encore inscrites lors
de l'aliénation, ou en avoir seulement consenti
depuis. Ce qui divise naturellement la question
générale en deux propositions.

IX. Si le vendeur avait consenti des hypothèques postérieurement à la vente, nul doute que
ces hypothèques fussent absolument nulles, encore que l'acquéreur n'eût jamais fait transcrire.

Pour donner hypothèque sur un immeuble, il
faut avoir la capacité de l'aliéner (art. 2124); or
le propriétaire originaire avait cessé d'y avoir des
droits, et était par conséquent incapable de consentir de nouvelles affectations (1).

X. Lorsque le vendeur avait simplement donné
des hypothèques avant l'aliénation, et que ces hypothèques n'étaient pas inscrites à l'époque où le
tiers a été saisi de l'immeuble, la question était plus
difficile, mais, suivant les principes du Code civil
seul, devait se résoudre de la même manière. L'article 2166 n'accorde en effet le droit de suivre

---

(1) On oppose, à la vérité, l'article 1583, et l'on dit que la
vente ne transmet la propriété à l'acquéreur que relativement
au vendeur, et non à l'égard des tiers; mais on verra ci-après,
numéros X et suivans, comment on peut réfuter cette objection.

l'immeuble entre les mains du tiers acquéreur, *qu'aux seuls* créanciers *inscrits*, parce que ce sont les seuls qui aient véritablement hypothèque.

En second lieu, la publicité des hypothèques a été établie pour mettre les tiers à portée de traiter avec sécurité; et le but de la loi ne serait pas rempli si, lorsqu'après avoir vérifié les charges qui grèvent l'immeuble et avoir payé ce qui doit revenir au vendeur, un tiers se trouvait inquiété par de nouvelles hypothèques dont il ne pouvait connaître l'existence.

C'est, du reste, l'opinion qui paraît avoir prévalu et qui a été publiquement professée à la tribune du Corps législatif par les orateurs du gouvernement et du tribunat qui ont présenté l'article 834. Le premier surtout s'en est expliqué d'une manière bien énergique : après avoir rappelé les moyens qu'on employait pour soutenir une opinion contraire à la nôtre, et les avoir solidement réfutés, il ajoute : « Il était difficile de ne point reconnaître » cette dernière opinion comme la plus conforme » au Code civil. »

Ainsi, sous le Code civil et avant le Code de procédure, s'il est arrivé qu'une personne ait aliéné l'immeuble qu'elle avait précédemment hypothéqué, mais dont les créanciers n'avaient pas encore pris inscription, cet immeuble est passé franc et quitte entre les mains de l'acquéreur, encore que celui-ci n'ait pas fait de transcription.

XI. Depuis le Code de procédure, ainsi que nous

l'avons annoncé, de nouveaux principes ont dû prévaloir. L'article 834 porte en effet : « Les créan-
» ciers qui, ayant une hypothèque, aux termes des
» articles 2123, 2127 et 2128 du Code civil, n'au-
» ront pas fait inscrire leurs titres *antérieurement*
» aux aliénations qui seront faites à *l'avenir*, des
» immeubles hypothéqués, ne seront reçus à re-
» quérir la mise aux enchères, conformément aux
» dispositions du chapitre 8 du titre 8 du Code
» civil, qu'en justifiant de l'inscription qu'ils au-
» ront prise depuis l'acte translatif de propriété, et
» au plus tard *dans la quinzaine* de la transcrip-
» tion de cet acte. Il en sera de même à l'égard des
» créanciers ayant privilége sur des immeubles,
» sans préjudice des autres droits résultant aux
» vendeurs et aux héritiers, des articles 2108 et
» 2109 du Code civil. »

Ainsi deux règles générales sont établies par cet article : la première consiste en ce que les créan-
ciers du vendeur, postérieurs à l'aliénation, ne peuvent acquérir d'hypothèque sur l'immeuble vendu, puisque le droit d'inscrire utilement n'est accordé qu'à ceux qui auraient pu remplir cette formalité *antérieurement* aux aliénations; la seconde, que les créanciers antérieurs ne conservent leurs droits sur l'immeuble vendu qu'autant qu'ils font faire inscription dans la quinzaine de la tran-
scription.

Je dis *ne conservent leurs droits*, parce que, s'il est vrai que l'article 834 ne paraisse d'abord enle-

ver au créancier négligent que le droit de requérir
la mise aux enchères, il n'en est pas moins exact
de soutenir qu'il le dépouille par là de son hypothèque, ou plutôt du droit qu'il avait d'acquérir
hypothèque.

En effet la faculté de requérir la mise aux enchères est une des principales prérogatives de l'hypothèque, la seule qui puisse faire porter l'immeuble à sa juste valeur. Si donc le tiers avait acquis
à titre gratuit, ou si le créancier négligent était le
seul créancier qui prétendît des droits sur l'immeuble, comment ferait-il pour faire apprécier
l'immeuble, pour contraindre l'acquéreur à lui en
payer le montant ?

En second lieu, la loi exige l'inscription dans la
quinzaine de la transcription ; passé ce délai, l'acquéreur peut purger l'immeuble, le rendre libre,
et consolider sa propriété en payant les créanciers
qu'il peut légalement connaître, le dernier jour de
la quinzaine.

« L'acquéreur, disait l'orateur du tribunat, en
» présentant l'article 834 au corps législatif, l'acqué-
» reur saura qu'il ne lui suffit pas de connaître l'é-
» tat des inscriptions au moment qu'il contracte ;
» que, pour obtenir *une sécurité parfaite*, il doit
» d'abord transcrire son titre, et qu'il demeurera
» encore responsable envers tous les créanciers
» dont le titre se trouvera antérieur à l'aliénation,
» et viendra à être inscrit dans les quinze jours qui
» suivront l'acte de la transcription. » Plus bas il

ajoute : « *Vous avez vu que l'immeuble aliéné ne*
» *pouvait être affecté que des seules hypothèques*
» *créées avant l'aliénation.* Vous avez vu, etc. »

Ainsi, en nous résumant, il faut dire que, relativement aux hypothèques postérieures à l'aliénation, la transcription n'est nullement nécessaire ;
mais que la vente a transmis à l'acquéreur, eu égard
à ses créanciers, une propriété incommutable ; que,
relativement aux hypothèques antérieures, non
encore inscrites, la transcription est nécessaire et
ne purge que celles dont on n'aurait pas requis
l'inscription dans la quinzaine de sa date. (*Voyez*
les nombreux arrêts dont tous les Recueils fourmil-
lent, et particulièrement les arrêts de Paris, de Turin et de cassation, rapportés par *Sirey*, tom. 10,
part. 2, pag. 192; tom. 11, part. 2, pag. 284; et
tom. 14, part. 1, pag. 46.)

XII. Ces principes une fois établis, il nous reste
à parler de la transcription relativement aux aliénations subséquentes que pourrait faire le vendeur
originaire. Ici la question devient encore plus difficile, et mérite toute notre attention.

XIII. Lorsque le propriétaire s'est dépouillé
d'un immeuble par l'effet d'une aliénation dont il
a reçu le prix, il semble contraire à l'équité qu'il
puisse en saisir ensuite un nouvel acquéreur. Les
droits qu'il avait précédemment sur cet immeuble
ne peuvent aller jusqu'à lui permettre de vendre
de nouveau ce qui ne lui appartient plus, ce qui
appartient à un autre.

Aussi l'article 1138 établit-il comme maxime générale, que l'obligation de livrer la chose est parfaite par le seul consentement des parties; qu'elle rend le *créancier propriétaire* et met la chose à ses risques, dès l'instant où elle a dû être livrée;

L'article 1583, que la vente est parfaite entre les parties, et *la propriété acquise de droit à l'acheteur*, dès qu'on est convenu de la chose et du prix ;

L'article 2182, que le vendeur ne transmet à l'acquéreur que les droits qu'il avait lui-même sur la chose vendue.

Or, du rapprochement de ces articles, il résulte évidemment que, lorsque le propriétaire a vendu une première fois, il a transmis à l'acquéreur et la propriété et tous les droits qu'il avait sur l'immeuble; que cette première aliénation recevant son complément du seul consentement des parties, l'acquéreur est devenu propriétaire du jour où l'on a dû lui livrer la chose; enfin que, lorsque le propriétaire originaire a consenti une nouvelle aliénation, il n'a pu transmettre aucune espèce de droits, puisqu'il n'en avait plus lui-même aucun.

Cependant cette opinion, qui nous paraît la plus juste, n'est pas partagée de tout le monde. Dernièrement encore on a publiquement embrassé le sentiment contraire dans un ouvrage périodique

justement estimé (1). Nous allons rapporter les
principaux argumens qu'on a employés, et nous
tâcherons ensuite de les réfuter.

Lors de la discussion des titres *de la Vente* et
des Hypothèques, on éleva, dit-on, la question
qui nous occupe, et le conseil adopta en principe
que la transcription serait encore nécessaire pour
rendre l'acquéreur propriétaire incommutable;
aussi ce fut dans cette vue qu'on lit, dans l'article
1583, que la vente était parfaite seulement *entre
les parties*, et que la propriété était acquise à
l'acheteur, *à l'égard du vendeur*, mais non à l'é-
gard des tiers.

Qu'à la vérité, continue-t-on, l'article 1138
paraîtrait adopter que l'acquéreur devient propriétaire par le seul consentement, et sans transcription; mais en le rapprochant de l'article du
projet du Code qu'il remplace, on est naturellement conduit à un résultat opposé, puisque cet
article du projet portait textuellement que, dès
l'instant que le propriétaire avait contracté l'o-
bligation de donner ou livrer un immeuble, il en
était exproprié, que l'aliénation qu'il en faisait
postérieurement était nulle, etc.

Ainsi, disent toujours les sectateurs de la transcription, en supprimant cet article du projet, et
le remplaçant par l'article 1138, nécessairement

_____

(1) Le *Journal du Barreau* ou *Bibliothèque du Barreau*,
n° 10.

le législateur a adopté de nouveaux principes, et
n'a plus voulu que le propriétaire fût exproprié
par son seul consentement. Le rapprochement des
articles 1140 et 141, confirme cette opinion, puisque l'un renvoie au titre *de la Vente* et *des Privi-*
léges pour régler les effets de l'obligation de donner ou livrer un immeuble (effets qui auraient
été déjà réglés par l'article 1138, s'il était vrai
que l'obligation de donner fût parfaite par le seul
consentement); et que l'autre, en exigeant le tradition des meubles pour en consommer l'aliéna-
nation fait supposer que, pour l'aliénation des immeubles, indépendamment du consentement, il
doit y avoir encore quelque chose pour rendre incommutable le droit de l'acquéreur.

Voilà dans toute leur force les moyens qu'on
emploie pour prouver la nécessité de la transcription; voyons jusqu'à quel point ils peuvent se
soutenir.

Nous commencerons d'abord par avouer que,
d'après les procès-verbaux du conseil d'état, tels
qu'ils ont été imprimés, la nécessité de la transcription est presque reconnue; mais nous ajouterons que les procès-verbaux ne peuvent être, dans
l'hypothèse, d'une grande influence, parce que,
en les rapprochant de l'article 2182, on voit qu'ils
doivent avoir été suivis d'une discussion absolument opposée.

En effet, on trouve que le conseil avait d'abord
à se prononcer sur un article ainsi conçu: « Les

» actes translatifs de propriété qui n'ont pas été
» transcrits ne peuvent être opposés aux tiers qui
» auraient contracté avec le vendeur, et qui se
» seraient conformés aux dispositions de la pré-
» sente. » (Art. 91.)

En renvoyant cet article à la section pour le rédiger dans le même sens, le conseil adopta d'abord
la nécessité de la transcription ; mais ensuite, après
un examen plus approfondi, il embrassa sans doute
un principe différent, puisque cet article a été
supprimé et ne se trouve plus dans le Code.

Ainsi la discussion au conseil ne peut guère être
invoquée pour résoudre la difficulté ; et si l'on voulait pourtant la citer, on en tirerait un argument
en faveur de notre opinion, puisqu'il est autrement
impossible de se rendre raison de la suppression
de l'article 91.

La réponse que l'on fait sur l'article 1583, n'est
pas plus fondée. Il y est dit, à la vérité, que la
vente est parfaite *entre les parties* et *à l'égard
de l'acheteur;* mais cela ne veut pas dire qu'elle
ne soit pas également parfaite relativement à des
tiers qui n'avaient encore acquis aucun droit sur
l'immeuble. L'article 1583, tel qu'il est conçu, signifie que la vente, parfaite par le seul consentement entre le vendeur et l'acheteur, ne peut pas
obliger des tiers qui avaient acquis antérieurement
des droits sur l'immeuble ; mais vis-à-vis de ceux
qui n'avaient encore aucun droit, l'acquéreur est
irrévocablement saisi, comme il l'aurait été par un

testament auquel les tiers n'auraient jamais con-
couru.

On n'est pas plus heureux, lorsqu'il s'agit de
combattre l'article 1138. On a senti de quelle importance était sa disposition, et on a voulu la détruire par l'article du projet de code qu'il remplace.
Mais on n'a pas pris garde que les raisonnemens
qu'on faisait portaient à faux. Car, s'il est vrai que
cet article du projet énonçât clairement l'intention de faire dépouiller le propriétaire par son seul
consentement et sans transcription, il ne faut pas
en conclure que sa suppression ait amené de nouveaux principes. On ne pourrait, en effet, être
conduit à ce résultat, qu'en supposant que la nouvelle rédaction fût absolument différente. Or, en
comparant les deux articles, il est aisé de juger
que, sous des expressions différentes, ils rendent
tous les deux le même sens. L'article du projet portait : « Que dès l'instant que le propriétaire avait
» contracté, par un acte authentique, l'obligation
» de donner ou livrer un immeuble, il en était ex-
» proprié...; que l'aliénation qu'il en faisait posté-
» rieurement était nulle... » L'article 1138, toujours dans les mêmes vues, décide : « Que l'obli-
» gation de livrer la chose *est parfaite, par le*
» *seul consentement des parties contractantes;* —
» qu'elle rend le *créancier propriétaire,* et met la
» chose à ses risques, *dès l'instant où elle a dû*
» *être livrée.* » Sans doute qu'il serait difficile de
voir, dans ces deux articles, des règles différentes ;

dans l'un comme dans l'autre, l'obligation de donner un immeuble est parfaite par le seul consentement, l'acquéreur devient propriétaire dès que la chose a dû être livrée; et s'il devient propriétaire, le débiteur est naturellement exproprié : la vente subséquente qu'il fait à une autre personne est absolument nulle.

Peu confians sur le premier argument, les défenseurs de la transcription ont cru le corroborer, en citant les articles 1140 et 1141. Mais ils n'ont pas pris garde qu'ils fournissaient encore de nouveaux moyens contre leur opinion; le dernier surtout, en le rapprochant de l'article 1138, prouve jusqu'à l'évidence, que l'obligation de livrer un immeuble est parfaite par le seul consentement. Après avoir en effet réglé, dans l'article 1138, les suites de l'obligation de livrer un immeuble, le législateur s'occupe de l'obligation de livrer une chose mobilière, mais ne dit pas, comme dans l'article 1138, que cette obligation est parfaite par le seul consentement. Au contraire, pour devenir propriétaire incommutable, il exige que l'acquéreur soit saisi des objets vendus, par la tradition que devra lui en faire le vendeur; jusque là il ne sera propriétaire qu'à l'égard du vendeur, mais non à l'égard des tiers. Or, *inclusio unius fit exclusio alterius*. Le rapprochement des art. 1138 et 1141, leur position respective dans la même section, ne permettent pas de douter que les législateurs n'aient pensé au cas où un propriétaire

vendrait deux fois le même immeuble, comme à
celui où il vendrait deux fois une chose mobilière;
et si, pour l'aliénation de l'immeuble, ils n'ont
exigé que le consentement, quoiqu'ils exigeassent
clairement la tradition pour les meubles, on doit
conclure que leur intention a été d'attacher un des-
saisissement absolu au consentement des parties.

L'induction que l'on veut tirer de l'article 1140
n'est pas plus fondée. De ce que cet article renvoie
au titre *de la Vente* et à celui *des Hypothèques*
pour régler les effets de l'obligation de donner un
immeuble, on en conclut que l'article 1138 ne
peut être d'aucune influence sur la question, mais
qu'elle doit se trouver décidée aux deux titres
auxquels nous renvoie l'article 1140.

Mais ce raisonnement n'est pas exact; dans cet
article 1140, on ne peut pas entendre par *effets
de l'obligation de donner*, ce qui sert à constituer
l'obligation, ce qui est destiné à la parfaire; autrement on donnerait des effets à une chose qui
n'existe pas, à une obligation non encore contractée. Aussi, dans le titre *de la Vente*, comme dans
celui *des Hypothèques*, on ne trouve pas un mot
de cette sorte d'effets.

Ainsi, cet article 1140 ne signifie autre chose,
si ce n'est que le législateur établira, aux titres *de
la Vente* et *des Hypothèques*, la suite de l'obligation de donner ou livrer un immeuble, les
charges que le débiteur et le créancier s'imposent
mutuellement; et c'est aussi ce qu'il a fait dans les

deux titres. Dans celui de la vente, par exemple,
il décide (art. 1615) : « Que l'obligation de dé-
» livrer la chose comprend ses accessoires et tout
» ce qui a été destiné à son usage perpétuel. »
Dans celui des hypothèques (article 2182), que
le vendeur ne transmet à l'acquéreur que la propriété et les droits qu'il avait lui-même sur la chose
vendue. Ainsi, ces deux derniers articles expliquent l'article 1140, et détruisent l'argument qu'on
voulait en tirer.

Jusqu'à présent nous avons répondu à toutes les
objections, et sans doute que nous pourrions nous
en tenir là, pour montrer l'inutilité de la transcription à l'égard d'un second acquéreur; mais
comme nous avons pris à tâche de porter notre
démonstration jusqu'à l'évidence, nous ferons un
raisonnement que nous ne savons pas avoir encore
été fait.

L'article 834 du Code de procédure nous en
fournit l'occasion. Nous avons déjà dit que cet article interdisait toute inscription dont le titre était
postérieur à l'aliénation de l'immeuble; que par
conséquent le propriétaire originaire, dès qu'il
avait vendu, ne pouvait plus établir d'hypothèque.
Sans doute que son incapacité provient du défaut
de droits sur l'immeuble à l'époque de la constitution de l'hypothèque, autrement on ne voit pas
quel serait le motif de l'article 834.

Or, si l'ancien propriétaire ne peut plus hypothéquer l'immeuble vendu, encore que l'acte de

vente n'ait pas été transcrit; si par le consentement seul il a pu tellement se dépouiller de la propriété, qu'il lui fût ensuite impossible de l'engager
à ses propres créanciers, comment se ferait-il qu'il
pût l'aliéner? La capacité d'aliéner et celle d'hypothéquer marchent toujours sur la même ligne;
l'une ne peut pas être accordée sans que l'autre la
suive; en un mot, elles sont inséparables, elles
forment un seul tout.

Pour se convaincre de cette vérité, il suffit de se
rappeler quelques articles du Code civil. Veut-on,
en effet, savoir qui peut hypothéquer? L'article
2124 répond que c'est seulement celui qui peut aliéner. Veut-on ensuite juger de l'incapacité de certaines personnes? Les articles 128 et 513 décident
que les envoyés en possession, et les prodigues, ne
peuvent *ni aliéner ni hypothéquer*. Enfin, veut-on
savoir quelles sont les formalités que la loi impose
au tuteur pour hypothéquer? L'article 457 répond que ce sont les mêmes que celles prescrites
pour l'aliénation des biens des mineurs.

Ainsi, partout la capacité d'hypothéquer dépend
de celle d'aliéner, et réciproquement celle d'aliéner
est assujettie à la première; et la raison en est, que
l'hypothèque étant une espèce d'aliénation, ou du
moins une voie qui conduit à l'aliénation, en en
prohibant une, on est censé proscrire l'autre.

De là nous concluons qu'en défendant au précédent propriétaire d'engager l'immeuble déjà vendu,

l'article 834 lui a nécessairement, et *à fortiori*, interdit la faculté d'aliéner; que, pour éviter cette
seconde aliénation, l'acquéreur n'a pas besoin de
faire transcrire, puisque la transcription n'est pas
nécessaire pour arrêter le cours des hypothèques
postérieures au contrat de vente. C'est au surplus
ce que la cour de Nîmes avait déjà jugé, lorsque
nous nous expliquions ainsi dans la première édition de cet ouvrage, et ce qui a été décidé depuis par toutes les cours du royaume. (Voy. *Sirey*,
tom. 9, part. 2, pag. 31; tom 10, part. 2, pag. 374;
tom. 11, part. 1, pag. 25, et tom. 12, part. 2,
pag. 177 et 232.)

   XIV. Après avoir traité ces questions importan-
tes, il nous reste à voir quelques autres principes
relatifs aux transcriptions que ces tiers acquéreurs
pourraient requérir pour purger les hypothèques
antérieures à leur contrat.

   La transcription, avons-nous déjà dit, ne libère
l'acquéreur des hypothèques antérieures au contrat,
qu'autant qu'il n'y a pas eu d'inscription dans la
quinzaine (art. 834 du *Code de procédure*). La
connaissance que l'acquéreur aurait de ces hypothèques, la mauvaise foi que cette connaissance
pourrait faire induire, n'arrêteraient même pas
l'effet de la transcription, et ne suppléeraient pas
l'inscription. C'est ainsi que l'a jugé la cour de cassation, par son arrêt du 12 novembre 1808.

   XV. La transcription étant facultative, il s'est

élevé des difficultés pour savoir si, lorsque plusieurs personnes avaient acquis une propriété indivise, mais dont elles avaient immédiatement fait
le partage, l'une d'elles pouvait requérir la transcription de la partie du contrat qui la concerne;
ou si, pour purger, elle était obligée de faire
transcrire le contrat dans son entier, et d'acquitter
les droits sur la totalité? L'article 2181 ne distingue pas. Le tiers acquéreur qui veut purger
l'immeuble des priviléges et des hypothèques, doit
faire transcrire son titre *en entier*, et par conséquent acquitter tous les droits; car, lorsque l'acte
est transcrit, peu importe à la requête de qui il
l'a été : il suffit que les tiers aient été prévenus
pour que cette transcription ait tout son effet; et
si, dans ce cas, la transcription a son effet comme
si elle avait été requise par tous les intéressés, il est
clair que le fisc peut réclamer du requérant la totalité des droits, sauf son recours contre les autres,
s'ils font usage de la transcription.

XVI. Nous pensons qu'il faut en dire autant du
cas d'échange et de celui où la vente d'un objet
indivis a été consentie par deux particuliers, et où
l'acquéreur ne veut purger que contre l'un d'eux.
Comme, suivant l'article 2181, le contrat doit être
transcrit *dans son entier*, il paraît conséquent de
forcer l'acquéreur ou l'échangiste à payer les droits
sur la totalité de l'acte; autrement il arriverait que
la transcription pourrait servir à l'acquéreur contre
l'autre co-vendeur, ou à l'échangiste non requé-

rant, sans cependant qu'il en payât les droits (1).

Ce qui confirme dans cette opinion, c'est le rap-prochement de l'article 2108 avec l'article 2181. Le premier, en effet, permet au vendeur de requérir la transcription, mais laisse entrevoir qu'elle peut également profiter à l'acquéreur. Or, il n'est donc pas nécessaire que la transcription soit requise par tel ou tel individu pour qu'elle lui profite ; il suffit, en effet, qu'elle soit faite, que les tiers puissent connaître la mutation, pour qu'elle profite à tous les intéressés.

Mais si les immeubles dévolus à celui qui ne re-quérait pas la transcription, n'étaient pas situés dans l'arrondissement du même bureau, celui-ci ne devrait rembourser aucune partie des droits perçus, puisqu'il ne profiterait pas de la transcrip-tion. C'est ce qu'a jugé la cour de cassation, par son arrêt du 15 février 1813, rapporté au *Journal du Palais*, tom. 2, de 1813, pag. 289.

A la vérité, les motifs de cet arrêt vont plus loin que nous ne pensions, puisqu'ils tendent à faire dé-cider que, même lorsque les biens sont situés dans le même arrondissement, et que le copermutant

---

(1) Le ministre des finances avait décidé, en l'an VIII, que dans ces deux cas, on pouvait requérir la transcription par por-tion, et que les droits n'étaient dus que sur la portion du prix qui concernait le requérant : mais sa décision était puisée dans l'article 26 de la loi du 11 brumaire, qui n'exigeait pas, comme l'article 2181, la transcription de l'acte *dans son entier*.

profite de la transcription, il ne doit pas en supporter les droits : mais nous avouerons que cette
induction nous semble contraire aux vrais principes, et qu'il est à croire que si la cour eût eu la
question à juger, elle l'aurait résolue autrement.

XVII. Les droits de transcription étaient fixés
par la loi du 21 ventôse an VII. L'article 25 portait
« que le droit sur la transcription des actes em-
» portant mutation de propriétés immobilières,
» sera d'un et demi pour cent du prix intégral des-
» dites mutations, *suivant qu'il aura été réglé à*
» *l'enregistrement.* »

L'article 15 de la même loi établissait aussi le
salaire que les conservateurs pouvaient exiger; il
était de vingt-cinq centimes pour chaque rôle d'é-
criture *qu'ils faisaient eux-mêmes sur leurs registres* (1).

L'article 25 exigeait que l'avance des droits et
salaires fût faite par les requérans, et que les préposés en expédiassent quittance au pied des actes
et certificats par eux remis et délivrés. Mais cette
législation a été changée au moins pour la quotité
du droit de transcription et pour la manière de le
payer, par la loi du 28 août 1816 sur les finances.
Voici comment s'expliquent à cet égard les articles 52, 54 et 61.

Art. 52. « Le droit d'enregistrement des ventes

_____

(1) Décision de Son Exc. le ministre des finances, en date
du 10 février 1807.

» d'immeubles est fixé à cinq et demi pour cent,
» *mais la formalité de la transcription au bureau*
» *de la conservation des hypothèques ne donnera*
» *plus lieu à aucun droit proportionnel.*

Art. 54. » Dans tous les cas où les actes (il s'agit
» ici des actes de libéralité seulement) seront de
» nature à être transcrits au bureau des hypo-
» thèques, le droit sera augmenté *d'un et demi*
» *pour cent,* et la transcription ne donnera plus
» lieu à aucun droit proportionnel.

Art. 61. »Les actes de transmission d'immeubles
» et droits immobiliers susceptibles de transcrip-
» tion, ne seront assujettis à cette formalité que
» pour un droit *fixe d'un franc* outre le droit du
» conservateur, lorsque les droits en auront été
» acquittés de la manière prescrite par les arti-
» cles 52 et 54 de la présente loi.»

XVIII. Ces dispositions sur la quotité des droits à
exiger par les conservateurs, quoique claires, ont
cependant donné naissance à quelques difficultés.
L'article 25 de la loi de ventôse an vii portait, ainsi
que nous l'avons vu, que la fixation devait s'en faire
suivant ce qui aurait été réglé à l'enregistrement.
Or, en supposant que, par une dissimulation condamnable, un acquéreur ait caché le véritable prix,
et ait ainsi donné lieu à une demande en supplément
de droits d'enregistrement, penserait-on que le
conservateur pût aussi réclamer un supplément de
droits de transcription? Il nous semble que l'affirmative n'est pas équivoque; l'acquéreur ne doit pas

profiter de sa dissimulation; et, comme doit l'avoir
entendu l'article 25 de la loi du 21 ventôse, la quotité des droits dus pour la transcription se fixe,
non pas sur ce qu'on a provisoirement déclaré à
l'enregistrement, mais sur la somme définitivement arrêtée pour la perception des droits d'enregistrement.

XIX. Tout ce que nous venons de dire sur les
droits à exiger pour les transcriptions, est applicable à toute espèce d'acquisition d'immeubles,
à moins cependant qu'elles n'aient été faites par
l'état. Dans ce cas, la transcription doit avoir lieu
gratis, ainsi que l'a décidé le ministre des finances.

XX. Jusqu'à présent nous n'avons parlé de la
transcription, que pour faire connaître ses effets
soit à l'égard des dettes, soit à l'égard des aliénations subséquentes que pourraient se permettre le
vendeur originaire; mais en revenant plus particulièrement aux articles 2181 et 2182 que nous voulons expliquer, il faut parler de cette formalité par
rapport à la purge des hypothèques.

XXI. L'acquéreur qui veut purger l'immeuble
des hypothèques qui le grèvent, ou qui viendraient
à le grever, dans la quinzaine, est obligé de faire
transcrire son titre. C'est la première formalité
qu'il doit remplir, et sans laquelle toutes les autres
doivent être inutiles. Mais il n'est pas toujours aisé
de savoir quel est le titre qu'on doit soumettre à
cette formalité. Lorsqu'il n'y a eu qu'une aliénation, la conduite de l'acquéreur est facile, c'est

son titre unique qu'il faut faire transcrire. Il en
est de même lorsqu'il y a eu plusieurs aliénations
successives, que chaque acquéreur a eu soin de
faire transcrire. Mais la difficulté est extrêmement
sérieuse, lorsqu'après plusieurs aliénations successives et non transcrites, le dernier acquéreur veut
purger : quel sera le titre à transcrire? est-ce le
sien seulement? En voulant purger tant les hypothèques du vendeur originaire que celles consenties par les divers acquéreurs, devra-t-il soumettre
à cette formalité chaque acte de vente en particulier? Exemple : *Primus* à vendu une maison à
Secundus, qui lui-même l'a vendue à *Tertius*.
Cette maison était déjà hypothéquée aux dettes de
Primus, lorsque celui-ci l'a vendue. Néanmoins
Secundus, premier acquéreur, n'a rien fait pour
purger ces hypothèques, mais en a imposé de nouvelles sur la même maison. Après son acquisition,
Tertius, qui veut purger ces différentes hypothèques, demande s'il doit faire transcrire les deux
actes de vente, ou si la transcription du dernier
l'autorisera à purger même les hypothèques consenties par *Primus*, ainsi que le privilége que celui-ci pouvait avoir sur la maison par lui vendue.

Une première réflexion qui se présente naturellement, c'est qu'on ne conçoit guère que la
transcription d'un acte étranger aux créanciers du
premier vendeur, et dans lequel ce vendeur n'est
pas même désigné, puisse conduire à les dépouiller
de leurs hypothèques.

Le doute qui naît de cette réflexion se convertit en certitude, par le rapprochement des principes consacrés par le Code civil.

En effet, l'article 2182 décide que le vendeur ne transmet à l'acquéreur la propriété de l'immeuble, que sous l'affectation des mêmes priviléges et hypothèques dont il était chargé. Ce qui prouve que, par son acquisition, *Secundus* a reçu l'immeuble avec la charge des hypothèques créées par son vendeur, et *Tertius*, tant avec celles créées par *Secundus*, que celles imposées par le vendeur originaire, puisque *Secundus* n'avait rien fait pour purger celles-ci.

A la vérité l'article 2198 semble modifier ces principes. Il décide que lorsqu'après la transcription, et actuellement après la quinzaine de cette transcription, l'acquéreur obtient un certificat du conservateur, l'immeuble demeure affranchi dans ses mains de toutes les charges qui y auraient été omises.

Mais cet article s'explique nécessairement par le dernier n° de l'article 2197. Ou l'omission que le conservateur a faite d'une ou plusieurs inscriptions provient de sa négligence, et alors l'immeuble en demeure libéré, sauf la responsabilité du conservateur envers les créanciers; ou c'est des désignations insuffisantes, transmises par l'acquéreur, que provient cette erreur: dans ce cas l'immeuble ne peut pas en être affranchi, puisque c'est par la faute de l'acquéreur que le conservateur n'a pas compris dans ses certificats toutes les inscriptions qui le grevaient.

Les désignations à fournir par l'acquéreur qui réclame le certificat des inscriptions, ont deux objets. Il doit faire connaître au conservateur l'immeuble grevé d'hypothèques, et ensuite les individus qui ont pu l'affecter ; autrement le conservateur ne peut délivrer aucuns certificats.

Par la transcription du dernier contrat, c'est-à-dire, de la vente consentie par *Secundus* à *Tertius*, celui-ci a fait connaître au conservateur l'immeuble qu'il voulait purger, et par conséquent le bien sur lequel frappaient les hypothèques dont il réclamait le certificat.

Mais a-t-il également mis à même le conservateur de connaître les débiteurs, c'est-à-dire, ceux sur qui les inscriptions avaient été prises ? Non : par la transcription de l'acte de vente consenti par *Secundus*, il n'a fait connaître au conservateur que les hypothèques créées par *Secundus* lui-même. Or, ce conservateur n'a pu délivrer dans les certificats que les inscriptions prises sur *Secundus*, puisqu'il ne pouvait pas deviner qu'il existait d'autres débiteurs qu'on ne lui faisait pas connaître. Dans ce cas, l'immeubl. n'est donc pas libéré des hypothèques omises, et l'acquéreur doit s'imputer de n'avoir pas donné au conservateur les renseignemens qui lui étaient nécessaires pour connaître toutes les inscriptions qui grevaient l'immeuble.

Au reste, il résulte de l'article 2198, que les

créanciers ne peuvent jamais perdre leurs créances :
ou c'est le conservateur qui en demeure responsable, ou c'est l'immeuble qui continue d'être
affecté à leur paiement. Ici la responsabilité du
conservateur est entièrement dégagée, puisqu'en
délivrant le certificat de toutes les hypothèques
inscrites sur le débiteur désigné, c'est-à-dire, sur
Secundus, il a fait tout ce qu'il lui était possible de
faire. C'est donc l'immeuble qui demeure soumis
à ces hypothèques, parce que, encore une fois, les
créanciers ne peuvent pas perdre leurs hypothèques par des faits qui leur sont étrangers, par des
réticences, qui le plus souvent seraient calculées.

Ainsi, la transcription de tous les actes de propriété, c'est-à-dire, tant de celui de *Secundus* que
de celui de *Tertius*, doit être requise; autrement
on ne purge que les hypothèques créées du chef
de celui dont l'acte est transcrit.

Cependant nous proposerons une restriction : il
arrive souvent, surtout à Paris, que les contrats
de vente désignent les précédens propriétaires.
Ainsi, dans notre hypothèse, on aurait dit que
Tertius avait acquis de *Secundus*, qui lui-même
tenait de *Primus*. Dans ce cas la transcription du
dernier contrat de vente nous semblerait suffisante
pour purger, tant les hypothèques créées du chef
de *Secundus* que celles déjà établies par *Primus*.
La raison en est que le conservateur, trouvant
dans l'acte transcrit les renseignemens nécessaires
pour chercher les hypothèques qui grèvent l'im-

meuble, il ne devra imputer qu'à lui-même de n'avoir pas compris dans ses certificats celles prises sur *Primus*, comme celles consenties par *Secundus*.

C'est ce que nous paraît avoir jugé la cour de cassation dans une espèce régie, à la vérité, par l'édit de 1771, mais dont on peut extraire les principes pour les appliquer à notre législation actuelle.

Dans le fait, la terre de Maumont, située dans le département de la Charente, avait été vendue d'abord par le sieur Havas à la demoiselle Raucour, et par celle-ci au sieur Giro, qui lui-même la vendit aux sieurs Tessières, Dumonteil et Vigneras. Dans ce dernier contrat on avait rappelé et le propriétaire originaire et tous les acquéreurs subséquents.

Le 29 messidor an IV, les derniers acquéreurs déposèrent leur acte d'acquisition entre les mains du conservateur pour obtenir des lettres de ratification.

Ce conservateur expédia ces lettres, et scella, mais à la charge des oppositions qui auraient pu être faites entre les mains d'un nouveau conservateur, qui avait été nommé dans l'arrondissement du district où étaient situés les biens. Ensuite on obtint la certitude qu'il n'avait été fait aucune opposition à ce bureau.

Toutes ces formalités étaient déjà remplies, lorsqu'il se présenta des créanciers hypothécaires du propriétaire originaire, qui avaient formé opposition dès 1791 sur ce dernier. Ces créanciers intentèrent l'action hypothécaire contre le nouveau possesseur, et prétendirent que les lettres de ratification obtenues contre celui-ci n'avaient pu purger leur créance.

De son côté, l'acquéreur soutint que l'immeuble était passé entre ses mains franc et quitte de toutes charges et hypothèques; mais ce fut inutilement devant le tribunal de première instance, qui jugea que, malgré les lettres de ratification, les hypothèques avaient continué d'exister. Il appela de cette décision; et, par arrêt de la cour d'appel de Bordeaux, l'immeuble fut déclaré libre de toute affectation, mais sous la responsabilité du conservateur, qui fut condamné à garantir les créanciers des oppositions par lui omises.

Les créanciers se pourvurent en cassation, mais inutilement; car la cour confirma l'arrêt attaqué; elle considéra que l'article 6, ni aucune autre disposition de l'édit de 1771, n'avait soumis l'acquéreur d'un immeuble, qui veut le purger des hypothèques qui le grevaient entre les mains du vendeur et des précédens propriétaires, à déposer au greffe tous les contrats de vente non ratifiés, et à prendre sur chacun d'eux séparément et successivement des lettres de ratification; *que cette voie, longue et embarrassante, serait sans objet, dès que ce dernier contrat déposé ferait une mention exacte de la filiation de toutes les précé-*

dentes ventes ou mutations, et indiquerait tous ces divers actes, avec les noms et prénoms des précédens propriétaires ; que ce mode, plus simple, plus expéditif, atteint le même but dans l'intérêt des acquéreurs comme dans celui des créanciers opposans , les recherches à faire par le conservateur ne pouvant être ni difficiles ni longues ; que ce mode est conforme à l'intention bien manifestée par le législateur dans le préambule de l'édit; qu'il est dans son esprit comme dans son texte ; qu'il résulte notamment des articles 7, 26 et 27; qu'il se trouve aussi indiqué comme le plus conforme à cette loi par la généralité des commentateurs, qu'il a été suivi dans la pratique et maintenu par les tribunaux ; que, dans l'espèce, toutes les indications nécessaires voulues par la loi se trouvaient tant dans l'acte déposé au greffe que dans l'esprit dudit acte , affiché, ainsi qu'il a été justifié et qu'il a été reconnu constant par l'arrêt attaqué; que le conservateur Behogle aurait dû d'autant moins se dispenser de faire les recherches, que les lois des 21 nivôse et 17 prairial an IV, en mettant les registres de la conservation de Barbesieux supprimée à sa disposition, lui en rappelaient formellement l'obligation ; qu'il suit de là que l'arrêt attaqué n'a pas violé l'article 6 précité, et qu'il a fait une juste application des articles 17 et 47 de l'édit de 1771.

Quant au pourvoi des créanciers Despriez et consorts, contre ce même arrêt, au chef qui leur a refusé leur recours direct contre les acquéreurs Tesnières et consorts; la cour a considéré que ces acquéreurs ayant obtenu des lettres de ratification sur leur contrat, ainsi qu'il a été dit, les hypothèques se sont trouvées purgées; qu'ils ont valablement payé, par suite, le prix de leur acquisition, et que par conséquent ils n'ont pu être passibles du recours demandé contre eux; qu'il suit de là que l'arrêt, en n'accordant à ces créanciers que celui subsidiairement demandé contre le conservateur Behogle, pour raison de l'omission, est parfaitement conforme aux articles 7 et 27 de l'édit.

On peut conclure de cet arrêt que, si la question se présentait sous la législation actuelle, la cour ferait encore l'application de ces principes: car on retrouverait dans la transcription du dernier acte (dans la supposition où il contiendrait la filiation de tous les précédens propriétaires) tout ce qu'on trouvait, sous l'édit de 1771, dans le dépôt du contrat, sur lequel étaient obtenues les lettres de ratification. Le conservateur pourrait donc délivrer les inscriptions prises sur chacun des propriétaires. Il aurait tous les renseignemens qu'aurait pu lui fournir la transcription de toutes les ventes. Il serait donc responsable s'il omettait quelques inscriptions dans ces certificats.

Nous croyons même, dans ce cas particulier, que la transcription du dernier contrat qui énonce tous les précédens propriétaires, aurait

également l'effet de purger le privilége du premier vendeur; car celui-ci ne conservant son
privilége que par la transcription de son titre
particulier (1), et le conservateur ne trouvant
aucune inscription du chef de ce vendeur, est
autorisé à délivrer le certificat des inscriptions
existantes. Ce certificat aura nécessairement l'effet
de purger l'immeuble, et le premier vendeur
devra s'imputer de n'avoir pas fait faire son inscription au plus tard dans la quinzaine de la
transcription du dernier acte de vente.

Toutefois ce n'est pas que le vendeur perde la
propriété de son immeuble sans espoir d'en avoir
le prix. Nous avons déjà établi, dans nos observations sur l'article 2108, que, privé d'un des
droits que la loi lui accorde, il conserve néanmoins celui d'obtenir la résolution de la vente par
lui consentie.

Mais ceci nous conduit à la seconde question
proposée en tête de ce paragraphe. Nous avons
dit que la transcription d'un contrat de vente
dans lequel ne se trouveraient pas désignés les
précédens propriétaires, n'autoriserait pas à purger contre ceux-ci.

On suppose que ces précédens propriétaires
n'aient consenti aucune hypothèque, mais qu'ils
aient eux-mêmes des priviléges à raison du prix
qui leur est encore dû. La transcription du der-

_____

(1) *Voyez* ce que nous avons dit sur l'article 2108.

nier acte, dans lequel ne sont pas même nommés les précédens propriétaires, purgera-t-elle contre eux, alors qu'ils n'auront pas fait faire d'inscription dans la quinzaine ?

S'il n'y a eu que deux ventes, comme lorsque *Primus* a vendu à *Secundus*, et celui-ci à *Tertius*, la transcription requise par *Tertius* a nécessairement purgé les créances contre *Secundus*, et par conséquent le privilége de *Primus*, puisque celui-ci n'était que créancier de *Secundus*.

Primus ne peut donc conserver son privilége, après cette transcription, qu'en inscrivant dans la quinzaine, conformément à l'article 834 du Code de procédure. — Telle est l'opinion émise dans le *Répertoire*, verb. *Transcription*, § 3, nos 3 et 6.

Mais s'il y avait un plus grand nombre de ventes; si, par exemple, dans la même hypothèse, *Tertius* avait revendu à *Quartus*, et que celui-ci n'eût fait transcrire que son acte d'acquisition, il ne purgerait pas le privilége de *Primus*, parce que le conservateur, ne trouvant désigné que *Tertius*, serait obligé de ne faire des recherches qu'à l'égard des créanciers de celui-ci ; ce qui pourrait l'engager à donner un certificat négatif au préjudice de *Primus*. Ainsi le défaut de désignation, de la part de l'acquéreur, retomberait sur lui-même, et laisserait l'immeuble affecté du privilége de *Primus*.

De tout ce que nous venons de dire, il faut conclure que, hors le cas où le contrat désigne tous les précédens propriétaires, l'acquéreur ne peut purger qu'en faisant transcrire tous les actes de propriété.

XXII. La Cour de cassation, dans un arrêt du 13 décembre 1813, n'adopte pas cette doctrine.

« Considérant, dit-elle, que l'article 2181 du
» Code civil n'impose à celui qui veut purger
» un immeuble que l'obligation de transcrire le
» contrat qui l'a rendu propriétaire; que tel
» est le sens manifeste de cet article, expliqué clai-
» rement par les nᵒˢ 1 et 2 de l'article 2183, qui
» ne parlent que de la transcription d'un seul acte
» de mutation; que, d'ailleurs, imposer au nou-
» veau propriétaire, qui veut purger des immeu-
» bles, l'obligation de transcrire tous les contrats
» non transcrits des précédens détenteurs, ce se-
» rait exiger une formalité très-onéreuse, et, dans
» plusieurs cas, impossible à exécuter; qu'enfin il
» est certain, d'après l'article 2182, que ce n'est
» pas la transcription qui purge un immeuble;
» que, dans le système actuel, cette formalité n'a
» principalement pour objet que d'arrêter le cours
» des inscriptions, sauf le délai de quinzaine; que
» l'opération de purger consiste essentiellement,
» suivant l'article 2183, dans les notifications qu'il
» prescrit aux créanciers, au domicile élu dans
» leurs inscriptions; qu'il suit bien de cet article
» que celui qui veut affranchir son immeuble des
» charges dont il est grevé, est nécessairement tenu

» de signifier son contrat à tous les créanciers in-
» scrits, non-seulement sur son vendeur immé-
» diat, mais sur tous les précédens propriétaires;
» que, par une conséquence nécessaire, il est tenu
» pour sa responsabilité de rechercher aux créan-
» ciers et de donner au conservateur les rensei-
» gnemens propres à les lui indiquer; mais que,
» pour parvenir à ce résultat, il a le choix des
» moyens, puisque la loi ne lui en désigne aucun;
» que, s'il juge à propos de faire transcrire des
» contrats antérieurs au sien, il en a la faculté,
» mais que rien ne lui en impose l'obligation ; que
» le résultat de ces principes est que le créancier
» inscrit, qui n'a pas reçu du propriétaire les noti-
» fications prescrites par la loi, conserve tous les
» droits attachés à son inscription (sauf la modifi-
» cation marquée en l'article 2198), et qu'il peut
» les faire valoir, quel que soit le nombre des con-
» trats transcrits, sans qu'on puisse lui opposer
» que l'immeuble sur lequel il a hypothéqué soit
» purgé de sa créance; mais qu'il est également
» hors de doute que le créancier qui n'a pas con-
» servé les droits par une inscription prise en
» temps utile, n'est ni fondé, ni même recevable
» à prétendre que l'immeuble reste grevé de sa
» créance, sous le vain prétexte que l'ancien con-
» trat qui la rappelle n'a pas été transcrit par le
» nouveau propriétaire. . . . . »

M. Dalloz, vⁱˢ *Priv. et Hyp.*, pag. 368, critique
avec raison cette décision de la cour suprême. Il

la trouverait bonne si le Code civil régissait seul le
régime hypothécaire; mais il conclut à son rejet
sous l'empire des modifications apportées par le
Code de procédure. L'article 834 permet à tout
créancier hypothécaire, non inscrit lors de l'aliénation, de prendre inscription dans la quinzaine
de la transcription de l'acte translatif de propriété.
Naturellement de l'acte qui fait sortir l'immeuble
hypothéqué des mains de son débiteur. Eh bien!
les créanciers, si l'on suivait la doctrine émise par
l'arrêt cité, ne seraient jamais mis à même de
profiter du bénéfice de l'article 834; par conséquent il ne serait pas purgé à leur égard.

Mais notre doctrine n'est plus celle de M. Dalloz
quand il s'agit du cas où le dernier acte de vente
fait une mention exacte de la filiation de toutes les
ventes antérieures. Nous avons dit que la transcription de ce dernier acte suffira pour purger les hypothèques créées par les précédens propriétaires.
Nous donnons pour raison *que le conservateur
trouve, dans l'acte transcrit, les renseignemens
nécessaires*, et que par conséquent il ne devra s'en
prendre qu'à lui-même de n'avoir pas compris
dans son certificat les hypothèques prises sur les
précédens propriétaires.

Selon M. Dalloz, notre décision est fort juste
par rapport au conservateur qui doit être dégagé
de toute responsabilité, puisqu'il n'y a aucune
négligence à lui reprocher.

Mais, par rapport aux créanciers des précédens

propriétaires, M. Dalloz ne partage plus notre avis. Il veut que le dernier acquéreur transcrive tous les arrêts translatifs de propriété, parce que, suivant lui, les créanciers ne peuvent être mis en demeure d'inscrire leurs hypothèques ou privi-léges que par la transcription ou arrêt immédiat d'aliénation.

Cette objection ne saurait véritablement être fondée. Quand le législateur a exigé que les créan-ciers fussent avertis et mis en demeure d'inscrire leurs créances, il n'a pas pu entendre que ce fût uniquement par la transcription du titre prove-nant immédiatement du débiteur. Il suffit qu'on trouve les mêmes renseignemens dans la transcrip-tion du dernier titre, c'est-à-dire qu'on y voie, comme dans les titres précédens, à qui la pro-priété a originairement appartenu, pour que les créanciers ne puissent pas exiger autre chose. Voyez Grenier, tom. 2, n° 365; et Battur, tom. 3, n° 548.

XXIII. Mais si l'aliénation avait été faite en jus-tice, l'acquéreur qui voudrait libérer sa nouvelle propriété serait-il également assujetti à la tran-scription de son titre?

On peut faire en justice deux sortes de ventes : des ventes forcées et des ventes que nous conti-nuerons d'appeler volontaires.

Les ventes forcées, ou sur saisie immobilière, étaient assujetties à la transcription par la loi de brumaire. L'article 22 de la loi particulière des expropriations, après s'en être expliqué d'une manière formelle, attachait même divers effets au défaut de transcription; elle voulait d'abord que l'adjudication ne purgeât aucune des créances hypothécaires, et ensuite que chaque créancier eût la faculté de faire procéder contre l'adjudicataire, et à sa folle enchère, à la revente et adjudication des biens expropriés.

Mais cette législation ne s'est maintenue que jusqu'à la promulgation de nos Codes. Depuis, cette formalité nous parait avoir été abrogée, ainsi que nous allons essayer de le prouver.

D'abord, aucun des articles du Code de procédure civile ne fait dépendre la mise en possession de l'adjudicataire (ainsi que le faisait la loi de brumaire) de la formalité de la transcription. Il résulte, au contraire, de l'article 715, qu'il suffit que l'adjudicataire rapporte au greffier quittance des frais ordinaires de poursuite, et la preuve qu'il a satisfait aux conditions de l'enchère, pour qu'il lui délivre le jugement d'adjudication, et conséquemment le titre qui l'autorise à se mettre en possession.

L'article 737 prouve aussi que le défaut de transcription n'autorise pas, comme sous la loi de brumaire, à faire revendre l'immeuble à la folle-enchère de l'adjudicataire; car cet article établit que ce n'est que faute d'exécuter les clauses de l'adjudication que le bien doit être revendu à la folle-enchère. Ainsi voilà deux effets attachés par la loi de

brumaire au défaut de transcription, et qui ne peuvent pas se rattacher à l'omission de cette formalité. Ce qui indique que le Code de procédure a
changé en cette partie le système de la loi de brumaire.

Mais, d'ailleurs, à quoi pourrait servir la transcription du jugement d'adjudication? Ce ne serait
pas pour autoriser les créanciers antérieurs à requérir leurs inscriptions dans la quinzaine de l'adjudication. L'article 834 du Code de procédure ne
leur donne cette faculté que lorsqu'il s'agit d'une
aliénation volontaire, qui ne peut réellement purger l'immeuble des hypothèques qui le grèvent,
qu'autant qu'elle est transcrite; et en cela, cet article est en harmonie avec la disposition de l'article 2181 du Code civil, qui n'exige la transcription
qu'à l'égard *des contrats translatifs de propriété.*
Mais, encore une fois, la contexture de cet art. 834
prouve que sa disposition est étrangère aux adjudications sur saisie immobilière.

La transcription de cette adjudication ne pourrait pas non plus être nécessaire pour donner lieu
à la surenchère. Cette faculté n'est autorisée par
l'article 2185 du Code civil, que lorsqu'il s'agit
d'aliénations volontaires, et tant qu'on peut craindre que l'immeuble n'a pas été porté à sa juste valeur; mais, dans la saisie immobilière, tout a été fait
publiquement, la saisie a été transcrite au bureau
des hypothèques, elle a été notifiée aux créanciers;
des placards, des adjudications préparatoires, de

nouvelles annonces, l'insertion sur les journaux, tout a contribué à la rendre publique; et si l'immeuble saisi n'a pas été porté à sa véritable valeur, c'est à eux-mêmes que les créanciers doivent l'imputer : ils pouvaient, tant que les enchères étaient ouvertes, faire porter l'immeuble à la valeur qu'ils lui donnent, et ce n'est pas par une procédure aussi tardive qu'ils peuvent revenir sur une adjudication déjà consommée.

S'il en était autrement, non-seulement l'adjudicataire serait obligé de faire faire la transcription et le dépôt au greffe, pour purger les hypothèques légales, mais encore les notifications prescrites par l'article 2183 du Code civil. De cette manière, on irait plus loin que la loi du 11 brumaire, et souvent les délais ne seraient pas encore expirés, lorsque, par la clôture du procès-verbal d'ordre et la délivrance des bordereaux de collocation, l'adjudicataire se verrait forcé de payer le prix de son adjudication.

Mais, dit-on, la surenchère est utile à la masse des créanciers et au débiteur lui-même; elle ouvre à ceux qui craignent de perdre leur créance un moyen de la conserver, et au débiteur la facilité d'éteindre le plus de dettes qu'il est possible.

Cela est vrai; mais les moyens de faire porter l'immeuble à sa véritable valeur existaient déjà avant l'adjudication; les créanciers connaissaient la saisie, le jour de l'adjudication était indiqué; c'était à eux d'intervenir, d'offrir l'excédant de valeur;

et, s'ils ne l'ont pas fait, ils n'ont de reproches à
adresser qu'à eux-mêmes. D'ailleurs, tout peut être
réparé si l'immeuble a réellement été adjugé pour
un prix modique. On peut, aux termes de l'article 710, faire encore, dans la huitaine, une surenchère du quart, et, par là, faire porter l'immeuble
à sa véritable valeur.

Cet article 710 du Code de procédure prouve
donc que les créanciers ne peuvent pas surenchérir dans les quarante jours; car, en restreignant à
huitaine le délai, en exigeant une surenchère du
quart, au lieu du dixième exigé par l'article 2185
du Code civil, cet article prouve combien on a entendu établir de différence entre les aliénations volontaires et l'adjudication sur saisie immobilière.

Ainsi, pour établir la nécessité de la transcription,
on ne peut pas se faire un argument de l'inté êt
qu'ont les créanciers de surenchérir. Ils pouvaient
user de cette faculté tant que l'adjudication n'était
pas consommée; et même depuis, et dans la huitaine qui a suivi, ils ont encore pu surenchérir,
sans qu'il fût besoin de faire transcrire le jugement
d'adjudication et de le leur notifier.

On fait encore deux autres objections : on dit
que les hypothèques légales ne peuvent être purgées que conformément au Code civil, c'est-à-dire,
en notifiant l'adjudication aux femmes, aux pro-
cureurs du roi, etc.; ce qui prouve que les manières ordinaires de purger les hypothèques s'appliquent aux adjudications sur saisie immobilière

comme aux autres aliénations; 2° que, s'il résulte du jugement d'adjudication qu'une partie du prix reste due au saisi ou aux précédens vendeurs, le privilége ne pourra pas être conservé.

La première de ces objections disparaît devant cette considération : que la femme, que les mineurs, prévenus par la notification des placards, peuvent requérir toutes inscriptions, et veiller par eux-mêmes, ou ceux qui agissent pour eux, à ce que l'immeuble soit porté à sa véritable valeur.

Et vainement dirait-on que cette notification des placards ne doit pas leur être faite, puisque, d'après l'article 695, elle ne concerne que les *créanciers inscrits*. Il résulte, au contraire, de l'esprit qui a dicté cet article, que le législateur a entendu parler indifféremment de tous les créanciers en état d'exercer leur hypothèque. Il en est de sa disposition, comme de l'art. 2166 du Code civil, qui, voulant déterminer l'effet de l'hypothèque, dit textuellement que les créanciers n'ont le droit de suite qu'autant que l'hypothèque est inscrite ; et cependant jamais l'on ne douta que les hypothèques et les priviléges dispensés d'inscription ne fussent compris dans sa disposition.

La seconde objection est, s'il se peut, encore plus futile. On dit que, s'il est dû quelque chose aux précédens vendeurs, ils n'auront aucun moyen pour conserver leur privilége. Mais on se trompe : les précédens vendeurs ont pu requérir la transcription de leurs actes particuliers d'aliénation ; ils ont pu aussi prendre une inscription; et s'ils ne l'ont pas fait, ils doivent s'imputer à eux seuls la perte de leur privilége. D'ailleurs ils ont un autre moyen de recouvrer ce qui leur est dû, en obtenant la rescision de la vente. (*Voyez* ce que nous avons dit sur l'article 2108.)

D'après toutes ces considérations, il nous paraissait permis de croire que l'adjudication sur saisie immobilière n'avait jamais besoin d'être transcrite; qu'elle arrêtait toute seule le cours des inscriptions, et qu'elle purgeait les hypothèques déjà inscrites, lorsque le prix en est payé aux créanciers utilement colloqués. Néanmoins, dans la pratique, on regarde encore la transcription comme étant de rigueur, et l'on admet les créanciers à s'inscrire jusqu'à l'expiration de la quinzaine de cette transcription.

XXIV. A l'égard des ventes volontaires qui peuvent ou doivent être faites en justice, il faut suivre d'autres principes : si ce sont des licitations ou des ventes qui ont lieu entre majeurs et qui pourraient se faire autrement que par autorité de justice; ce sont là, comme nous venons de le dire, des ventes purement volontaires, pour lesquelles on s'est présenté à la justice sans y être forcé. C'est pourquoi on juge tous les jours que l'action en rescision, pour cause de lésion, est admise contre ces sortes d'aliénations, comme si elles avaient été faites devant un notaire. (*Voy.* l'arrêt rendu par la cour d'appel de Paris, le 1er décembre 1810.)

Il ne peut donc pas y avoir de difficulté sur le
mode de purger les immeubles ainsi aliénés. Si l'a-
liénation avait été faite volontairement, l'acquéreur devrait transcrire et ensuite notifier : il est
soumis aux mêmes formalités lorsqu'il s'est rendu
adjudicataire, puisqu'il n'y a aucune différence
entre les ventes ou les licitations volontaires, et
celles qui ont eu lieu en justice, mais qui pouvaient aussi être faites par le ministère d'un notaire.

Cette question ne peut donc être problématique
que pour les ventes ou les licitations qui devaient
nécessairement se faire d'autorité de justice, telles
que celles des biens des mineurs, des interdits,
des biens dépendans d'une succession vacante, et
autres de cette nature. Ces aliénations sont assimilées aux ventes forcées, aux adjudications
sur saisies immobilières; comme elles, elles ont
lieu en justice, elles sont rendues publiques par
affiches, par la voie des journaux; elles sont pré-
cédées et suivies de toutes les formalités prescrites
pour la saisie immobilière. Enfin l'article 965 du
Code de procédure, relatif à la vente des biens
des mineurs, renvoie au titre de la saisie immobilière, et applique à celle-là les suites de celle-ci.
C'est pourquoi nous avons décidé ailleurs que la
surenchère, autorisée par l'article 710 du même
Code, pour l'adjudication sur saisie immobilière,
était applicable à la vente des biens des mineurs.

Or, s'il existe un aussi grand rapprochement

entre l'adjudication des biens des mineurs et l'adjudication sur saisie immobilière, pourquoi assujettir la première à la transcription, tandis qu'on en dispense la seconde? pourquoi refuser à l'une ce qu'on accorde à l'autre?

Malgré ces raisons, nous donnerons la préférence à l'opinion contraire. La vente des biens des mineurs et des interdits n'est pas une vente forcée : elle se fait, à la vérité, en justice, mais seulement dans l'intérêt des mineurs, et pour assurer que les immeubles seront portés, par la chaleur des enchères, à leur véritable valeur; à l'égard des créanciers, c'est une vente ordinaire, une vente qui leur est tout aussi étrangère que si elle avait été faite devant notaire.

Le rapprochement ou la comparaison que l'o ι fait entre la saisie immobilière et la vente des bien; des mineurs, l'application à celles-ci des règles introduites pour celles-là, sont totalement inexactes. Les formalités relatives à l'affiche, au mode de publicité de la saisie pour amener des enchérisseurs, conviennent sans doute à la vente des biens des mineurs. La disposition de l'article 710 leur est également applicable, puisqu'elle sert à augmenter le prix qu'on retire de l'immeuble; mais c'est tout : les autres formalités introduites dans la saisie pour l'intérêt des créanciers, ne se trouvent pas dans la vente des biens des mineurs; on n'appelle point ces créanciers, on ne leur fait aucune notification ; et c'est cependant leur présence, nécessaire à la

vente, qui fait que l'adjudicataire sur saisie immo-
bière est dispensé de faire transcrire et de suivre
les formalités indiquées pour purger.

Ces différences doivent avoir quelque résultat;
elles doivent établir la ligne de démarcation entre
la saisie immobilière et la vente des biens des mineurs; et sans doute que leur premier effet est de
faire regarder celle-ci comme étrangère aux créanciers.

Ces créanciers ont un droit réel; ils ne peuvent
le perdre que par une des manières indiquées par
la loi; et nulle part on ne verra que l'adjudication
des biens des mineurs, vendus volontairement, ait
naturellement cet effet.

D'où nous concluons que les hypothèques existent encore après l'adjudication, et que le seul
moyen de les effacer, c'est de faire transcrire le
jugement d'adjudication et de le notifier aux créanciers inscrits; comme s'il s'agissait d'une vente purement volontaire, que si les mineurs ou les interdits étaient mariés, et qu'il n'y eût pas d'inscription du chef des femmes, l'adjudicataire devrait
déposer le contrat au greffe, et certifier ce dépôt
par acte signifié tant à la femme qu'au procureur
du roi.

XXV. Comme nous ne parlons maintenant de
la transcription que comme première formalité à
suivre pour purger l'immeuble des hypothèques
et priviléges, nous devons examiner si elle est nécessaire pour libérer l'immeuble des priviléges de

l'art. 2101, de ces priviléges qui, grevant l'universalité du mobilier, n'arrivent sur les immeubles
qu'en cas d'insuffisance des meubles.

La loi ne semble indiquer aucun mode particulier pour la purgation de ces priviléges; au contraire, elle paraît les placer dans le rang des hypothèques et priviléges ordinaires, puisqu'après avoir
donné cette rubrique au ch. 8, *du Mode de purger
les propriétés des priviléges et hypothèques*, elle
n'ajoute aucune formalité particulière pour purger
cette espèce de privilége.

Cependant il serait difficile de les assimiler aux
hypothèques ou priviléges ordinaires. Dispensés
par l'article 2109 de la formalité de l'inscription,
ces priviléges ne peuvent pas être purgés par la
voie indiquée par l'art. 2183 et suivans, parce que,
restant inconnus, on ne pourrait pas faire aux
créanciers qui en seraient nantis, les notifications
prescrites par ces mêmes articles.

Toutefois, il faut bien trouver un moyen de purger ces priviléges; la faveur qu'ils présentent ne
peut pas aller jusqu'à mettre l'acquéreur dans l'impossibilité de les effacer : c'est pourquoi l'on avait
proposé d'appliquer à ces priviléges les règles établies pour la purgation des hypothèques légales
non inscrites,

Mais ce serait sans doute étendre la loi d'un cas
à un autre; le chapitre IX n'est relatif qu'aux hypothèques qui frappent les biens des maris et tuteurs, et l'on ne peut l'appliquer aux priviléges

énoncés dans l'article 2101. Il faut donc chercher un autre moyen qui se concilie mieux avec l'esprit de la loi.

Nous croyons que M. Tarrible, dans son article inséré au *Répertoire*, verb. *Transcription*, a trouvé le véritable mode, le seul qu'il soit possible de mettre en usage. C'est la transcription du titre de propriété. Cette formalité, en effet, est suffisante pour libérer l'acquéreur des priviléges énoncés en l'article 2101, puisqu'elle met en demeure les créanciers qui en jouissent, et qu'elle rentre parfaitement dans l'esprit de l'article 834 du Code de procédure civile.

Cet article, en effet, exige que tous les créanciers ayant hypothèque ou *privilége* antérieurement aux aliénations, fassent inscrire leurs titres au plus tard dans la quinzaine; à défaut d'accomplir cette formalité, ils sont déchus de leurs hypothèques ou priviléges. Cet article ne contient d'exception qu'en faveur des vendeurs et des cohéritiers; ce qui prouve que tous les autres privilégiés sont compris dans la règle générale.

Si donc les créanciers énoncés dans l'article 2101 ne font pas inscrire leurs priviléges dans la quinzaine de la transcription, ils sont définitivement déchus de leurs droits, et l'immeuble en reste affranchi entre les mains du nouveau propriétaire.

On opposera, sans doute, qu'aux termes de l'article 2107, ces priviléges sont dispensés de l'inscription, mais on pourrait faire la même objection

pour les femmes et les mineurs : leurs hypothèques
sont aussi indépendantes de l'inscription ; et cependant l'article 2195 déclare que si, dans les deux
mois de l'exposition du contrat, il n'a été pris
aucune inscription, les hypothèques demeurent définitivement purgées. Or, l'article 834 a fait, pour
les priviléges originairement indépendans de l'inscription , ce que l'article 2163 a fait pour l'hypothèque des femmes et des mineurs : dans l'un et
l'autre cas, l'hypothèque et le privilége ne sont
pas assujettis à l'inscription à l'égard des autres
créanciers ; mais lorsqu'il s'agit de l'intérêt d'un
tiers acquéreur qui manifeste l'intention de purger,
il faut lui donner les moyens de libérer sa propriété.

Nous concluons de ces observations que la seule
manière de purger les priviléges énoncés en l'article 2101, c'est de faire transcrire l'acte de propriété ; que cette transcription a seule l'effet de libérer les immeubles lorsqu'on ne les a point fait
inscrire dans la quinzaine de la transcription.

XXVI. Après avoir vu avec quelques détails
la première formalité que doit remplir l'acquéreur
qui veut purger l'immeuble par lui acquis, il
nous reste à expliquer les autres conditions auxquelles l'assujettit la loi, et c'est ce que nous
allons faire dans nos observations sur les articles
suivans.

Art. 2183. *Si le nouveau propriétaire veut se garantir de l'effet des poursuites autorisées dans le chapitre VI du présent titre, il est tenu, soit avant les poursuites, soit dans le mois, au plus tard, à compter de la première sommation qui lui est faite, de notifier aux créanciers, aux domiciles par eux élus dans leurs inscriptions :*

1° *Extrait de son titre, contenant seulement la date et la qualité de l'acte, le nom et la désignation précise du vendeur et du donateur, la nature et la situation de la chose vendue ou donnée, et s'il s'agit d'un corps de biens, la dénomination générale seulement du domaine et des arrondissemens dans lesquels il est situé, le prix et les charges faisant partie du prix de la vente, ou l'évaluation de la chose, si elle a été donnée ;*

2° *Extrait de la transcription de l'acte de vente ;*

3° *Un tableau sur trois colonnes, dont la première contiendra la date des hypothèques et des inscriptions ; la seconde, le nom des créanciers ; la troisième, le montant des créances inscrites.*

I. L'acquéreur d'un immeuble est toujours admis à le purger des hypothèques et priviléges qui le grèvent : il aurait renoncé à ce droit par le contrat d'acquisition, que nous serions presque tenté de le relever de cette renonciation ; mais au moins

pensons-nous que de semblables conventions doivent être formelles, et qu'elles ne peuvent pas facilement se présumer. Si donc, lors de l'acquisition, le tiers avait connu les hypothèques, et pour
cela exigé des garanties de la part de son vendeur,
il n'en aurait pas moins le droit de remplir les formalités de la purge, seulement ce devrait être à ses
propres frais. (Arrêt de Colmar. *Journal du Palais,*
tom. 1 de 1810, pag. 222.)

II. La loi ne fixant pas de délai, l'acquéreur peut
toujours faire transcrire et purger. Néanmoins les
créanciers ont un moyen de l'y contraindre, c'est
de lui faire la sommation de payer ou de délaisser,
dont nous avons parlé en expliquant l'art. 2169.
Si, dans le mois qui suit cette sommation, l'acquéreur ne remplit pas les formalités de la purge,
il est déchu du droit de les remplir utilement, il
ne peut plus se libérer envers les créanciers hypothécaires, qu'en payant la totalité de leurs créances, en capitaux, intérêts et frais, ou en délaissant
l'immeuble.

III. A ce sujet, nous devons remarquer toute la
sévérité de la loi. Elle ne se contente pas de la
transcription que ferait faire l'acquéreur dans le
mois de la sommation, ou qu'il aurait fait faire auparavant : il faut que dans le mois, au plus tard,
il fasse la notification de son contrat à chaque
créancier, ou autrement il est déchu du droit de
purger.

IV. La notification que la loi prescrit à l'acqué-

reur qui veut purger, ne doit être faite qu'aux
créanciers qui ont suivi l'immeuble entre les mains
de l'acquéreur, c'est-à-dire aux créanciers inscrits :
encore faut-il distinguer entre ceux-ci , ceux dont
l'hypothèque a été inscrite avant la transcription,
et ceux qui n'ont requis cette formalité que dans
la quinzaine. Pour les premiers , la notification est
toujours requise , les autres ne peuvent jamais
l'exiger. C'est ainsi que le décide l'article 835 du
Code de procédure, ainsi conçu : « Dans le cas de
» l'article précédent, le nouveau propriétaire n'est
» pas tenu de faire aux créanciers, *dont l'inscrip-*
» *tion n'est pas antérieure* à la transcription de
» l'acte, les significations prescrites par les articles
» 2183 et 2184 du Code civil, etc. »

V. La notification exigée par notre article se fait
aux domiciles élus par les créanciers dans leurs inscriptions, et peut avoir également lieu au domicile
réel. Comme ces élections de domicile sont exigées
pour l'intérêt des débiteurs et des tiers, ceux-ci
doivent pouvoir y renoncer.

VI. Ces notifications doivent être faites par un
huissier, commis à cet effet par le président du
tribunal de première instance de l'arrondissement
où elles ont lieu. (*Code de procédure*, article 832.)

VII. Elles doivent contenir l'extrait du titre d'acquisition, c'est-à-dire sa date et sa qualité, si c'est
une vente, un contrat d'échange ou un acte de donation; le nom et la désignation précise du ven-

deur ou du donateur; la nature et la situation de
la chose vendue ou donnée, ou toutes autres désignations, telles que les créanciers ne puissent pas
se méprendre et aient les moyens de reconnaître
leurs débiteurs et l'immeuble qui a été hypothéqué : toute erreur à cet égard pourrait nuire à l'acquéreur et l'empêcher de purger.

Cet extrait doit encore contenir l'indication du
prix et des charges faisant partie du prix de la
vente, afin que les créanciers puissent juger si
l'immeuble a été porté à sa véritable valeur, et si
leur gag· n'est pas diminué en passant dans une
autre main.

Dans le cas où l'immeuble a été transmis à titre
de donation, le tiers détenteur doit en fixer lui-
même la valeur, et déterminer par là la garantie
qu'il offre à chaque créancier.

VIII. Si l'extrait dont nous nous occupons ne
faisait pas mention du prix pour lequel le tiers détenteur a acquis, il est indubitable que la dénonciation serait nulle, parce que, n'ayant pas été à
portée de surenchérir, les créanciers pourraient se
plaindre de n'avoir pas été légalement mis en demeure. Il en serait de même si l'énonciation relative au prix était inexacte, parce que la fausseté
d'une déclaration, ou l'omission absolue qu'on en
aurait faite, doivent nécessairement produire le
même effet.

Il y a d'ailleurs des raisons bien puissantes pour
prononcer, dans ce dernier cas, la nullité de la

notification. Ou le prix déclaré est porté à un taux plus élevé que celui désigné dans le contrat de vente, et alors il est possible que les créanciers n'aient pas fait de surenchère; précisément parce que le prix déclaré leur a paru équivaloir à la valeur de l'immeuble; ou, au contraire, le prix est inférieur à celui pour lequel l'aliénation a été consentie, et dans ce cas, il est à craindre que les créanciers ne hasardent une surenchère à laquelle ils n'eussent jamais pensé, si le prix leur eût été exactement notifié.

Cette considération a déterminé la cour d'appel de Turin à prononcer la nullité d'une notification faite par la demoiselle Allemandi, dans l'espèce suivante :

Cette demoiselle avait accepté l'abandon de quelques immeubles, fait par son père en paiement de ce qu'il lui devait.

Après avoir fait transcrire l'acte d'abandon, la demoiselle Allemandi le fit notifier aux créanciers inscrits, avec déclaration que le prix de son acquisition était de 3,090 francs : dans la réalité, il avait été porté de 3,365 francs.

Un des créanciers inscrits requit la mise aux enchères, mais d'une manière irrégulière. On en demandait la nullité, et toute ressource était désormais interdite, lorsqu'on s'aperçut que la notification contenait une énonciation inexacte relativement au prix. Aussitôt on en demanda la nullité, et l'on parvint à la faire prononcer par le tribunal de première instance.

La demoiselle Allemandi interjeta appel, mais inutilement ; car la cour de Turin, par arrêt du 2 mars 1811, dit qu'il avait été bien jugé.

IX. Le prix doit donc être indiqué tel qu'il est dans le contrat. C'est un extrait que l'acquéreur donne de son titre à chaque créancier, et, sous aucun prétexte, il ne peut se permettre de l'altérer. Cependant, lorsqu'il n'existe pas de prix, comme dans une donation ou un contrat d'échange, ou que le prix est indéterminé, comme dans un contrat de constitution de rente viagère ou perpétuelle, il faut bien que l'acquéreur donne son évaluation, et fasse connaître le prix effectif sur lequel les créanciers peuvent compter. (*Voyez* ci-après, art. 2184, n° IV.)

X. Indépendamment de l'extrait du contrat de vente, la dénonciation aux créanciers doit contenir l'extrait de la transcription, et un tableau, sur trois colonnes, de la date des inscriptions et hypothèques, des noms des créanciers, et du montant de leurs créances. Ce tableau est fait sur l'état délivré par le conservateur des hypothèques, et sans que l'acquéreur soit obligé de prouver que les inscriptions frappent réellement sur le vendeur. (Arrêt de cassation du 5 janvier 1809, rapporté au *Journal du Palais*, n° 578, art. 71.)

XI. Voilà les formalités auxquelles est assujettie la notification à faire par l'acquéreur qui veut

purger. Il ne nous reste, pour compléter cette
matière, qu'à parler de la déclaration qu'il doit y
ajouter ; ce que nous allons faire dans nos observations sur l'article suivant.

Art. 2184. *L'ac uéreur ou le donataire déclarera*
par le même acte, qu'il est prêt à acquitter sur-
le-champ les dettes et charges hypothécaires,
jusqu'à concurrence seulement du prix, sans
distinction des dettes exigibles ou non exigibles.

I. L'acquéreur qui, voulant purger l'immeuble
par lui acquis, a déjà fait transcrire son titre, et
se dispose à faire la notification dont nous venons
de déterminer les conditions sur l'article précédent, doit y ajouter cette déclaration, *qu'il est*
prêt à acquitter sur-le-champ *les dettes et charges*
hypothécaires. Par là tous les créanciers sont en
demeure. Ils peuvent juger si l'immeuble a été
porté à sa véritable valeur, et s'il est de leur intérêt de hasarder une surenchère.

II. Cette déclaration ne doit pas être faite nécessairement dans les termes que nous venons de
rapporter, et que nous avons puisés dans la loi
même. L'article que nous expliquons ne contient
pas de formule, et encore moins de termes sacramentels. Pourvu qu'on trouve dans la notification
de l'acquéreur l'offre de payer jusqu'à concurrence
de son prix, n'importe comment et dans quels
termes elle y sera expliquée, le but de la loi sera

rempli. C'est conformément à ces principes que, par un arrêt de la cour de Turin, rapporté dans nos *Questions*, tom. 2 de la 2ᵉ édition, il a été jugé que la notification était régulière lorsque l'acquéreur avait déclaré qu'il offrait de se conformer à la loi.

III. La déclaration de l'acquéreur doit contenir l'offre de payer *sur-le-champ*. Si donc il avait stipulé des délais et des facilités, ils devraient bien lui être accordés par le vendeur, mais il ne pourrait pas s'en prévaloir à l'égard des créanciers qui, étrangers à l'acte de vente, ne pourraient pas souffrir des stipulations qu'il renfermerait.

IV. Ces principes doivent servir à décider la question que nous avons indiquée sur l'article précédent, et qui consiste à savoir si celui qui a acquis moyennant une rente viagère, peut se contenter d'offrir les arrérages, ou s'il ne doit pas déclarer qu'il est prêt à acquitter sur-le-champ les dettes inscrites jusqu'à concurrence du capital qu'il donne à cette rente?

En aliénant son bien à rente viagère, le débiteur ne peut pas plus nuire à ses créanciers qu'il ne le peut en accordant du temps et des facilités à son acquéreur. Toutes ces conventions sont bonnes au regard des parties contractantes, mais étrangères aux créanciers à qui elles ne sauraient être opposées.

Il faut donc, sans égard à ces stipulations, que l'acquéreur qui veut purger détermine le capital de la rente, qu'il évalue la somme pour laquelle il suppose avoir acquis, et qu'il l'offre aux créanciers inscrits : autrement ces créanciers ne peuvent pas savoir si l'immeuble a été porté à sa véritable valeur, et s'ils ont intérêt ou non à surenchérir. Jusque là, le délai de la surenchère ne peut donc courir contre eux. C'est ce qu'a jugé la troisième chambre de la cour de Paris, par un arrêt du 3 février 1814, dont nous avons la grosse sous les yeux. Ses motifs sont « que là où le prix est in- » déterminé, la notification du contrat est nulle » à l'effet de faire courir le délai de la suren- » chère. »

V. Sous la loi du 11 brumaire an VII (art. 30), le tiers acquéreur qui voulait purger sa propriété, jouissait des mêmes termes et délais que le débiteur principal. Aussi il arrivait souvent, ainsi qu'on l'observa au conseil lors de la rédaction de notre article, que cette disposition jetait beaucoup d'embarras sur les liquidations. Les créanciers, dont les titres n'étaient pas encore échus, s'opposaient à ce que les créanciers postérieurs, mais dont les créances étaient exigibles, fussent payés, attendu qu'ils couraient eux-mêmes le hasard de ne plus trouver dans le gage une sûreté suffisante.

Ce fut donc pour obvier à ces discussions, qu'on disposa : que le tiers acquéreur serait obligé d'offrir le paiement de toutes les dettes, sans distinction de celles *exigibles ou non exigibles*, mais seulement jusqu'à concurrence du prix.

VI. Ces mots de notre article, *exigibles ou non exigibles*, s'appliquent naturellement à toute espèce de créances, ayant hypothèque sur l'immeuble, conséquemment aux rentes constituées comme aux créances ordinaires.

VII. Mais il en serait autrement des rentes viagères. L'article 1979 veut que, dans aucun cas, on ne puisse se libérer du paiement de la rente en offrant de rembourser le capital : ainsi le tiers ne pourrait faire autre chose, si ce n'est offrir de continuer le service de la rente. Il n'y aurait que le créancier de la rente, si elle avait été constituée moyennant un prix, qui pourrait demander la résiliation, et, par conséquent, le paiement du capital. (Art. 1977.)

VIII. Lorsqu'il y a des créances conditionnelles, la question est peut-être plus difficile, mais se résout par les mêmes principes. Le tiers doit toujours offrir de les acquitter; et, comme ces créanciers ne sont pas en mesure, il sera autorisé ou à consigner, ou à payer à un créancier postérieur, qui donnera caution que, si la condition s'effectue, il restituera au créancier dont les droits étaient d'abord suspendus par la condition.

IX. Le tiers détenteur n'est tenu des dettes que jusqu'à concurrence de son prix; et, comme ce prix doit toujours se trouver dans la notification, soit que le tiers soit devenu propriétaire par vente ou donation, il ne peut guère y avoir de difficulté à cet égard.

X. Cependant cette dernière partie de l'article
2184 a donné naissance à une difficulté. On a demandé si, lorsque le même immeuble avait été
successivement vendu à deux particuliers, c'est-à-
dire, acquis d'abord par un, et ensuite revendu
par lui; et que le dernier acquéreur avait seul
fait transcrire et notifier son contrat aux créanciers inscrits sur le vendeur originaire, tandis
que le premier n'avait pas rempli ces formalités;
les créanciers avaient droit au prix de la seconde
vente, quoique supérieur au prix de la première?
D'une part, on peut dire que, devenu propriétaire par la première vente, le premier acquéreur
avait irrévocablement fixé les droits des créanciers au prix pour lequel il avait acquis; que
l'aliénation consentie ensuite par lui, quoique
pour une somme supérieure, ne pouvait profiter qu'à lui ou à ses créanciers personnels, et
jamais à ceux du propriétaire originaire, dont
les droits se bornaient à surenchérir sur le pied
de la première mutation; que la transcription et
la notification faite par le second acquéreur rem-
plaçaient celles qu'aurait pu faire le premier, et
que conséquemment les créanciers du propriétaire
originaire ne pouvaient prendre pour base de leur
réclamation l'aliénation consentie ensuite par le
premier acquéreur.

Néanmoins ces prétentions ont été rejetées par
arrêt de la Cour suprême, en date du 5 novembre 1807. Cette cour a pensé *que la première*

vente était absolument étrangère aux créanciers;
et que le second acquéreur, ayant fait transcrire
son contrat, le leur ayant ensuite notifié, avait,
par là même, aux termes de l'article 30 de la loi
du 11 brumaire an VII, contracté l'engagement
de rapporter à la masse des créanciers inscrits le
prix de son acquisition, pour être distribué à cha-
cun d'eux, conformément à ses droits. (Cet arrêt
est rapporté dans la *Jurisprudence de la cour de*
cassation, an 1808, 3ᵉ cahier.)

XI. Après avoir expliqué l'art. 2184, il nous
reste à parler des effets généraux de la notification
dont il parle, et des obligations qu'elle impose à
l'acquéreur.

XII. Tant que le tiers ne purge pas, il peut
bien, suivant l'article 2167, être contraint au
paiement de toutes les dettes, à quelques sommes
qu'elles puissent se monter, mais seulement
comme tiers détenteur; en sorte que, sa personne
n'étant pas engagée, il peut toujours se libérer en
abandonnant l'immeuble.

Mais dès que l'acquéreur a manifesté le dessein
de purger, que pour cela il a fait transcrire son
titre et notifier aux créanciers inscrits, ses obligations sont changées. Par les offres qu'il a faites de
payer jusqu'à concurrence de son prix, il s'est
obligé personnellement, et voilà pourquoi il ne
pourra plus se libérer en délaissant l'immeuble.
Ce ne serait qu'autant qu'il surviendrait une

surenchère, qu'il serait dégagé de son obligation;
sans cela elle durerait trente ans.

C'est conformément à ces principes que nous
avons décidé, en expliquant l'article 2154, que la
notification dispensait du renouvellement de l'inscription par rapport à l'acquéreur. On peut voir
sur cet article ce que nous en avons dit.

Art. 2185. *Lorsque le nouveau propriétaire a fait cette notification dans le délai fixé, tout créancier, dont le titre est inscrit, peut requérir la mise de l'immeuble aux enchères et adjudications publiques, à la charge :*

1° *Que cette réquisition sera signifiée au nouveau propriétaire dans* quarante jours, *au plus tard, de la notification faite à la requéte de ce dernier, en y ajoutant deux jours par cinq myriamètres de distance entre le domicile élu et le domicile réel de chaque créancier requérant;*

2° *Qu'elle contiendra soumission du requérant, de porter ou faire porter le prix à un dixième en sus de celui qui aura été stipulé dans le contrat, ou déclaré par le nouveau propriétaire;*

3° *Que la même signification sera faite dans le même délai au précédent propriétaire, débiteur principal;*

4° *Que l'original et les copies de ces exploits seront signés par le créancier requérant ou par son fondé de procuration expresse, lequel, en ce cas, est tenu de donner copie de sa procuration;*

5° *Qu'il offrira de donner caution jusqu'à concurrence du prix et des charges;*

Le tout à peine de nullité.

I. Lorsque le nouveau propriétaire, avant toutes

poursuites, ou dans le mois, au plus tard, à compter de la première sommation qui lui est adressée, a fait les notifications prescrites par les articles 2183 et 2184, chaque créancier inscrit a droit de surenchérir et de faire porter le prix de l'immeuble à un taux plus élevé. Cette faculté est la conséquence du droit qu'a le tiers déten-teur de déclarer un prix extrêmement faible, lors-qu'il est donataire ou qu'il a acquis pour une somme inférieure à la valeur réelle de l'immeuble. Sans cette faculté, il dépendrait du tiers déten-teur de détruire le gage, ou au moins de le réduire à bien peu de chose.

Pour expliquer avec méthode la matière des surenchères, nous examinerons, 1º à qui appar-tient le droit de surenchérir; 2º les conditions et formalités auxquelles la surenchère est assujet-tie; 3º enfin, nous nous expliquerons sur la sur-enchère qui peut avoir lieu après vente forcée.

II. Suivant l'article 2185, le droit de surenchérir appartient à tout créancier inscrit, à tout créan-cier qui, ayant une hypothèque régulièrement conservée, a pu suivre l'immeuble entre les mains de l'acquéreur. Nous disons régulièrement con-servée : parce qu'un titre apparent, une inscrip-tion informe ne peut pas donner un droit aux créanciers.

En effet, la mise de l'immeuble aux enchères est une conséquence du droit de suite accordé au créancier hypothécaire ; c'est une partie du droit réel lui-même auquel l'hypothèque donne naissance puisque l'aliénation étant parfaite par le seul consentement des parties, elle transfère la propriété absolue à l'acquéreur. Or autant vaudrait-il dire que les créanciers chirographaires peuvent suivre l'immeuble entre les mains de l'acheteur et en poursuivre la vente sur sa tête, que de soutenir que le créancier qui n'a qu'une hypothèque informe, qu'une inscription, indûment requise, peut troubler le nouveau propriétaire et réclamer le mise de l'immeuble aux enchères.

Ce créancier, qui se dit hypothécaire, n'est qu'un simple créancier cédullaire; car c'est la même chose que de n'avoir pas d'hypothèque ou d'en avoir une informe ou illégale, dont tous les intéressés peuvent obtenir la radiation.

C'est, au reste, ce qu'a jugé la cour de cassation elle-même, dans l'espèce suivante :

En 1774, les sieur et dame Rohan-Guéménée constituèrent plusieurs rentes viagères, pour la sûreté desquelles ils donnèrent hypothèque *sur tous leurs biens présens et à venir.*

Les actes de constitution furent passés à Paris.

Quelque temps après ces actes, la dame de Guéménée acquit, à titre de succession, de riches propriétés dans la Belgique, pays de nantissement, où l'hypothèque ne pouvait s'acquérir que par déshéritance et adhérence.

Après la loi du 11 brumaire, ceux au profit desquels les rentes avaient été constituées requirent des inscriptions sur les biens situés en Belgique,' mais ces inscriptions n'empêchèrent pas la dame de Guémenée d'aliéner ces propriétés. Elles furent acquises par le sieur Lefebvre, qui requit la transcription et fit faire la notification.

Un des créanciers des rentes constituées, le sieur Bouret, crut pouvoir requérir la mise aux enchères, et mettre ainsi en usage les inscriptions par lui faites; mais on lui opposa qu'il était non recevable, parce qu'il n'avait pas d'hypothèque sur les biens situés en Belgique.

Le tribunal de première instance proscrivit en effet sa réclamation; mais ayant interjeté appel, il parvint à faire juger, par la cour de Bruxelles, que, s'il était vrai que lors de la passation des actes de constitution il n'eût pas hypothèque sur les biens situés en Belgique, il en avait néanmoins acquis une par la promulgation de la loi du 11 brumaire; que dans tous les cas le droit de requérir la mise aux enchères était favorable, puisqu'il empêchait l'acquéreur de s'enrichir au détriment des créanciers légitimes.

L'acquéreur dénonça cet arrêt à la cour de cassation, qui, après avoir jugé, le 28 décembre 1808, que Bouret n'avait réellement pas acquis d'hypothèque sur les biens situés en Belgique, ajouta qu'il résultait de l'article 31 de la loi du 11 brumaire an VII, que la faculté de requérir la surenchère ne pouvait être exercée que par les créanciers ayant hypothèque inscrite; d'où il suivait que l'arrêt dé-

noncé avait contrevenu aux articles précités de la
loi du 11 brumaire, en autorisant Bouret de Ve-
zesay à provoquer la surenchère des biens dont il
s'agit. Par ces motifs la cour cassa et annula.

III. Si l'inscription existait matériellement, mais
que le créancier en eût déjà consenti la main-levée,
que le débiteur aurait négligé de faire opérer par
le conservateur, ce créancier ne pourrait pas poursuivre la surenchère; la raison est que, n'étant
plus créancier hypothécaire, il ne peut plus en
exercer les prérogatives.

IV. Quoique le droit de requérir la mise de l'immeuble aux enchères ne soit accordé, par notre
article, qu'aux créanciers inscrits, il appartient
également à ceux qui ont des hypothèques ou des
priviléges indépendans de l'inscription. Ayant,
comme les autres, le droit de suite, il faut bien
qu'ils puissent le réaliser par la surenchère.

V. Quand nous disons que tout créancier inscrit
a droit de requérir la mise de l'immeuble aux enchères, nous comprenons tant ceux inscrits antérieurement à la vente ou à la transcription, que ceux
inscrits dans la quinzaine; la seule différence entre
eux est que le délai de quarante jours, dont nous
parlerons bientôt, ne se compte pas de la même
manière, ou plutôt ne court pas de la même époque. (*Voyez* ci-après, nº XI.)

VI. Mais si un créancier avait pris inscription,
même avant l'aliénation de l'immeuble, aurait-il le
droit de surenchérir, si son inscription se trouvait

omise dans le certificat qu'en aurait délivré le conservateur ?

L'article 2198 du Code civil déclare que, lorsque le tiers acquéreur a requis le certificat des inscriptions depuis la transcription de son titre, l'immeuble à l'égard duquel le conservateur aurait omis une ou plusieurs des charges inscrites, en demeure, sauf la responsabilité du conservateur, affranchi dans ses mains.

Cet article ne distingue aucunement: après avoir balancé l'intérêt du créancier et celui du tiers acquéreur, il se prononce en faveur de celui-ci, laissant au créancier dont l'inscription a été omise, son recours contre le conservateur.

D'où il est permis d'inférer que c'est du jour où l'acquéreur a obtenu le certificat des inscriptions, que l'immeuble est libéré de l'hypothèque omise.

En effet, l'acquéreur a pu procéder dès ce jour sur la foi du certificat qu'on lui a délivré ; il a pu payer la totalité du prix au vendeur, si le conservateur lui a délivré un certificat négatif, ou au moins ne garder en ses mains que de quoi payer les hypothèques qu'on lui a déclaré être inscrites. Venir ensuite le troubler dans sa possession pour des hypothèques omises, c'est trahir sa confiance, c'est faire retomber sur lui une omission que la loi elle-même a mise à la charge du créancier.

Le même article 2198, indépendamment du recours du créancier contre le conservateur, lui donne un autre moyen de sauver sa créance ; c'est de se faire colloquer suivant l'ordre qui lui appartient, tant que le prix n'a pas été payé par l'acquéreur, ou tant que l'ordre entre les créanciers n'a pas été homologué.

Mais cette disposition justifie complètement notre assertion. Si le créancier n'a pas d'autre moyen de conserver sa créance, que de se faire colloquer sur le prix, tant qu'il n'est pas payé ou que l'ordre n'est pas homologué, il en résulte qu'il ne conserve aucun droit contre l'acquéreur, entre les mains duquel l'immeuble demeure définitivement affranchi.

Cependant cette opinion n'est pas à l'abri de toute objection. On a dit, pour la combattre, que les créanciers qui n'avaient pas encore requis d'inscription lors de la vente, pouvaient, d'après l'article 834 du Code de procédure, requérir la mise aux enchères, s'ils prenaient inscription dans la quinzaine de la transcription ; qu'il était indubitable que les créanciers dont l'inscription avait été omise par le conservateur, avaient tout au moins les mêmes avantages.

Cette observation est exacte. L'article 834 du Code de procédure a nécessairement modifié l'article 2198 ; car, s'il résulte de celui-ci, ainsi que nous venons de l'établir, que l'immeuble demeurait affranchi de l'hypothèque omise immédiatement après la délivrance du certificat requis depuis la transcription, il est constant que l'article 834 a prolongé le temps pendant lequel l'immeuble pouvait devenir l'objet de nouvelles inscriptions. Et,

certes, il serait difficile de dire pourquoi le créancier dont l'inscription a été omise ne pourrait pas
surenchérir, lorsque ceux qui n'ont inscrit que
postérieurement à la transcription, peuvent user
de ce droit.

Toutefois, pour que le créancier puisse surenchérir, il faut qu'il fasse signifier son inscription
dans la quinzaine de la transcription ; car il est,
par rapport au tiers acquéreur, et tant qu'il n'a
pas notifié un nouvel état des charges inscrites,
comme s'il n'avait pas fait faire d'inscription. En
requérant son état d'inscription après la quinzaine, le tiers demeure donc affranchi des hypothèques omises, comme avant l'article 834 il en
demeurait affranchi par le certificat requis immédiatement après la transcription.

Ainsi, tout ce qu'on peut conclure de cet article 834, c'est que, depuis sa promulgation, c'est
seulement après l'expiration de la quinzaine que
l'acquéreur doit requérir le certificat des inscriptions, et que celui requis auparavant ne libère pas
l'immeuble entre ses mains.

On a encore proposé d'autres objections. Suivant
l'article 2185, *tout créancier*, a-t-on dit, dont le
titre *est inscrit*, peut requérir la mise de l'immeuble
aux enchères dans les quarante jours de la notification faite par l'acquéreur ; et ce n'est qu'après l'expiration de ce délai, que l'immeuble est purgé et
sa valeur fixée au prix stipulé par le contrat.

Le créancier dont l'inscription a été omise dans

le certificat du conservateur, remplit la condition
requise pour surenchérir : il est créancier inscrit;
donc rien ne peut l'empêcher d'user de ce droit,
et de faire ainsi porter l'immeuble à sa véritable
valeur.

En faisant cette objection, on n'a pas pris garde
au rapprochement qui existait entre l'article 2185
et les articles 2183 et 2198. Sans doute que l'article 2185 donne à tout créancier inscrit le droit de
surenchérir; mais on a entendu parler seulement
des créanciers inscrits à qui, suivant l'art. 2183,
les notifications deraient être faites, c'est-à-dire
de ceux compris sur le certificat délivré par le
conservateur; autrement, le créancier dont l'hypothèque aurait été omise, conserverait un droit
absolu, une hypothèque perpétuelle, puisqu'en
supposant que l'acquéreur s'arrange avec les créanciers inscrits, et que pour cela il ne fasse pas faire
de notifications, il serait toujours troublé par un
créancier qu'il ne pouvait connaître, et au préjudice duquel il devait d'autant plus se libérer, que
rien ne lui avait indiqué son droit.

On peut même citer un cas assez ordinaire, où,
s'il en était autrement, l'acquéreur serait dans l'impossibilité de purger : c'est lorsque le conservateur,
en omettant une inscription, délivrerait, après
la quinzaine de la transcription, un certificat négatif. En foi de ce certificat, l'acquéreur paierait au
vendeur, sans faire de notification, sans avoir même
la facilité d'en faire.

Cependant, comme le délai de quarante jours accordé pour surenchérir ne court que de l'époque des notifications, il arriverait que l'acquéreur ne serait jamais tranquille, et qu'il pourrait toujours être inquiété par un créancier dont le conservateur aurait omis l'inscription; alors il ne serait plus vrai de dire, avec l'article 2198, qu'à l'aide du certificat délivré par le conservateur, l'immeuble *est affranchi*, *entre les mains du nouveau possesseur*, de l'hypothèque omise.

Je sais qu'on propose, pour écarter ce moyen, une nouvelle manière d'entendre cet article 2198. On dit que cet article doit naturellement s'expliquer, par l'article 2186, de manière à entendre, par l'*affranchissement* de l'immeuble, dont parle le premier, la fixation du prix dont il est question dans le second; ce qui signifie que le certificat du conservateur tient lieu de notification à l'égard du créancier, dont l'inscription est omise, et qu'après la délivrance de ce certificat, il faut qu'il s'écoule encore quarante jours sans mise aux enchères, pour que l'immeuble *soit affranchi* ou fixé au prix déclaré.

J'avoue qu'il était difficile de prévoir cette explication; elle porte un mauvais sens donné à l'article 2186, et elle détruit l'article 2198. En effet, le premier s'explique toujours par l'article 2183, de manière à fixer le prix de l'immeuble et à assujettir l'acquéreur à le payer, mais seulement aux créanciers inscrits, aux créanciers à qui avaient été

faites les notificatious, et non à ceux dont l'acquéreur a dû ignorer l'existence.

Autrement, l'acquéreur demeurerait toujours
obligé envers ces créanciers inconnus, même après
l'homologation de l'ordre; ce qui serait contraire
au texte de la loi.

Cette interprétation ne renverserait pas moins
l'article 2198, qui affranchit sans délai l'immeuble acquis des inscriptions omises, et qui ne
permet pas de différer cet affranchissement pendant quarante jours. Persister dans cette opinion,
c'est donc se mettre en opposition avec la loi, c'est
même méconnaître la jurisprudence de la Cour de
cassation.

Voici en effet un arrêt qui a jugé la question
dans l'hypothèse suivante :

Un sieur Hubert fait transcrire son contrat d'acquisition, et se fait ensuite délivrer un certificat des
inscriptions ; il notifie après, à tous les créanciers
inscrits, à l'exception du sieur Biers, dont l'inscription avait été omise dans le certificat.

Celui-ci, étonné de ne ne pas recevoir de notification, s'empresse de faire signifier un nouvel état
des inscriptions, tant à l'acquéreur qu'aux autres
créanciers; ensuite il requiert la mise aux enchères
de l'immeuble.

L'acquéreur le soutient non recevable, par cela
seul que l'immeuble par lui acquis est affranchi de
l'hypothèque, par suite du certificat délivré par
le conservateur.

Le tribunal de première instance rejette la fin de non recevoir ; mais l'acquéreur ayant interjeté appel, la Cour de Paris, infirma le jugement, et accueillit sa défense.

Le sieur Biers se pourvoit en Cassation, et, par arrêt du 9 nivôse an XIV, sa demande fut rejetée en ces termes :

« Attendu que le certificat délivré, le 25 brumaire an IX, par le conservateur des hypothè- »ques, a rempli le vœu de l'article 51 de la loi du » 11 brumaire an VII, que dès ce jour l'acquéreur » a pu procéder sur la foi de ce certificat ; que, » dans cette position, la Cour d'appel de Paris n'a » point faussement appliqué les art. 51, 52 et 53 » de ladite loi du 11 brumaire, en déterminant que » les droits du demandeur ne pouvaient être plus » étendus que ceux d'un créancier omis par le con- »servateur ; la Cour rejette. »

VII. Le droit de surenchérir n'est pas un droit personnel ; il peut être exercé non-seulement par le créancier hypothécaire, mais par ses cession- naires et ayant-droits. Toutefois l'on a demandé s'il appartenait au débiteur solidaire, qui, par le paiement de la dette commune, se trouvait subrogé aux droits du créancier ?

En payant la totalité de la dette, le débiteur so- lidaire ne l'éteint que pour sa part ; il est subrogé de plein droit au lieu et place du créancier, qui, suivant l'expression des lois romaines, *non in so-*

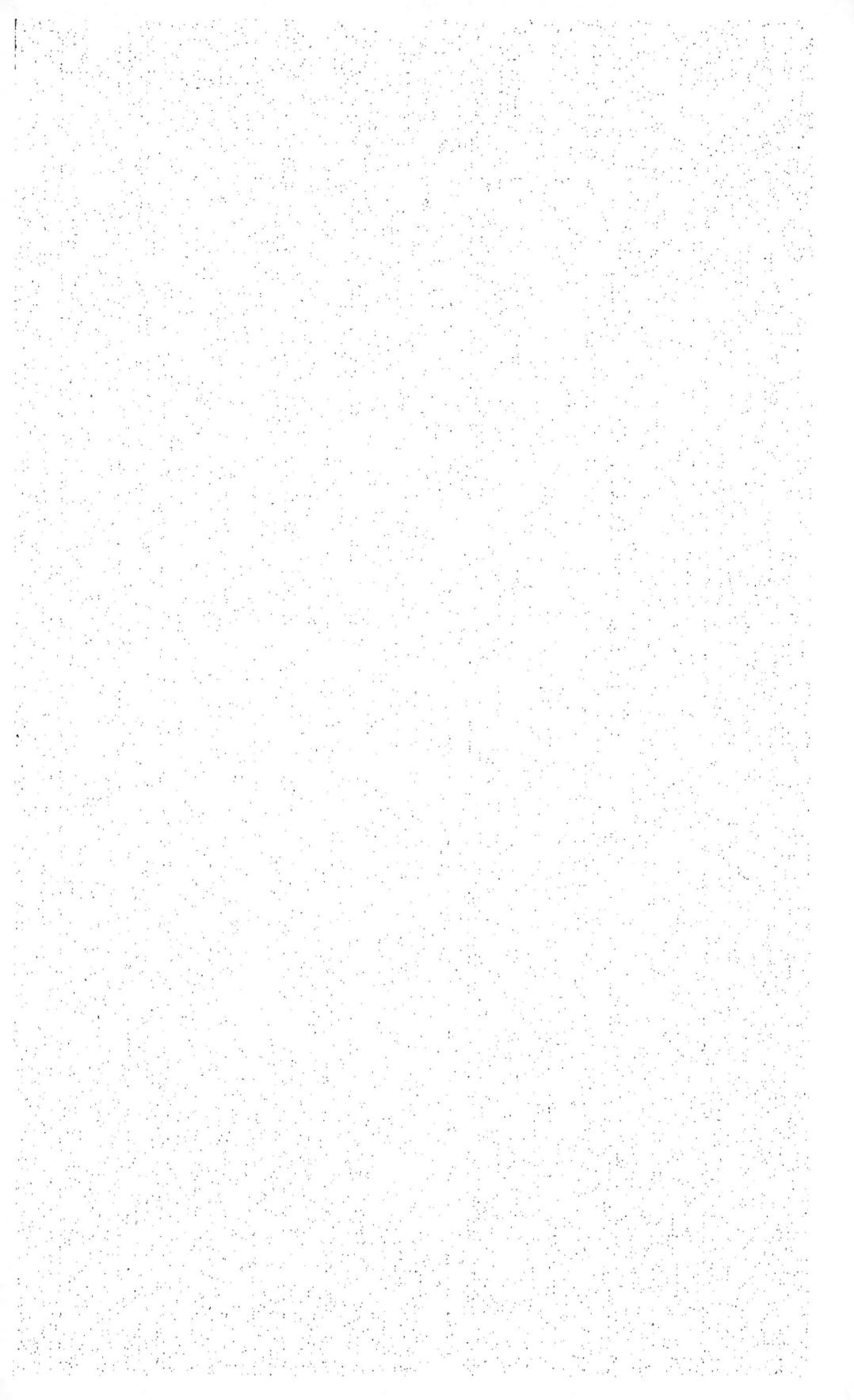

lutum accepit, sed quodammodo nomen creditoris
vendidit.

Par la subrogation, le co-débiteur solidaire devient donc créancier des parts que ses co-obligés
avaient dans la dette; il succède aux droits du
créancier; il jouit, comme lui, des hypothèques
dont il était nanti, sur les biens personnels des
autres co-obligés. C'est ce qu'établit le § 3 de l'article 1251.

D'où il suit que ce co-débiteur qui a payé la totalité de la dette solidaire, jouit aussi du droit de
surenchérir, puisque c'est une suite de l'hypothèque, puisque souvent c'est la seule manière de l'u-
tiliser.

A la vérité, l'on fait une objection. On prétend
que s'il est vrai que le co-débiteur puisse surenchérir, ce ne peut être qu'autant qu'il a fait inscrire son acte de subrogation; car, ajoute-t-on,
ce droit n'est accordé par l'article 2185 qu'au
créancier inscrit.

Cette objection est vraiment puérile. Si l'hypothèque prenait naissance dans l'acte de subrogation, si elle n'avait pas encore été rendue publique,
on conçoit qu'il fût possible de refuser au subrogé
le droit de surenchérir, le droit de faire porter
l'immeuble à sa véritable valeur. Mais l'hypothèque
prend son origine dans l'acte primitif, mais l'hypothèque a été rendue publique par l'ancien créancier, et c'est au nom de celui-ci que le co-débiteur
solidaire qui a payé vient surenchérir. Si le créan-

cier avait ce droit, le co-débiteur peut l'exercer,
ou autrement, il n'est pas vrai de dire qu'il soit
subrogé dans tous ses droits.

Au reste, c'est dans ce sens que l'a jugé, le 2
mars 1809, la Cour d'appel de Paris. Voici le texte
de son arrêt :

« Attendu que, par l'acte du 27 avril 1808,
» signifié le 11 juillet suivant au curateur de la
» succession vacante de Baltazard Heintz, le sieur
» Bigle a été subrogé en tous les droits résultant
» au profit de la dame de Rouhault, tant de l'o-
» bligation du 28 mars 1807, que de l'inscrip-
» tion prise par celle-ci le 11 mai suivant; qu'ainsi
» Bigle avait droit et qualité pour user de la
» faculté accordée par l'article 2185 du Code
» civil ;

· » Attendu que nulle disposition de la loi ne pres-
» crivait à Bigle l'obligation de faire inscrire sur les
» registres des hypothèques l'acte par lequel il
» avait été subrogé aux droits de la dame de Rou-
» hault, et que par la réquisition d'enchères, signi-
» fiée par acte du 11 octobre dernier, la partie
» de Lavigne a suffisamment fait connaître sa qua-
» lité et ses droits tant à l'acquéreur qu'à l'ancien
» propriétaire, etc. »

VIII. Les conditions et formalités de la surenchère sont en grand nombre ; elles sont relatives
au délai dans lequel elle doit avoir lieu, à la somme
qu'elle doit embrasser, et à la procédure qui doit
l'accompagner.

IX. Le délai est de quarante jours, c'est-à-dire, que tout créancier qui veut surenchérir doit faire signifier sa réquisition au nouveau propriétaire dans quarante jours au plus tard, à compter de la notification qui lui est faite à lui personnellement. En sorte que le délai peut courir d'une époque différente pour chaque créancier, puisque c'est sa propre signification que chacun doit consulter. (Arrêt de Paris du 27 mars 1811, rapporté par *Sirey*, tom. de 1811, part. 2, pag. 164.)

X. Ce délai est augmenté de deux jours par chaque cinq myriamètres de distance entre le domicile élu et le domicile réel de chaque créancier requérant; mais il n'y aurait pas d'augmentation et le délai serait seulement de quarante jours, s'il y avait moins de cinq myriamètres de distance. (Arrêt de Gênes, rapporté au *Journal du Palais*, tom. 1 de 1814, pag. 236.)

XI. Ce délai se compte aussi d'une manière différente, suivant que l'on a pris inscription avant ou après la transcription. Pour les créanciers inscrits antérieurement à la transcription, les quarante jours se comptent de celui de la notification qui leur est faite par le tiers acquéreur. Relativement aux autres, ce délai ne peut pas courir de la notification, puisqu'aux termes de l'article 835 du Code de procédure, le tiers acquéreur n'est pas tenu de leur en faire, mais bien de celle faite aux créanciers antérieurs. Un exemple va rendre tout cela plus clair. Je prends celui que donne l'orateur

du Tribunat. « Supposons que l'acquéreur ait fait,
» dans le même jour, la transcription et la noti-
» fication aux créanciers inscrits ; le créancier tar-
» dif qui n'aura fait son inscription que le quin-
» zième jour, n'en aura plus que vingt-cinq pour
» requérir la mise aux enchères. »

XII. Mais, *quid*, s'il n'existe pas d'autres créanciers inscrits, auxquels l'acquéreur puisse ou ait
même besoin de faire sa dénonciation, de quelle
époque le délai commencera-t-il à courir à l'égard
des créanciers inscrits postérieurement à la transcription?

Ce doit être du jour où le certificat a été délivré
au tiers détenteur par le conservateur des hypothèques ; comme il aurait pu, dès cet instant, dénoncer aux autres créanciers, s'il y en avait eu, il
ne faut pas que la négligence des derniers inscrits
lui soit préjudiciable.

XIII. La réquisition de mise aux enchères doit
aussi être signifiée au débiteur principal, et toujours dans le même délai, c'est-à-dire, dans les
quarante jours de la notification faite aux créanciers. Si le poursuivant négligeait cette formalité,
il serait déchu de son droit.

XIV. La réquisition doit contenir soumission,
de la part du créancier requérant, de porter ou
faire porter le prix à un dixième en sus, et cette
surenchère, jointe au prix porté dans l'acte d'aliénation, tient toujours lieu d'enchère (article 838
du *Code de procédure*), en sorte que, si personne

ne surenchérit, l'immeuble est adjugé au créancier poursuivant.

XV. Arrêtons-nous un instant sur la manière de fixer le dixième dont les créanciers peuvent surenchérir; d'abord c'est sur le prix déclaré par l'acquéreur qu'ils doivent établir leurs offres; en sorte que si ce prix se compose de sommes exigibles et de rentes capitalisées par cet acquéreur, les créanciers doivent offrir le dixième en sus, tant du capital des sommes exigibles que du capital des rentes. (Arrêt de cassation, rapporté par *Sirey*, tom. 12, part. 1, pag. 85.)

XVI. Mais si avec le prix, l'acquéreur est chargé du paiement des frais de vente, le dixième doit-il porter sur ces frais? C'est une question très-controversée et qui divise encore les meilleurs esprits. Un arrêt de la cour de Metz avait jugé la négative; mais en en prononçant la cassation, la cour suprême se déclara pour l'opinion contraire; ses motifs furent uniquement que les frais faisaient partie du prix. Par suite de cet arrêt, la cause et les parties furent renvoyées devant la cour de Nancy, qui, sans oser franchement aborder la difficulté, déclara valable la surenchère, sous le prétexte que, dans la notification, le tiers acquéreur n'avait pas déclaré que les frais faisaient partie du prix. (*Voyez* ces arrêts, tels que *Sirey* les rapporte, tom. 11, part. 1, pag. 259, et tom. 12, part. 2, pag. 283.)

Mais l'acquéreur s'étant de nouveau pourvu

contre cet arrêt, la cour en a encore prononcé la
cassation, ainsi qu'on peut le voir dans la dernière
édition du *Répertoire de Jurisprudence*, au mot
Surenchère. En sorte qu'on peut dire que la jurisprudence de la cour annule toute surenchère
dans laquelle le dixième ne porte pas sur les frais
comme sur le prix principal.

Toutefois cette opinion est-elle bien conforme
à la loi? Nous serions tenté de ne pas le croire.
Suivant l'article 2183, l'acquéreur qui veut purger doit donner aux créanciers inscrits un extrait de son titre, contenant, entre autres choses,
le prix et *les charges faisant partie du prix*; et
suivant l'article 2184, il doit leur déclarer en
même temps qu'il est prêt à acquitter les dettes et
charges hypothécaires, *jusqu'à concurrence seulement du prix*; or, la différence de locution employée dans ces deux articles prouve qu'il en existe
une bien grande dans l'appréciation du prix de la
vente, soit qu'on le considère par rapport à l'a-
cheteur, soit qu'on en parle relativement au vendeur ou à ses créanciers. Par rapport à l'acheteur,
tout ce qu'il donne fait partie du prix, ce qu'il doit
payer au vendeur ou à ses créanciers, les frais de
vente, les droits d'enregistrement, etc., etc. Mais
à l'égard du vendeur ou de ses créanciers, il n'y a
de prix que ce qui doit leur revenir à eux, ce que
leur offre l'acquéreur qui veut purger; et comme
ce n'est que pour faire augmenter le montant de
cette offre que l'on a imaginé la surenchère, l'ar-

ticle 2185 n'emporte d'autre obligation que celle
de faire porter le dixième sur le prix stipulé seulement. C'est au moins dans ce sens qu'il nous paraît
devoir être entendu ; puisque non-seulement il ne
parle pas, comme l'article 2183, des charges faisant partie du prix, mais qu'il semble ne donner
au mot prix d'autre latitude que celle de l'art. 2184.

Cependant, si l'opinion contraire prévaut,
comme tout semble le faire croire, il faudra exiger
que le tiers détenteur détaille, dans sa dénonciation, les frais mis à sa charge ; autrement les
créanciers ne pourraient pas faire porter leur
dixième sur ces frais, puisqu'ils ne les connaî-
traient pas. Ainsi décidé par jugement de la
1ʳᵉ chambre du tribunal de la Seine, conformément à ma plaidoirie.

XVII. Il n'est pas nécessaire que la surenchère
exprime la somme numérique de la soumission du
surenchérisseur : l'offre de faire porter l'immeuble
surenchéri à un dixième en sus du prix originaire
et des charges de la vente remplit suffisamment le
vœu de la loi. (Arrêt de cassation du 30 mai 1820 ;
Sirey. 20. 1. 382.)

XVIII. Indépendamment de la soumission de
faire porter le prix à un dixième en sus de celui
stipulé, il faut que le créancier surenchérisseur
offre de donner caution jusqu'à concurrence du
prix et des charges. L'acte de soumission doit *désigner* la caution qu'il offre ; s'il se bornait à offrir
vaguement une caution sans la nommer, la sur-

enchère serait nulle. (Arrêt de cassation du 4 janvier 1809, rapporté dans le *Journal des Audiences*, 1er cahier de 1809.)

XIX. Rien n'empêche que le créancier offre plusieurs personnes pour caution; si toutes ensemble sont solvables et que les intérêts de l'acquéreur n'en souffrent pas, la surenchère sera valable. (Arrêt de Paris, rapporté dans le *Journal du Palais*, tom. 3 de 1812, pag. 310.)

XX. Mais, *quid*, si postérieurement à la soumission du créancier surenchérisseur, la caution par lui désignée était devenue insolvable? la surenchère pourrait-elle être déclarée nulle? ou, au contraire, le créancier serait-il recevable à en donner une autre à sa place?

J'ai vu juger la négative par le tribunal de première instance de Paris. Ses motifs étaient pris de ce que les offres de donner caution devaient accompagner et non suivre la surenchère; que la première désignation étant inutile, puisque la caution avait refusé de s'obliger, ce serait reconnaître que la caution pouvait être désignée postérieurement aux actes de surenchères, que d'admettre qu'il était permis de substituer une nouvelle caution à l'ancienne.

Sur les plaidoiries, on soutenait aussi : 1°. Que permettre au créancier surenchérisseur de fournir une nouvelle caution, c'était anéantir l'article 832 du Code de procédure, parce que, arrêté par la difficulté de trouver une caution solvable, le créan-

cier surenchérisseur en désignerait toujours une
au hasard, par la certitude de pouvoir ensuite la
remplacer par une nouvelle;

2°. Que c'était aussi rendre illusoire la disposition de l'article 833 du même Code, parce qu'il
suffirait que le créancier eût la moindre crainte
sur l'acceptation ou le rejet de la caution, pour
que, subsidiairement, il en offrît une autre.

J'ai ensuite appris que l'on avait interjeté appel
du jugement, et j'avoue que j'ai regardé cette dé-
marche comme bien fondée.

On ne peut pas, en effet, exiger l'impossible.

Le créancier a fait tout ce que la loi exigeait de
lui. Il a requis la surenchère dans le délai prescrit.
Il a désigné une caution qui d'abord consentait de
s'obliger. On ne peut rien lui imputer; et si, ensuite, la caution change d'avis, si elle ne consent
plus à s'obliger, ou si elle devient postérieurement insolvable, on ne peut l'attribuer au créancier; c'est un cas fortuit qu'il est seulement tenu
de réparer.

Mais, dit-on, il résultera de là que le créancier
pourra vaguement offrir une caution, parce que,
si elle ne convient pas, il sera toujours à temps
d'éviter la nullité portée par l'article 833, en en
désignant une autre.

Non, ce n'est pas là la conséquence qu'il faut
tirer de ce sentiment. Nous n'allons pas jusqu'à
prétendre que le créancier puisse couvrir la nullité dont sa surenchère était frappée dès l'origine,

ou, ce qui est la même chose, réparer l'insolvabilité de la caution par lui offerte, en en substituant
une autre; mais nous pensons qu'il suffit qu'il ne
tienne pas au créancier surenchérisseur de maintenir le cautionnement par lui offert, pour qu'on
ne puisse lui opposer de nullité; autrement ce
serait se rendre responsable du fait d'un tiers,
d'une personne que l'adjudicataire pourrait quelquefois gagner.

C'est, au reste, ce qu'a jugé la cour d'appel de
Paris, le 19 mai 1809, en infirmant le jugement
dont nous venons de parler.

. Voici le texte de son arrêt :

« Attendu que, par exploit de surenchère, il y
» a eu offre et désignation de caution, avec assi-
» gnation à trois jours; — Attendu qu'avant le ju-
» gement sur offre de caution, les choses étant en-
» core entières, la femme Vée, dite Duchaume, a
» pu substituer une nouvelle caution solvable à la
» première, la cour met l'appellation et ce dont
» est appel au néant, émendant, décharge ladite
» Vée Duchaume des condamnations contre elle
» prononcées; au principal, sans s'arrêter aux de-
» mandes de Rodier, dont il est débouté, reçoit
» pour caution de la surenchère faite par ladite
» femme Duchaume, le 5 septembre 1807, la per-
» sonne de Théophile Lupigny, etc. »

XXI. Mais ce n'est pas assez d'offrir de donner
une caution et de la désigner nommément, il faut
encore la faire recevoir et assigner pour cela à

trois jours devant le tribunal. (Art. 832. *Code de procédure.*)

XXII. Si le créancier ne voulait ou ne pouvait pas donner caution, serait-il recevable à donner un gage ou à consigner somme suffisante? L'affirmative nous paraît incontestable. Le but du cautionnement exigé par l'article 2185 est d'assurer le paiement tant du prix principal que du dixième; et certes, rien ne l'assure mieux que le gage déposé par le créancier surenchérisseur, et jugé suffisant par le tribunal, ou la consignation de cette même somme. C'est ce qui faisait dire aux Romains, dans ces matières, *plus est cautio in re quam in personâ.*

Au surplus, la question ne semble pas pouvoir souffrir de difficulté, lorsqu'on trouve dans le Code, au titre même du *Cautionnement*, un article ainsi conçu: « Celui qui ne peut pas trouver » une caution, est reçu à donner à sa place un » gage en nantissement suffisant. »

Ainsi, le créancier surenchérisseur qui ne voudra point donner caution, ou qui n'en trouvera pas, pourra offrir un gage à la place, ou même consigner; mais dans l'un et l'autre cas, il devra assigner pour la réception du gage ou pour voir consigner. Ainsi jugé par un arrêt rapporté par *Sirey*, tom. 12, part. 2, pag. 195.

XXIII. Le surenchérisseur qui a présenté une caution insuffisante, peut-il y suppléer en présentant un simple certificateur de caution?

Toutes les fois qu'une personne est obligée par la loi ou par une condamnation, à fournir une caution, la caution offerte doit remplir les conditions prescrites par les articles 2018 et 2019. Ces conditions sont principalement : que la caution offerte ait un bien suffisant pour répondre de l'objet de l'obligation (Art. 2018); que ce bien consiste en propriétés foncières, non litigieuses et non sujettes à une discussion difficile (Art. 2019).

Ainsi toute caution soit légale, soit judiciaire, doit présenter par elle-même toutes les garanties que la loi exige, et elle ne peut les emprunter d'une autre caution qui se rendrait le certificateur de la première. On ne peut tirer argument de l'art. 2014 qui dit qu'on peut se rendre caution, non-seulement du débiteur principal, mais encore de celui qui l'a cautionné, car il n'en est pas moins certain que toutes les fois que le Code impose l'obligation de fournir une caution, il veut qu'elle remplisse toutes les conditions légales sans le secours d'une caution subsidiaire.

La Cour de cassation a statué en ces termes sur cette question :

« Vu les articles 2018, 2019, 2040 et 2185, n. 5, du Code civil : « Attendu qu'aux termes de l'article 2185 il faut, pour la validité de la réquisition » de mise aux enchères, que le créancier suren- » chérisseur fournisse une caution dont les biens » soient suffisans pour désintéresser l'acquéreur » qu'il veut évincer, jusqu'à concurrence du prix

» et des charges, que, sans avoir besoin d'exami-
» ner, si cette action peut, en cas d'insuffisance,
» et, lorsque les choses sont encore actives, être
» renforcée par la présentation d'un nouvel indi-
» vidu dont les biens réunis à ceux des autres sa-
» tisfassent au vœu de la loi, il est certain qu'il ne
» peut pas être suppléé à ce renfort de caution par
» un simple certificateur dont la soumission bornée
» à la caution seule ne s'étend pas à la garantie du
» débiteur principal lui-même;

» Que la loi qui a subordonné les surenchères à
» des conditions expresses exigées à peine de nul-
» lité, doit être renfermée dans ces termes, et peut
» d'autant moins être étendue, comme il est ar-
» rivé dans l'espèce, que, par cette extension, l'ac-
» quéreur aurait eu à courir les chances d'une
» troisième discussion qui ne lui était pas imposée
» par la loi; qu'il n'avait pu en effet s'adresser au
» certificateur de la caution qu'après avoir discuté
» et le principal débiteur et la caution elle-même,
» conformément aux dispositions générales de l'ar-
» ticle 2031;

» Que cette conséquence résulte encore de ce que
» l'article 2042 n'interdit qu'à la seule caution ju-
» diciaire le droit de demander la discussion du
» principal débiteur, et que le cautionnement ne
» se présumant pas, ne peut s'étendre au-delà des
» limites dans lesquelles l'engagement a été con-
» tracté par le certificateur de la caution ; etc. »

XXIV. Pour qu'une surenchère soit valable faut-il

qu'avec l'assignation, à fin de réception de caution, le surenchérisseur donne copie de l'acte du
dépôt, que préalablement il doit faire au greffe, des
titres constatant la solvabilité de la caution?

Nous nous proposons d'établir l'affirmative; mais
auparavant, nous croyons utile de nous expliquer
sur l'espèce de faveur dont souvent on a essayé
d'entourer la surenchère.

A nos yeux, avons-nous déjà dit, la surenchère
est une voie extraordinaire, exorbitante du droit
commun, qui, ayant pour objet de faire résoudre
un contrat que les parties avaient bien le droit de
faire, ne peut s'étendre arbitrairement ni être dégagée des conditions ou même des entraves que la
loi lui avait prescrites.

Vainement on invoquerait l'intérêt des créanciers; vainement on opposerait qu'ils ne peuvent
pas perdre ce que l'adjudicataire pourrait gagner.
Si l'adjudicataire avait acheté trop cher, il serait
bien obligé de subir son sort, et dès lors il semble
que sa position doit rester la même lorsqu'il a obtenu des conditions meilleures. Ce n'est donc que
par exception à la loi de l'égalité qui doit régner
dans les contrats commutatifs, que la surenchère
a été introduite, et c'en est assez pour que cette
exception doive être restreinte et toujours inter-
prétée rigoureusement.

Après cette réflexion, voici comment nous éta-
blissons que le surenchérisseur doit, *à peine de
nullité*, notifier, avant l'expiration des délais de la

surenchère, l'acte du dépôt fait au greffe des pièces constatant la solvabilité de la caution.

L'article 2185 du Code civil dispose, dans son § 5, que le créancier surenchérisseur doit, à peine de nullité de la surenchère, *offrir de donner caution* jusqu'à concurrence du prix et des charges.

L'article 832 du Code de procédure, soit pour expliquer l'article 2185, soit pour déterminer son mode d'exécution, s'explique en ces termes :

« L'acte de réquisition de mise aux enchères
» contiendra, *à peine de nullité de la surenchère*,
» *L'OFFRE DE LA CAUTION*, avec assignation à trois
» jours devant le même tribunal, *pour la récep-*
» *tion* de ladite caution, à laquelle il sera procédé
» *sommairement.* »

Cet article exige impérieusement deux choses : 1° l'offre de la caution, c'est-à-dire la désignation de la personne qui va s'engager à garantir les obligations prises par le surenchérisseur; 2° une assignation à trois jours, pour procéder *sommaire-ment à la réception* de cette caution.

Le législateur ne détermine pas dans cet article les formalités, soit de l'assignation, soit de la *ré-ception* de la caution. Il n'en avait pas besoin, puisque ces formalités se trouvaient déjà décrites dans des titres spéciaux, auxquels la simple dénomination des actes contraignait de recourir. Ainsi, par cela seul qu'il exigeait une assignation, il fallait recourir aux articles 59 et suivants du Code de procédure, pour en connaître les formalités. Par la même raison, lorsqu'il exige qu'il soit procédé à la *réception* de la caution, c'est à l'article 518 qu'il faut recourir.

Or, voici ce que nous lisons dans cet article 518 : « La caution sera présentée par exploit signifiée à » la partie, si elle n'a point d'avoué, et par acte » d'avoué, si elle en a constitué, *avec copie de* » *l'acte du dépôt qui sera fait au greffe des titres* » *qui constatent la solvabilité de la caution*, sauf » le cas où la loi n'exige pas que la solvabilité soit » établie par titres. »

Si l'on n'exigeait pas que le surenchérisseur procédât ainsi, si la loi ne l'avait pas assujetti à notifier, dans les délais de la surenchère, les titres établissant la solvabilité de la caution, comment serait-il possible que dans *les trois jours* de l'assignation, l'acquéreur pût s'expliquer sur la réception de cette caution? il n'aurait aucun moyen de connaître sa solvabilité. Et comme cette procédure est *sommaire*, que la loi ne suppose aucune autre signification que celle de l'assignation, il faut bien reconnaître que c'est dans l'assignation même qu'il doit trouver la preuve de la solvabilité, et par conséquent les raisons de se décider à admettre ou à repousser la caution qui lui est offerte.

Toutefois l'on fait des objections qui méritent d'être examinées, et nous avons d'autant plus d'intérêt à les discuter, que la thèse que nous soutenons va s'expliquer et se développer encore mieux par les réponses que ces objections feront naître.

PREMIÈRE OBJECTION.

« L'article 832 du Code de procédure est placé sous le titre de *la Surenchère*; il ne renvoie à aucuns autres titres ni articles du même Code, il règle à lui tout seul ce qui est relatif à cette procédure, et ce serait ajouter à sa disposition que d'exiger, surtout à peine de nullité, des formalités dont il ne parle pas. »

Nous répondons :

Si l'article 832 ne renvoyait pas même implicitement à d'autres titres auxquels, suivant nous, il se lie tout naturellement; si ses dispositions se suffisaient à elles-mêmes, il faut convenir que l'on serait, pour les règles de la surenchère, réduit à un étrange embarras. D'abord l'on ne saurait pas comment la caution serait tenue de justifier de sa solvabilité; il faudrait se contenter d'une solvabilité personnelle et morale, comme en matière de commerce. Ou si le législateur ayant entendu exiger une solvabilité immobilière, dans ce dernier cas l'on se demanderait encore comment il faudrait justifier de la valeur des immeubles? Si ce serait par titres, ou si l'on aurait là faculté de les faire évaluer par des experts?

L'on a espéré lever ces difficultés en invoquant l'article 2019 du Code civil, qui dispose que la solvabilité d'une caution ne s'estime qu'eu égard à ses propriétés foncières. Mais l'on n'a pas fait attention qu'en présentant cette observation l'on reconnaissait que l'art. 832 ne se suffisait pas à lui-même, mais qu'il renvoyait tout naturellement à l'art. 2019; et dès lors on nous a autorisé à demander pourquoi il ne se référerait pas aussi bien à l'article 518 du Code de procédure, puisque ce ne serait qu'en exécutant à la lettre cet article, qu'on mettrait l'acquéreur à même d'admettre ou de refuser la caution.

D'un autre côté, cet article 2019 du Code civil n'aplanirait qu'une partie de la difficulté; il resterait, après cela, à savoir comment on pourrait juger de la valeur des immeubles appartenant à la caution. Celle-ci, ou le créancier surenchérisseur, pourrait dire que, l'art. 832 n'imposant pas l'obligation de représenter les titres de propriété, l'on y peut suppléer par des experts ou de toute autre manière; et c'est en effet ce qui a été déjà plaidé devant la cour royale de Bordeaux. Le créancier disait qu'il ne fallait pas recourir à l'article 518, parce que cet article était étranger à la surenchère, laquelle ne pouvait pas être soumise à d'autres conditions et formalités que celles exigées par l'article 832; mais on n'oubliera pas que, par son arrêt du 30 août 1816, rapporté par Sirey, tom. 18, part. 2, pag. 37, la cour royale de Bordeaux a proscrit ce système, par le motif remarquable « qu'il ne peut y avoir lieu à ordonner l'estimation » de la caution offerte, parce que ce serait faire » une procédure contradictoire dans une instance

» sommaire, et qui exige célérité, *et que la solva-*
» *bilité de la caution doit, aux termes de l'ar-*
» *ticle 518 du Code de procédure, être justifiée*
» *par titres.* »

Au surplus, nous ne pouvons pas nous dispenser
de remarquer l'étrange contradiction dans laquelle
tombent les partisans de l'opinion contraire : ils
reconnaissent que la valeur des immeubles doit
être justifiée par des titres, et cependant ils re-
poussent l'application de l'art. 518 : qu'ils nous
disent donc dans quelle partie de l'art. 832, que
seul ils veulent reconnaître, ils ont trouvé la nécessité de justifier la solvabilité de la caution par
des titres : mieux vaudrait faire comme les plai-
deurs de Bordeaux; et ce serait plus conséquent,
puisque, suivant eux, l'art. 832 n'exigeait rien à
cet égard.

Mais, il faut bien le dire, cet art. 832 contient
un renvoi formel aux autres titres du Code de procédure, relatifs aux actes qu'il dénomme : en disant
que le créancier *assignera* l'acquéreur à trois jours
pour la *réception* de la caution, il dit formellement
que pour la validité de l'assignation il se conformera
au titre des ajournemens; il dit également que
pour la réception de la caution il accomplira ce
que, par l'art. 518, le législateur a établi pour
ces sortes de procédures. Que pour les gens du
monde ce renvoi aux autres titres du Code de procédure ne soit pas aperçu, cela se conçoit; mais
pour des jurisconsultes il est plus que clair qu'en

exigeant une assignation et une réception de caution, le législateur s'est référé, pour les formes de l'une et de l'autre, aux titres qu'il leur avait précédemment consacrés.

S'il en était autrement, qu'arriverait-il? Non-seulement pour la réception de la caution, et pour la justification de sa solvabilité, on serait jeté dans l'arbitraire; mais après avoir reçu la caution, ce qui n'a lieu qu'entre le créancier et l'acquéreur, et en l'absence de la caution, on ne saurait plus ce qui resterait à faire par celle-ci. Ferait-elle sa soumission conformément aux articles 519 et 522? ce serait reconnaître que tout le titre des réceptions de caution est applicable à la surenchère, et c'est précisément ce que nous soutenons; mais en s'obstinant à le combattre, on se place au dessus de toute règle, et l'on ne sait plus dans quels termes et par quels actes la caution pourra donner son engagement.

Tout cela prouve donc la relation qu'il y a entre les deux titres du Code de procédure, et la nécessité de compléter les dispositions de l'art. 832 par celles de l'art. 518 et suivans du même Code. Sans cette liaison entre les deux titres, l'art. 832 est inexécutable. Avec le secours de l'art. 518 il reçoit une application sage et raisonnable.

DEUXIÈME OBJECTION.

« On ne peut pas appliquer l'art. 518 à la surenchère, parce que cet article n'est relatif qu'aux

cautions données en vertu du jugement. En outre,
il est facile de se convaincre, par la lecture des
articles 519 et suiv., que le législateur n'a parlé
que de cautions qui peuvent être admises par un
simple acte, tandis que celle présentée à l'appui
de la surenchère doit toujours être discutée contradictoirement et reçue par un jugement. »

RÉPONSE.

Nous convenons que le principal objet du livre 5 du Code de procédure, dans lequel se trouve
le titre *des réceptions de cautions*, est de régler
l'exécution des jugemens, et par suite de déterminer la procédure à suivre pour la réception des
cautions fournies en vertu de jugemens; mais ce
serait se tromper étrangement, que de croire que
le même titre ne puisse pas et ne doive pas s'appliquer aux autres cautions, aux cautions légales
par exemple.

Il n'y a dans le Code de procédure, ni dans aucun autre de nos Codes, aucun autre titre qui
soit relatif à la réception des cautions. Nous n'a-
vons que celui dans lequel se trouve l'art. 518.

Or, s'il s'agit d'une caution légale, par exemple,
d'un usufruitier qui, aux termes des art. 600 et
601 du Code civil, ne peut entrer en jouissance
qu'après avoir préalablement donné caution, comment procédera-t-on? Où l'usufruitier cherchera-
t-il les règles de sa conduite, si ce n'est dans les
art. 518 et suiv. du Code civil? Remarquez bien

qu'ici il n'y a pas de procès, pas de jugement qui précède et qui ordonne une caution : c'est l'usufruitier qui prend l'initiative, c'est lui qui, voulant entrer en jouissance, doit offrir une caution comme le surenchérisseur et est obligé d'en offrir préalablement une.

Si l'intention du législateur n'eût pas été d'appliquer les art. 518 et suivans aux autres cautions, il aurait fait un titre à part, et loin d'y avoir songé, on peut conclure, de la dernière partie de l'article 518, qu'il a, au contraire, voulu qu'on appliquât ses dispositions aux unes et aux autres.

En effet, dans cette dernière partie de l'article, le législateur dispense de la notification de l'acte de dépôt pour tous les cas où la solvabilité de la caution ne doit pas être établie par titre. Or cette dispense ne s'applique pas à la caution judiciaire, qui jamais ne peut être dispensée de justifier par titres de sa solvabilité.

A la vérité, l'on a essayé d'établir que cette dispense pouvait être relative aux cautions ordonnées par les jugemens des tribunaux de commerce; mais c'est une erreur palpable. L'art. 440 du Code de procédure établit que ces cautions doivent être reçues par les tribunaux de commerce. Il en fixe la procédure, et par cela même il décide que la réception de ces cautions, pour ainsi dire spéciales, n'est pas soumise aux règles des art. 518 et suivans.

Quant à la différence qu'on a remarquée entre

les cautions judiciaires qui peuvent être acceptées
par un simple acte, et celles données par le surenchérisseur, lesquelles ne peuvent être reçues
qu'en jugement, elle tient à la nature des choses.
En disant que les formalités prescrites par les articles 518 et suivans doivent s'appliquer à la surenchère, nous entendons parler seulement de celles
qui sont compatibles avec les dispositions déjà admises en cette matière. Les autres sont repoussées
par le texte; elles constituent de simples modifications, qui n'en confirment que mieux l'application
des autres formalités consacrées.

Ce serait une singulière manière de raisonner,
que celle qui aurait pour objet d'établir que, parce
que le surenchérisseur est obligé d'assigner à la fin
de réception de la caution, il doit être dispensé de
fournir préalablement les preuves de la solvabilité
de la personne qu'il offre. C'est, suivant nous, tout
le contraire qu'il faudrait admettre. C'est précisément parce qu'il est demandeur; c'est parce qu'il
introduit l'instance; c'est parce que l'acquéreur est obligé de se présenter et de se défendre dans les trois jours; c'est enfin parce que l'instance est sommaire, et qu'on ne peut rien signifier postérieurement, qu'il faut qu'avec l'assignation
en lui donne la justification de la solvabilité de la
caution. Autrement il ne peut pas se défendre, et
le but de la loi ne serait pas rempli.

TROISIÈME OBJECTION.

« L'article 518 ne prononce pas de nullité pour
le cas où l'on aurait omis de notifier l'acte de
dépôt des pièces constatant la solvabilité de la
caution, et ce serait ajouter à ses dispositions que
d'y puiser la nullité d'une surenchère. »

RÉPONSE.

L'article 518 ne prononce pas, il est vrai, la
nullité, mais aussi n'est-ce pas dans ses dispositions que nous en puiserons le principe. C'est à l'article 2185 du Code civil, c'est à l'article 832 du
Code de procédure que nous emprunterons la sanc-
tion dont l'article 518 a besoin pour garantir et
assurer l'exécution de ses dispositions.

Suivant l'article 2185, le surenchisseur doit, *à
peine de nullité*, offrir de donner caution. Suivant
l'article 832, l'acte de réquisition de mise aux enchères doit contenir, *à peine de nullité* de la surenchère, l'offre de la caution.

Tant que le surenchérisseur n'a pas fait ce que la
loi exige de lui, tant qu'il n'a pas notifié les titres
constatant la solvabilité, il n'y a pas, à proprement
parler, de caution. En désignant la personne, il
aura bien employé le mot, mais la chose n'y sera
pas. L'acquéreur ne pourra pas juger de la
garantie par lui offerte; il ne saura pas si la personne désignée est dans l'intention d'accepter, et
si ce n'est pas témérairement et sans son agrément

qu'on l'a désignée. Ce ne serait que par le dépôt
des titres qu'on connaîtrait et l'adhésion de la personne offerte et sa solvabilité ; c'est alors seulement
qu'il y aurait vraiment une caution. Jusque-là les
formalités prescrites par la loi ne sont pas observées, et dès lors, suivant ses propres expressions,
il y a nullité.

QUATRIÈME OBJECTION.

« L'article 518 ne fixe pas le délai durant lequel
l'acte de dépôt doit être notifié. Tout ce que peut
exiger l'acquéreur, c'est que la signification lui en
soit faite avant l'audience, et c'est ce qui a eu lieu.
On est même allé plus loin, puisque l'on a offert
de consigner en argent le montant de la surenchère. »

RÉPONSE.

Ce n'est pas l'article 518 qu'il faut consulter
pour connaître le délai dans lequel la notification
de l'acte de dépôt doit avoir lieu ; c'est toujours
les articles 2185 et 832. Ces articles exigent, *à
peine de nullité*, que la surenchère soit régulié-
rement faite dans les quarante jours de la notification. Après ce délai, on ne peut ni la faire de
nouveau ni régulariser celle déjà faite : tout doit
être consommé par l'expiration des quarante jours.
C'est ce qui a été constamment jugé, ainsi qu'on
le verra par les arrêts que nous citerons bientôt.

Le même motif doit faire repousser l'offre d'une
consignation en argent ; après les quarante jours,

elle est tardive, et par conséquent non recevable ;
elle est encore repoussée par cette autre considération, qu'il ne suffit pas, pour offrir une garantie,
d'offrir de consigner, mais qu'il faut une consignation effective. C'est ce qu'a jugé la Cour de cassation
en ces termes : « Attendu qu'une offre ou promesse
» de consigner n'équivaut pas à une consignation
» effective, seul moyen de suppléer efficacement
» au cautionnement en immeubles libres, requis
» impérieusement pour la validité de la suren-
» chère. » (*Journal du Palais*, tome 2 de 1823,
page 49.)

Autorités et jurisprudence.

Pour établir que l'article 518 n'est pas applicable
à la surenchère, on a invoqué un arrêt de la Cour
royale de Rennes, rapporté par Sirey, tome 15,
part. 2, pag. 104. Cet arrêt juge effectivement la
question en ce sens; mais il ne contient d'autres
motifs, sinon que l'article 518 ne concerne que les
cautions à fournir en vertu de jugement. Or, comme
nous avons déjà montré que ce motif était erroné,
et que si les articles 518 et suivans ne s'appli-
quaient qu'aux cautions judiciaires, il n'y aurait
rien dans le Code de procédure relativement aux
cautions légales et aux formalités à suivre pour
leur réception, ce qui n'est pas tolérable, nous
pouvons hardiment ne pas nous arrêter à cette décision.

Au contraire, nous invoquerons à l'appui de

tout ce que nous avons dit d'abord, l'opinion de M. Merlin, qui, dans un réquisitoire inséré dans son *Répertoire*, v° *Surenchère*, n° 3 , ne balance pas à établir que le titre du Code de procédure relatif à la réception des cautions s'applique à la caution que le surenchérisseur est obligé de donner.

Nous citerons, en second lieu, l'arrêt de la Cour royale de Bordeaux, que nous avons transcrit ci-dessus, et qui ne permet pas de douter qu'aux yeux de cette Cour l'article 518, notamment, ne soit applicable à la caution fournie par le surenchérisseur.

Enfin nous invoquerons les trois arrêts de la deuxième chambre de la Cour royale de Paris, tous les trois infirmatifs, et tous les trois rendus en opposition de l'arrêt de la Cour de Rennes, dont on essayait aussi de se prévaloir.

Le premier de ces arrêts est rapporté au *Journal du Palais*, tome 2 de 1822 , page 172. Ses motifs sont ainsi conçus :

« Attendu qu'il résulte de la combinaison des ar-
» ticles 2185 du Code civil, 832, 518 et suivans du
» Code de procédure civile, que la caution en ma-
» tière de surenchère doit être, à peine de nullité,
» offerte et dénommée dans l'acte de réquisition de
» mise aux enchères, *et que la réception de cette*
» *caution est soumise aux mêmes justifications et*
» *formalités que celles des autres cautions;* qu'à
» cette première caution, ainsi offerte et dénom-
» mée, on ne peut valablement en substituer ou

» adjoindre une autre hors des délais fixés par la
» loi pour l'exercice de la faculté de surenchérir. »

Le second et le troisième arrêt s'expliquent encore plus énergiquement, s'il est possible; nous
allons transcrire le dernier qui a été rendu le 3 avril
1823 :

« Attendu, 1° Qu'il résulte de la combinaison
» des articles 2185 du Code civil, et 832 et 518 du
» Code judiciaire, qu'une des formalités desquelles
» dépend la validité de la surenchère est le dépôt
» des titres constatant la solvabilité de la caution
» offerte et la notification de l'acte dudit dépôt ;

» 2° Que cette formalité, ainsi que le dépôt des
» titres établissant la solvabilité de la caution doi-
» vent, *à peine de nullité*, être accomplis dans le
» délai déterminé par la loi ;

» 3° Et que cette formalité a bien été accomplie
» dans l'espèce, mais hors le délai de la loi ;

» La Cour infirme, annulle la surenchère, et
» condamne MM. les barons Roger aux dépens. »

Après des autorités aussi imposantes, il serait
inutile d'ajouter autre chose ; elles corroborent ce
que nous avons avancé sur le sens des art. 2185 du
Code civil, 832 et 518 du Code de procédure ; et à
nos yeux elles prouvent que nous ne nous étions
pas trompés lorsque nous avions vu dans l'article 832 l'obligation de faire recevoir la caution
d'une surenchère avec les formes et les obligations
imposées par l'article 518 du même Code.

XXV. Comme nous avons parlé de toutes les

conditions imposées au surenchérisseur, il ne nous reste, pour terminer, qu'à retracer sommairement les formalités à suivre pour faire admettre la surenchère.

Le créancier doit faire signifier sa soumission à l'acquéreur par un huissier commis à cet effet, sur simple requête, par le président du tribunal de première instance, de l'arrondissement où les notifications auront lieu. Cette signification doit contenir constitution d'avoué près le tribunal où la surenchère et l'ordre doivent être portés. (*Code de procédure*, art. 832.)

L'original et les copies des divers exploits doivent être signés par le créancier requérant, ou par son fondé de pouvoirs. La procuration donnée à cet effet doit être expresse : c'est tout ce qu'exige notre article : d'où nous concluons qu'elle peut être donnée sous signature privée.

XXVI. Si un mari et une femme s'étaient rendus acquéreurs conjointement, à qui la signification de la surenchère devrait-elle être faite? suffirait-il de la faire au mari? Cette question doit se résoudre par une distinction puisée dans les règles relatives à l'association conjugale. S'il y a communauté entre les époux, leur présence simultanée au contrat d'acquisition, la déclaration que l'achat est fait conjointement par le mari et la femme, n'empêchent point que le mari ne soit propriétaire de l'immeuble. Maître absolu des biens qui composent la communauté, il peut disposer à son gré de l'immeuble acquis par lui et sa femme, parce que cet immeuble tombe en communauté.

Dans ce cas, la notification de la surenchère doit donc être faite au mari seul, et sans qu'on ait besoin d'en donner connaissance à la femme. Le mari est propriétaire unique de l'immeuble. L'intervention de la femme au contrat était inutile, puisque le mari était censé contracter en sa qualité de commun. Ce n'est donc que pour donner plus de sûreté au vendeur que l'accession de la femme a pu être exigée ; et prétendre que la notification de la surenchère doit également être faite à la femme, c'est juger qu'avant la dissolution de la communauté, cette femme est co-propriétaire distincte.

Mais lorsqu'il n'y a point communauté entre les époux, comme lorsqu'ils se sont mariés avec clause de séparation de biens ou sous le régime dotal, il doit en être autrement. Il n'existe entre eux aucune confusion. L'acquisition faite par le mari conjointement avec sa femme ne lui donne que la moitié de l'immeuble ; l'autre moitié appartient à sa femme. Dès lors la notification de la surenchère doit être faite à tous les deux séparément, comme lorsque le vendeur qui demande le paiement du prix doit séparément agir contre le mari et sa femme.

Il est vrai que, lorsqu'on agit contre le mari, on le considère sous deux qualités différentes, comme acquéreur de l'immeuble, et comme devant autoriser sa femme; mais cette dernière qualité ne lui donne pas le droit d'agir pour son épouse, d'exercer ses actions et de faire valoir ses droits. Seulement il doit réhabiliter sa femme et être poursuivi, en même temps que celle-ci, en reconnaissance de la puissance maritale.

Ce qui prouve la vérité de cette assertion, c'est que, si la femme avait acheté l'immeuble en totalité pour son compte, mais avec l'autorisation du mari ou même de justice, on ne pourrait pas se contenter de notifier la surenchère au mari, puisque, lorsqu'il y a séparation de biens, il ne dirige plus les actions de sa femme. Il faudrait toujours faire connaître la surenchère à la femme, vraie propriétaire de l'immeuble, et ne la notifier à son mari que pour obtenir son autorisation.

Or, ce qu'on serait obligé de faire dans ce cas, il faut l'appliquer à celui où la femme ne serait propriétaire que de la moitié de l'immeuble. Le mari, en effet, n'est à l'égard de sa portion que ce qu'il est dans le premier cas pour l'immeuble acquis en totalité par sa femme.

Ainsi, de même que le créancier inscrit qui veut surenchérir serait obligé de faire signifier sa surenchère à deux acquéreurs collectifs, de même il doit la faire notifier séparément au mari et à la femme, lorsque, déjà séparés de biens, ils ont acheté ensemble l'immeuble hypothéqué. Il n'y a en effet aucune différence entre ces deux cas, puisque les droits du mari et de la femme sont tout

aussi distincts que si l'un d'eux avait acheté conjointement avec une autre personne.

Remarquez qu'il en serait de même si l'acquisition avait été faite par le même contrat, et que le
mari et la femme l'eussent notifiée aux créanciers
inscrits par un seul acte. Rien n'empêche les acquéreurs de se réunir pour faire la notification,
de n'employer qu'un huissier, de ne faire qu'un
seul original de l'exploit, etc. Le but de ces notifications est de faire connaître aux créanciers inscrits la mutation qui vient de s'opérer, et l'intention où sont les acquéreurs de purger la propriété
par eux acquise. Ce but est rempli, encore que
les notifications aient été cumulativement faites
par tous les acquéreurs. Mais il n'en serait pas de
même si, par réciprocité, le créancier surenchérisseur se bornait à notifier sa surenchère à l'un
des acquéreurs; les autres ignoreraient ses démar-
ches, et le vœu de la loi ne serait pas rempli, puisque l'article 2185 exige que la surenchère soit notifiée *au nouveau propriétaire.*

On ne pourrait pas non plus se faire un moyen,
pour valider la surenchère, de ce que le mari et
la femme auraient acheté solidairement. La solidarité fait bien que le vendeur peut demander à
chacun des époux la totalité du prix, mais n'empêche pas que la propriété de l'immeuble se divise
aussitôt entre la femme et le mari; qu'à l'égard
des tiers, des créanciers du vendeur, le mari ne

soit propriétaire que d'une moitié, et la femme de l'autre.

Ainsi, sous tous les rapports, la notification de la surenchère doit être faite et au mari et à la femme, lorsque ceux-ci étaient séparés de biens, soit contractuellement, soit judiciairement, ou lorsqu'ils étaient mariés sous le régime dotal, et que la femme ne s'était pas constitué ses biens à venir.

Ɓ C'est ce qu'a jugé la cour suprême, par un *arrêt de cassation*, en date du 12 mars 1810.

Dans le fait, les sieur et dame Lemarchand de Gomicourt, séparés de biens, acquièrent le domaine de Livarol moyennant une somme de 255,000 fr., au paiement de laquelle ils s'obligent solidairement.

Ils font transcrire leur contrat d'acquisition, et bientôt après ils le notifient aux créanciers inscrits.

Un sieur Duval de Brunville, créancier inscrit, fait sa surenchère et la notifie aux sieur et dame Lemarchand en la personne de son mari, auquel il laisse une seule copie de la notification.

Les sieur et dame Lemarchand demandent la nullité de la surenchère; mais leur demande est successivement rejetée, et par le tribunal de première instance de Lisieux; et par la cour d'appel de Caen.

Ils se pourvoient en cassation. Ils articulent deux violations. Violation du § 1er de l'art. 2185, qui

exige la notification *au nouveau propriétaire*.
Violation de l'article 3 du titre II de l'ordonnance
de 1667, qui exige que tout exploit soit notifié à
personne ou domicile.

Sur quoi arrêt, par lequel, « après en avoir
» délibéré en la chambre du conseil : vu l'article
» 3 du titre II de l'ordonnance de 1667, et l'art.
» 2185 du Code civil; — Attendu 1° que, dans
» le fait, l'acte portant soumission de surenchère
» de la part du sieur Duval de Brunville, sous
» la date du 8 brumaire de l'an XIV, n'a été no-
» tifié à ladite dame de Gomicourt que par une
» seule copie, tant pour elle que pour son mari,
» et qu'une pareille notification dans cette forme
» était d'autant plus irrégulière, qu'elle s'était
» mariée en état de séparation de biens avec son
» mari, et que ledit sieur Duval de Brunville
» pouvait d'autant moins l'ignorer, que cette
» qualité se trouvait directement énoncée dans le
» contrat d'acquisition qui lui avait été signifié.
» — Attendu 2° que l'obligation solidaire sti-
» pulée par ledit contrat en faveur du vendeur
» ne pouvait dispenser le tiers créancier inscrit,
» et surenchérisseur, de la rigoureuse observa-
» tion de cette forme, soit parce que cette obli-
» gation solidaire était strictement limitée au paie-
» ment du prix du domaine de Livarol, dans la
» supposition toutefois où il restât entre les mains
» des premiers acquéreurs, soit parce que la sou-
» mission de surenchérir annonçait l'exercice

» d'une action tendante à la résolution du premier
» contrat de vente dans l'intérêt des acquéreurs,
» puisque le dernier surenchérisseur adjudica-
» taire devait être subrogé à leurs droits : d'où il
» suit que la solidarité stipulée devenait tout-à-
» fait étrangère au créancier surenchérisseur,
» qui devait toujours considérer les acquéreurs
» ayant chacun des intérêts et des droits distincts
» et séparés dans l'objet vendu. — Attendu 3° que
» la notification de la transcription du contrat
» d'acquisition au bureau des hypothèques établi
» à Lisieux, quoique faite audit sieur Duval de
» Brunville, à la requête des sieur et dame Lemar-
» chand par un seul et même acte, ne pourrait
» autoriser celui-ci à leur faire notifier de la même
» manière son acte de soumission de surenchère,
» parce qu'à son égard il lui suffisait que les ac-
» quéreurs, pour régulariser la notification qu'ils
» lui faisaient, se conformassent à ce qui leur était
» prescrit par l'article 2183 du Code civil, ce à
» quoi ils avaient pleinement satisfait par leur
» acte à lui signifié le 30 fructidor an XIII ;
» tandis, au contraire, que ledit sieur Duval de
» Brunville ne pouvait remplir le vœu de l'article
» 2185, et celui de l'article 3 du titre II de l'or-
» donnance de 1667, qui exige que tous exploits
» d'ajournement soient signifiés à personne ou
» domicile, qu'en faisant notifier par une copie
» séparée à ladite dame Lemarchand, séparée de
» biens d'avec son mari, son acte de soumission

» de surenchère.— Attendu, enfin, qu'en se con-
» tentant de la signification d'un seul acte, tant
» pour le mari que pour la femme, il est égale-
» ment contrevenu, soit audit article 2185 du
» Code civil, soit à l'article 3 du titre II de l'or-
» donnance de 1667, et que l'arrêt attaqué, en
» adoptant une signification aussi irrégulière,
» s'est rendu propre cette double contravention.
» — La cour casse, etc. »

Par suite de cet arrêt, la cause et les parties furent renvoyées devant la cour royale de Paris. Là,
on reproduisit le système du sieur Duval de Brunville, et après un partage entre la première et la
troisième chambre, qui fut vidé par la seconde,
la cour se décida pour la validité de la surenchère.
Ses motifs, autant que j'ai pu l'entendre par la
prononciation de l'arrêt, sont pris de ce que les
acquéreurs s'étaient réunis pour faire leur notification.

On s'est pourvu de nouveau contre cette décision, et la cour, chambres réunies, en en prononçant la cassation, a sanctionné de nouveau les
principes qui avaient déterminé sa première décision. (*Voyez* l'arrêt, tel que le rapporte *Sirey*,
tom. 13, pag. 443. Il est aussi rapporté dans la
2ᵉ édition de nos *Questions sur les Priviléges et
Hypothèques.*)

XXVII. Il ne nous reste, pour terminer cette matière, qu'à nous occuper de la surenchère sur vente

forcée, et de quelques questions mixtes qui se sont déjà présentées.

XXVIII. Lorsque l'immeuble a été vendu par suite d'une saisie immobilière, il y a tout lieu de craindre qu'il n'ait pas été porté à sa véritable valeur. C'est pourquoi l'article 710 du Code de procédure permet une surenchère qui diffère de plusieurs manières de la surenchère dont nous venons de parler.

Cet article est ainsi conçu : « *Toute personne* » pourra, *dans la huitaine* du jour où l'adjudi- » cation aura été prononcée, faire au greffe du » tribunal, par elle-même ou par un fondé de pro- » curation spéciale, une surenchère, pourvu » qu'elle soit du *quart* au moins du prix *principal* » de la vente. »

XXIX. Cette surenchère diffère de la précédente, 1° en ce qu'elle peut être faite par toute personne, créancier ou non, tandis que l'autre ne peut avoir lieu que de la part des créanciers inscrits, ou ayant hypothèque ou privilège indépendant de l'inscrip- tion ; 2° en ce qu'elle doit être faite dans la hui- taine de l'adjudication, alors qu'en vente volon- taire les créanciers ont quarante jours à compter de la dénonciation qui leur est signifiée ; 3° enfin, ces deux surenchères diffèrent par la somme à laquelle elles doivent faire porter le prix de la vente, puisque, dans l'une, l'augmentation doit être du dixième seulement, et dans l'autre, du quart du prix principal.

Il y a aussi des différences sur la procédure à suivre ; mais nous n'en parlerons qu'après avoir examiné quelques questions auxquelles les caractères de cette dernière peuvent donner lieu.

XXX. D'abord, voyons à quelle espèce de vente s'applique la surenchère du quart. L'art. 710 est placé dans le Code de procédure au titre de la saisie immobilière, d'où l'on pourrait inférer que ce n'est qu'à l'adjudication sur saisie immobilière qu'il est permis de l'appliquer. Cependant, que déciderait-on à l'égard des autres ventes qui se font par autorité de justice, et particulièrement à l'égard des licitations provoquées tant par les co-partageans que par leurs créanciers personnels ?

La solution de cette difficulté me semble dépendre de cette distinction : ou la licitation dont il s'agit intéresse des cohéritiers majeurs, tous présens ou dûment représentés, ou elle a lieu entre des cohéritiers mineurs, interdits ou absens.

Dans le premier cas, les cohéritiers pouvaient s'abstenir des formalités judiciaires, ils pouvaient volontairement consentir à la licitation, la faire faire devant notaire, entre eux, sans même appeler des étrangers. Cette licitation n'est qu'une vente ordinaire purement consensuelle, et à laquelle la justice ne fait que donner l'authenticité. Or, comme on ne peut pas appliquer l'article 710 à une vente purement volontaire, on ne conçoit pas comment on pourrait l'appliquer à une aliénation qui conserve le même caractère.

A qui, d'ailleurs, voudrait-on accorder le droit
de surenchérir, en vertu de cet article 710? Serait-
ce aux étrangers? Mais ayant droit de les écarter ou
de ne pas les admettre à l'adjudication, les copropriétaires peuvent bien les écarter de la surenchère, qui ne serait elle-même qu'une nouvelle
adjudication. Serait-ce aux cohéritiers? mais ils
étaient présens à l'adjudication, ils pouvaient enchérir, ils pouvaient alors ajouter à la mise à prix
ou à l'enchère subséquente le quart dont ils demandent actuellement à augmenter le prix. Leur
présence à l'adjudication, leur consentement, qu'ils
étaient maîtres de refuser, la liberté de surenchérir
à leur gré, tout élève contre eux une fin de non-
recevoir.

Enfin, voudrait-on donner ce droit aux créanciers personnels des cohéritiers? Il ne serait pas
difficile de démontrer qu'ils ne sont, à l'égard des
immeubles licités, que de simples étrangers, inca-
pables d'acquérir des hypothèques ou des priviléges sur ces immeubles, avant qu'ils ne soient
partagés; ils ne peuvent que demander d'être présens à la licitation, ce qui démontre qu'ils sont
encore non-recevables à surenchérir.

Il en serait de même des créanciers de la succession. Ceux-ci peuvent bien avoir des hypothèques
sur les immeubles licités; mais comme la licitation
leur est étrangère, qu'elle ne les prive d'aucun
droit et qu'ils ne peuvent perdre leur gage que de
la même manière dont ils en seraient privés par

une vente volontaire, il suit qu'ils ne peuvent pas invoquer l'article 710 du Code de procédure, mais seulement l'article 2185 du Code civil, ainsi que nous l'avons déjà démontré ci-dessus.

De tout cela, nous concluons que personne n'étant apte à surenchérir, l'article 710 ne peut s'appliquer aux licitations faites entre copropriétaires majeurs.

Toutefois on a fait quelques objections : on a prétendu que la surenchère était de droit commun; qu'étant prise en cas d'expropriation, elle devait l'être également dans les licitations; que cela résultait, d'ailleurs, de l'article 972 du Code de procédure, qui renvoyait, pour les règles sur la licitation, aux principes de la vente des biens saisis immobilièrement; que parmi ces principes se trouvait celui de l'article 710, et que dès lors il fallait nécessairement l'appliquer; que cette règle était surtout infaillible lorsque c'était un créancier personnel du copropriétaire qui avait poursuivi la licitation.

Comme toutes ces objections se trouvent combattues par un arrêt de la cour d'appel de Douai, en date du 16 août 1818, nous nous contenterons de le rapporter; mais après avoir fait remarquer qu'il n'est pas vrai de dire que la surenchère soit de droit commun. Au contraire, nous ne saurions trop le répéter, cette voie est exorbitante; elle renferme une condition résolutoire; et l'on sait qu'une condition de cette espèce ne se supplée

jamais. Elle doit toujours résulter de la loi ou de
la convention, et l'on ne peut l'admettre en rai-
sonnant par analogie.

Voici maintenant le texte de l'arrêt :

« Considérant que, suivant l'article 2205 du
» Code civil, les créanciers personnels d'un héri-
» tier doivent provoquer le partage ou la licitation
» de la partie indivise avant qu'elle puisse être mise
» en vente par eux ; que, suivant le Code civil, la
» licitation peut être faite, ou en justice, ou par de-
» vant notaires (art. 829 et 839) ; que le Code de
» procédure contient les mêmes dispositions (art.
» 984 et 985) ; que le titre concernant la vente des
» immeubles, auquel l'article 972 du Code de
» procédure renvoie pour les formalités qui y sont
» prescrites, distingue aussi les ventes des immeu-
» bles qui n'appartiennent qu'à des majeurs, de
» celles dans lesquelles il y a des mineurs qui ont
» intérêt ; que, dans ce titre, l'art. 953 est le seul
» qui concerne la vente et la licitation des biens
» n'appartenant qu'à des majeurs, et que les arti-
» cles 954 jusques et compris 965 ne sont relatifs
» qu'à la vente des biens des mineurs ; qu'ainsi le-
» dit l'art. 965, qui renvoie aux dispositions des
» articles 707 et suivans, en tant qu'il admettrait la
» surenchère après l'adjudication en matière de
» licitation, ne serait applicable qu'au seul cas où
» la licitation se ferait entre mineurs et majeurs ;
» que la licitation en vertu de laquelle les appelans
» se sont rendus adjudicataires des deux maisons

» dont il s'agit, a été poursuivie par un créancier
» de Butterweck fils, débiteur, qu'elle a été faite
» entre majeurs, et qu'il en résulte que l'art. 965
» ne leur est point applicable. — Considérant que
» le créancier exerçant le droit de son débiteur, la
» licitation provoquée par le créancier est absolu-
» ment de même nature que si elle avait été pro-
» voquée par le débiteur lui-même; que la licitation
» provoquée par un copartageant ne peut être as-
» similée à une expropriation forcée, ce qui, par
» conséquent, écarte toute idée de surenchère;
» qu'il en est de même d'une licitation provoquée
» par un créancier personnel du débiteur copar-
» tageant; qu'il en résulte que ce créancier n'est
» point recevable, quant à présent, dans sa suren-
» chère. »

Nous n'ajouterons qu'un mot pour compléter
cette preuve que l'article 710 n'est pas applicable
aux licitations entre majeurs.

La principale objection, et peut-être même la
seule qu'on puisse nous faire, c'est le renvoi que
fait l'article 972 au titre *de la Vente des Immeubles*, qui, lui-même, se réfère au titre *de la Saisie
immobilière*, dans lequel se trouve l'article 710.

Nous ferons remarquer que le renvoi de l'article
972 n'est pas absolu, car il ne veut pas que toutes
les dispositions sur la saisie immobilière soient
appliquées aux licitations: si tel était son sens, il
serait déraisonnable; mais il dispose qu'on *se conformera* (ce sont les propres expressions de cet

article), *pour la vente, aux formalités prescrites dans le titre* de la Vente des Immeubles.

Or, tout consiste à savoir si la surenchère est une formalité de la vente? La négative est incontestable. La surenchère est plutôt un mode d'extinction qu'une manière de former la vente, car elle résout un contrat déjà formé.

Et qu'on ne croie pas que nous cherchions à jouer sur les mots. La comparaison de cet article 992 avec l'article 965 prouve évidemment que le sens du premier doit être restreint aux formalités qui doivent conduire à l'adjudication.

En effet, lorsque le législateur veut appliquer à l'aliénation des biens des mineurs les principes relatifs à la saisie immobilière, ne croyez pas qu'il se contente de renvoyer au titre relatif aux formalités; mais voici comment il s'explique : « Seront obser-
» vées, au surplus, relativement à la réception des
» enchères, à la forme de l'adjudication ; *et à ses*
» *suites*, les dispositions contenues dans les articles
» 707 et suivans du titre *de la Saisie immobilière.* »

Ces deux manières de s'exprimer prouvent suffisamment la différence que l'on a voulu faire dans les deux cas. Dans l'un, on a voulu simplement indiquer les formalités à suivre pour parvenir à la vente, et l'on n'a pas parlé des suites de cette vente; dans l'autre, on a eu l'intention de comprendre et les formalités et les suites, et l'on s'en est expliqué.

Ainsi, sous tous les rapports, nous pouvons répéter que l'article 710 n'est pas applicable aux lici-

tations de biens de majeurs, et que la surenchère
du quart devrait toujours être rejetée.

XXXI. Mais il n'en serait pas de même si la
licitation avait lieu entre mineurs ou entre mineurs
et majeurs, dont l'un d'eux serait absent. Nous
avons vu, en effet, en rapportant l'article 965, que
la vente des immeubles des mineurs était assimilée
à l'adjudication sur saisie immobilière pour ses
formes *et ses suites*, ce qui comprend nécessairement la surenchère autorisée par l'article 710; et
si l'on pouvait en douter, il suffirait de remarquer
que cet article 965 renvoie aux dispositions contenues dans les articles 707 et *suivans*, du titre de la
Saisie immobilière : or, dans ces articles se trouvent nécessairement compris l'article 710.

Il faut même convenir que si le législateur ne
s'était pas expliqué aussi formellement, on aurait
fait des efforts pour faire admettre la surenchère.
La loi veille pour les mineurs et les absens, et tout
ce qui peut améliorer leur sort doit être saisi avec
avidité. Or, rien ne les intéresse plus que la surenchère autorisée par l'article 710, puisqu'elle
leur procure un avantage du quart au dessus du
prix de la licitation. — Mais on n'a pas besoin
d'invoquer cette considération, la loi est expresse;
on doit exécuter sa disposition et admettre la surenchère.

XXXII. Si un créancier avait d'abord poursuivi
la saisie immobilière des biens de son débiteur, et
qu'usant de la faculté accordée par l'art. 747 du

Code.de procédure, il en eût consenti la conver-
sion en vente volontaire, toute personne pourrait-
elle surenchérir du quart du prix principal?

La négative résulte tout à la fois du caractère
de la vente et des dispositions de cet article 747
que nous venons de citer. La vente est purement
volontaire. Elle a pris ce caractère par la conver-
sion qu'il a plu au créancier de consentir. Elle ne
peut donc donner lieu qu'à la surenchère du
dixième, lors de la dénonciation aux créanciers
inscrits. Cette opinion est confirmée par l'art. 447,
qui, renvoyant aux articles 957, 958, 959, 960,
961, 962 et 964, tous relatifs *aux formalités* de
la vente des biens immeubles, excepte nécessairement l'article 965, qui s'explique relativement
aux *suites* de la vente; c'est, au surplus, ce que
nous avons fait juger par le tribunal de la Seine,
sans que depuis on ait osé interjeter appel. (Voyez
aussi un arrêt de la cour de Paris. *Sirey*, tom. 3,
pag. 238.)

XXXIII. S'il s'agissait d'une vente des biens d'un
failli, poursuivie par les syndics, y aurait-il lieu à
la surenchère? Voici comment s'explique l'article 565 du Code de commerce :

« Pendant huitaine, après l'adjudication, *tout*
» *créancier* aura le droit de surenchérir. La sur-
» enchère ne pourra être au dessous du dixième du
» prix principal de l'adjudication. »

Il est facile de juger, par les expressions de cet
article, que la surenchère qu'il permet n'a pas les

mêmes caractères que. celle autorisée par l'article 2185 du Code civil; elle en diffère, 1° en ce qu'elle peut être exercée par tout créancier, par les hypothécaires comme par ceux qui n'ont aucune cause de préférence ; 2° en ce que l'article 2185 ne donne le droit de surenchérir que lorsque c'est le débiteur lui-même qui a aliéné, et que le Code de commerce accorde cette faculté aux créanciers, encore que ce soit eux qui, par le ministère des syndics de l'union, aient exproprié le failli.

Cette dernière différence est principalement à remarquer. Il en résulte que si, par un texte formel, le Code de commerce n'eût pas accordé, même aux créanciers hypothécaires, le droit de surenchérir, ils se seraient trouvés privés de ce droit et assimilés aux créanciers dont le gage aurait été définitivement fixé par une adjudication sur expropriation forcée.

En effet, la disposition de l'article 565 du Code de commerce est, à l'égard des créanciers du failli, ce qu'est pour tout le monde l'art. 710 du Code de procédure civile ; il introduit un droit nouveau, une nouvelle faveur jusqu'alors inconnue. Avant ce Code, la valeur de l'immeuble était irrévocablement fixée au prix de l'adjudication, et l'adjudicataire ne pouvait être dépouillé que lorsque, refusant d'exécuter les clauses et conditions de l'adjudication, on faisait revendre l'immeuble à sa folle-enchère. Mais quelque modique que fût le prix, on ne pouvait, sous ce prétexte, offrir une surenchère et dépouiller ainsi l'adjudicataire.

En accordant ensuite le droit de surenchérir dans la huitaine seulement, l'article 710 du Code de procédure et l'article 565 du Code de commerce introduisent donc une faculté exorbitante du droit commun, que rien ne peut engager à étendre; et les créanciers hypothécaires, qui, dans le cas d'une simple vente volontaire, auraient eu quarante jours pour surenchérir, ne sont pas plus favorablement traités que les chirographaires; car ils doivent se présenter dans le même délai, sous peine d'être déclarés non-recevables.

Et rien n'est plus équitable que cette disposition. Dans le cas où les syndics de l'union font vendre l'immeuble du failli, la vente est faite au nom des créanciers, qui, connaissant cette mesure, sont toujours à même de surenchérir et de faire porter l'immeuble à sa valeur. Si donc ils ne l'ont pas fait, si ensuite ils ont négligé de faire une surenchère dans la huitaine de l'adjudication, ils ne doivent qu'imputer à eux-mêmes la perte qu'ils peuvent en ressentir.

S'il en était autrement, l'adjudicataire ne serait jamais tranquille, et après avoir éprouvé une première surenchère de la part d'un créancier chirographaire, il se trouverait exposé à être dépouillé par une seconde, qu'un créancier hypothécaire viendrait offrir dans les quarante jours de la notification qu'il faudrait lui faire.

Ces considérations nous portent donc à penser que l'article 565 du Code de commerce s'applique aux créanciers hypothécaires, en cela qu'il restreint à huitaine le délai de la surenchère.

Cependant on fait une exception qui mérite d'être examinée. On dit qu'en principe le Code de commerce n'abroge pas le Code civil; qu'il ne peut pas enlever un droit concédé par le premier, etc.

La réponse est, que, sans abroger les dispositions du Code civil, le Code de commerce les modifie quelquefois d'une manière bien sensible. La matière des hypothèques et des expropriations nous en fournit plusieurs exemples. Suivant l'article 2135 du Code civil, la femme a hypothèque légale, pour sa dot et ses reprises matrimoniales, *sur les biens présens et à venir* de son mari. D'après l'article 551 du Code de commerce, cette hypothèque ne peut être exercée par la femme dont le mari était commerçant à l'époque de la célébration du mariage, que sur les immeubles qui appartenaient au mari à cette époque.

Suivant les principes du Code civil, tout créancier peut poursuivre la vente forcée des biens actuellement appartenant au débiteur. D'après l'article 532 du Code de commerce, s'il n'y a pas d'action en expropriation formée avant la nomination des syndics définitifs, eux seuls sont admis à poursuivre la vente.

Voilà donc deux cas; et l'on pourrait en citer

beaucoup d'autres où le Code civil est modifié par le Code de commerce : ces modifications, si l'on peut s'expliquer ainsi, sont de l'essence de ce Code, puisque la loi commerciale n'est elle-même qu'une loi d'exception, une dérogation presque perpétuelle aux règles du droit commun.

Ainsi, en dérogeant, si l'on veut, à l'art. 2185, le législateur a pu fixer, pour la surenchère des biens d'un négociant en faillite, un délai de huitaine au lieu de celui de quarante jours : il l'a pu sans cesser d'être conséquent avec lui-même, puisque ce ne serait là qu'une exception introduite par la loi commerciale.

Mais disons mieux; ce n'est pas là une dérogation. Nous avons déjà montré que le droit de surenchérir dans les quarante jours n'était accordé aux créanciers hypothécaires, par l'article 2185, que lorsqu'il s'agissait de ventes volontaires faites par le débiteur lui-même. Mais quand il s'agit d'expropriations poursuivies par la masse des créanciers, lorsque chacun a connu la procédure, lorsqu'il n'a tenu qu'à lui de surenchérir, de faire porter l'immeuble à sa véritable valeur, cet article 2185 ne peut plus être invoqué. Il faut alors recourir à la nouvelle faculté introduite par l'article 565; surenchérir, si l'on veut, dans la huitaine : mais après l'expiration de ce délai, tout est consommé, et l'adjudicataire est devenu propriétaire incommutable.

XXXIV. Si, après la surenchère autorisée par

l'article 2185, l'immeuble a été adjugé à l'ancien
ou à un nouvel acquéreur, peut-on, au cas de l'article 710 du Code de procédure, faire dans la
huitaine une surenchère du quart?

Pour l'affirmative, on pourrait se fonder sur ce
que l'article 2187 du Code civil dispose qu'en cas
de revente sur enchère, elle doit avoir lieu suivant
les formes établies pour les expropriations forcées.
Or, dirait-on, en matière de vente sur saisie immobilière, la surenchère du quart est formellement
permise; et en assimilant l'adjudication sur enchère
à la vente forcée, on rend nécessairement communes à celle-là les formalités de celle-ci.

Néanmoins, nous ne pensons pas que cette opinion soit fondée; si la surenchère a ses avantages,
elle a aussi ses mauvais côtés. Il importe, pour at-
tirer les adjudicataires, qu'on trouve quelque certitude dans l'adjudication; et si l'on a toujours à
craindre d'être dépouillé de l'immeuble dont on
vient de se rendre adjudicataire, on renonce à
enchérir.

D'ailleurs, les motifs qui ont fait admettre la surenchère du quart, en matière d'expropriation,
n'existent pas à l'égard d'une vente volontaire,
suivie d'une première surenchère du dixième. Dans
le premier cas, il peut n'avoir pas tenu aux débiteurs, et même aux créanciers, de faire porter l'immeuble à sa véritable valeur; des machinations
peuvent avoir été ourdies pour écarter les enchérisseurs; et c'est pour éviter les inconvéniens qui

peuvent en résulter, que l'article 710 a permis à
toute personne de faire, dans la huitaine, une sur-
renchère du quart. Mais quand il s'agit d'une vente
volontaire, suivie d'une première surenchère, le débiteur ne peut pas se plaindre de la modicité du
prix, puisqu'il s'en est lui-même contenté; les créanciers ne peuvent pas non plus élever de réclamations, parce qu'ils doivent s'imputer de n'avoir pas
porté le prix à un taux plus élevé, lorsque, dans les
quarante jours, ils ont requis la mise de l'immeuble
aux enchères.

Ainsi, sous ce premier rapport, il n'y aurait aucun motif pour appliquer à l'adjudication, par suite
d'une première surenchère, la disposition de l'article 710 du Code de procédure; et l'argument que
l'on voudrait tirer de l'article 2187 du Code civil,
serait dénué de force; puisque cet article n'applique
à l'adjudicataire qui doit suivre la réquisition de
mise aux enchères, que les *formes* établies pour les
expropriations forcées. Or on n'entend par là que
l'apposition des affiches, les autres moyens de donner de la pu' licité à la vente, et les formalités qui
accompagnent ou suivent l'adjudication; mais la
faculté accordée par l'article 710 du Code de procédure n'est pas une formalité; c'est un droit, une
espèce de condition résolutoire, que l'article 2187
n'a pas pu appliquer à la vente sur enchères, puisque le principe de cette condition n'existait pas encore lors de la promulgation du Code civil.

De toutes ces réflexions, nous pensons pouvoir

conclure que l'article 710 du Code de procédure ne s'applique pas à la vente sur enchères, et que l'adjudicataire) devenu propriétaire incommutable par le seul fait de l'adjudication, ne peut plus être dépouillé par une nouvelle surenchère.

XXXV. La surenchère, autorisée par l'art. 710 du Code de procédure, doit être faite *dans la huitaine du jour où l'adjudication doit être prononcée.* Mais nous ne savons pas comment il faut compter cette huitaine, si c'est en y comprenant le jour de l'adjudication et celui de l'échéance, ou si, au contraire, l'on doit faire l'application de la maxime : *dies termini non computantur in termino.*

Si l'on se réfère à l'article 1033 du Code de procédure, c'est cette maxime qu'il faut appliquer, puisque nous y voyons que « le jour de la significa- » tion ni celui de l'échéance ne sont jamais comptés » pour le délai général fixé pour les ajournemens, » les citations, sommations et autres actes faits à » *personne ou domicile.* »

Mais indépendamment de ce que cet article ne doit s'appliquer qu'aux actes signifiés à personne ou domicile, et que la surenchère est toujours signifiée à l'avoué, nous pouvons ajouter que cette solution serait contraire au texte même de l'art. 710, qui veut que la surenchère soit faite *dans* la huitaine. Or, si nous ne comptions ni le jour de l'adjudication, ni celui de l'échéance, la surenchère ne serait pas faite *dans* la huitaine, mais *hors* la huitaine. Cette voie n'est pas assez favorable pour prolonger les délais et pour donner à la loi une interprétation contraire à son texte.

C'est, au surplus, dans ce sens que la jurisprudence paraît entendre la loi. Indépendamment de ce que, par analogie, nous pourrions citer l'arrêt de cassation, qui juge qu'en matière d'opposition à jugement par défaut, le jour de la signification et celui de l'échéance doivent être comptés, nous pouvons renvoyer à un arrêt rapporté par Sirey, tom. 15, part. 2, page 220, qui juge que, lorsque l'adjudication a eu lieu, le 23 juillet 1814, la surenchère n'a pas pu être faite le 1er août, bien que le 31 juillet se trouvât un jour de dimanche.

XXXVI. Nous trouvons dans le même arrêtiste, tom. 15, part. 2, pag. 139, une décision également remarquable; c'est la Cour de Colmar qui juge que l'état de blocus est un cas de force majeure qui peut relever des déchéances prononcées par la loi, et permettre conséquemment aux tribunaux d'admettre des surenchères après la huitaine, si, pendant ce temps, les créanciers se sont trouvés dans l'impossibilité de surenchérir.

XXXVII. La surenchère dont nous nous occupons doit être du *quart du prix principal.* Ces derniers mots, *prix principal*, qui sont ceux de la loi, écartent la question que nous avons proposée à l'égard de la surenchère sur vente volontaire, et relativement aux frais dont l'adjudicataire était chargé. Ces frais ne doivent pas être pris en considération, ni réunis ensuite au capital pour déter-

miner le quart, puisque la loi ne parle que du
prix principal, et qu'elle écarte par là les accessoires.

XXXVIII. La surenchère, pour être valable, doit
être dénoncée *dans les vingt-quatre heures* aux
avoués respectifs de l'adjudicataire, du poursuivant
et de la partie. (Art. 711.)

Ce délai de vingt-quatre heures semblerait courir d'heure à heure, de manière que si la surenchère avait été faite le premier janvier à midi, elle
deviendrait nulle si elle n'avait été notifiée, au plus
tard, le lendemain à la même heure.

Cependant il est de principe que les prescriptions
ne se comptent pas par heure : elles doivent toujours, aux termes de l'article 2260 du Code civil,
se compter par jour; et si dans l'article 711 on
s'est servi de la dénomination d'heures, c'est sans
doute parce qu'il est d'usage de parler de vingt-
quatre heures toutes les fois qu'on veut indiquer
un jour plein.

S'il en était autrement, on serait toujours embarrassé pour faire courir ce délai de vingt-quatre
heures; on ne saurait jamais à quelle époque la
surenchère aurait été faite, puisque l'acte qui la
contient ne doit pas énoncer l'heure. (Art. 710 du
Code de procédure.)

Tout cela prouve que la dénonciation de la
surenchère doit être faite aux avoués de l'adjudicataire, du poursuivant et de la partie saisie, dans
le délai d'un jour plein après la surenchère reçue

au greffe; en sorte que, si cette surenchère a été faite le premier janvier, la dénonciation pourra en être utilement faite dans toute la journée du 2.

C'est ce qu'a jugé la Cour d'appel de Liége, le 5 janvier 1809, en infirmant un jugement du tribunal de première instance de la même ville, qui avait jugé le contraire.

Voici le texte de son arrêt :

« Attendu que le délai de vingt-quatre heures, » dont parle l'article 711 du Code de procédure, » doit être entendu *d'un jour utile*; que d'ailleurs » l'intimé aurait dû prouver que la dénonciation » avait été faite dans le délai de vingt-quatre » heures, ce qu'il n'a pas fait; qu'ainsi l'on doit » présumer que ladite dénonciation du lendemain » a été faite dans le temps utile, surtout que la » loi ne prescrit pas d'énoncer l'heure à laquelle » l'on fait et la surenchère et la dénonciation » d'icelle : — Met l'appellation et ce dont est ap- » pel, etc. »

XXXIX. D'après ces principes, le dimanche ne doit pas compter dans la fixation des vingt-quatre heures. Car lorsque la loi n'accorde qu'un jour pour faire quelque chose, elle doit n'entendre parler que d'un jour utile. Ainsi, lorsque la surenchère a été faite la veille d'un dimanche ou de toute autre fête légale, elle peut être dénoncée aux avoués de l'adjudicataire, du poursuivant et de la partie sai- sie, le lendemain de cette fête. (Arrêt de cassa-

tion, rapporté dans nos *Questions*, tom. 2 de la
2ᵉ édit.)

XL. Cette dénonciation doit être faite par
un simple acte contenant avenir à la prochaine
audience, sans autre formalité, c'est-à-dire sans
avoir besoin de nouveaux placards ou de nouvelles
annonces.

Au jour indiqué, les enchères sont ouvertes entre l'adjudicaire et le surenchérisseur seulement,
car ni le poursuivant, ni toute autre personne, ne
pourrait être admise à enchérir; et s'il y a folle-
enchère, c'est-à-dire si le surenchérisseur n'accomplit pas les conditions de la surenchère, il sera
tenu, par corps, de la différence de son prix avec
celui de la vente.

Sur toutes les autres difficultés auxquelles peut
donner lieu la surenchère autorisée par l'art. 710
du Code de procédure, on peut voir ce que nous
en avons dit dans la 2ᵉ édit. de nos *Questions sur
les privilèges*, tom. 2ᵉ.

XLI. Il nous reste, pour terminer nos observations sur cette matière, à examiner la question de savoir qui supporterait la perte de l'immeuble, si elle arrivait dans la huitaine accordée pour
surenchère?

L'adjudication sur saisie immobilière ressemble
beaucoup, pendant la huitaine accordée pour surenchérir, à ce que les Romains appelaient *addic-
tio in diem*, c'est-à-dire la convention par laquelle l'acquéreur était dépouillé, si le vendeur

trouvait un prix plus favorable pendant un délai donné.

Chez les Romains, le caractère de ce pacte était déterminé par l'intention présumée des parties ; il formait ou une condition suspensive qui arrêtait l'exécution du contrat, ou, au contraire, une condition résolutoire qui en détruisait les effets. On peut voir sur cela la L. 2, au ff. *De in diem addict.* ; et Pothier, dans son *Traité du Contrat de Vente*, part. 5, chap. 2, section 4.

Dans notre droit français, je crois que le caractère de cette faculté, accordée à toute personne pendant la huitaine, est toujours le même. C'est une condition résolutoire, une clause tacite, par laquelle le saisi et ses créanciers consentent que l'immeuble soit adjugé ; mais sous la réserve que si, dans la huitaine, on trouve un prix supérieur d'un quart, la vente sera résolue.

Il en est, dans ce cas, comme dans celui d'une vente volontaire; la faculté que les créanciers hypothécaires ont de surenchérir dans les quarante jours, n'empêche pas l'acquéreur d'être propriétaire ; seulement il est censé avoir acquis sous une condition résolutoire dont l'événement peut détruire l'effet ; mais jusque là, jusqu'à ce que les créanciers aient surenchéri, il reste propriétaire.

On en trouve la preuve dans l'article 2177 du Code civil, lequel, après avoir prévu le cas où l'acquéreur serait exproprié par suite d'une surenchère, ajoute que les servitudes et droits réels que

l'acquéreur avait sur l'immeuble avant sa possession, renaissent après l'adjudication faite sur lui.
Or les servitudes ne peuvent renaître que parce
qu'elles se sont éteintes, et elles n'ont pu s'éteindre que parce que l'acquéreur est devenu propriétaire du fonds asservi.

Cela posé, on ne peut plus mettre en question
si l'immeuble périt pour l'adjudicataire. Propriétaire absolu, quoique sous une condition résolutoire, c'est sur lui seul que peut tomber la perte,
si elle survient dans la huitaine accordée pour surenchérir. S'il en était autrement, cette surenchère,
qui a été introduite en faveur du saisi et de ses
créanciers, tournerait nécessairement contre eux,
puisque ce serait un moyen de prolonger leur responsabilité.

Telle est, au surplus, l'opinion que professe
Pothier à l'égard de l'adjudication sauf quinzaine,
dans son *Traité de la Vente*, part. 6, chap. II, et
dans l'*Introduction à la coutume d'Orléans*,
tit. 21, nos 92 et 93.

Art. 2186. *A défaut, par les créanciers, d'avoir
requis la mise aux enchères dans le délai et les
formes prescrites, la valeur de l'immeuble demeure définitivement fixée au prix stipulé dans
le contrat, ou déclaré par le nouveau propriétaire, lequel est, en conséquence, libéré de tout
privilège et hypothèque, en payant ledit prix
aux créanciers qui seront en ordre de recevoir,
ou en le consignant.*

I. Dès que les quarante jours sont expirés sans
qu'on ait requis la mise aux enchères, ou lorsque
cette réquisition a été déclarée nulle, les créanciers sont déchus de ce droit, et l'acquéreur demeure propriétaire incommutable, à la charge
de payer aux créanciers le prix stipulé dans le
contrat, ou celui par lui déclaré. (*Code de procédure*, art. 835.)

Si, lors de cette déchéance, les créanciers n'é-
taient pas en ordre de recevoir, le tiers acquéreur
ne serait pas forcé d'attendre la collocation, mais il
pourrait se libérer en consignant les sommes dues.

Mais tant que l'acquéreur n'a pas payé ou consi-
gné son prix, il reste débiteur personnel des créanciers inscrits; l'immeuble lui-même n'est pas affranchi des hypothèques, et tant que les inscriptions
sont renouvelées en temps utile, les hypothèques
et les priviléges continuent de subsister.

Nous disons: tant que les inscriptions sont renouvelées; parce que, comme nous l'avons déjà remar-

qué, si les créanciers négligent cette formalité, encore bien qu'ils conservent l'acquéreur pour obligé, ils cessent d'avoir l'immeuble pour gage, surtout si celui-ci en avait ultérieurement disposé.

II. M. Tarrible émet sur cet article la plus étrange opinion. Il prétend que la consignation ne peut avoir lieu quand il se trouve parmi les créanciers des mineurs ou des femmes mariées, dont les hypothèques ne peuvent être déterminées qu'après la dissolution du mariage ou la cessation de la tutelle : « Car, dit M. Tarrible, » cette consignation équivaut à un paiement. Or » les tuteurs ou maris ne peuvent recevoir des » mains de leur propre acquéreur les sommes » qui sont dues au mineur ou à la femme; cela » est évident, puisque cette opération ne serait » qu'un cercle vicieux qui laisserait le montant de » la dette dans les mains du même débiteur, et » qui n'aboutirait qu'à affranchir l'immeuble aliéné » de l'hypothèque légale, contre le vœu de la loi, » sans que la femme ou le mineur acquissent une » nouvelle sûreté à la place de l'hypothèque » purgée. »

Il est facile de répondre que l'article 2186 ne fait aucune distinction : il donne à tout acquéreur le droit de se libérer de tout privilége et hypothèque lorsqu'il s'est écoulé, depuis sa notification, quarante jours sans que les créanciers aient requis une surenchère. Il faut d'ailleurs bien reconnaître que la consignation est dans l'intérêt du nouveau propriétaire, sans compromettre en rien la sûreté du créancier hypothécaire; car les deniers se déposent dans l'état, et le fisc est toujours solvable.

(*Voir* M. Dalloz, *Rép.* v⁹ *Priv. et Hyp.* p. 373.)

III. L'acquéreur doit-il appeler à la consignation soit les créanciers inscrits, soit le vendeur? Nous ne le pensons pas pour les créanciers inscrits, puisqu'ils ne sauraient empêcher cette consignation. Mais M. Grenier, t. 2, n° 463, exige avec raison que le vendeur soit appelé parce qu'il a toujours intérêt à surveiller l'effet de la vente.

IV. M. Dalloz, *Rép.*, v⁹ *Priv. et Hyp.*, p. 374, pense que le procès-verbal de dépôt doit être signifié aux créanciers inscrits. C'est bien le moins qu'ils soient avertis que la consignation a eu lieu : sans cela, ils auraient le droit de poursuivre directement leur paiement sur l'acquéreur.

Art. 2187. *En cas de revente sur enchères, elle aura lieu suivant les formes établies pour les expropriations forcées, à la diligence soit du créancier qui l'aura requise, soit du nouveau propriétaire.*

Le poursuivant énoncera dans les affiches le prix stipulé dans le contrat ou déclaré, et la somme en sus à laquelle le créancier s'est obligé de la porter ou faire porter.

I. Lorsque l'un des créanciers a utilement requis la mise aux enchères, la revente peut être poursuivie tant par le créancier que par le nouveau propriétaire.

II. Mais si l'un ni l'autre ne poursuivaient, que pourraient faire les autres créanciers? Demander la subrogation dans la poursuite, et de cette manière arriver à la vente. Il est vrai que notre article ne le dit pas, et qu'on pourrait peut-être en inférer que le législateur n'a pas entendu leur donner cette faculté.

Mais nous répondons que l'article 2190 du Code civil suppose nécessairement que les autres créanciers peuvent se faire subroger, puisqu'il dispose que le désistement du créancier surenchérisseur ne peut empêcher l'adjudication tant que les autres n'y consentent pas; or, dans ce cas, la vente ne peut plus être poursuivie par le surenchérisseur, puisqu'il a renoncé à sa poursuite : il faut donc que ce soit par les autres, ce qui suppose une subrogation.

Ajoutons que, suivant notre article, la revente doit avoir lieu, d'après les règles des expropriations, et conséquemment avec la faculté accordée par l'article 722 du Code de procédure, de demander la subrogation lorsqu'il y a *négligence* ou *collusion* de la part du poursuivant.

III. Notre article indique les formalités à suivre par le surenchérisseur pour arriver à l'adjudication, mais il ne dit rien sur le tribunal qui doit en connaître. Cependant, comme il se réfère au titre des expropriations, nous en devons conclure qu'il a entendu qu'on suivrait les mêmes règles de compétence que pour la saisie immobilière, et qu'on porterait l'adjudication devant le tribunal de la situation.

IV. Toutefois, si la vente avait été faite devant un autre tribunal; par exemple, si une maison sise à Versailles avait été vendue aux criées de Paris, devant quel tribunal devrait être portée la surenchère? Toujours devant celui de la situation, parce que la surenchère est une action réelle, qu'elle est une conséquence de la transcription et de la dénonciation aux créanciers inscrits. La circonstance que la vente a été faite ailleurs ne dénature pas l'action, et lui laisse toujours son caractère; voilà pourquoi elle ne peut pas changer l'ordre des juridictions. Ainsi jugé par arrêt de la première chambre de la cour de Paris, rapporté au *Journal du Palais*, tom. 3 de 1813, pag. 88.

V. Arrivons maintenant aux formalités de la surenchère, telles que nous les retrace le Code de procédure civile. Le poursuivant doit faire apposer des placards indicatifs de la première publication, laquelle doit se faire quinzaine après cette apposition. (*Code de procédure*, art. 836.) Les placards doivent énoncer le prix stipulé dans le contrat, ou déclaré par le nouveau propriétaire, ainsi que la somme entière à laquelle le créancier s'est obligé de porter ou faire porter l'immeuble.

Le procès-verbal d'apposition des placards doit être notifié au nouveau propriétaire, si c'est le

créancier qui poursuit, et au créancier surenchérisseur, si c'est l'acquéreur (*ibid.*, art. 837); mais
il n'est pas besoin d'en donner connaissance au
débiteur principal.

Art. 2188. *L'adjudicataire est tenu, au-delà du
prix de son adjudication, de restituer à l'acquéreur ou au donataire dépossédé les frais et loyaux
coûts de son contrat, ceux de la transcription
sur les registres du conservateur, ceux de notification, et ceux faits par lui pour parvenir à la
revente.*

I. Si l'adjudicataire est dépouillé par une surenchère, au moins faut-il qu'il rentre dans tout ce
qu'il a déboursé pour cette acquisition; c'est au
nouvel acquéreur à l'indemniser, afin que les créanciers n'en souffrent pas, et qu'ils trouvent entière
l'augmentation que la surenchère a procuré. Si cet
acquéreur remboursait les frais et loyaux coûts en
déduction de son prix, leurs intérêts seraient com-
promis; et c'est pour cela que l'on trouve dans
notre article ces mots qui ne laissent plus rien à
désirer : « L'adjudicataire est tenu, *au-delà du prix*
» *de son adjudication*, de restituer à l'acquéreur
» dépossédé, les frais et loyaux coûts de son con-
» trat, etc. »

II. Mais pourrait-il être mis, dans le cahier d'enchères, une clause contraire, et si cela avait lieu,
l'adjudicataire serait-il autorisé à retenir sur son

prix une somme égale à celle qu'il avait payée au premier acquéreur.

Régulièrement le surenchérisseur ne le peut pas, surtout lorsque cette clause a pour objet de faire perdre aux créanciers le bénéfice de la surenchère ; néanmoins si cette clause a été insérée dans le cahier des charges, s'il y est dit formellement que les frais seront remboursés au premier acquéreur, *en déduction du prix de l'adjudication*, l'adjudicataire, qui n'a acquis que sous cette condition, a le droit de la faire exécuter ; autrement l'on détruirait la confiance qu'inspirent les adjudications publiques, et à chaque condition que présenterait le cahier d'enchères, il faudrait examiner si le poursuivant avait ou non le droit de l'insérer.

Je sais qu'on oppose que c'est détruire l'effet de la surenchère et enlever aux créanciers le bénéfice qu'elle devait leur produire. Si cela est, si en calculant la mise à prix, déduction faite des frais, les créanciers n'ont plus le dixième en sus qui devait leur être assuré, ce n'est pas une raison de tourmenter l'adjudicataire et de le priver du bénéfice d'une clause sans laquelle peut-être il n'eût pas acheté : qu'on s'adresse au poursuivant, et si l'on n'a pas été présent à la vente, qu'on le rende responsable de cette clause qu'il n'avait pas le droit d'insérer : mais à l'égard de l'adjudication, la loi des parties est dans le cahier d'enchères, et cette loi est irrévocable pour tous les créanciers, comme elle l'est pour l'adjudicataire.

On oppose encore le texte de l'art. 2188 : mais nous répondons que sa disposition est pour le cas où il n'y a pas eu de convention contraire. Cet article est aux ventes sur enchères ce que l'article 1593 est pour les ventes volontaires; et de même qu'on peut déroger à cet article et mettre les frais d'actes et autres accessoires à la charge du vendeur, de même on peut déroger à l'art. 2188, et convenir que les frais et loyaux coûts seront remboursés *en déduction du prix* de l'adjudication : ajoutez que cette dérogation doit d'autant mieux être permise, que l'article 6 du Code civil, conforme aux anciens principes, autorise la dérogation à toutes les lois qui n'intéressent ni l'ordre public ni les bonnes mœurs.

III. Outre les restitutions ordonnées par cet article 2188, l'adjudicataire est encore tenu de payer les impenses et améliorations. Cela résulte de la discussion au Conseil sur cet article. On y lit : « M. Dupuy demande que cet article (2188) sou- » mette l'acquéreur à payer également les impenses » et améliorations. — M. Treilhard répond que » cette obligation étant de droit commun, il de- » vient inutile de l'exprimer. »

Mais en rapprochant l'article 2175 de cette disposition, il semble que l'adjudicataire ne soit tenu que jusqu'à concurrence de la plus-value résultant de l'amélioration.

IV. Les intérêts du prix de la vente volontaire, courus depuis le jour du contrat jusqu'à l'adjudi-

cation par surenchère, sont-ils dus par le premier
acquéreur qui a perçu les revenus, ou bien par
l'adjudicataire ultérieur, dont le contrat est substitué au premier ? Ils doivent être à la charge du premier acquéreur, car ils sont le prix des jouissances
perçues par lui pendant l'exécution de la vente.
Si, d'après l'article 2188, l'adjudicataire est tenu de
restituer à l'acquéreur ou au donataire dépossédé
les frais et loyaux coûts de son contrat, ceux de
la transcription sur les registres du conservateur,
ceux de notification, et ceux faits par lui pour
parvenir à la vente, cette obligation, imposée à
l'adjudicataire, prend son principe dans la résolution même de la vente. En effet, il n'est pas juste
que l'acquéreur dépossédé dans l'intérêt des créanciers, supporte tous les frais qui avaient pour
objet l'intérêt des créanciers. (Arrêt de la Cour
royale de Riom du 19 janvier 1820; Sirey, 20, 2,
158.)

Art. 2189. *L'acquéreur ou le donataire qui con-*
serve l'immeuble mis aux enchères , en se ren-
dant dernier enchérisseur. n'est pas tenu de
faire transcrire le jugement d'adjudication.

Avant la promulgation de l'art. 834 du Code de
procédure, les partisans de la transcription invo-
quaient cet article 2189, pour établir que, sans
cette formalité, l'acquéreur ne devenait pas propriétaire incommutable : si, disaient-ils, le législateur dispense de la transcription l'acquéreur qui

conserve l'immeuble aux enchères, c'est qu'il a entendu le soumettre à cette formalité dans tous les autres cas.

Néanmoins, cette manière de raisonner n'est pas exacte : tout ce que le législateur a voulu dire, c'est qu'ayant déjà fait transcrire et purger sa propriété, l'acquéreur n'a plus besoin de la transcription, non seulement pour se rendre propriétaire incommutable ; car la transcription n'avait plus cet objet depuis la promulgation du Code, mais pour arrêter le cours des inscriptions, dont le nombre était irrévocablement fixé par la transcription du premier contrat.

La première transcription suffit donc à l'acquéreur; il n'a pas besoin d'en requérir une nouvelle. Mais on a demandé si le conservateur pouvait réclamer un supplément de droits de transcription pour l'excédant du prix provenant de la surenchère ? L'affirmative paraît résulter de l'article 25 de la loi du 21 ventôse. Cet article, en effet, décide que les droits de transcription doivent être acquittés sur le prix de la vente réglé à l'enregistrement : or, l'adjudication donnant naissance à un supplément de droits d'enregistrement, il doit en être de même pour la transcription. (*Voyez* ce que nous avons dit sur l'article 2182.)

Art. 2190. *Le désistement du créancier réquérant la mise aux enchères ne peut, même quand le créancier paierait le montant de la soumission, empêcher l'adjudication publique, si ce n'est du consentement exprès de tous les autres créanciers hypothécaires.*

I. Lorsque l'un des créanciers a requis la mise aux enchères, il a acquis à tous les autres le droit de faire vendre l'immeuble, droit, qu'ils ne peuvent perdre que par une renonciation expresse, ou par la prescription de leur titre.

II. Cependant, si la mise aux enchères était déclarée nulle, soit parce qu'on n'aurait pas suivi les formes indiquées par les Codes civil et de procédure, soit parce que la caution offerte aurait été rejetée, les autres créanciers n'auraient que le droit de faire une nouvelle surenchère, en se conformant à l'art. 2185 ci-dessus.

III. Toutefois, que faudrait-il décider, si le jugement qui prononce la nullité de la surenchère avait été le fruit de la collusion; les autres créanciers auraient-ils le droit de se plaindre, et quelle voie pourraient-ils suivre à cet effet?

Pour le droit de dénoncer la collusion à la justice, il nous paraît indubitable; autrement, l'article 2190 serait illusoire, et tel créancier qui ne peut pas se désister, laisserait prendre un jugement qui équivaudrait à un véritable désistement.

Mais il est plus difficile de savoir quelle est la voie que les créanciers seront obligés de prendre?

Quelques personnes avaient cru qu'il suffisait de reprendre la poursuite là où le surenchérisseur l'avait laissée avant le jugement; mais c'est évidemment une erreur; la surenchère est déclarée nulle, et tant que le jugement existera, il y aura chose jugée, et par conséquent impossibilité de reprendre une poursuite qui n'existe réellement plus.

Il n'y a donc pas d'autre moyen que de former tierce-opposition au jugement, de montrer la collusion qui a existé entre l'adjudicataire et le surenchérisseur, et d'écarter ainsi l'intérêt de la chose jugée; ensuite l'on pourra demander, et l'on obtiendra forcément, la subrogation dont nous venons de parler sur l'article 2187, n° 11. (*Voyez* l'arrêt de cassation, rapporté par Sirey, tom. 9, part. 1, pag. 328.)

IV. Le créancier surenchérisseur, quoique personnellement désintéressé par les offres que lui fait l'acquéreur de lui payer le montant de sa créance, peut-il refuser de se désister de la surenchère?

La question a été agitée devant la Cour royale de Rouen.

« M. Thil, alors avocat, aujourd'hui conseiller
» à la Cour de cassation, s'était rendu acquéreur
» d'une ferme, dite la Grande-Marc, pour la somme
» de 66,000 fr.

« Le contrat est notifié aux créanciers inscrits.

» Le sieur Héliot exerce la surenchère. M. Thil veut
» désintéresser le sieur Héliot; il lui offre le mon-
» tant de sa surenchère. Celui-ci répond que, la sur-
» enchère une fois exercée, le bénéfice est com-
» mun à tous les créanciers inscrits; que le
» créancier surenchérisseur, quoique personnel-
» lement désintéressé, ne peut se désister. »

Le tribunal de Rouen admit les conclusions du
sieur Héliot.

Appel de la part de M. Thil.

« Il soutient qu'au moyen des offres qu'il a faites
» au sieur Héliot de lui payer le montant de sa
» créance en principal et accessoire, celui-ci n'a
» plus aucun intérêt et par suite aucun droit à
» poursuivre; qu'on objecte en vain que le béné-
» fice de la surenchère est commun à tous les
» créanciers inscrits; que de là seulement on peut
» conclure que les autres créanciers inscrits pour-
» ront, nonobstant le désistement du créancier
» surenchérisseur, demander la continuation des
» poursuites; mais que le créancier surenchéris-
» seur n'en est pas moins obligé à donner son dé-
» sistement, lorsqu'il est désintéressé, sans s'oc-
» cuper du résultat qu'on pourra tirer l'acquéreur. »

La Cour, malgré ces conclusions, confirma le
jugement de première instance.

Quant à nous, nous pensons que l'opinion,
soutenue par M. Thil, est préférable à celle adoptée
par la Cour. Si la surenchère est admise dans nos
Codes dans l'intérêt des créanciers, il ne faut pas

forcer l'intention du législateur et en faire un sujet de vexation pour l'adjudicataire. Une fois que
le créancier a porté la surenchère au prix qu'il
croyait la juste estimation de l'immeuble, et qu'il
reçoit de l'adjudicataire le montant de sa créance,
il est de toute équité de reconnaître qu'il n'a plus
aucun intérêt et par suite aucun droit à poursuivre la surenchère. Si le bénéfice à tirer de la surenchère est commun à tous les créanciers, peu
importe à celui qui est désintéressé : il n'a plus
rien à faire dans le débat.

Art. 2191. *L'acquéreur qui se sera rendu adjudicataire, aura son recours tel que de droit,
contre le vendeur, pour le remboursement de
ce qui excède le prix stipulé par son titre, et
pour l'intérêt de cet excédant, à compter du
jour de chaque paiement.*

I. La vente a été faite pour vingt mille francs;
l'adjudication a porté le prix à vingt-cinq : le vendeur sera tenu de garantir l'acquéreur, jusqu'à
concurrence des cinq mille francs qui excèdent
le prix de la première aliénation. Ensuite, en supposant que ces cinq mille francs aient été payés en
deux termes, le vendeur devra l'intérêt de la
moité de la somme, à compter du premier paiement, et celui de la seconde, à compter du dernier, etc.

II. On doit observer que notre article dit : *A
compter du jour de chaque paiement;* ce qui

prouve que, si l'adjudicataire n'avait payé que long-temps après les termes fixés, il ne pourrait pas réclamer les intérêts du jour des échéances, mais seulement de celui où il aurait réellement payé.

III. De même, nous croyons que, quoique cet article 2191 ne parle que de l'excédant du prix et des intérêts, l'adjudicataire a également le droit de réclamer du vendeur des dommages-intérêts, s'il lui a caché l'existence de tout ou partie des créances hypothécaires, qu'on n'aurait fait inscrire que dans la quinzaine de l'aliénation ainsi que les frais du jugement d'adjudication. Car cette surenchère, suivie d'une augmentation réelle du prix, est une véritable éviction, pour laquelle l'article 1630 du Code civil accorde garantie.

IV. Quoique, suivant notre article, l'acquéreur devienne créancier de son vendeur, de tout ce dont le prix a été augmenté par la surenchère, et des intérêts de cet excédant, il ne faut pas croire qu'il puisse concourir avec les créanciers hypothécaires, et prétendre au prix de la vente à leur préjudice. La surenchère est toute dans l'intérêt des créanciers hypothécaires, et le prix qu'elle a produit leur appartient exclusivement.

V. Mais que déciderions-nous à l'égard des créanciers chirographaires, dans le cas où, après le paiement des créanciers hypothécaires, il resterait une somme quelconque entre les mains de l'acquéreur? N'aurait-il pas le droit de la retenir

et de l'appliquer au paiement de ce que lui doit
le vendeur pour l'augmentation du prix ? Oui, la
surenchère étant étrangère aux créanciers chirographaires, elle ne peut profiter qu'à ceux qui ont
le droit de suivre l'immeuble entre les mains de
l'acquéreur ; donc cet acquéreur ne doit l'augmentation qu'elle a produite qu'à ces créanciers, et
jamais aux chirographaires, puisque, ne pouvant
pas la demander de leur chef (alors qu'ils n'ont
pas de droit sur l'immeuble), ils ne pourraient
pas non plus la réclamer au nom de leur débiteur,
qui, au contraire, serait tenu d'en indemniser
l'adjudicataire. Ainsi, nous ne voyons aucune raison d'empêcher cet adjudicataire de retenir ce qui
pourra lui rester après le paiement des créanciers
hypothécaires. (*Voyez* un arrêt de la Cour de
cassation, rapporté par Sirey, tome 4, partie 1,
page 350.)

Art. 2192. *Dans le cas où le titre du nouveau pro-*
priétaire comprendrait des immeubles et des
meubles, ou plusieurs immeubles, les uns hy-
pothéqués, les autres non hypothéqués, situés
dans le même ou dans divers arrondissemens
de bureaux, aliénés pour un seul et même prix,
ou pour des prix distincts et séparés, soumis
ou non à la même exploitation, le prix de cha-
que immeuble frappé d'inscriptions particuliè-
res et séparées sera déclaré dans la notification
du nouveau propriétaire, par ventilation, s'il y
a lieu, du prix total exprimé dans le titre.

Le créancier surenchérisseur ne pourra en aucun
cas être contraint d'étendre sa soumission ni sur
le mobilier, ni sur d'autres immeubles que ceux
qui sont hypothéqués à sa créance et situés dans
le même arrondissement; sauf le recours du
nouveau propriétaire contre ses auteurs, pour
l'indemnité du dommage qu'il éprouverait, soit
de la division des objets de son acquisition, soit
de celle des exploitations.

I. Pour se faire des idées justes sur la disposition de cet article, il faut distinguer trois cas. Ou
la vente, qui a été faite par un seul acte ou pour
un seul prix, comprend tout à la fois des meubles
et des immeubles, ou seulement plusieurs immeubles, les uns hypothéqués et les autres non grevés
de cette affectation; ou enfin plusieurs immeubles

tous hypothéqués, mais situés dans divers arrondissemens.

Dans le premier cas, les meubles restent au nouveau propriétaire, et les immeubles seuls ont besoin d'être purgés de l'hypothèque; mais pour y
parvenir, l'acquéreur, dans sa notification, doit
faire une ventilation, c'est-à-dire évaluer comparativement au prix total la somme pour laquelle
il pense avoir acheté les immeubles; et c'est sur
cette somme que se calculent les surenchères ou
le prix dont l'acquéreur peut être débiteur à l'é-
gard des créanciers, si aucun d'eux ne requiert la
mise aux enchères.

Dans le second cas, celui où l'on a acquis par le
même acte, et pour un seul prix, plusieurs immeubles, les uns hypothéqués, les autres non hypothéqués, le nouveau propriétaire doit aussi évaluer, comparativement au prix total pour lequel
il a acquis, la somme à laquelle il croit devoir porter les immeubles hypothéqués; et les créanciers
ne sont obligés de compendre dans la surenchère
que ceux grevés de leur hypothèque.

Enfin, dans le troisième cas, lorsque la vente
comprend plusieurs immeubles hypothéqués,
mais situés dans divers arrondissemens, l'acquéreur doit bien comprendre dans ses notifications
le prix total de la vente, ou la valeur de chaque
immeuble pris séparément, s'ils sont frappés d'inscriptions particulières; mais les créanciers ne
sont pas obligés d'étendre leurs soumissions aux

immeubles situés dans d'autres arrondissemens que celui devant lequel ils poursuivent l'adjudication.

Cependant il faut prendre garde de trop généraliser cette règle. Elle n'est véritablement applicable qu'au cas où il s'agit d'immeubles distincts et séparés. Si donc c'était le même immeuble qui fût situé dans plusieurs arrondissemens, les créanciers devraient surenchérir pour tout l'immeuble, et faire alors les poursuites devant le tribunal dans le ressort duquel se trouve le chef-lieu de l'exploitation. (Art. 2210.)

II. Notre article dit : *Le créancier ne pourra être contraint d'étendre sa soumission sur d'autres immeubles situés dans le même arrondissement;* ce qui prouve que ce créancier surenchérisseur pourra, s'il le veut, requérir la mise aux enchères de tous les immeubles, quelle que soit leur situation; mais, dans ce cas, il devra diviser ses poursuites, et les exercer successivement sur chaque immeuble dans le ressort de la situation. (Art. 2210.)

III. La dernière partie de cet article 2192 accorde un recours au nouveau propriétaire, contre le vendeur, pour se faire indemniser : mais ne pourrait-on pas prétendre qu'il a également le droit de faire résilier le contrat? Il nous semble que la solution de cette difficulté dépend des circonstances. Si, lors de la vente, l'acquéreur ne connaissait pas les hypothèques; que ce ne soit

que postérieurement qu'elles aient été rendues publiques, et que l'éviction survenue par l'exercice
de l'action hypothécaire soit tellement forte que,
relativement au tout, l'acquéreur n'eût pas acheté
sans la partie dont il a été évincé, nul doute qu'il
ne pût obtenir la résiliation du contrat. On peut
appliquer à ce cas ce que décide l'article 1636
pour toute éviction aussi étendue (1).

_____

(1) Cet article est ainsi conçu : « Si l'acquéreur n'est évincé
» que d'une partie de la chose , et qu'elle soit de telle consé-
» quence relativement au tout, que l'acquéreur n'eût point
» acheté sans la partie dont il a été évincé, il peut faire résilier
» la vente. » (*Code civil* , art. 1636.)

~~~~~~

CHAPITRE IX.

DU MODE DE PURGER LES HYPOTHÈQUES, QUAND IL
N'EXISTE PAS D'INSCRIPTION SUR LES BIENS DES MARIS
ET DES TUTEURS.

Art. 2193. *Pourront les acquéreurs d'immeubles*
appartenant à des maris ou à des tuteurs, lors-
qu'il n'existera pas d'inscription sur lesdits im-
meubles à raison de la gestion du tuteur, ou
des dots, reprises et conventions matrimoniales
de la femme, purger les hypothèques qui exis-
teraient sur les biens par eux acquis.

I. L'hypothèque légale, toute favorable qu'elle
paraisse, peut être purgée comme les autres hypothèques. Il ne peut y avoir de différence à cet
égard que dans les formalités à suivre pour arriver au purgement. Toutefois on a demandé si cette
espèce d'hypothèque pouvait être purgée, alors
que les droits des femmes, des mineurs ou des interdits n'étaient pas encore ouverts?

L'affirmative est sans doute certaine, puisque
notre article ne distingue pas et qu'il accorde indéfiniment aux tiers acquéreurs la faculté de purger ces sortes d'hypothèques. Mais nous devons à
la vérité d'avouer que ce purgement ne peut avoir
d'effet que lorsque les hypothèques sont primées

par d'autres créances qui absorbent le prix. Dans ce cas, les acquéreurs sont libérés du prix par eux payé aux créanciers antérieurs, et les inscriptions du chef des femmes, mineurs ou interdits, doivent être rayés. (Art. 2195.)

Mais si les hypothèques légales viennent au premier rang, ou, ce qui est la même chose, si elles ne sont primées que pour une portion du prix, le purgement est inutile, puisque, obligés de garder en leurs mains le prix de leur acquisition ou la portion du prix qui reste après le paiement des créanciers antérieurs, les acquéreurs doivent laisser subsister les inscriptions comme auparavant. (Art. 2195.)

II. M. Dalloz, s'appuyant sur quelques arrêts, prétend à tort, selon nous, qu'il faut verser les fonds entre les mains des créanciers venant immédiatement après la femme ou le mineur, à la charge par les premiers de fournir une sûreté suffisante pour la restitution des deniers, le cas échéant. (M. Dalloz, *Rép.*, v⁰ *Priv. et Hyp.*, p. 398.)

Il nous semble que cette opinion, si elle était admise, ne ferait que créer des embarras. D'abord si les premiers créanciers, après la femme ou le mineur, ne pouvaient pas présenter les sûretés exigées, que déciderait-on? S'adresserait-on aux créanciers qui viendraient après eux, s'ils offraient les sûretés? Mais alors on violerait l'ordre que trace le législateur pour le paiement des créances hypothécaires. Bien plus, si les sûretés offertes

diminuaient de valeur, on verrait aussi diminuer
la garantie. Nous croyons que, sous tous les rapports, l'opinion par nous émise est la plus conforme et aux intérêts de la femme et du mineur,
et aux intérêts des acquéreurs.

III. Néanmoins, dans ce cas, ne pourrait-on pas
soutenir que les acquéreurs trouvent cet avantage
dans le purgement, que leur prix est irrévocablement fixé, et que, débiteurs à l'égard des femmes,
des mineurs et des interdits, ils ne peuvent jamais l'être que jusqu'à concurrence de la somme
pour laquelle ils ont acheté? Cette question dépend
de celle de savoir si les femmes, les mineurs et les
interdits ont le droit de surenchérir, et en cas
d'affirmative, dans quel délai ils doivent le faire ;
ce que nous examinerons dans nos observations
sur l'art. 2195.

IV. Nous avons dit, en commençant cet article,
que l'hypothèque légale pouvait être purgée, et
qu'elle ne différait des autres espèces d'hypothèques
que par les formalités à suivre. Ces formalités va-
rient suivant que l'hypothèque est déjà inscrite,
ou qu'elle ne l'est pas. Si elle n'est pas inscrite,
il faut suivre les formalités indiquées par l'article
2194 ; mais si, obéissant à la loi, les maris et tuteurs ont requis une inscription sur leurs biens,
ce n'est plus les formalités de l'article 2194, mais
les formalités ordinaires qu'il faut suivre. En telle
sorte qu'en purgeant les hypothèques ordinaires
en faisant transcrire, en dénonçant aux maris et

tuteurs, comme aux autres créanciers, les tiers
acquéreurs purgent contre les femmes et les mineurs, mais avec les distinctions que nous venons
d'établir ci-dessus, n° I. C'est ce qui résulte de
l'intitulé même du chapitre que nous expliquons,
et dans lequel on lit : « Du mode de purger les
» hypothèques, *quand il n'existe pas d'inscrip-*
» *tions* sur les biens des maris et tuteurs. »

V. Cet article 2193, que nous expliquons, ne
parle que de l'hypothèque légale des mineurs et
des femmes : cependant les biens des citoyens peuvent être grevés d'une autre espèce d'hypothèque
légale, celles de l'état, des communes, etc. Dès
lors, comment faire pour la purger ?

En se rappelant ce que nous avons déjà dit souvent, que l'hypothèque de l'état ne diffère guère
de l'hypothèque ordinaire que par son origine ;
que, comme elle, elle était assujettie à l'inscription, et ne prenait de rang que par l'accomplissement de cette formalité, on conviendra aisément
qu'elle ne peut être purgée qu'en suivant les principes de l'article 2183. Cet article, en effet, oblige
l'acquéreur de faire ses notifications à tous créanciers inscrits ; ce qui doit nécessairement comprendre l'état, les communes, et les établissemens
publics. Ainsi nous croyons que celui qui aurait
acquis d'un comptable, ne pourrait purger qu'en
suivant les règles fixées par l'article 2183; mais
aussi que, comme tout créancier inscrit, l'état

aurait droit de surenchérir, conformément à l'article 2185.

Dans les cas où le tiers acquéreur est admis à purger l'hypothèque légale des mineurs et des femmes, il doit suivre les formalités prescrites par l'article suivant.

Art. 2194. *A cet effet, ils déposeront copie duement collationnée du contrat translatif de propriété, au greffe du tribunal civil du lieu de la
situation des biens ; et ils certifieront, par acte
signifié tant à la femme ou au subrogé tuteur,
qu'au procureur du roi au tribunal, le dépôt
qu'ils auront fait ; extrait de ce contrat, contenant sa date, les noms, prénoms, profession
et domicile des contractans, la désignation de
la nature et de la situation des biens, le prix et
les autres charges de la vente, sera et restera affiché pendant deux mois dans l'auditoire du tribunal ; pendant lequel temps, les femmes, les
maris, tuteurs, subrogés tuteurs, mineurs, interdits, parens ou amis, et le procureur du roi,
seront reçus à requérir, s'il y a lieu, et à faire, au
bureau des hypothèques, des inscriptions sur
l'immeuble aliéné, qui auront le même effet que
si elles avoient été prises le jour du contrat de
mariage, ou le jour de l'entrée en gestion du tuteur, sans préjudice des poursuites qui pourraient avoir lieu contre les maris et les tuteurs,
ainsi qu'il a été dit ci-dessus, pour hypothèques
par eux consenties, au profit de tierces personnes, sans leur avoir déclaré que les immeubles étaient déjà grevés d'hypothèques, en raison du mariage ou de la tutelle.*

I. A la lecture de cet article, quelques personnes
se sont demandé si, avant toute formalité, l'acqué-

reur était obligé de faire transcrire son titre ? Il
nous semble que la solution de cette difficulté résulte nettement de la contexture de l'article. On
y voit, en effet, que le législateur, voulant donner
à l'acquéreur les moyens de rendre libres ses propriétés, lui indique la marche à suivre à cet effet,
sans parler nulle part de la transcription : vouloir
donc l'exiger, ce serait ajouter à sa disposition,
imposer à l'acquéreur des obligations auxquelles il
a pu se soustraire. C'est aussi dans ce sens qu'a
décidé son Exc. le grand-juge, le 23 messidor
an XII.

II. Le tiers acquéreur qui a le droit de purger
l'hypothèque légale, doit, aux termes de notre article, déposer copie de son contrat au greffe ; ensuite il est obligé de certifier ce dépôt par acte signifié à la femme, au subrogé-tuteur, etc. On était
d'abord embarrassé pour connaître la forme de
cette signification ; mais LL. Exc. le grand-juge et
le ministre des finances ont décidé, les 24 vendémiaire et 14 nivôse an XII, que, lors de la remise
au greffe, faite par le tiers acquéreur, le greffier
était obligé de rédiger un acte de dépôt, et que
c'était cet acte qu'on devait signifier à la femme,
au subrogé-tuteur et au procureur du roi.

III. Lorsque le subrogé-tuteur, la femme ou ses
représentans ne sont pas connus, il est impossible
au tiers acquéreur de leur faire la signification prescrite ; aussi le conseil d'état, par un avis approuvé
par Sa Majesté le 1er juin, a-t-il décidé : 1° que

dans ce cas, « Il sera nécessaire et il suffira, pour
» remplacer la signification qui doit leur être faite
» aux termes dudit article 2194, en premier lieu,
» que, dans la signification à faire au procureur du
» roi, l'acquéreur déclare que ceux du chef des-
» quels il pourrait être formé des inscriptions pour
» raison d'hypothèques légales existantes indépen-
» damment de l'inscription, n'étant pas connus, il
» fera publier la susdite signification dans les for-
» mes prescrites par l'article 683 du Code de pro-
» cédure civile (1); en second lieu, que le susdit
» acquéreur fasse cette publication dans lesdites
» formes de l'article 683 du Code de procédure
» civile, ou que, s'il n'y avait pas de journal dans
» le département, l'acquéreur se fasse délivrer par
» le procureur du roi un certificat portant qu'il
» n'en existe pas.

» 2° Que le délai de deux mois fixé par l'article
» 2194 du Code civil, pour prendre inscription du
» chef des femmes, et des mineurs et interdits, ne
» devra courir que du jour de la publication faite

_____

(1) Il est ainsi conçu : « L'extrait prescrit par l'article précé-
» dent sera inséré, sur la poursuite du saisissant, dans un des
» journaux imprimés dans le lieu où siége le tribunal devant le-
» quel la saisie se poursuit; et s'il n'y en a pas, dans l'un de
» ceux imprimés dans le département, s'il y en a : il sera justifié
» de cette insertion par la feuille contenant ledit extrait, avec
» la signature de l'imprimeur, légalisée par le maire. » (Article 683.)

» aux termes du susdit art. 683 du Code de pro-
» cédure civile, ou du jour de la délivrance du cer-
» tificat du procureur du roi, portant qu'il n'existe
» pas de journal dans le département. »

IV. Après le dépôt du contrat fait au greffe, un
extrait contenant tous les détails exigés par l'article
2194 doit rester affiché pendant deux mois dans
l'auditoire du tribunal. A l'expiration de ce délai,
le greffier doit rédiger, tant pour sa décharge que
pour constater que le contrat est resté affiché durant les délais prescrits, un nouvel acte semblable à
celui constatant le dépôt, enregistré sur la minute,
et dont il doit, au besoin, délivrer expédition. C'est
ainsi que l'ont décidé LL. Exc. le grand-juge et le
ministre des finances, les 24 vendémiaire et 14 nivôse an XIII.

V. Pendant les deux mois durant lesquels le
contrat a été exposé, les femmes, les maris, les tuteurs, subrogés-tuteurs, mineurs, interdits, parens
ou amis, et le procureur du roi, peuvent requérir
les inscriptions nécessaires; les femmes n'auront
pas besoin d'être autorisées, et les mineurs eux-
mêmes pourront agir sans l'assistance de leur tuteur. C'est la suite du principe que nous avons
établi sur l'art. 2148.

VI. Ces inscriptions, aux termes de notre article 2194, auront le même effet que si elles avaient
été prises le *jour du contrat* de mariage, ou le jour
de *l'entrée en gestion* du tuteur; ce qui veut dire
que l'hypothèque légale remonte à la célébration

du mariage et au commencement de la tutelle ; car ces mots, contrat de mariage, ne peuvent pas indiquer le contrat contenant les conventions du mariage, ainsi qu'on peut le voir dans nos observations sur l'article 2135.

VII. Enfin tout cela a lieu sans préjudice des peines prononcées contre les maris et tuteurs, alors qu'en contractant avec des tiers, ils n'ont pas déclaré l'existence de ces hypothèques ; mais comme nous avons déjà dit quelles étaient ces peines et en quoi elles consistaient, nous nous contenterons d'y renvoyer le lecteur. (*Voy.* ci-dessus, art. 2136.)

VIII. La Cour de cassation a décidé, le 21 novembre 1821, que l'article 2194 du Code civil n'était point applicable à l'expropriation forcée, puisque l'article 775 du Code de procédure civile déclare positivement que ce n'est que dans le cas d'aliénation, *autre que celle par expropriation*, que l'ordre sera provoqué par l'acquéreur, après l'expiration des trente jours qui suivront les délais prescrits par les art. 2185 et 2194 du Code civil. (*Sirey*, 22. 1. 214.)

IX. La notification au procureur du roi ne dispense de la notification à la femme, pour la purge de son hypothèque légale, qu'autant que le domicile de la femme serait inconnu. (*Sirey*, 17. 1. 146.)

Art. 2195. *Si, dans le cours de deux mois de l'exposition du contrat, il n'a pas été fait d'inscription du chef des femmes, mineurs ou interdits, sur les immeubles vendus, ils passent à l'acquéreur sans aucune charge à raison des dots, reprises et conventions matrimoniales de la femme ou de la gestion du tuteur, et sauf le recours, s'il y a lieu, contre le mari et le tuteur.*

S'il a été pris des inscriptions du chef desdites femmes, mineurs ou interdits, et s'il existe des créanciers antérieurs qui absorbent le prix en totalité ou en partie, l'acquéreur est libéré du prix ou de la portion du prix par lui payée aux créanciers placés en ordre utile, et les inscriptions du chef des femmes, mineurs ou interdits, seront rayées, ou en totalité, ou jusqu'à due concurrence.

Si les inscriptions du chef des femmes, mineurs ou interdits sont les plus anciennes, l'acquéreur ne pourra faire aucun paiement du prix au préjudice desdites inscriptions, qui auront toujours, ainsi qu'il a été dit ci-dessus, la date du contrat de mariage, ou de l'entrée en gestion du tuteur; et, dans ce cas, les inscriptions des autres créanciers, qui ne viennent pas en ordre utile, seront rayées.

I. Sous l'empire de l'édit de 1771, et particulièrement dans le ressort des pays de droit écrit, la femme conservait son hypothèque sur les biens de

son mari, à raison de la dot et des conventions matrimoniales, sans former opposition au sceau des
lettres de ratification. (Arrêt de cassation, rapporté
par Sirey, tom. 6, part. 1, pag. 14.)

II. Mais il n'en est pas de même depuis l'adop-
tion des nouveaux principes. Si, dans les deux
mois durant lesquels le contrat est resté exposé, il
n'a été pris aucune inscription du chef des femmes
et des mineurs, ou, ce qui est la même chose, s'il
en a été pris, mais qu'elles aient été déclarées
nulles, l'immeuble acquis reste libre, entre les
mains de l'acquéreur, et celui-ci ne peut jamais
être inquiété par suite de l'hypothèque légale. L'inscription qu'on aurait prise postérieurement serait
inutile, et le tiers pourrait en faire prononcer la
radiation.

III. Cependant, l'hypothèque de la femme, des
mineurs et des interdits serait-elle également éteinte
à l'égard des créanciers? et ceux-ci pourront-ils,
dans la procédure d'ordre, se prévaloir du défaut
d'inscription? On pourrait dire que l'hypothèque
est indivisible, et qu'ayant cessé d'exister envers
l'acquéreur, elle ne doit pas subsister davantage à
l'égard des créanciers. Mais l'opinion contraire est
préférable. L'hypothèque légale des femmes, des
mineurs et interdits, est indépendante de l'inscription; elle n'est pas assujettie à cette formalité pour
déterminer son rang, et si notre article l'exige dans
les deux mois de l'exposition du contrat, ce n'est
qu'à l'égard de l'acquéreur et pour libérer la pro-

priété. Si donc le prix de l'aliénation est encore
entre les mains de l'acquéreur, et si l'ordre n'a
pas été fait entre les créanciers, les femmes mariées, les mineurs et les interdits peuvent intervenir et réclamer les collocations. (Arg. de l'art. 2198
in fin. — Arrêt de Paris, rapporté au *Journal du
Palais*, tom. 1, de 1813, pag. 622.)

IV. Lorsqu'il a été pris des inscriptions dans les
délais utiles, il faut distinguer deux cas : ou l'hypothèque des mineurs et des femmes est précédée
par d'autres créanciers qui absorbent la totalité
ou partie du prix, ou elle est elle-même au premier
rang.

V. Lorsqu'il y a des créances antérieures, il est
sûr que l'hypothèque légale des mineurs et des
femmes se trouve naturellement purgée par la collocation de ces premières créances, jusqu'à concurrence de la partie du prix qui leur est dévolue.
Cependant il peut y avoir de grandes difficultés
dans l'application de ce principe.

Supposons, en effet, que l'immeuble sur lequel
portent ces diverses hypothèques, vaille 30,000 liv.,
qu'il y ait été aliéné pour la somme de 20,000 liv.,
ou que le prix déclaré par le tiers possesseur ne
s'élève qu'à cette dernière somme; qu'il n'y ait des
créances antérieures à l'hypothèque légale que
pour une semblable somme de 20,000 liv., croira-
t-on qu'en les acquittant le tiers acquéreur puisse
faire radier les inscriptions prises du chef des
femmes ?

A ne consulter que le texte de la seconde partie de notre article, il paraîtrait que l'hypothèque légale des mineurs et des femmes serait purgée par cela seul que le tiers aurait employé la totalité du prix à acquitter des créances antérieures. Néanmoins il nous semble que tel ne peut pas être l'esprit de la loi ; et le privilége, introduit en faveur des femmes et des mineurs, ne doit pas tourner à leur préjudice. Ils doivent en effet jouir des mêmes prérogatives que les autres créanciers, et avoir conséquemment le droit de requérir la mise aux enchères.

MM. Tarrible et Grenier accordent aussi à la femme et au mineur le droit de surenchérir.

Voici comment s'explique à cet égard M. Grenier, *Traité des Hypot.*, tom. 2, page 35.

« La faculté de s'inscrire, et celle d'enchérir,
» s'identifient et se confondent dans la mesure pres-
» crite par l'article 2194. Cette décision est fondée
» sur ce que la loi n'indique aucun autre moyen
» particulier pour provoquer l'enchère de la part
» des créanciers avec hypothèque légale ; qu'elle
» l'eût cependant fait si elle n'avait pas entendu
» circonscrire *dans le même délai de deux mois, à*
» *partir du dépôt de l'exposition du contrat, la*
» *faculté d'inscrire et de surenchérir.* Tels sont les
» termes de M. Tarrible, qui traite et décide ainsi
» la question, *Répert. de Jurisp.*, v° *Transcription*,
» § V, n° 4. La décision est fondée encore sur l'es-
» prit de la législation en cette partie ; le législa-

» teur a voulu fixer le sort de toutes les ventes par
» la faculté de s'inscrire et par celle d'enchérir. La
» dernière n'est qu'une suite de la première ; lors
» donc que dans le chapitre 9 il a indiqué un mode
» particulier de purger les hypothèques légales, de
» provoquer les inscriptions, on ne peut douter
» qu'il n'ait entendu que le même mode devait pro-
» voquer tout à la fois et l'inscription et l'en-
» chère. »

Les mêmes motifs existaient sous l'édit de 1771 :
en accordant le délai de deux mois pour la surenchère, le législateur d'alors, comme celui d'aujourd'hui, avait voulu fixer le sort des ventes
et ne pas laisser les acquéreurs dans un état perpétuel d'incertitude. L'édit ne faisait aucune exception en faveur des douairiers ; et si l'article 32
les dispensait de l'opposition, c'était le seul privilége qu'il eût l'intention de leur accorder. Pour
eux, comme à l'égard de tous les autres créanciers,
le prix était irrévocablement fixé par l'obtention
des lettres de ratification, et tout ce que les uns
et les autres pouvaient ensuite exiger, c'était la représentation du prix, en le leur offrant, soit en
quittances données par des créanciers antérieurs,
soit en argent pour ce qui restait, ou pour ce qui
avait été indûment payé au vendeur ou à des
créanciers postérieurs, on se mettait à l'abri de
l'action hypothécaire.

VI. Mais à quelle époque et dans quel délai doivent-ils exercer leurs droits ? On peut dire que les

mineurs et les femmes ne doivent pas pouvoir surenchérir durant la tutelle ou le mariage, parce que
leurs droits ne sont pas encore ouverts ; que le tuteur ne doit encore rien à ses pupilles ; que le mari
ne doit pas être privé de la dot durant le mariage,
ni forcé à payer d'avance des avantages qui sont
attachés à la survivance toujours incertaine de l'un
des époux ; que, conséquemment, la faculté de
surenchérir ne leur est offerte qu'à l'ouverture de
leurs droits, c'est-à-dire pour le mineur, dès qu'il
est devenu majeur ; pour la femme, lors de la dissolution du mariage.

Quant au délai dans lequel doit être faite la surenchère, la question, peut-on ajouter, est peut-être
plus difficile, mais elle doit se résoudre par les règles générales En effet, l'affiche du contrat durant
les deux mois a prévenu la femme et les mineurs
de la mutation qui s'était opérée, ainsi que des
charges sous lesquelles elle avait eu lieu ; et, sous
ce rapport, elle peut être comparée à la notification
prescrite par l'article 2183. Comme les quarante
jours pendant lesquels l'article 2185 exige qu'on
requière la mise aux enchères ne peuvent pas courir contre la femme mariée et le mineur, ne paraît-
il pas par conséquent de penser que, si la réquisition de leur part doit être exercée dans le même
délai, il ne peut du moins courir que du jour où
ils ont pu librement exercer leurs droits, c'est-à-dire
du jour de la majorité ou de la dissolution du mariage?

Voilà comme nous raisonnions nous-mêmes dans notre première édition; mais en y réfléchissant, nous avons vu que nous étions dans l'erreur. On ne peut pas forcer les tiers détenteurs à rester constamment dans l'incertitude, et toujours exposés à se voir dépouiller d'une propriété. Cette incertitude tournerait au préjudice de la société, et finirait par paralyser entre les mains des maris les biens dont ils se trouveraient propriétaires. Quelle raison d'ailleurs de ne pas faire courir les délais de la surenchère contre les mineurs et les femmes mariées? On les prive bien de leur hypothèque, si leur inscription n'est pas prise dans les deux mois de l'exposition du contrat: pourquoi ne les priverait-on pas également du droit de surenchérir? Il y a parité de raison dans les deux cas; il faut donc qu'il y ait parité de doctrine.

VII. Si l'hypothèque légale des mineurs et des femmes, rendue publique par l'inscription, n'est précédée d'aucune créance plus ancienne, l'immeuble demeure affecté à leurs répétitions, et ne peut être purgé de leur hypothèque qu'après l'ouverture et la liquidation de leurs droits. Il est vrai que jusque-là l'acquéreur peut rester nanti du prix; mais les droits des mineurs frappent toujours l'immeuble, et ne peuvent être transformés en un droit sur le prix.

Quant aux créanciers qui, dans ce cas, se trouvent postérieurs à l'hypothèque légale, la dernière partie de l'article dit qu'on rayera celles des inscriptions qui ne viennent pas en ordre utile. Mais ces radiations seront d'autant plus difficiles à obtenir, qu'il sera presque impossible de connaître les créances qui ne peuvent être payées sur le prix de l'immeuble; car on ne doit pas oublier que presque toujours les répétitions des mineurs ou des femmes sont incertaines, et qu'on ne peut pas liquider d'avance ce qui doit leur revenir.

CHAPITRE X.

DE LA PUBLICITÉ DES REGISTRES, ET DE LA RESPONSABILITÉ DES CONSERVATEURS.

Art. 2196. *Les conservateurs des hypothèques sont tenus de délivrer, à tous ceux qui le requièrent, copies des actes transcrits sur leurs registres, et celles des inscriptions subsistantes, ou certificats qu'il n'en existe aucune.*

I. Cet article constitue véritablement le système de publicité. Tout individu, d'après sa disposition, peut se procurer des états de situation sur la fortune de ceux avec qui il veut contracter; et c'était là le seul moyen d'arrêter les fraudes inséparables de l'hypothèque occulte.

II. Mais on doit prendre garde que cet article n'oblige les conservateurs qu'à délivrer des copies, certificats ou extraits, mais qu'il n'autorise jamais les communications verbales. Si donc un conservateur avait bénévolement donné des renseignemens sur la fortune de quelque citoyen, il ne pourrait en vertu de cet article, réclamer de salaire.

Cependant les conservateurs ne se refusent pas à ces communications verbales; ils s'autorisent de l'article 58 de la loi du 22 frimaire an VII, sur l'enregistrement, pour réclamer 1 fr. par chaque re-

cherche qu'ils sont invités à faire. La régie pourrait
non pas interdire ces communications verbales,
qui sont tout-à-fait dans l'esprit de la loi et dans
l'intérêt du public, mais réduire la taxe arbitraire
et évidemmment trop élevée que les conservateurs
mettent à leurs recherches, puisqu'un certificat
négatif d'inscriptions ne donne lieu qu'au salaire
de 1 fr. (Décret du 21 septembre précité.)
(Dalloz, *Rép.* vᵒˢ *Priv. et Hyp.*, pag. 453.)

III. Le salaire des conservateurs pour la délivrance des divers actes indiqués par notre article
est fixé, par l'article 15 de la loi du 21 ventôse an VII,
ainsi qu'il suit : pour chaque extrait d'inscription, ou certificat qu'il n'en existe aucun, 50 cent.;
pour les copies collationnées des actes déposés ou
transcrits, 25 cent. par rôle.

IV. Les états, extraits et certificats délivrés par
les conservateurs, sont considérés comme de simples quittances de droits et salaires, et par conséquent dispensés de la formalité de l'enregistrement.
(Décision de son Exc. le Ministre des finances,
du 21 mai 1809; rapportée par *Sirey*, tom. 10,
part. 2, pag. 331.)

V. On a demandé si le conservateur pourrait
lui-même ou délivrer le certificat des inscriptions
qui le grevait personnellement, ou même faire la
transcription d'une aliénation qu'il aurait consentie? La négative nous a toujours paru certaine.
C'est un principe que la raison avoue, et qu'aucune
loi n'avait besoin de consacrer, que nul ne peut

être juge dans sa propre cause, nul ne peut jouer
deux rôles différens et opposés dans la même affaire; autrement le moyen d'attaque et de défense
serait dans ses mains, on ne saurait jamais à quel
titre il agirait, et sa bonne foi serait toujours équivoque.

C'est ainsi que le tuteur, qui a des intérêts à
débattre avec son pupille, ne peut pas agir seul,
mais contradictoirement avec le subrogé-tuteur;
c'est encore suivant les mêmes principes, que,
lorsqu'un notaire aliène ou fait toute autre convention, il ne peut pas en passer l'acte. L'article 8 de
la loi du 25 ventôse an XI, sur l'organisation du
notariat, a même porté la rigueur jusqu'à lui interdire cette faculté pour les actes dans lesquels ses
parens ou alliés, en ligne directe à tous les degrés,
et en collatérale jusqu'au degré d'oncle et de ne-
veu, seraient parties.

Ce dernier exemple peut servir précisément à
décider la question que nous nous sommes proposée. Le conservateur des hypothèques, comme
le notaire, est un fonctionnaire public, aux actes
duquel la loi attache une pleine confiance. Elle l'a
établi le dépositaire de la fortune des citoyens, et
l'unique personne sur la déclaration de laquelle les
tiers pouvaient traiter avec sûreté; mais dans un
cas comme dans l'autre, à l'égard du notaire comme
à l'égard du conservateur, la confiance ne peut pas
être la même lorsque c'est pour eux qu'ils agissent;
leur intérêt personnel rend leur déclaration sus-

pecte, et ils cessent d'être fonctionnaires publics quand c'est leur propre affaire qu'ils traitent.

Cependant ces idées, qui nous paraissent toutes naturelles, ont été attaquées; et de ce que la loi du 11 brumaire et ensuite le Code civil n'ont pas précisément défendu aux conservateurs de délivrer des certificats ou d'inscrire des créances qui leur seraient personnelles (car nous mettons aussi ce cas sur la même ligne), on a voulu en conclure qu'ils pouvaient ce que la loi ne leur défendait pas.

Mais a-t-on considéré jusques où conduirait une semblable manière de raisonner? Quand la loi permet une espèce d'actes, et qu'elle ne défend pas nommément de faire des choses de la même nature, c'est alors le cas d'appliquer la règle dont on argumente; mais on ne peut pas en faire usage, lorsque l'esprit de la loi s'est manifesté dans des hypothèses absolument semblables, et qu'il en résulte une prohibition absolue, non-seulement pour le cas désigné, mais encore pour tous ceux auxquels on peut appliquer les mêmes raisons. Ainsi, de ce que le Code civil ne défend pas expressément de donner entre vifs la chose d'autrui, on n'en conclura pas moins qu'il a eu l'intention de l'interdire.

Mais, au demeurant, est-il bien vrai qu'aucune loi n'ait défendu au conservateur de délivrer des certificats des inscriptions prises sur lui, ou d'inscrire ses propres créances?

Nous trouvons, dans la loi du 21 ventôse an VII, c'est-à-dire, dans la loi qui fixe les fonctions des conservateurs, un article ainsi conçu; c'est l'article 12 : « En cas d'absence ou *d'empêchement* » *d'un préposé*, il sera suppléé par le vérificateur » ou l'inspecteur de l'enregistrement dans le département, ou bien, à son défaut, par le plus » ancien surnuméraire du bureau. »

Cet article, en effet, ne décide-t-il pas la question? Quel est l'empêchement dont il entend parler, si ce n'est celui qui résulte de l'intérêt personnel?

On a senti tout ce que pouvait un pareil article, et l'on a cherché à en écarter l'autorité. On a donc prétendu que la loi, dans laquelle on le trouve, avait été abrogée par le Code civil. Tel est le sentiment que paraît adopter l'auteur du *Journal du Palais*, dans l'art. 169 du n° 669 de son journal.

Mais est-ce bien sérieusement qu'on a pu s'arrêter à une telle réponse? Si la loi du 21 ventôse an VII est abrogée, la conservation des hypothèques n'a donc plus aucune organisation positive; on ne doit plus savoir dans quels lieux il doit y avoir un bureau des hypothèques; les conservateurs peuvent se soustraire à l'obligation de fournir un cautionnement; en un mot, tout est dans le vague dans cette partie importante de l'administration, puisqu'il n'y a aucune loi qui détermine le mode d'exécution des dispositions du Code relatives aux hypothèques.

Toutes ces assertions seraient absurdes. La loi du 21 ventôse an VII est encore dans toute sa vigueur : le Code civil ne l'a point abrogée; et s'il l'avait fait, il aurait fallu de suite une nouvelle disposition législative pour organiser la conservation des hypothèques. Or l'absence d'une semblable loi prouve suffisamment que les auteurs du Code ont entendu se référer, pour le mode d'exécution, à la loi préexistante; et cette loi, c'est celle du 21 ventôse an VII.

Ainsi l'article 12* de cette loi est encore dans toute sa force; il prouve que le conservateur ne peut jamais agir dans son propre intérêt, et par conséquent délivrer les certificats des inscriptions qui le concernent.

C'est dans ce sens que l'a jugé la Cour d'appel de Paris dans l'espèce suivante :

Le sieur Durand, conservateur des hypothèques à Sainte-Menehould, vend un de ses immeubles, et délivre lui-même à son acquéreur un certificat qu'il n'existait pas d'inscription.

Cependant, en vendémiaire an X, la dame Befroy avait pris une inscription hypothécaire.

En vertu de cette inscription, elle poursuivit l'acquéreur, qui, voulant se prévaloir du certificat à lui délivré, soutint que, d'après l'article 2198, l'immeuble était affranchi de l'hypothèque omise, sauf la responsabilité du conservateur.

La dame Befroy demanda la nullité du certificat,

comme ayant été délivré par une personne incapable.

Le tribunal de première instance la prononça.

L'acquéreur interjeta appel, mais inutilement;
car, par arrêt en date du 22 janvier 1810, la cour
adopta les motifs des premiers juges.

Par là on a donc décidé, ainsi que nous nous
sommes efforcé de le prouver, que le certificateur
et le certifié doivent toujours être deux personnes
distinctes, et que, de même qu'on ne peut pas être
juge dans sa propre cause, de même on ne peut
pas délivrer le certificat des inscriptions prises sur
soi-même.

Nous adoptons les mêmes principes pour les
inscriptions que le conservateur aurait intérêt de
requérir. Il devrait les faire faire, aux termes de
l'article 21 déjà cité, par l'inspecteur ou le vérificateur, ou, à défaut, par le plus ancien surnuméraire du bureau.

VI. M. Dalloz, *Rép.*, v^{is} *Priv. et Hyp.*, p. 453, dit
qu'il ne voit pas quel inconvénient il peut y avoir
à ce qu'un conservateur prenne inscription dans
son propre intérêt. Nous croyons nous qu'il en
existerait un très-grand. En effet, le conservateur
ne décerne-t-il pas par l'inscription un titre à lui-
même ? C'est cet inconvénient qu'il faut éviter.

Mais nous croyons avec la cour de Paris (*Sirey*.
12. 2. 14) qu'une inscription faite par le conservateur sur lui-même n'est pas nulle : car le témoi-
gnage du conservateur, s'il ne peut être admis en

sa faveur, peut, au moins, être invoqué contre lui.

VII. Si les certificats que délivre le conservateur, ou tous autres actes qui tombent dans ses
attributions, donnaient lieu à des difficutés, il serait obligé de se défendre, comme tout autre particulier, par le ministère d'un avoué; ce n'est que
dans le cas où il soutiendrait une action pour l'intérêt de la chose, qu'il pourrait procéder comme
agent de l'administration, remettre au tribunal
et signifier à la partie un mémoire expositif de son
refus. Dans ce cas, le tribunal statuerait sur le
rapport d'un juge et les conclusions du ministère
public. (Décisions des ministres de la justice et des
finances du 2 décembre 1807 et 21 mai 1809, rapportées par *Sirey*, tom. 8, part. 2, pag. 188, et
tom. 10, part. 2, pag. 331.)

Art. 2197. *Ils sont responsables du préjudice résultant* :

1° *De l'omission sur leurs registres des transcriptions d'actes de mutation, et des inscriptions
requises en leurs bureaux.*

2° *Du défaut de mention dans leurs certificats d'une
ou de plusieurs des inscriptions existantes, à
moins, dans ce dernier cas, que l'erreur ne
provînt de désignations insuffisantes qui ne
pourraient leur être imputées.*

I. La responsabilité des conservateurs semble
limitée, par cet article, à deux cas, savoir : l'omission sur leurs registres des transcriptions requises

en leur bureau, et le défaut de mention dans leurs
certificats d'une ou de plusieurs inscriptions existantes. Néanmoins il faut y ajouter les erreurs que
les conservateurs pourraient commettre, soit en
transcrivant les actes de mutation, soit en faisant
inscrire les créances. Car il importe peu à un tiers
acquéreur ou à un créancier de perdre le bénéfice
de la transcription ou de son inscription, par l'irrégularité que l'on aura apportée à les faire, ou par
l'omission complète de l'un ou de l'autre. Dans
l'un et l'autre cas, il y a dommage, privation d'un
droit par le fait du conservateur; il doit donc y
avoir responsabilité.

Mais voyons, dans chacun de ces cas, l'étendue
de cette responsabilité.

II. Lorsqu'un conservateur a négligé de transcrire un acte de mutation qu'on avait déposé, il
est responsable envers le tiers acquéreur de tous
les dommages que celui-ci peut avoir soufferts.
Ces dommages peuvent être plus ou moins forts,
suivant les circonstances. En supposant, en effet,
que ce fût un acte de donation dont on eût requis la transcription; que la négligence du conservateur fût cause qu'une seconde donation du
même objet fût transcrite auparavant; il serait
responsable envers le premier donataire de la valeur de l'objet donné.

Si, au contraire, il s'agissait d'une aliénation
onéreuse qu'il eût négligé de transcrire, et qu'il
n'y eût aucune hypothèque de consentie sur l'im-

meuble à l'époque de l'aliénation, il est clair que, dans ce cas, le tiers acquéreur n'aurait aucun recours, puisqu'il ne pourrait souffrir de dommage par suite du défaut de transcription (1).

Il en serait de même si, à l'époque de la vente, il y avait des hypothèques inscrites qui excédassent de beaucoup la valeur de l'immeuble; comme la transcription seule ne purge pas, le tiers ne pourrait guère établir de préjudice résultant du défaut de transcription.

Mais s'il n'y avait pas d'hypothèques inscrites, quoique le vendeur en eût déjà consenti avant l'aliénation; ou s'il y en avait pour une somme inférieure au prix de la vente, il pourrait se faire, dans ce cas, que le tiers souffrît quelques dommages, mais ce serait à lui à l'établir avant de poursuivre le conservateur.

Toutefois, le conservateur qui aurait négligé de faire faire une transcription qui aurait été requise, encourt l'amende prononcée par l'article 2202, encore que les parties n'en aient souffert aucun dommage.

III. Quant à l'omission de quelque inscription, le conservateur est également responsable; néanmoins, pour que le créancier puisse exercer son

---

(1) Ceci est la suite du principe actuellement adopté, que la transcription n'est plus nécessaire pour arrêter les nouvelles aliénations et les nouvelles hypothèques que pourrait consentir, depuis la vente, l'ancien propriétaire.

recours contre lui, il faut qu'il prouve que, sans cette omission, il aurait été utilement colloqué; autrement il ne souffre pas de préjudice, puisque l'inscription, si elle eût été faite, n'aurait été d'aucune utilité.

C'est ainsi que l'a jugé la cour de Bordeaux le 26 juin 1813, sur la plaidoirie de M. Martignac, cet orateur célèbre qui faisait présager au barreau le beau talent qu'il devait un jour montrer à la tribune nationale. (Dalloz, *Rép.* v⁰ *Priv. et Hyp.*, p. 457.)

IV. Il faut en dire autant du défaut de mention d'une inscription dans le certificat délivré par le conservateur. Le créancier ne peut, en effet, exercer de recours contre le conservateur qu'autant qu'il prouve, ou qu'il aurait été d'abord utilement colloqué sur le prix déclaré par l'acquéreur, ou qu'à l'aide de la surenchère qu'il aurait pu requérir, l'immeuble aurait été porté à une somme assez considérable pour le remplir de ses droits.

V. Le créancier dont on n'a pas compris l'inscription sur le certificat ne peut pas non plus exercer de recours contre le conservateur, lorsque cette omission provient de sa faute; et elle est censée en provenir, lorsqu'il n'a pas donné dans son inscription des désignations suffisantes, soit sur la personne du débiteur, soit sur la nature ou la situation de l'immeuble hypothéqué.

VI. Le conservateur est également responsable, soit que l'omission dans les certificats provienne de sa faute, soit de la faute d'un employé de la régie qui, en son absence, remplissait ses fonctions, ou qu'elle soit la suite du défaut de report, de la part de son prédécesseur, sur le répertoire. Mais, dans ce dernier cas, il a naturellement son recours contre son prédécesseur.

VII. Il semble résulter de ce qu'on vient de dire, que le conservateur soit responsable de l'omission, dans ses certificats, de toutes les inscriptions qui se trouvent portées sur ses registres; néanmoins, il ne faut admettre cette règle qu'avec la distinction que comporte la durée des inscriptions. En effet, nous avons remarqué, en expliquant l'article 2154, qu'après dix ans, les inscriptions ne produisaient plus d'effet, si elles n'étaient pas renouvelées. Après ce délai, les inscriptions sont périmées, elles n'existent plus, et non-seulement les conservateurs ne sont pas responsables de leur omission, mais ils ne doivent pas même les comprendre dans leurs certificats. C'est ce qu'a jugé la Cour de Paris, par son arrêt du 6 juin 1810, en ces termes :

« Attendu qu'aux termes de l'article 23 de la loi » du 11 brumaire an VII, et de l'article 2154 du » Code civil, les inscriptions conservent l'hypo- » thèque et le privilége pendant dix années, à » compter du jour de leur date, et que leur effet » cesse si ces inscriptions n'ont été renouvelées » avant l'expiration de ce délai; — que, suivant » l'article 2197, les conservateurs des hypothè- » ques sont responsables du défaut de mention

» dans leur certificat des inscriptions existantes;
» — que du rapprochement de ces dispositions,
» il résulte que la question, si le conservateur doit
» insérer dans les certificats des inscriptions non
» renouvelées, avant lesdites dix années de date,
» au moment de la transcription du contrat de
» mutation de l'immeuble prétendu grevé, se ré-
» sout en celle de savoir si l'inscription dont l'effet
» a cessé, est encore existante; — qu'il est évident
» que l'existence dont parle la loi est l'existence
» légale, et non l'existence matérielle, puisque
» celle-ci se conserve après la cessation d'effet, soit
» par le laps de temps, soit par les radiations
» même définitives, etc. »

VIII. Comme les conservateurs, dans la crainte
de se compromettre en oubliant une inscription,
comprennent dans leurs certificats, même celles
sur lesquelles ils ont quelques doutes, l'on a demandé s'ils n'étaient pas obligés de prouver à l'acquéreur qu'elles frappaient réellement sur le bien
par lui acquis? La négative ne nous parait pas susceptible de doute. Le conservateur ne peut avoir
d'autres renseignemens que ceux qu'il puise dans
le contrat; et si le contrat est obscur ou ambigu,
c'est au vendeur qu'il faut le reprocher; et c'est à
lui que l'acquéreur doit uniquement s'adresser,
pour savoir si les inscriptions comprises au certificat frappent ou ne frappent pas sur lui.

C'est ainsi que la Cour de cassation l'a jugé dans
l'espèce suivante :

Le sieur Lefèvre avait vendu aux sieurs Roux diverses propriétés rurales ; il s'était obligé à rapporter la main-levée des inscriptions dans la quinzaine de la transcription.

Après avoir rempli cette formalité, l'acquéreur obtint un certificat constatant qu'il avait été pris un grand nombre d'inscriptions sur les propriétés par lui acquises.

Il signifia ce certificat à son vendeur, et le somma d'avoir à lui donner main-levée des inscriptions, ainsi qu'il s'y était obligé.

Celui-ci soutint que ces inscriptions ne frappaient pas sur lui ; que dès-lors c'était au conservateur à qui il fallait s'adresser.

Le tribunal de Beauvais, saisi de la contestation, ne fut pas arrêté par cette défense du vendeur ; il le condamna à rapporter la main-levée.

Il interjeta appel ; et, plus heureux qu'il ne l'avait été d'abord, il réussit à faire admettre son système. Un arrêt de la Cour d'appel d'Amiens ordonna, avant faire droit, que l'acquéreur prouverait que les inscriptions frappaient identiquement sur son vendeur.

Mais l'acquéreur dénonça cet arrêt à la Cour de cassation ; il prouva que la Cour d'Amiens avait commis un excès de pouvoir ; qu'elle avait substitué un nouveau mode de purger à celui admis par la loi de brumaire et le Code civil ; enfin, il démontra qu'elle avait violé l'une et l'autre de ces lois.

Par arrêt en date du 5 janvier 1809, celui de la
Cour d'Amiens fut cassé en ces termes :

« Attendu qu'il résulte , des dispositions des lois
» de brumaire, que le législateur a réglé et déter-
» miné d'une manière précise les formalités et con-
» ditions à remplir par l'acquéreur, qui veut con-
» solider et purger l'immeuble, par lui acquis, des
» charges et hypothèques qui pourraient le grever;
» attendu que Paul Roux s'y était conformé, en
» faisant transcrire son acte, et en faisant, dans le
» délai requis, les notifications prescrites aux créan-
» ciers inscrits sur le vendeur et les biens vendus,
» en conformité du contenu en l'état délivré par le
» conservateur; attendu que la loi n'avait pas sou-
» mis l'acquéreur à discuter le mérite des inscrip-
» tions, et que néanmoins l'arrêt préparatoire, en
» le soumettant à rapporter la preuve qu'elles
» frappaient réellement sur le vendeur et sur les
» biens vendus, a ajouté à la loi; qu'il a commis un
» excès de pouvoir; qu'il a substitué un nouveau
» mode, pour purger les hypothèques, à celui
» établi par les lois de brumaire an VII et le Code
» civil; la Cour casse, etc. »

Il résulte de cet arrêt que l'acquéreur a rempli
toutes ses obligations, lorsque, sur la transcription
de son acte, le conservateur lui a délivré un certificat d'inscription. Exiger ensuite de lui la preuve
que chacune de ces inscriptions frappe sur le vendeur, c'est demander une chose qu'il ne tient pas

à lui de vérifier ; c'est lui imposer une obligation que le vendeur seul peut exécuter.

XI. Dans tous les cas où le conservateur est responsable, il ne doit pas profiter, comme l'acquéreur, du terme accordé pour le paiement ; il suffit que le créancier cesse d'avoir son gage, pour qu'il puisse exiger de suite son remboursement. (Arg. de l'article 1188.)

X. Cette matière présente encore une difficulté qu'il est important d'examiner. Supposons qu'un conservateur ait omis dans un certificat une inscription qui aurait donné un rang utile, mais qui est empreinte d'une nullité qui, par exemple, ne fait pas mention de l'époque d'exigibilité : le conservateur contre qui le créancier exerce son recours, pourra-t-il opposer la nullité de l'inscription ? Je crois qu'il faut distinguer si la nullité qu'on pourrait reprocher à l'inscription provient du fait du conservateur, ou si elle est l'ouvrage de la partie. Dans le premier cas, comme le conservateur ne doit pas se prévaloir de sa faute, il ne peut pas invoquer la nullité, puisque, si l'inscription eût été déclarée nulle sur la demande des autres créanciers, le conservateur aurait été déclaré responsable. Mais il en serait sans doute autrement, si la nullité de l'inscription omise dans le certificat provenait du fait de la partie, et si elle se trouvait dans les bordereaux. Comme elle aurait été rejetée de l'ordre, et qu'elle n'aurait été d'aucune utilité pour le créancier, nous croyons qu'il n'aurait aucun recours à exercer, mais que le conservateur pourrait toujours opposer la nullité.

XI. Le conservateur est-il tenu de comprendre, dans le certificat qu'il délivre, les inscriptions périmées? Non. Car l'article 2196 parle seulement des *inscriptions subsistantes*. Par conséquent toutes celles qui sont périmées ne doivent pas être comprises dans les certificats délivrés par le conservateur. Celui-ci doit même être contraint de rembourser les droits perçus à raison de ces inscriptions.

XII. La durée de la responsabilité des conservateurs a aussi donné lieu à des difficultés; l'on a demandé si elle durait trente ans, ou si, au contraire, elle n'avait pas été restreinte à dix années par la loi du 21 ventôse de l'an VII?

Comme cette question est résolue par un arrêt de cassation du 22 juillet 1816, et que nous ne pourrions rien ajouter pour fortifier sa décision, nous nous contenterons de la transcrire.

« Vu la loi du 21 ventôse an VII, portant, arti-» cles 5 et 6, que le conservateur des hypothèques » est tenu de fournir un cautionnement en immeu-» bles. » Article 7. « L'inscription du cautionnement » sera faite à la diligence et aux frais du préposé; » elle subsistera pendant toute la durée de la res-» ponsabilité, sans avoir besoin d'être renouvelée.» Article 8. « Le cautionnement ci-dessus demeure » spécialement et exclusivement affecté à la respon-» sabilité du préposé à la conservation des hypo-

II. 30

» thèques, pour les erreurs et omissions dont la » loi le rend garant envers les citoyens.

» Cette affectation subsistera pendant toute la » durée des fonctions, et dix ans après, passé le- » quel délai, les biens servant de cautionnement » seront affranchis de plein droit de toutes actions » en recours qui n'auraient pas été intentées dans » cet intervalle.

» Considérant que, d'après l'article 7, le cau- » tionnement que le conservateur des hypothèques » est obligé de fournir, subsiste pendant toute la » durée de sa responsabilité ; — que ces expres- » sions énoncent clairement que la durée du cau- » tionnement et celle de la responsabilité sont » choses corrélatives et indivisibles; qu'ainsi le con- » servateur doit un cautionnement pendant tout le » temps qu'il est responsable; et que lorsqu'il ne » doit plus de cautionnement il cesse d'être res- » ponsable; — qu'aux termes de l'art. 8, le conser- » vateur étant libéré de son cautionnement, dix » ans après la cessation de ses fonctions, il suit » qu'après ce délai, il est également libéré de sa » responsabilité, et par conséquent qu'il est affran- » chi de toutes actions, soit réelles, soit person- » nelles, puisque la loi n'en réserve et ne pouvait, » dans le système qu'elle a adopté, en réserver au- » cune ;

» Considérant qu'en prorogeant pendant trente » ans la responsabilité du conservateur Lemarié,

» l'arrêt contrevient aux articles ci-dessus, dans
» la disposition qui regarde Rabon ;

» Par ces motifs, la cour casse et annulle, etc. »

XIII. Les contestations que les conservateurs
peuvent avoir à soutenir ont également donné naissance à des difficultés. On a demandé s'ils devaient
se défendre, comme de simples particuliers, par le
ministère d'avoués, ou s'ils pouvaient adresser leurs
observations au ministère public?

Pour résoudre cette question, il faut distinguer
si les conservateurs sont poursuivis à raison de
leurs fonctions, ou en paiement de dommages-in-
térèts.

Dans le premier cas, on doit les traiter comme
des agens d'une administration, conséquemment
leur permettre d'adresser des observations au procureur du roi, lequel doit prendre des conclusions dans l'intérêt de la loi.

Dans le second cas, comme il s'agit des affaires
propres aux conservateurs, de faits qui leur sont
personnels, ils doivent être poursuivis comme de
simples particuliers, obligés, comme eux, de pa-
raître par le ministère d'avoués. — C'est ainsi que
l'ont décidé LL. Exc. le grand-juge et le ministre
des finances, le 2 décembre 1807.

Par la même décision, LL. Exc. ont ajouté que,
lorsque le conservateur était appelé en référé, il ne
pouvait se dispenser de comparaître en personne,
parce que c'était là le seul moyen d'arrêter les procès et de lever de suite les difficultés.

Art. 2198. *L'immeuble à l'égard duquel le conservateur aurait omis dans ses certificats une ou
plusieurs des charges inscrites, en demeure,
sauf la responsabilité du conservateur, affranchi dans les mains du nouveau possesseur,
pourvu qu'il ait requis le certificat depuis la
transcription de son titre, sans préjudice néanmoins du droit des créanciers de se faire colloquer suivant l'ordre qui leur appartient, tant
que le prix n'a pas été payé par l'acquéreur, ou
tant que l'ordre fait entre les créanciers n'a pas
été homologué.*

I. L'omission d'une ou plusieurs inscriptions
dans les certificats, produit des effets différens,
suivant l'époque où ces certificats ont été délivrés.
S'ils l'ont été avant la transcription, ils ne changent
pas le sort des créanciers, et leur hypothèque subsiste dans le même état, sauf le recours de l'acquéreur contre le conservateur qui, par sa négligence,
l'a induit en erreur.

Mais si les certificats ont été délivrés après la
transcription, le créancier dont l'inscription a été
omise, a perdu tous ses droits sur l'immeuble, et
il ne lui reste que la faculté de se faire colloquer
sur le prix, tant que le prix n'est pas payé ou l'ordre homologué. La signification qu'il pourrait faire
au tiers acquéreur et aux autres créanciers, d'un
nouveau certificat dans lequel serait comprise son
inscription, ne couvrirait pas le vice du premier,

et laisserait toujours le créancier dans l'incapacité de diriger des poursuites contre l'immeuble. C'est ainsi que l'a jugé la cour de cassation, le 9 nivôse an XIV, en confirmant un arrêt de la cour d'appel de Paris, qui déclarait un créancier, dont l'inscription avait été omise, non recevable à surenchérir.

II. Néanmoins il ne faut appliquer ces principes qu'aux inscriptions déjà requises lors de la délivrance des certificats, mais non à celles qu'on peut faire faire après, et dans la quinzaine de la transcription. Pour celles-ci, le tiers sera obligé de requérir un nouveau certificat après la quinzaine, et ce ne sera qu'autant qu'on les aura omises de nouveau, que leurs effets cesseront vis-à-vis du tiers acquéreur.

III. De même, si l'omission de quelques inscriptions dans le certificat provenait de désignation insuffisante de la part du tiers acquéreur, nul doute que l'immeuble ne restât encore affecté aux hypothèques omises : la raison en est, que le tiers ne peut dégager l'immeuble qu'en mettant le conservateur à même de lui délivrer toutes les charges actuellement existantes.

Si donc un acquéreur, voulant purger les hypothèques acquises sur son immeuble, ne demandait un certificat que des charges imposées par son vendeur, il ne purgerait pas les hypothèques consenties par les précédens propriétaires.

IV. Tout ce qu'on vient de dire de l'effet de l'omission d'une inscription dans les certificats dé-

li··rés par le conservateur, n'a lieu qu'à l'égard d'un
··er·· acquéreur; mais relativement aux créanciers
··a·· rang que leurs hypothèques doivent avoir,
il en est tout autrement, En signifiant un nouvel
état, le créancier dont l'inscription a été omise
peut demander à se faire colloquer, et tant que
l'ordre n'est pas clos, que le règlement définitif
n'est pas homologué, il doit être reçu à revendiquer son rang.

V. Mais ce créancier, dont l'inscription a été
omise, ne pourrait-il pas se présenter, même après
le règlement de l'ordre, et en formant tierce opposition au jugement, se faire encore colloquer à son
rang? La négative résulte de la dernière partie de
l'article 2198, dans laquelle on dit que le créancier ne peut se faire colloquer suivant l'ordre qui
lui appartient, que tant que le prix n'a pas été payé,
ou *tant que l'ordre fait entre les créanciers n'a pas
été homologué.* C'est aussi ce qu'a jugé la Cour de
Bruxelles, par son arrêt du 15 janvier 1812, dont
voici les motifs :

« Attendu que le préjudice dont peuvent se
» plaindre les intimés, ne leur a été causé que par
» l'omission de leur inscription dans les certificats
» délivrés par le conservateur des hypothèques;

» Attendu que l'ordre n'ayant pu se former que
» sur les certificats du conservateur, l'inscription
» des intimés ne s'y trouvant pas énoncée, a dû et
» doit continuer d'être considérée, relativement à
» l'appelante, comme si elle n'existait pas; qu'ainsi,

» non-seulement l'appelante n'a dû faire aucune
» notification aux intimés, mais encore, du mo-
» ment où l'ordre a été clos, leur inscription se
» montrant trop tard, ne peut plus avoir la moin-
» dre influence sur les droits assurés à l'appelante
» par ordonnance de clôture;

» Qu'en effet, il résulte de l'ensemble de la lé-
» gislation sur cette matière, que le législateur a
» voulu que, dès qu'il avait été procédé régulière-
» ment à l'ordre et que tout était consommé, ce
» fût une chose stable à jamais, et qui ne pût
» éprouver aucun trouble ultérieur;

» Que c'est pour arriver à ce but salutaire, et
» afin de pourvoir néanmoins, autant qu'il était pos-
» sible, aux intérêts des créanciers omis, qu'il leur
» a ménagé deux moyens de sauver leurs créances;
» savoir : 1° la faculté d'intervenir spontanément
» dans le rang que leurs inscriptions leur assignent,
» mais seulement tant que le prix n'a pas été payé
» par l'acquéreur, et tant que l'ordre n'a pas été
» homologué; et 2° le recours contre le conserva-
» teur;

» Que, ne leur ayant réservé que ces deux
» moyens, il leur a nécessairement interdit par-là
» toute autre action, et conséquemment la voie de
» la tierce opposition contre le jugement d'ordre,
» laquelle tendrait à leur faire obtenir, après l'ho-
» mologation, ce qu'il ne leur a permis d'obtenir
» qu'avant ladite homologation;

» Attendu enfin, que les intimés n'ayant voulu

» ou n'ayant pu intervenir d'eux-mêmes lors de la
» confection de l'ordre, il ne leur reste plus que la
» responsabilité du conservateur, si l'omission a
» été commise par sa faute. »

VI. Il nous resterait à expliquer ce que l'article
2198 entend par le jugement homologatif de l'ordre; mais ces expressions doivent nécessairement
s'expliquer par les dispositions du Code de procédure à cet égard. Si les créanciers compris au certificat sont d'accord, si, comme le dit l'article 749,
ils se sont réglés entre eux sur la distribution;
comme, dans ce cas, il n'y a pas de jugement, le
créancier dont l'inscription a été omise ne pourra
se présenter que jusqu'à la signature du règlement
convenu. Après cela, il ne pourra plus réclamer. Si
les créanciers ne se sont pas entendus, et qu'il ait
fallu un règlement judiciaire, nous distinguerons
deux cas. Ou après le règlement provisoire il n'est
pas survenu de difficulté, ou au contraire des créanciers ont contesté. Dans le premier cas, le créancier omis ne pourra réclamer que jusqu'à la clôture
du procès-verbal d'ordre que l'article 759 oblige
le juge-commissaire à rédiger. S'il y a eu des contestations, il faut encore distinguer entre les créanciers antérieurs aux créances contestées et ceux qui
viennent immédiatement. A l'égard des premiers,
l'intervention des créanciers omis ne pourrait leur
nuire qu'autant que le juge-commissaire n'aurait
pas encore arrêté l'ordre dans lequel ils doivent
passer, ce qu'il doit faire en même temps qu'il

renvoie les contestans à l'audience (article 758).
Enfin, à l'égard des créanciers postérieurs aux
créances contestées, celui dont l'inscription a été
omise pourrait se présenter tant que, conformément aux jugemens et arrêts qui vident les difficultés, le juge-commissaire n'aura pas encore arrêté l'ordre définitif (art. 767). Voilà la théorie du
Code de procédure ; voilà les divers articles auxquels il faut se reporter pour expliquer les dernières expressions de l'article 2198 du Code civil.

Art. 2199. *Dans aucun cas, les conservateurs ne
peuvent refuser ni retarder la transcription des
actes de mutation. l'inscription des droits hypothécaires, ni la délivrance des certificats requis, sous peine des dommages et intérêts des
parties ; à l'effet de quoi, procès-verbaux des
refus ou retardemens seront, à la diligence des
requérans, dressés sur-le-champ, soit par un
juge-de-paix, soit par un huissier-audiencier
du tribunal, soit par un autre huissier, ou un
notaire assisté de deux témoins.*

I. Cet article est bien différent de celui de la loi
du 11 brumaire, qu'il paraît cependant remplacer.
Ce dernier, en effet, portait : Que, dans *aucun
cas*, le conservateur ne *pouvait* refuser ou retarder l'inscription ou la délivrance des certificats;
mais il ajoutait cette phrase, *qui seront requises
conformément aux lois* : d'où les conservateurs
concluaient que la plus légère omission dans les

bordereaux, par exemple, leur donnait le droit de
refuser l'inscription.

Le Code civil n'a pas adopté cette restriction;
il a vu que les conservateurs ne pouvaient pas être
juges de la validité des actes qui leur étaient soumis,
et voilà pourquoi il s'est borné à dire que, dans
aucun cas, ils ne pouvaient refuser ou retarder la
transcription des mutations, l'inscription des droits
hypothécaires, ni la délivrance des certificats.

Si donc on présentait au conservateur des bordereaux, nuls dans leur contexture, comme, par
exemple, s'ils ne désignaient pas la nature et la situation des biens, s'ils n'énonçaient pas l'époque
de l'exigibilité, etc., il ne pourrait pas se refuser à
effectuer l'inscription.

II. Cependant, s'il est vrai que les conservateurs ne puissent pas refuser l'inscription à cause
de son illégalité, il est un cas où ils doivent s'interdire de la faire, ainsi que tous les autres actes de
leur ministère. C'est lorsqu'on les requiert un jour
de fête conservée; car LL. Exc. le grand-juge et le
ministre des finances ont pensé que l'article 57
de la loi du 18 germinal an x, qui fixe les jours
de repos des fonctionnaires publics, doit être
scrupuleusement observé par les conservateurs,
et que leurs bureaux doivent être fermés pour
tout le monde les dimanches et fêtes.

C'est aussi dans ce sens que l'a décidé la cour
de cassation, en déclarant nulle une transcription
d'acte de mutation faite un dimanche.

III. A propos des obligations des conservateurs,
nous devons rapporter en substance une décision
du ministre des finances. Quelques conservateurs
avaient cru qu'en donnant leur démission ils pouvaient se dispenser de continuer de remplir leurs
fonctions du jour où elle aurait été acceptée; mais
son excellence a pensé que l'intérêt public exigeant qu'il n'y eût jamais d'interruption, ils devaient rester dans leur bureau, et continuer de
remplir leurs fonctions jusqu'à ce que leur succes-
seur fût rendu à son poste.

Art. 2200. *Néanmoins les conservateurs seront*
tenus d'avoir un registre sur lequel ils inscri-
ront, jour par jour, et par ordre numérique,
les remises qui leur seront faites d'actes de mu-
tation pour être transcrits; ils donneront au re-
quérant une reconnaissance sur papier timbré,
qui rappellera le numéro du registre sur lequel
la remise aura été inscrite ; et ils ne pourront
transcrire les actes de mutation ni inscrire les
bordereaux sur les registres à ce destinés, qu'à
la date et dans l'ordre des remises qui leur en
auront été faites.

Quelques personnes avaient pensé que le *récé-*
pissé que notre article ordonne au conservateur
de délivrer à la partie requérante, était facultatif,
en ce sens, qu'il dépendait du requérant de l'exiger ou de le refuser ; mais S. Exc. le ministre de la

justice a décidé, le 14 ventôse an XIII, que le conservateur avait le droit de forcer la personne qui
soumettait un acte de mutation, ou une inscription à la formalité hypothécaire, de prendre ce *ré-
cépissé.*

Art. 2201. *Tous les registres des conservateurs
sont en papier timbré, cotés et paraphés à chaque page par première et dernière, par l'un des
juges du tribunal dans le ressort duquel le bureau est établi. Les registres seront arrêtés chaque jour comme ceux d'enregistrement des actes.*

Si, en contravention à cet article, un conservateur avait tenu des registres en papier libre et non
timbré, ses opérations ne seraient pas nulles; mais
il encourrait personnellement une amende.

Art. 2202. *Les conservateurs sont tenus de se conformer, dans l'exercice de leurs fonctions, à
toutes les dispositions du présent chapitre, à
peine d'une amende de 200 à 1,000 francs, pour
la première contravention, et de destitution
pour la seconde, sans préjudice des dommages
et intérêts des parties, lesquels seront payés
avant l'amende.*

Sur la dernière disposition de cet article. *voy.* ce
que nous avons dit, article 2098.

Art. 2203. *Les mentions de dépôt, les inscriptions et transcriptions sont faites sur les registres, de suite, sans aucun blanc ni interligne, à peine, contre le conservateur, de 1000 à 2000 francs d'amende, et des dommages et intérêts des parties, payables aussi par préférence à l'amende.*

FIN.

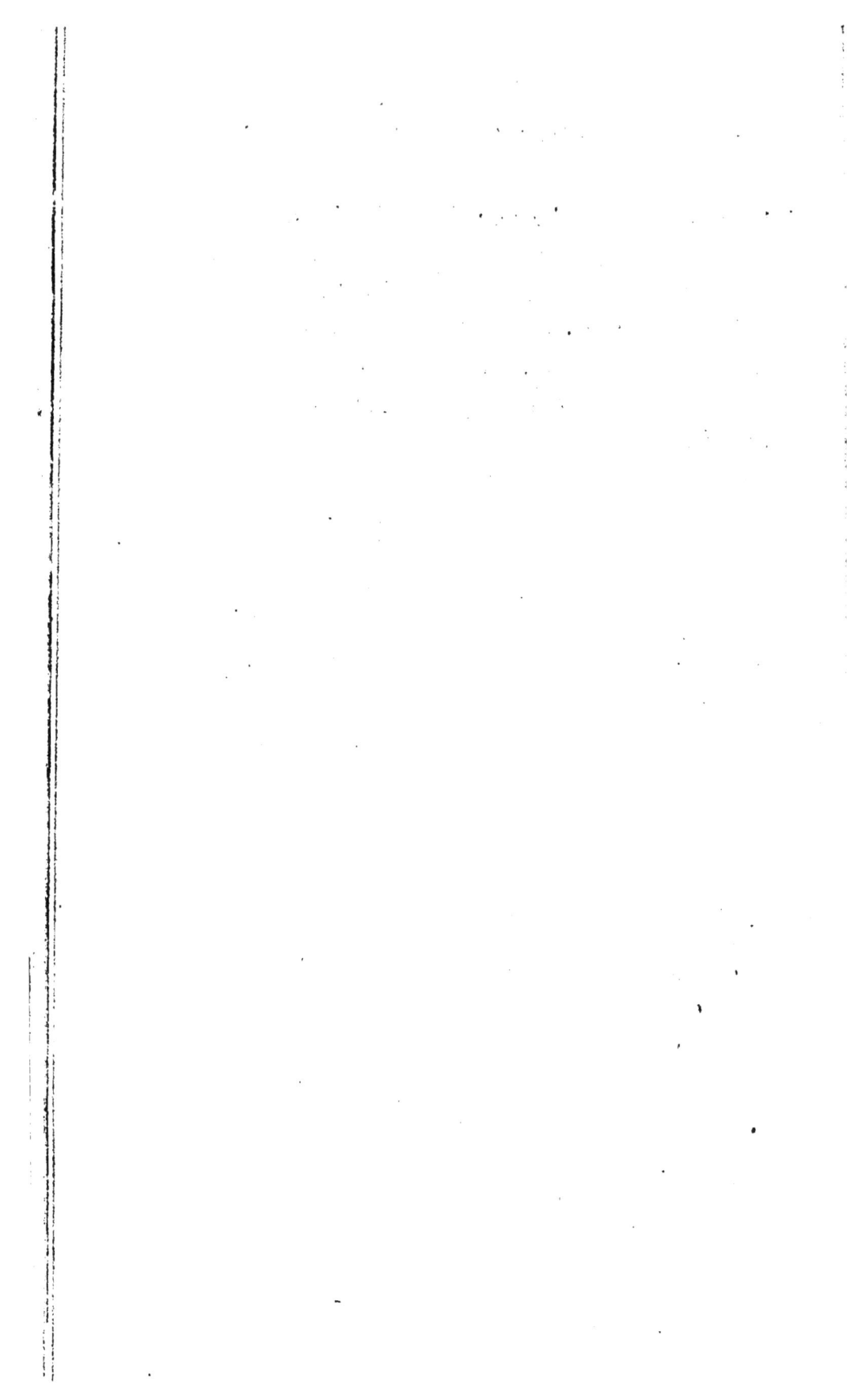

MODÈLES DE BORDEREAUX
POUR INSCRIPTIONS.

N° Ier.

Modèle de Bordereaux pour inscription à faire sur les comptables, en vertu de la loi du 5 septembre 1807, relative aux priviléges du trésor.

Inscription de créances privilégiées, requise par le conservateur (*ou le receveur de l'enregistrement*) du bureau des hypothèques établi à . . . . commune de . . . . canton de . . . . département de . . . . qui élit domicile à l'effet de la présente, en son dit bureau ;

Contre le sieur (*mettre les nom, prénoms, qualité et profession du comptable*), demeurant à . . . . commune de . . . . canton de . . . . département de . . . . ;

Sur la maison (*ou tout autre immeuble qu'il faut désigner*) située rue de . . . . n° . . . commune de . . . . canton de . . . . département de . . : . dans l'arrondissement du bureau des hypothèques établi à . . . . commune de . . . . canton de . . . . . département de . . . . maison que ledit sieur (*répéter le nom du comptable*) vient d'acquérir du sieur (*mettre les nom, prénoms et domicile du vendeur*) par acte passé devant M^e. . . . . et son collègue, notaires à . . . . . ., en date du . . . . . . ;

Pour sûreté des créances qui pourront résulter au profit du trésor, de la gestion que ledit (*répéter le nom du comptable*) a des deniers publics.

N. B. Ce Modèle de Bordereaux servira également pour les inscriptions à faire sur les comptables du trésor de la couronne.

N° II.

Modèle de Bordereaux pour inscription à prendre par les cohéritiers ou copartageans, en vertu de l'article 2109 du Code civil.

BORDEREAU des créances privilégiées résultant d'un acte de partage passé devant M°. . . . . . et son collègue, notaires à . . . . le . . . . . dûment enregistré (*si le partage était fait en justice, il faudrait l'énoncer, de même que s'il y avait eu licitation ou partage sous signature privée*);

Au profit du sieur (*mettre les nom, prénoms, profession du requérant*), demeurant à . . . . . commune de . . . . . canton de . . . . . département de . . . . . qui élit domicile, à l'effet de l'inscription ci-après énoncée, en la demeure du sieur (*indiquer une personne domiciliée dans l'arrondissement du bureau dans lequel on requiert l'inscription*), demeurant rue de . . . . . n°. . . . . commune de . . . . canton de . . . . département de . . . . . ;

Contre les sieurs (*mettre les nom, prénoms, qualité et profession de ceux sur les biens desquels on requiert l'inscription*), demeurant rue de . . . . . n°. . . . . commune de . . . . canton de . . . . . département de . . . . . ;

Pour sûreté desquelles créances il requiert l'inscription du privilége attaché à l'acte de partage sus-énoncé ;

1° Sur une maison située rue de . . . . . n°. . . . commune de . . . . . canton de . . . . département de . . . . ;

2° Sur quatre hectares de terres actuellement en vignes, et situées commune de . . . . . canton de . . . . département de . . . . . ;

Lesquels biens dépendans de l'arrondissement du bureau des hypothèques établi à . . . . . commune de . . . . . dépar-

tement de . . . . . et appartenans, par suite du partage fait
entre les parties, auxdits sieurs (*répéter les noms et prénoms
des débiteurs*) ;

1° Soultes ou retours de lots (*ou prix de la licitation*) exigibles le . . . avec (*ou sans*) intérêts (*mettre en toutes lettres
la somme principale*), ci . . . . . ;

2° Deux années d'intérêts dudit capital (*exprimer le montant
en toutes lettres*), ci. . . . . .

, N° III.

Modèle de Bordereaux pour inscription à faire par les architectes, maçons et autres ouvriers, en vertu de l'article 2110 du Code civil.

INSCRIPTION DU PREMIER PROCÈS-VERBAL.

Le sieur (*mettre les nom, prénoms, qualité et profession du requérant*), demeurant à . . . . rue de . . . . . n° . . . . commune de . . . . département de . . . . qui, à l'effet de l'inscription ci-après, élit domicile en la demeure de M. (*mettre les nom, prénoms et profession d'une personne domiciliée dans l'arrondissement du bureau des hypothèques*), demeurant à . . . . . rue de . . . . . commune de . . . . . département de . . . . . ;

Requiert l'inscription du privilége qu'il se propose d'acquérir sur la plus-value résultant des travaux à faire dans une maison (*ou tout autre immeuble qu'il faut désigner*) située commune de . . . . rue de . . . . canton de . . . . dans l'arrondissement du bureau des hypothèques établi à . . . . commune de . . . département de . . . appartenant actuellement ladite maison au sieur (*désigner les nom, prénoms et profession du propriétaire*), lesquels travaux doivent être exécutés par mondit sieur requérant, et ont été préalablement constatés par un procès-verbal dressé le (*mettre la date*), par le sieur (*mettre le nom de l'expert nommé d'office*), expert nommé à cet effet par jugement du tribunal de première instance, séant à . . . . commune de . . . . département de . . . . en date du . . . .

INSCRIPTION DU DEUXIÈME PROCÈS-VERBAL.

Bordereau des créances privilégiées, résultant d'un procès-verbal de réception d'ouvrages faits par le sieur (*mettre le nom de l'expert*), en date du . . . . . dûment enregistré ;

Au profit du sieur (*mettre les nom, prénoms, qualité et profession du requérant*), demeurant à . . . . rue de . . . . . n°. . . .
commune de . . . . canton de . . . . . département de . . . . .
qui élit domicile, à l'effet de la présente inscription, en la demeure du sieur (*mettre les nom, prénoms et profession d'une personne domiciliée dans l'arrondissement du bureau où on requiert l'inscription*), demeurant à . . . . . commune de . . . .
département de . . . . ;

Contre (*mettre les nom, prénoms et professions de ceux sur les biens desquels doit porter l'inscription*) (1), demeurant à . . . . rue de . . . . . commune de . . . . canton de . . . . département de . . . . . ;

Pour la conservation desquels ledit sieur (*répéter les nom et prénoms du requérant*), requiert inscription sur la valeur résultant des travaux par lui faits dans une maison (*ou tout autre immeuble qu'il faudra soigneusement désigner par sa nature et sa situation*), située à . . . . . n°. . . . . commune de . . . . . canton de . . . . département de . . . . dans l'arrondissement du bureau des hypothèques établi à . . . . commune de . . . . canton de . . . . département de . . . , ladite maison appartenant à mondit sieur (*répéter les nom et prénoms du débiteur sur lequel on requiert l'inscription*);

Montant des ouvrages faits par le requérant, et évalués par le procès-verbal de réception, la somme de (*mettre la somme en toutes lettres*), ci . . . . .

Ladite somme (*répéter en toutes lettres*) exigible le . . . . .

---

(1) Si on ne connaît pas la profession, il faudra mettre une désignation individuelle et spéciale, telle que le conservateur puisse reconnaître dans tous les cas l'individu grevé du privilége.

N° IV.

*Modèle de Bordereaux pour inscription à faire
par les créanciers d'une succession, en vertu
de l'article 2111 du Code civil.*

BORDEREAU des créances privilégiées résultant d'obligations
consenties par le sieur (*mettre les nom, prénoms et profession
du débiteur originaire*), décédé à . . . . . le . . . . . (*mettre
l'époque du décès*), suivant l'acte passé devant M^e. . . . . . et
son collègue, notaires à . . . . .

Au profit du sieur (*mettre les nom, prénoms, qualité et profession du requérant*), demeurant à . . . . commune de . . . .
canton de . . . . département de . . . . qui élit domicile à l'effet de l'inscription ci-après énoncée, en la demeure du sieur
(*indiquer une personne domiciliée dans l'arrondissement du
bureau où on requiert l'inscription*), demeurant à . . . . commune de . . . . canton de . . . . département de . . . . ;

Contre les sieurs (*mettre les nom, prénoms, profession de
chacun de ceux sur qui on requiert l'inscription*), demeurant
à . . . . . commune de . . . . . canton de . . . . département
de . . . . . en leur qualité d'héritiers du sieur (*remettre le nom
de la personne décédée*) (1) ;

Pour sûreté desquelles créances il requiert l'inscription du
privilége que la loi attache à sa qualité de créancier du défunt,
1°. sur le domaine de . . . . situé commune de . . . . canton
de . . . . département de . . . . ; 2°. sur une grange située

---

(1) Si on ne connaissait pas tous les héritiers, on pourrait inscrire
sous la simple désignation du défunt.

rue de . . . . . no. . . . . . commune de . . . . . département de . . . . . ;

Lesquels biens dépendans de la succession dudit sieur (*ré-péter le nom de la personne décédée*), sont situés dans l'arron-dissement du bureau des hypothèques établi à . . . . commune de . . . . canton de . . . . . département de . . . . . ;

Principal exigible le . . . . , avec (*ou sans*) intérêts (*mettre la somme en toutes lettres*), ci . . . . . .

N° V.

Modèle de Bordereaux pour inscription à faire par des légataires, en vertu de l'article 2111 du Code civil.

BORDEREAU des créances priviligiées résultant d'un testament olographe passé (*s'il est fait par acte public, il faudra mettre devant M°. . . . . et son collègue, notaires à . . .*) en date du . . . . dûment enregistré;

Au profit du sieur (*mettre les nom, prénoms, qualité et profession du légataire qui requiert l'inscription*), demeurant à . . . . commune de . . . . canton de . . . . département de . . . . qui élit domicile, à l'effet de l'inscription ci-après énoncée, en la demeure du sieur (*mettre les nom et profession d'une personne domiciliée dans l'arrondissement du burreau des hypothèques*), demeurant rue de . . . . n°. . . . . commune de . . . . canton de . . . . département de . . . . ;

Contre les sieurs (*mettre les nom, prénoms, profession de chacun des héritiers sur qui on requiert l'inscription*), demeurant à . . . . commune de . . . . canton de . . . . département de . . . . tous héritiers du sieur (*mettre les nom, prénoms et profession du défunt*);

Pour sûreté desquelles créances il requiert l'inscription du privilége que lui a conféré le testament sus-énoncé, 1°. sur une maison située rue de . . . . n°. . . . . commune de . . . canton de . . . . département de . . . . ; 2°. sur douze hectares de terre, actuellement en pied, et situées commune de . . . . canton de . . . . département de . . . . ;

Lesquels biens dépendans de la succession dudit sieur (*répéter le nom du défunt*), sont situés dans l'arrondissement du bureau des hypothèques établi à . . . . commune de . . . . canton de . . . . département de . . . . ;

Principal exigible le . . . . (*mettre la somme en toutes lettres*); ci . . .

Deux années d'intérêts de ladite somme (*mettre en toutes lettres*), ci . . . .

N° VI.

Modèle de Bordereaux pour inscription à prendre par suite d'hypothèque convention-nelle, et en vertu de l'art. 2134 du Code civil.

BORDEREAU de créances résultant d'un acte passé devant Mᵉ......et son collègue, notaires à .... en date du .... dûment enregistré ;

Au profit du sieur (*mettre les nom, prénoms, et profession du requérant*), demeurant rue de ..... n°...... commune de ..... canton de ...... département de ..... qui fait élection de domicile, à l'effet de l'inscription ci-après, en la de-meure du sieur (*désigner une personne domiciliée dans l'arron-dissement du bureau des hypothèques*), demeurant à ...... commune de ..... canton de ...... département de....;

Contre le sieur (*mettre les nom, prénoms du débiteur, sa profession, s'il en a une connue, ou une désignation indivi-duelle propre à le faire connaître*), demeurant rue de ..... n°..... commune de ..... canton de ...... département de ......;

Pour sûreté desquelles créances il requiert l'inscription de l'hypothèque qui lui a été consentie par l'acte susdaté, 1°. sur une pièce de bois à haute futaie, de contenance de huit hectares, et située commune de ..... canton de ...... département de ...... ; 2°. sur un domaine connu sous le nom de .... et situé commune de ...... canton de ...... département de .....;

Lesquels biens appartenans audit sieur (*répéter le nom du dé-biteur*), et dépendans de l'arrondissement du bureau des hypothèques établi à . . . . . commune de . . . . . canton de . . . . département de . . . . ;

1°. Principal, payable le . . . . . avec les intérêts à 5 pour 100 (*mettre la somme due en toutes lettres, ou l'évaluer si elle n'a pas été fixée par la convention*), ci . . . . . ;

2°. Cinq années d'intérêts échus (*mettre la somme en toutes lettres*), ci . . . . . .

3°. Deux années d'intérêts à venir (*mettre la somme en toutes lettres*), ci . . . . . .

N° VII.

Modèle de Bordereaux pour inscription à faire par suite d'un jugement de reconnaissance d'écriture, et en vertu de l'art. 2134 du Code civil.

INSCRIPTION de l'hypothèque résultant d'un jugement de reconnaissance d'écriture et signature, rendu le . . . . . par le tribunal de première instance, séant à . . . . . département de . . . . . ;

Au profit du sieur (*mettre les nom, prénoms et profession du requérant*), demeurant rue de . . . . . n° . . . . . commune de . . . . . canton de . . . . . département de . . . . . qui élit domicile, à l'effet de l'inscription ci-après, en la demeure du sieur (*désigner une personne domiciliée dans l'arrondissement du bureau des hypothèques*), demeurant à . . . . . commune de . . . . canton de . . . . . département de . . . . .

Contre les sieurs (*mettre les noms, prénoms et professions de ceux contre lesquels a été rendu le jugement d'aveu*), demeurant à . . . . commune de . . . . . canton de . . . . . département de . . . . . ;

Lequel sieur requérant a déclaré que, de l'acte sous signature privée reconnu par le susdit jugement, il résultait à son profit, et contre lesdits sieurs (*répéter les noms des débiteurs*), les créances suivantes :

1°. Principal exigible le . . . . ; (*mettre en toutes lettres le capital de la créance*), ci . . . .

2°. Deux années d'intérêts (*exprimer la somme en toutes lettres*), ci . . . . . .

TOTAL. . . . .

Pour sûreté desquelles créances, le sieur (*mettre le nom du créancier*) requiert l'inscription de l'hypothèque sur tous les biens immeubles appartenans auxdits sieurs (*répéter les noms des débiteurs*), et qu'ils possèdent dans l'étendue du bureau des hypothèques établi à . . . . . commune de . . . . . . département de . . . . .

N° VIII.

Modèle de Bordereaux pour inscription à faire en vertu de l'article 2134 du Code civil, et par suite d'un jugement de condamnation.

BORDEREAU des créances résultant d'un jugement de condamnation rendu le . . . . par le tribunal de première instance, séant à . . . . . département de . . . . . ;

Au profit du sieur (*mettre les nom, prénoms et profession du requérant*), demeurant à . . . . . commune de . . . . . canton de . . . . . département de . . . . . qui fait élection de domicile, à l'effet de l'inscription ci-après énoncée, en la demeure du sieur (*indiquer une personne domiciliée dans l'arrondissement du bureau des hypothèques*), demeurant à . . . . . commune de . . . . . département de . . . . . . ;

Contre le sieur (*mettre les nom, prénoms et profession de celui contre qui a été rendu le jugement*), demeurant rue de . . . . . commune de . . . . . canton de . . . . . département de . . . . . ;

Pour sûreté desquelles créances il requiert l'inscription de l'hypothèque résultant du jugement sus-énoncé, sur tous les biens appartenans audit sieur (*répéter le nom du condamné*), et qu'il possède dans l'étendue du bureau des hypothèques établi à . . . . . commune de . . . . . département de . . . . ;

1°. Principal exigible le . . . . . , et dont le susdit jugement prononce la condamnation (*mettre la somme en toutes lettres*), ci . . . . . ;

2°. Deux années d'intérêts de ladite somme (*en mettre le montant en toutes lettres*), ci . . . . .

N° IX.

Modèle de Bordereaux pour inscription à faire par les maris, en vertu de l'article 2136 du Code civil.

INSCRIPTION requise par (*mettre les nom, prénoms et profession du mari*), demeurant à . . . . . commune de . . . . . canton de . . . . . département de . . . . . en sa qualité de mari (*mettre les nom et prénoms de la femme*), qui fait élection de domicile en la demeure du sieur (*désigner une personne domiciliée dans l'arrondissement du bureau des hypothèques*), demeurant à . . . . commune de . . . . . canton de . . . . . département de . . . . ;

Sur les biens actuellement appartenans et qui pourront appartenir par la suite au sieur (*mettre les nom, prénoms, profession du mari*), demeurant à . . . . . commune de . . . . . canton de . . . . département de . . . . . et qu'il possède ou possédera dans l'arrondissement du bureau des hypothèques établi à . . . . . commune de . . . . . département de . . . . . ;

1°. Principal de la dot apportée par ladite dame (*répéter le nom de la femme*) audit sieur (*répéter le nom du mari*), son mari (*mettre la somme en toutes lettres*), ci.

2°. Préciput (*ou tout autre avantage qu'il faudra désigner*) (*mettre la somme en toutes lettres*), ci . . . .

TOTAL des créances déterminées . . . . .

3°. Action en remploi des biens personnels qui pourront être aliénés . . . . indéterminés

4°. Indemnités que ladite dame (*répéter le nom de la femme*) pourra avoir à exercer . . . . indéterminées.

Nᵒ X.

Modèle de Bordereaux pour inscription à faire par les tuteur et subrogé-tuteur, en vertu de l'article 2136 du Code civil.

Inscription requise par (*mettre les nom, prénoms et profession du tuteur*), demeurant à . . . . . commune de . . . . canton de . . . . . département de . . . . en sa qualité de tuteur de (*mettre les nom et prénoms de chacun des mineurs ou interdits*), qui élit domicile, à l'effet de l'inscription ci-après, en la demeure du sieur (*indiquer une personne domiciliée dans l'arrondissement du bureau des hypothèques*), demeurant à . . . . . commune de . . . . canton de . . . . . département de . . . . ;

Sur les biens actuellement appartenans, et qui pourront appartenir par la suite au sieur (*mettre les nom, prénoms et profession du tuteur*), demeurant à . . . . . commune de . . . . . canton de . . . . . département de . . . . . et qu'il possède et possédera dans l'étendue du bureau des hypothèques établi à . . . . . . commune de . . . . . canton de . . . . département de . . . . . ;

Pour la conservation des créances qui peuvent résulter de la gestion que ledit sieur (*répéter le nom du tuteur*) a des biens de (*répéter les noms des mineurs*).

N° XI.

Modèle de Bordereaux d'inscription à faire sur les comptables, en exécution de l'article 2153 du Code civil.

INSCRIPTION requise par l'agent judiciaire du trésor public (*ou par monsieur le préfet du département de* . . . .), qui élit domicile, à l'effet de l'inscription ci-après, au secrétariat de la commune de . . . . . (*ou dans tout autre endroit situé dans l'arrondissement du bureau des hypothèques*) ;

Sur les biens appartenans au sieur (*mettre les nom, prénoms, profession et domicile du comptable*), et qu'il possède dans l'arrondissement du bureau des hypothèques établi à . . . . . commune de . . . . . canton de . . . . . département de . . . . ;

Pour sûreté des créances qui pourront résulter au profit de l'État, de la gestion qu'on a confiée audit sieur (*répéter le nom du comptable*), des deniers publics.

N° XII.

Modèle de Bordereaux pour inscription à faire par les agens et syndics d'une faillite, en exécution de l'article 64 du livre III du Code de commerce.

INSCRIPTION requise par les sieurs (*mettre les noms, prénoms et professions des agens ou syndics de la faillite*), demeurant à . . . . . commune de . . . . . canton de . . . . . département de . . . . en leur qualité d'agens (*ou de syndics*) de la faillite du sieur (*mettre les nom, prénoms, profession et domicile du débiteur failli*), nommés par jugement du tribunal de commerce, séant à . . . . . département de . . . . en date du . . . . dûment enregistré ; lesquels font élection de domicile, à l'effet de la présente inscription, en la demeure du sieur (*désigner une personne domiciliée dans l'arrondissement du bureau des hypothèques*), demeurant à . . . . . canton de . . . . . département de . . . . . ;

Sur tous les biens actuellement appartenans audit sieur (*répéter le nom du débiteur failli*), et qu'il possédera dans l'étendue du bureau des hypothèques établi à . . . . . commune de . . . . canton de . . . . . département de . . . . . ;

Pour sûreté des créances qui compètent à la masse des créanciers du sieur (*répéter le nom du débiteur failli*).

FIN.

TABLE ALPHABÉTIQUE

DES MATIÈRES

CONTENUES DANS LES DEUX VOLUMES

DU

RÉGIME HYPOTHÉCAIRE,

A.

B.

Bouchers. Le privilége dont ils jouissent pour les fournitures par eux faites, t. I, p. 73. (Voy. *Fournitures de subsistances.*)

C.

Capitaine. Son privilége pour ses gages et loyers, t. I, p. 172.

Cassation. (Voy. *Pourvoi en Cassation.*)

Caution. Le jugement qui ordonne de donner caution n'emporte pas hypothèque, t. I, p. 387.

Cautionnement. Celui des fonctionnaires publics est grevé d'un privilége pour les créances résultant d'abus et prévarications, t. I, p. 162. Pourvu que ces abus et prévarication aient été commis dans l'exercice de leurs fonctions, *ibid.* — Le cautionnement est également affecté à ceux qui en ont fourni les deniers, p. 163. Pourvu qu'ils aient rempli certaines formalités, *ibid.*

Certificats d'inscriptions. Ceux délivrés par les conservateurs purgent l'immeuble des inscriptions omises, sauf leur responsabilité, t. II, p. 468. Questions à ce sujet, *ibid.*

Cession. Le cédant n'a pas de privilége pour le prix de son transport, t. I, p. 142. Mais à défaut de paiement, peut demander la résolution de la cession, *ibid.*

Cessionnaires. Exercent les mêmes droits que leurs cédans; ils peuvent faire valoir leurs priviléges, t. I, p. 289.

Chirographaires (créanciers). Peuvent poursuivre indistinctement la vente des immeubles hypothéqués ou non, pourvu qu'ils soient encore en la possession du débiteur, t. I, p. 1, 2 et 3. — Ils perdent leurs droits si les immeubles sont sortis des mains du débiteur, même à titre gratuit, *ibid.*, p. 4 et 5. — Différence de leurs droits avec les créanciers hypothécaires, *ibid.* p. 303. Si les chirographaires peuvent intervenir dans un ordre pour surveiller leurs droits, t. II, p. 190. S'ils pourront faire toutes espèces de contestations, *ibid.* 119.

Cohéritiers. Priviléges dont ils jouissent pour la garantie des partages entre eux, t. I, p. 209. — Quelle que que soit la forme de l'acte de partage, *ibid.* — Peuvent être exercés par leurs cessionnaires ou subrogés, p. 210. — Ce privilége a également lieu en faveur des autres communistes, p. 211. *Quid* à l'égard des partages faits par les ascendans entre leurs descendans? *ibid. Quid* à l'égard du mari sur les conquets échus à sa femme? *ibid.* — Comment les cohéritiers conservent-ils leurs priviléges? p. 257.—Inscriptions qu'ils sont obligés de réquérir, *ibid.* — Comment conservent-ils leur privilége en cas d'éviction? p. 259. En cas de minorité ou d'interdiction, qui est chargé de faire faire l'inscription? p. 260. — L'inscription prise dans le délai utile frappe tous les biens de la succession, 261. Quel est ce délai, *ibid.* Pendant les 60 jours le co-héritier ne peut consentir aucune hypothèque utile, p. 262. Ce délai peut être réduit par l'aliénation de l'immeuble. *ibid.*

Collocation. A qui appartient le droit de se faire colloquer, t. II, p. 199. — Si la collocation doit être entière sur chaque immeuble, p. 200. *Quid* pour le créancier viager ou celui qui a une rente perpétuelle? *ibid.* et suiv.

Commis-voyageurs. Jouissent-ils d'un privilége pour le paiement de leur salaire? t. I, p. 77.

Compensation. (Voy. *Estimation.*)

Comptable. Ce que c'est, t. I, p. 370. L'hypothèque et le privilége dont ses biens sont atteints, p. 371. (Voy. *Trésor public.*)

Condamnés. Priviléges dont leurs biens sont atteints pour les frais de justice. (Voy. *Trésor public.*) — Pour les sommes dues pour la defense personnelle, t. I, p. 84.

Condition résolutoire. (Voy. *Hypothèques conventionnelles.*)

Conquets. La femme mariée a-t-elle une hypothèque légale sur les conquets de la communauté? t. I, p. 341.

Conseil judiciaire. (Voy. *Hypothèque légale.*)

Conservateur des hypothèques. Ses obligations lorsqu'on lui présente des bordereaux à inscrire, t. II, p. 24. — Il est tenu de délivrer copies des actes transcrits sur ses registres, p. 449. — Peut-il délivrer le certificat des inscriptions qui le grèvent personnellement? p. 450. — Sa responsabilité, p. 456. (Voy. *Responsabilité* et *Omissions.*)

Conservation des hypothèques. Des lieux où elle est établie, t. II, p. 1 et suiv.

Conservation de la chose. Les frais faits pour la conservation de la chose jouissent d'un privilége, t. I, p. 138.—Ce qu'on entend par ces frais, *ibid.* — Les frais faits pour l'amélioration ne jouissent pas du même privilége, *ibid.*—Ce privilége ne s'exerce que sur la chose même, et non sur ce qui la représente, *ibid.* — S'éteint par la vente de la chose, p. 139.

Consignation. (Voy. *Extinction.*)

Cotuteurs. (Voy. *Hypothèque légale.*)

D.

E.

F.

teur, lersque le vendeur exerce le rachat? S'exercent-elles sur le prix remboursé? pag. 425.

Faillite. Fixe la position du débiteur, tom. II, p. 2. Aucune inscription ne peut être prise, ni aucune hypothèque consentie, *ibid.* Non plus qu'un privilége, pag. 4. Étendue de la nullité prononcée contre les inscriptions prises dans les dix jours, *ibid.* pag. 10 et 11.

Femme mariée. (Voy. *Hypothèque légale.*)

Fonds de commerce. (Voy. *Hypothèque.*)

Formalités hypothécaires. (Voy. *Hypothèque, Inscriptions.*)

Fournitures de subsistances. Ce qu'on entend par là, tom. I, pag. 78. Priviléges dont elles jouissent, *ibid.* (Voy. *Marchands en gros et en détail.*)

Frais funéraires. Ce qu'on entend par là, et le privilége dont ils jouissent, tom. I, p. 65. — S'ils étaient exorbitans et non en rapport avec la fortune, la naissance et le rang, ils seraient réduits, *ibid.* — Ils ne jouissent d'aucun privilége lorsqu'ils ont été faits pour quelqu'un de la famille du débiteur, *ibid.*, pag. 66. — Ceux faits pour un cénotaphe ne jouissent d'aucun privilége, *ibid.* — Celui qui aurait avancé les fonds pour payer les frais funéraires, serait-il privilégié? *ibid.*, p. 68. — Quel est le rang que la loi accorde au privilége des frais funéraires? pag. 71. — Quelle est la durée de l'action de ceux qui ont fourni aux frais funéraires? *ibid.* — Si les frais ont été fournis par plusieurs personnes, elles viennent toutes en concurrence, *ibid.*, pag. 72.

Frais de justice. En matière criminelle. (Voy. *Trésor public.*) En matière ordinaire; ce qu'on entend par là, tom. I, p. 62 et suiv. — Comment doivent être constatés, p. 63. — Se divisent en ordinaires et extraordinaires, p. 63. — Quel est le privilége et le rang qu'ils occupent? p. 65. Ce privilége prime-t-il celui accordé au propriétaire pour ses loyers? p. 65. — S'étend sur les meubles et les immeubles, p. 222. Mais à la charge de discuter préalablement le mobilier, *ibid.* — A la charge de qui a lieu cette discussion? *ibid.* — Toutefois le créancier des frais de justice pourrait-il se présenter sur le prix des immeubles, alors qu'il aurait négligé de se faire colloquer sur celui des meubles? pag. 223. Ce privilége est dispensé de l'inscription à l'égard des autres créanciers, pag. 229. Mais non à l'égard des tiers acquéreurs, *ibid.*

Frais de dernière maladie. (Voy. *Dernière maladie.*)

Frais pour la conservaion de la chose. (Voy. *Conservation.*)

Frais de voiture. (Voy. *Voiturier.*)

G.

Gage. Droit qu'il confère au créancier; tom. I, pag. 13o. Sûreté pour tout ce qui peut être dû, *ibid.* Mais non pour une nouvelle dette née postérieurement au gage, *ibid.* et suiv. — Rang du privilége qu'il confère, p. 133. — Si le créancier est dépouillé du gage, a-t-il le droit de le revendiquer ? pag. 135.

Gens de service. Ce qu'on entend par cette dénomination, tom. I, pag. 75. Leur privilége, *ibid.* et suiv.

H.

Hypothèque. Ce que c'est, tom. I, p. 293. Elle constitue un droit réel, *ibid.* Elle a du rapport avec le contrat de nantissement, pag. 294. Elle est indivisible, pag. 298. Diverses questions à ce sujet, pag. 299 et suiv. (Voy. *Rente viagère.*) Des cas dans lesquels elle a lieu, p. 3o4. Sa division, *ibid.* Quels biens sont susceptibles d'hypothèque, pag. 3o5. Les immeubles par leur nature et par destination. 3o6. Mais *quid* à l'égard de ceux-ci, lorsqu'on les considère isolément et séparés des immeubles par leur nature, *ibid. Quid* des fruits, pag. 3o8. *Quid* des immeubles par l'objet auquel ils s'appliquent? (Voy. *Servitude, Usufruit, Actions, Emphytéose.*) L'hypothèque peut-elle être hypothéquée? pag. 327. *Quid* d'un fonds de commerce, pag. 328. Des rentes, *ibid.* Des actions de la banque, *ibid.* Des rentes sur l'état, p. 329. Les meubles ne sont pas susceptibles d'hypothèque, *ibid.* Comment doit s'entendre la maxime que les meubles n'ont pas de suite par hypothèque? pag. 33o. Si les navires et bâtimens de guerre peuvent être hypothéqués? pag. 331. (Voy. *Navires.*)

Effets de l'hypothèque, t. II, pag. 183. Doivent être considérés sous deux rapports, vis-à-vis des tiers acquéreurs et vis-à-vis des autres créanciers, *ibid.* Vis-à-vis des tiers acquéreurs, consistent à suivre l'immeuble, *ibid. Quid* si le débiteur n'avait fait que constituer une servitude, le créancier hypothécaire aurait-il également le droit de suite? pag. 184. *Quid* si le débiteur avait donné l'immeuble à bail? pag. 185. *Quid* pour les frais en cas de vente de l'immeuble hypothéqué? pag. 191. Quels créanciers ont droit de saisir l'immeu-

ble? pag. 196 et suiv. Effet du droit de suite, pag. 199.
(Voy. *Collocation*, *Tiers-détenteur* et *Délaissement*.) Les
diverses manières dont s'éteint l'hypothèque. (Voy. *Extinction*.)

Hypothèque conventionnelle. Les personnes qui peuvent la
consentir, tom. I, p. 410. L'acquisition de la propriété
d'un immeuble validerait-elle la constitution d'hypothèque?
pag. 411. — Le mari ne peut pas hypothéquer les biens de
sa femme, *ibid.* La femme ne peut pas hypothéquer ses biens
dotaux, pag. 412. Les envoyés en possession des biens d'un
absent ne peuvent pas les hypothéquer, pag. 413. Développemens à ce sujet, pag. 414, 415, 416 et suiv. Le tuteur
ne peut pas hypothéquer les biens de son pupille, pag. 418.
Idem du mandataire pour les biens du mandant, *ibid.* Le
mineur, même émancipé, ne peut hypothéquer ses biens,
pag. 420. Modifications de ce principe, *ibid.* (Voy. *Ratification*.) Le prodigue et le faible d'esprit ne peuvent pas consentir d'hypothèque, pag. 423. *Quid* de celui à qui on avait
interdit le droit de vendre? *ibid. Quid* de l'héritier grevé de
substitutions? pag. 424. Celui qui n'a qu'un droit résoluble
ne peut consentir qu'une hypothèque résoluble, pag. 425.
(Voy. *Faculté de rachat*.) L'acquéreur qui n'a point encore
payé son prix peut hypothéquer, p. 427. L'hypothèque ne
peut être consentie que par acte devant notaire, pag. 430.
Non par des déclarations passées devant un juge de paix,
pag. 431. Non par des actes sous signature privée, p. 432.
L'hypothèque résulterait-elle d'un acte notarié, fait en vertu
d'une procuration sous signature privée? p. 434. D'un acte
passé entre des particuliers devant un préfet? pag. 436.
D'un acte passé aux colonies? *ibid.* Résulterait-elle d'un acte
émané d'un prince souverain? pag. 437. Ne peut être établie
par un acte passé en pays étranger, pag. 438 et suiv.

Hypothèque judiciaire. Ce que c'est, tom. I, pag. 376. Tous
jugemens contradictoires ou par défaut, définitifs ou provisoires, emportent hypothèque, pag. 377. L'incompétence
des juges ne pourrait l'empêcher, pag. 378. Néanmoins *quid*
des jugemens de juge de paix, siégeant en bureau de conciliation? *ibid.* — *Quid* des reconnaissances d'écritures?
pag. 380. *Quid* de celles devant notaire? pag. 381. — Les
jugemens d'accord emportent hypothèque, pag. 384. Mais
non les jugemens d'adjudication, pag. 385. Résulte des jugemens qui ordonnent de rendre compte, pag. 386. Mais
non de ceux qui nomment un curateur à une succession va-

de l'état frappe également tous les biens des comptables présens et à venir, p. 370. (Voy. *Comptables*, *Établissemens
publics*.) Le trésor de la couronne a aussi hypothèque légale, p. 372. N'existe-t-il pas d'autres hypothèques légales
que celles déjà indiquées, *ibid*. (Voy. *Légataires*.) — L'hypothèque des femmes et des mineurs existe indépendamment
de l'inscription, p. 474 et 483. De quelle époque, p. 475
et suiv. et p. 483. Pour quelles créances, p. 477 et 485.
Diverses questions relatives à cet objet, *ibid*. et suiv.

I.

Immeubles. (Voy. *Hypothèque*.)
Impenses. Si celles faites par le tiers acquéreur qui délaisse peuvent être répétées; t. II, p. 230.
Indemnité. Celle due à la partie civile est-elle primée par le
privilège du trésor. (Voy. *Trésor public*.)
Indivisibilité. (Voy. *Hypothèque*.)
Inscription. L'inscription est nécessaire pour donner le rang à
l'hypothèque, t. I, p. 469. Même à l'égard des chirographaires, p. 470 et suiv. Exception en faveur des femmes,
des mineurs et des interdits, p. 474 et 475. — Sont tenus
les maris, tuteurs et subrogés-tuteurs de requérir inscription,
p. 493 et 498. La peine qui leur est infligée, p. 494 et 495.
Diverses questions y relatives, *ibid*. et suiv. — Formalités
prescrites pour l'inscription des hypothèques légales, t. II,
Des cas dans lesquels l'inscription peut avoir lieu. (Voy. *Faillite*, *Succession vacante* et *Bénéfice d'inventaire*.) — Effets
de l'aliénation volontaire ou forcée sur le droit de requérir
inscription, t. II, p. 18. Effets de plusieurs inscriptions requises le même jour, p. 23.
Formalités de l'inscription, p. 24 et 25. — Représentation des
titres, p. 25. Qui peut les représenter, *ibid*. Si l'on peut le
faire sans procuration, p. 26. S'il y aurait nullité en cas de
non représentation, p. 27. Il faut y joindre deux bordereaux,
p. 29. Leur forme. Ne doivent-ils pas être signés? *ibid*. —
Doivent contenir la désignation du créancier, p. 30. Comment doit être faite cette désignation, p. 31. Plusieurs questions, p. 33 et suiv. *Quid* lorsqu'il y a eu transport? p. 34.
(Voy. *Nom*, *Prénoms*, *Domicile* et *Profession*.) L'indication du débiteur, p. 45. Cette formalité est plus rigoureuse,
et pour quels motifs, *ibid*. — Ce qu'on doit entendre par dé-

Préférence. Les causes légitimes de préférence, t. I, p. 8. Il y en a d'autres que celles fixées par l'article 2094 du Code civil, *ibid.* (Voy. *Dépositaire*, *Prêt à usage*, *Rétention.*) Entre les créanciers privilégiés comment se règle la préférence, t. I, p. 15. (Voy. *Rang.*)

Prénoms. Leur indication n'est pas de l'essence de l'inscription, t. II, p. 37.

Prescription. Des droits du Trésor sur les biens des comptables, t. I, p. 33.

Prêt à la grosse. Privilége dont il jouit, t. I, p. 175.

Prêt à usage. Celui à qui l'on a prêté a le droit de rétention jusqu'au remboursement de ses dépenses, t. I, p. 9.

Prêteurs. Ceux qui ont prêté les fonds pour payer les architectes succèdent à leur privilége, t. I, p. 219.

Prévarication. (Voy. *Cautionnement.*)

Primes d'assurances. (Voy. *Assurances.*)

Privilége. Ce que c'est, t. I, p. 12. La qualité de la créance peut seule l'établir, p. 12. Ne peut trouver sa naissance dans le consentement des parties, excepté pour celui qui résulte du gage, *ibid.*, p. 13. — Effets des priviléges, *ibid.*, p. 14 et suiv. Divisions des priviléges, *ibid.*, p. 54 et suiv. (Voy. *Actions*, *Servitude*, *Usufruit.*) — Le rang des priviléges et la préférence des uns à l'égard des autres, t. I, p. 84. (Voy. *Rang.*) Comment ils s'éteignent. (Voy. *Extinction.*)

Priviléges sur certains meubles. (Voy. *Loyers*, *Propriétaire*, *Gage*, *Frais pour la conservation de la chose*, *Effets mobiliers*, *Aubergistes*, *Voituriers* et *Cautionnement.*) — Dans quel ordre ils s'exercent. (Voy. *Rang.*) — N'y a-t-il pas d'autres priviléges sur certains meubles que ceux indiqués dans l'article 2102? *ibid.*

Priviléges sur les meubles et immeubles. (Voy. *Frais de justice*, *Frais funéraires*, *Frais de dernière maladie.*)

Priviléges sur les immeubles. (Voy. *Vendeur*, *Bailleurs de fonds*, *Cohéritiers* et *Architectes.*) Comment se conserve en général le privilége sur les immeubles, t. I, p. 225. Quels sont les effets des priviléges sur les immeubles, t. II, p. 183. (Voy. *Hypothèque.*)

Privilége sur les navires. (Voy. *Navires.*)

Privilége du trésor. (Voy. *Trésor public.*)

Procureur du Roi. Doit faire inscrire l'hypothèque légale des femmes et mineurs, en cas de négligence de la part des maris et tuteurs, t. I, p. 499.

Prodigue. S'il peut consentir hypothèque. (Voy. *Hypothèque
conventionnelle.*)

Profession. L'indication de celle du créancier n'est pas substantielle, t. II , p. 44.

Propriétaire. En quoi consiste son privilége, t. I, p. 88. Sur
quoi il s'exerce, p. 88. — S'il s'étend sur ce qui n'appartient
pas au fermier , *ibid.* — Sur les choses déposées ou reçues en
nantissement, p. 90. — Sur celles volées, 91. — N'a pas
lieu sur l'argent comptant , ni sur les titres actifs, p. 92.
S'exerce sur les fruits naturels , industriels et civils , p. 93.
—Pourvu qu'ils soient encore en possession du locataire ,
p. 174.—*Quid* s'ils étaient vendus et non encore livrés, *ibid.*
S'ils étaient déposés dans une grange louée, à qui la préférence,
du bailleur de fonds, ou de celui de la grange , p. 96. — Ce
privilége n'a-t-il lieu que sur les fruits de l'année? p. 97.—
S'exerce sur les meubles des sous-locataires , *ibid.* Même sur
ceux des gens logés gratuitement par le locataire principal, p.
98. *Quid* pour les dégradations commises, p. 98. — Le privilége du propriétaire a lieu pour tout ce qui lui est dû lorsque
le bail est authentique, p. 100. Ou qu'il a une date certaine,
ibid. Diverses questions à ce sujet , p. 100 et suiv. Il peut
l'exercer même pour les loyers à échoir , sauf la faculté réser-
vée aux autres créanciers de sous-louer, *ibid.* Questions relatives à cette sous-location, p. 101 et suiv.—Si le bail est sous
seing privé ou verbal, le privilége n'a lieu que pour une année
et l'année courante, p. 106. Explication relative à cette année courante, *ibid.* et suiv. — Ce privilége a également lieu
pour les réparations locatives, p. 110. Pour les détériorations
survenues par la faute du preneur, *ibid.* — Mais a-t-il lieu
pour les avances que le bailleur aurait faites à son fermier ?
p. 111. Dans quel ordre il s'exerce , p. 112. S'il est préféré
aux frais de justice, *ibid.* S'il doit l'être également aux autres
créanciers de l'article 2102 , p. 114 et suiv. — Exception
pour le trésor et pour ceux qui ont fourni les deniers pour
acheter ou faire faire les semences, p. 116 et 117. A l'égard
des autres priviléges du propriétaire. (Voy. *Revendication*
et *Saisie-Gagerie.*)

Protuteur. (Voy. *Hypothèque légale.*)

Publicité. (Voy. *Inscription.*)

Purge de l'hypothèque ordinaire. (Voy. *Transcription, Notification* et *Surenchère.*)— De l'hypothèque légale. (Voy.
Dépôt au greffe.)

R.

Retour. Droit de retour. (Voy. *Hypothèque légale.*)

Revendication. Ce que c'est, tom. I, pag. 120. Quand le propriétaire peut en user, pag. 121. A-t-elle lieu lorsque les meubles ont été déplacés au vu et su du propriétaire? p. 121. A-t-elle lieu lorsqu'il reste dans la maison des meubles suffisans pour répondre du loyer? pag. 122. Peut-on revendiquer les marchandises enlevées d'une boutique? pag. 126. — A lieu contre tout détenteur, pag. 127. Questions à cet égard, pag. 128. — Formalité de la revendication, p. 130. La revendication appartient aussi au vendeur d'effets mobiliers, mais sous quelles conditions, tom. I, pag. 144 et 145. — Il faut que les effets mobiliers soient dans le même état, pag. 145. Ce qu'on entend par là, pag. 146. — *Quid* si les effets étaient emballés, *ibid.* — Peut-on empêcher la revendication en offrant le prix? pag. 147.

Revendication en matière commerciale, pag. 148 et suiv. A-t-elle lieu lorsque le vendeur a reçu en paiement des billets ou des lettres de change? pag. 151. — Lorsque les marchandises ont été vendues sur facture et connaissemens ou lettre de voiture? pag. 152. Peut être exercée par le vendeur ou par ses créanciers, *ibid.* Ne peut avoir lieu lorsque les marchandises sont entrées dans les magasins du failli, pag. 153. — Si, en matière commerciale, le vendeur a perdu le droit de revendiquer, conserve-t-il le privilége accordé par l'article 2102? pag. 153 et suiv.

Rivière. Le lit de la rivière est-il grevé de l'hypothèque dont est frappé le champ auquel il s'adjoint, lorsque la rivière a pris un nouveau cours? tom. I, pag. 466.

S.

Saisie-gagerie. Quand le propriétaire peut user de ce droit sur les meubles de son locataire, tom. I, pag. 119.

Salaire des gens de service. (Voy. *Gens de service.*)

Semences. Privilége accordé à ceux qui ont avancé les deniers nécessaires pour faire faire les semences, tom. I, pag. 117. Seulement sur les fruits de l'année, pag. 118.

Sentence arbitrale. (Voy *Décision arbitrale.*)

Séparations des patrimoines. Ce que c'est, tom. I, pag. 268. Qui peut la demander? *ibid.* Dans quel délai? pag. 272. Effet de l'inscription par rapport aux créanciers de la succession et entre les créanciers de l'héritier, pag. 273. Délai dans lequel l'inscription doit être prise, pag. 274. L'héritier ne peut pas, durant le délai, consentir des hypothèques, pag. 280. Les créanciers du défunt, qui ne sont pas entièrement désintéressés, viennent en concurrence avec les créanciers du débiteur, sur les biens de ce dernier, *ibid.*

ble, la surenchère doit être dénoncée dans les vingt-quatre heures, p. 406. Questions à ce sujet, p. 407 et suiv. — Si la perte de l'immeuble arrivait dans le délai de la surenchère, qui la supporterait? p. 408.

T.

Tuteur officieux. (Voy. *Hypothèque légale.*)

U.

Ustensiles. Privilége accordé à ceux qui les ont vendus ou qui ont fourni les fonds pour les faire raccommoder, t. I, p. 54 et 55.

Usufruit. Peut être soumis à un privilége, t. I, p. 55. — Et à l'hypothèque, p. 313. Mais comment peuvent s'exercer les priviléges et hypothèques, *ibid.* — Comment ils s'éteignent sur l'usufruit, *ibid.*, p. 314.

V.

Vendeur. Son privilége sur les immeubles, t. I, p. 180. N'a lieu que pour le paiement du prix, *ibid.* Néanmoins *quid* à l'égard des intérêts, *ibid.* Des dommages et intérêts, p. 181. Si ce contrat portait quittance, le vendeur n'aurait pas de privilége, encore qu'il résultât d'une contre-lettre que le prix ne lui avait pas été payé, *ibid.* —Son privilége ne frappe que sur l'immeuble vendu, et jamais sur les biens de l'acheteur, p. 182. Celui qui se libère en donnant un immeuble dont la valeur excède la dette, jouit d'un privilége pour le remboursement de l'excédant, p. 183. *Secus* de l'acquéreur à pacte de rachat auquel le prix n'a pas été remboursé, p. 184 et suiv. — Le privilége du vendeur n'est pas attaché à sa personne, aussi peut-il le transmettre avec sa créance, p. 184. Le vendeur peut, en conservant sa créance, céder son privilége, *ibid.* — Le vendeur qui a perdu son privilége, peut encore demander la résolution de la vente, p. 186. Mais dans ce cas, un acquéreur subséquent qui a payé son prix aux créanciers de son vendeur, conserve-t-il le droit de le répéter de ces créanciers? p. 192. (Voy. *Bailleur de fonds.*)

Le vendeur conserve son privilége par la transcription de son titre. t. I, p. 232 et suiv. Encore qu'il soit sous signature privée, p. 233. Mais le conserverait-il par la transcription que ferait faire un acquéreur subséquent de son titre particulier? p. 234. Le vendeur conserverait également son privilége par une inscription, p. 236. *Quid* s'il eût dit que c'était pour conserver son hypothèque? p. 239. (Voy. *Inscription d'office.*) — De quelle époque date son privilége, p. 250. — La date de l'inscription est-elle indifférente, *ibid.*

FIN DE LA TABLE ALPHABÉTIQUE DES MATIÈRES.